嘉庆彭县志校注

彭州市地方志编纂委员会办公室 **策划**
〔清〕王锺昉 等 **修**
王斌、艾茂莉 **校注**

西南交通大学出版社
·成 都·

图书在版编目（CIP）数据

嘉庆彭县志校注／（清）王锺钫等修；王斌，艾茂莉校注．—成都：西南交通大学出版社，2022.10
ISBN 978-7-5643-8931-4

Ⅰ．①嘉… Ⅱ．①王… ②王… ③艾… Ⅲ．①彭州－地方志－注释－清代 Ⅳ．①K297.14

中国版本图书馆 CIP 数据核字（2022）第 175971 号

Jiaqing Pengxianzhi Jiaozhu
嘉庆彭县志校注
彭州市地方志编纂委员会办公室　策划
〔清〕王锺钫　　等修
王　斌　艾茂莉　　校注

责任编辑	罗俊亮
封面设计	原谋书装
出版发行	西南交通大学出版社 （四川省成都市金牛区二环路北一段 111 号 西南交通大学创新大厦 21 楼）
发行部电话	028-87600564　028-87600533
邮政编码	610031
网址	http://www.xnjdcbs.com
印刷	成都市金雅迪彩色印刷有限公司
成品尺寸	170 mm × 240 mm
印张	26
字数	495 千
版次	2022 年 10 月第 1 版
印次	2022 年 10 月第 1 次
书号	ISBN 978-7-5643-8931-4
定价	168.00 元

嘉庆《彭县志》校注工作小组

组　长：刘　波

副组长：王凤艳　曾　勇

校　注：王　斌　艾茂莉

成　员：庞　银　代祖丽　王　涯　程　爽

欧阳薇　高光俊　江忠俊

前言

一、修志缘起

一提到彭州，我眼前便是花团锦簇！这可是一片寄寓了神都精魂的沃土啊！它有几多秀美的山川？诞生过什么样的英杰？有何等灿烂的往事？驻足的文人墨客留下了哪些璀璨的华章？这一切，都要到方志中去寻找答案。

四川是一个方志大省，不少市县保存着从明代一直到民国时期的旧方志，多的甚至有十来种。但我们现在看到的彭县志，却只有嘉庆与光绪两种。深究起来，有两个原因：一个是旧志的保存问题，一个是新志的续纂问题。我国一直以来有悠久的方志纂修传统，据我做研究了解到的情况，彭州在明代是有县志的。《蜀中广记》卷五彭县之下，就曾经引用旧县志关于至德山有三昧泉的记载。遗憾的是，这些旧志没有保存下来，原因就在于明末清初蜀地发生的战乱以及由此带来的典籍之厄。

翻开《中国地方志联合目录》，我们能看到四川地区不少市县都有乾隆时期修纂的方志，为什么彭县没有呢？这又不得不提及彭县在清代的废弃与重置。彭州在明代洪武十年（1377）五月降级为县，属成都府。清朝康熙七年（1668）并入新繁县，直到雍正七年（1729）才复置。这一甲子的风雨，都飘到历史的长河里了。彭县复置之后，因为发展与建设的原因，一直没能书写出自己的风采。我们仅以乾隆时期部分彭县最高长官的任职状况，就能看出一些端倪。

阮树。贵州大定人，乾隆十八年（1753）拔贡，二十四年（1759）四月署，十月卸事。

李演。陕西三原人，附生，乾隆二十六年（1761）四月署，二十七年（1762）二月卸事。

沈芝。江苏元和人，监生，乾隆三十年（1765）七月署任，三十一年（1766）十二月卸事。

孙天宁。直隶承德人，乾隆丙辰（1736）恩科举人，三十三年（1768）正月署，七月卸事。

杨梦槎。江苏金匮人，乾隆丙子（1756）举人，三十五年（1770）二月署任，八月卸事。

张心鉴。江苏阳湖人，乾隆丙子（1756）顺天举人，三十六年（1771）二月任，七月卸事。

徐瓒。江苏阳湖人，乾隆癸酉（1753）顺天举人，三十六年七月代办，九月交卸。本任张心鉴回任，三十七年（1772）九月卸事。

从这些材料可以看出，在较短的一段时期内，彭县的县令频繁更换；多数县令不是正式任职，而是“署任”，相当于临时代理；任职者能力多数不高，身份较低的附生、拔贡也能担当。这种情况下，彭县怎么发展？无怪乎乾隆时期没人主持修志事宜了。那么，是不是历任县令都没有修志的觉悟呢？也不是。据本书卷四二所收李调元的《纪天彭诗十六首·序》，谢生晋在1791年曾打算修志，还请教过李氏，奈何难度太大，也就放弃了。反而是寓居彭县的程徽之，编了《天彭纪略》，然而也仅有一卷。可见修志之难！

改变这个状态的契机，是嘉庆《四川通志》的编修。时任四川总督的常明，作《重修四川通志序》说：“盖旧志成于雍正八年（1730），迄今八十年，未尝续修故也。维时下车伊始，以察吏安民为亟，未暇托雅名于古今之集，奋勤修于甲乙之编。逾年而僚属咸和，民气益靖，有堂方方伯亦以为言，遂奏请开局。”负责编修《四川通志》的杨芳灿在给嘉庆《彭县志》作序时写道：“岁在辛未（1811），蜀中大府以《通志》阅八十馀年未经修辑，因请于朝，设局编纂，并檄下各郡县采访遗事，排次成书，以资考证。于是罗山王君撰成《县志》一编，就质于余。”这两条材料，可以直观地看出为何嘉庆时会有《彭县志》的问世，也能够解释此志体例的形成缘由。

翻到本书的目录，我们很容易被卷数的规模吓到——四十二卷！光绪《重修彭县志》才十三卷，嘉庆志居然是它的三倍多？之所以门类与卷次如此之多，就是为了方便《四川通志》的采录。《中国地方志联合目录》著录的嘉庆时期的四川州县志，规模在四五十卷的很多，也应该与《彭县志》的情况类似。而当我们看到具体内容时才发现，大多数卷次其实篇幅很小，有的甚至不足一页。今天的我们可能会讥其“琐碎”，然而清人杨芳灿对此书的评价却很高。

> 余受而读之，自《星野》以至《艺文》，分门四十有二，旁搜博采，表微阐幽，每条所载，必根本经史，溯流穷源，确有依据。知其从事于斯编者，非一日矣。昔康德涵撰《武功志》，统为七门，叙事简核，一时推为名作，而升庵太史尚议其太简。若王君此编，典而赡，辨而裁，义例精严，条理晰密，所谓“谢艾虽繁，辞不可删；王济虽略，人不能益”者，直当之而无愧矣！又岂仅以搜遗补缺为人所难能乎哉？

这个评价，抛开置于简端的面子问题来看，对于方便《四川通志》的采录，对于清代的第一本《彭县志》来说，算是比较中肯的。

二、本志得失

作为现存最早的彭县旧志，王锺钫等人功劳巨大。此书虽属草创，但却取得了很大的成绩。本书保留了当时编者所能见到的第一手时事资料，诸如县城建置、户口、赋税等，这是无可替代的。

其次，前人修志，占有了时间的先机，可以说是代替我们见证历史的眼睛。本书所收的不少资料，具有独特的史料价值。如本书卷三六关于无量禅师的记载，篇幅大，内容详尽，暂未见诸他书，是宝贵的佛教资料。又如本书卷四二所收杨慎《盘陀石小酌》、费锡璜《春江怀彭门》、李调元《游法藏寺》《游龙兴寺》《过艳阳场》《宿东林寺》等，皆不见于诸人别集，实在令人欣喜！

本书还有语言学方面的价值。比如卷四二马维岳《重修城隍庙碑记》中“予来篆是邑”，“篆”本义指印章雕刻时使用的篆字，这里用作动词，指掌印。《汉语大词典》“篆”字第四个义项为“引申为做官任职”，所举书证为徐特立《工读》，时间太晚，可据此处提前。

至于文学价值，也特别值得一提。本书卷四二收黄辉《重修大隋景德寺碑记》，该文抛开了一般碑记的行文套路，直接从佛法义理入手，将大隋神照禅师救白蛇同严阳尊者与蛇为伴、归宗和尚锄草杀蛇相对比，引出一桩公案。既直言“予方病，厌为文”，又不但撰此碑文，且书偈子一篇，可谓妙趣横生。

当然，因袭者易，首创者难。县令王锺钫在本书的《序》中，实实在在地谈到了这个问题。对于新修一本县志而言，难点在于确定体例与收集材料。由于本书是为了方便《四川通志》采录而修，再加上沿袭了乾隆《大清一统志》的体例，所以第一个难题很容易解决。而第二个难题，就比较麻烦了。修志者从《华阳国志》《元和郡县志》《太平寰宇记》《元丰九域志》《全蜀艺文志》《蜀中名胜记》以及二十二史等广泛收集资料，惜仍有诸多遗漏。这种遗漏，可以分为三个方面。

第一是沿袭史料的遗漏。本书主要从雍正《四川通志》、乾隆《大清一统志》中吸收史料，但对成都府的旧志利用得不够。以《天启新修成都府志》卷八为例，记载的明代彭县官员名单，本书遗漏了很多。可以看出，编者当时根本就没有见到《天启新修成都府志》。

第二是采访时事的遗漏。嘉庆时期的方志，记事一般延续到修志之时。按照常理，对于时代越近的事情，资料应该越详细。但本书卷二六有不少职官，或有姓无名，或不详籍贯。如果说因为年代久远，无从查考，也就罢了；但实际上不少人物就是乾隆时期任职彭县的，离修志之时也就三四十年。

第三收集艺文的遗漏。旧方志在选编艺文的时候，具体执行的是什么标准，一时难以说清。就本书而言，卷四二收了唐人高适《赴彭州山行之作》，却漏掉了《谢上彭州刺史表》；收了杜甫《寄彭州高三十五使君适、虢州岑二十七长史参三十韵》，漏收了《因崔五侍御寄高彭州一绝》。这是我们可以利用别集进行比对的，而那些无别集流传的作者，他们与彭县有关的诗文被弃收的情况，就永远是个谜了。

除了资料的遗漏，本书还存在资料误收、归类不妥、编排失当等问题。由于徐州古称彭城，所以与徐州有关的一些诗文，容易被误当成与彭县相关者。如本书卷四二收薛能《彭门道中》，诗中有“泗滨浮磬好同声”一句，正与徐州泗水相合，也符合薛能曾任徐州刺史的史实，同治《徐州府志》卷一八之上还收了薛能《彭门解嘲二首》，皆可证此诗与徐州有关，而与彭县无关。当然，这个错误，后来的光绪《重修彭县志》编者也没发现，倒不能过分苛责。

谈到归类不妥，这的确是本书比较明显的一个问题。本书卷四一为《金石》，所谓金石，自然当收钟鼎铭文与碑刻题记。可是，编者却收了不少铁牛、铁佛、石砚、石剑之类本当归入古迹的条目。无怪乎引来光绪《重修彭县志》编者最严厉的批评：“此篇直不知金石为何物，概从删削。”

至于编排失当，主要是未能严格按照时间顺序编排史料。对于有明显时间标志的材料，如职官、科第，一般都应该按照先后顺序进行编排。本书卷二六载彭州刺史类，“安思谦”误排在“韦士瑛”之下；“李仁罕”误次于“王抡”之后；本书卷二七载举人类，康熙辛卯（1711）科的“赵守诚”应该次于壬子（1672）科的“杨峤”之下，“岁贡”与“应例”两类，在编排方面就更无章法了。

综合看来，此志有开创之功，这是必须肯定的。当然，也有书成众手而留下的遗憾。光绪《重修彭县志》的编者，于书末专辟《订讹》一篇，虽然纠正了嘉庆志的不少错误，但某些批评过于苛责，如评价“李调元纪天彭诗十六首，词多诞谑，并删”，就失之主观了。

三、整理浅说

前面我们谈到，嘉庆十六年（1811）时，有修《四川通志》的规划，所以王锺钫组织人员编写了《彭县志》，并在嘉庆十八年（1813）完成。王县令的序署款为其年十月，杨芳灿的序署款也为其年仲冬，按理而言，该书的刊刻完工，应该在此年末至次年初。但我们发现，本书卷二七“应例”类，“李玉堂”“卿焕如”“傅绍儒”“来应宗”四人，皆嘉庆二十年（1815）报捐。此四条散见于其他时代的条目之中，看不出最后增补的痕迹。如果不是超前叙述四人的职业规划，则此书的实际刊刻时间应该就在嘉庆二十年（1815）。

此次整理所用的底本为国家图书馆藏本，原书并未在书末增补新的内容，也不像我曾经整理的同治《大邑县志》的光绪重印本，见缝插针地在正文中补入后来的内容，应该就是最早的刻本了。但是彭州市地方志编纂委员会办公室提供给我的另外一个印本，却在全书之末增加了一篇《彭县志补遗》，增补了“山川”一条、“田赋”一条、“水利”一条、“隐逸”两条、“仙释”两条，此七条皆为刻本字体，没有时间标志。在此之后又别列一页，手写补入“列女”两条、“祥异”一条，“祥异”这一条直接提到了“嘉庆二十二年（1817）奉文给帑建坊并恩赏银绶”，则此本的最后增补时间，应该就是嘉庆二十二年。可惜的是，此本前面不少卷次有缺页，乃手抄增补者。因此，我们以国家图书馆藏本为底本，以此抄配本为参校本，将抄配本新增的条目，散入全书相关卷次之中。

由于目前我们就掌握了这两个印本，所以全书的校勘工作，以他校为主。我们根据修志者给出的资料来源，全面复核引文，并尽量找征引书籍的善本参校，发现并解决了大量的文字与史料错误，这往往是光绪《重修彭县志》编者在《订讹》中没有触及的问题。比如前文我们提到的职官姓名与籍贯的缺失问题，我们就利用数据库，查找对比了诸多其他方志，做了大量的补充。又如本书卷二说“本朝康熙七年（1668）并入新繁县，雍正六年（1728）复置”，但卷六又说“国朝雍正七年（1729）奉文复设县治起”，光绪《重修彭县志》卷一因袭此说。这是彭县历史上的一个重大问题，实不该抵牾如斯。据《清世宗实录》卷八七，雍正七年十月己酉，“吏部议覆：四川巡抚宪德疏言，川省州县先因地广人稀，政事简少，将双流等县裁并。今生聚日繁，应复设县治，照旧分理。成都府，复设双流县、崇宁县、彭县……至各县教职、俱设训导一员，以司学校。均应如所请。从之”。可见，真正复置彭县的时间在雍正七年，而非六年。

关于注释，我们主要对人名、冷僻字词、典故等加以考察。本书注释难度最大的地方在《艺文志》。我们需要详细考证作者的信息、作品的写作年代，并对全文进行注释与解读。一般的文章倒还容易操作，但艰深的赋作和骈文，就很考功力。当然，我们是谈不上什么功力的，只有用最笨的翻书的办法。可能读者会问，《艺文志》中像王勃、陆游等大家的作品，不是有注解吗？是的，这些大文豪的作品有非常专业的学者做的注释，但前人的注释因为体例、注释传统等因素，是不宜照搬的。以王勃的碑文为例，其四六骈文，堪称句句用典，繁难晦涩。清人蒋清翊对《王子安集》做了详注，以拈出语词来源和探明典故为主。所谓的拈出语词来源，从今天的角度来看，意义并不大。比如《彭州九陇县龙怀寺碑》中“爰稽福地，式撰珍田”一句，蒋氏注云“‘珍田’未详”。窃以为，福地与珍田相对为文，就是“贵宝地”一类的客套话，需要探究个什么来源？又如“三英赋雪，瞻秋月于梁台；八叟吹风，传朝云于楚馆”，蒋氏注“三英”云：“《诗·郑风·羔裘》：‘羔裘晏兮，三英粲兮。’孔颖达曰：‘英，俊秀之名，言有三种之英，故以为三德。’”按，此三英既然与八叟为对，自是三人，关三种美德何事？《文选·谢惠连〈雪赋〉》：“梁王不悦，游于菟园，乃置旨酒，命宾友召邹生，延枚叟，相如末至，居客之右。俄而微霰零，密雪下，王乃歌《北风》于卫诗，咏《南山》于周雅。”王勃所谓三英，正是邹阳、枚乘、司马相如。

又比如《益州夫子庙碑》，“粤若皇灵草昧，风骊受河洛之图；帝象权舆，云凤锡乾坤之瑞”，蒋氏注“风骊”云：“王融《三月三日曲水诗序》李善注引《遁甲开山图》曰：‘骊山之西原有阜，名曰风凉，雍州之福地。’初疑‘风骊’二字本于此。惟文意是指伏羲，嫌不相涉。古书多佚，疑不能明也。”这就是典型的执着于“相”，只想着拈出词语的来源，而不顾语境。伏羲氏风姓，见司马贞《史记索隐》之《三皇本纪》补。“骊”者，骊龙之省。《李德裕集校笺·别集》卷三《述梦诗四十韵》云：“去年七月，溽暑之后，骊降。其夕五鼓未尽，凉风凄然，始觉枕簟微冷。”正用此例。称伏羲为骊龙，因其有龙瑞也。司马贞云：“有龙瑞，以龙纪官，号曰龙师。”本句之“风骊”又正与下句之“云凤”相对，作此解，则焕然冰释矣。似此之类，不只对阅读《彭县志》有小补，即称远慰子安，亦不为过。

四、致谢

我从 2017 年与大邑县结缘，先后完成了《（同治）大邑县志校注》与《（乾隆）大邑县志校注》。尤其是《（同治）大邑县志校注》一书，乃我首次整理地方志，既蒙高志刚主任作序，又承四川省社科联专家青睐，被评为四川省第十九次社会科学优秀成果三等奖，实在是对我的莫大鼓励与支持。这次得黄小华先生引荐，又能与彭州市结缘，诚乃一大幸事，由衷感谢黄先生！

感谢彭州市地方志编纂委员会办公室领导的信任，这是本书得以顺利完成的坚实基础！

在校注过程中，四川大学文学与新闻学院古典文献学研究生刘佳学棣、宁夏师范学院文学院古代文学研究生谭明珠学棣以及同事兼好友赵艺玲女士提供了鼎力支持；彭州市地方文史专家高光俊先生、江忠俊先生，拨冗审读文稿，提出了诸多修订意见，弥补了我这个外乡人不熟悉彭州地理方物的缺点，于本书之完善，功劳甚巨，特此致谢！

最后，希望彭州的父老能恕在下率尔操觚之罪，希望读者诸君能谅我腹笥寥寥，不吝赐教！

桃杏轩主人

壬寅正月初五识于乐山

凡　例

一、以国家图书馆藏嘉庆《彭县志》为底本，省称底本；底本残缺、漫漶之处，则以彭州市地方志办公室所藏抄配本参校，省称抄配本。抄配本之误，一般不出校说明；抄配本在全书之末增补之内容，根据其附注门类，散入全书相关卷次，以“【补】”为标志与前文分开，并在条目之末出校说明。

二、光绪《重修彭县志》之末专门撰写《订讹》，对嘉庆《彭县志》之错谬多所是正。此次校注亦全面参考，并将原文作为附录，置于书末，省称《订讹》。

三、以简体字进行重排，异体字、俗讹字等全部统一，人名、地名、书名、经典著作之特殊用字及校勘记中繁简有别之字则保留原字形。避讳字之可判定者一律改回，于首次出现时说明，馀不一一。星野图、舆地图等据底本扫描重印。

四、施加新式标点，并据文意酌情分段。原文之双行夹注小字，改为单行，比正文小一号字排列。原书卷一、卷二等将引文作夹注处理，则略显不妥，今将引文小字皆改为正文字号。卷四二夹杂于诗歌中的长篇子注，用【 】标明序号，逐条移于诗歌之末，用仿宋字体排版，庶几眉目清晰且美观。

五、底本文字之讹脱衍倒等错误，有本可据，有他书可据，且便于改动文字者，则正文径改，出校说明；若诗文用典之不便改动者，则只出注申说。为免繁琐，皆不用校勘符号。

六、嘉庆《彭县志》所收艺文有与光绪志重合者，也有不少删汰者，今将复见于光绪志的诗文在标题前加“※”以作说明，方便学人对照。

七、年号纪年、干支纪年之后统一用小括号标注对应之公元纪年，同一页之中再次出现者则省之，所据为《中国史历日和中西历日对照表》。称某某初年者，标注元年年号并在后面加“？”以示非确指，略作参考而已。

八、采取校注合一的方式，先校后注。同一条注文中有多个注释点，则用“◎”隔开，以示醒目。注释主要疏解音义，探明典故与史实，核对引文并考察正误，耳熟能详之文史常识则不做说明。

九、蒙彭州市地方文史专家高光俊先生对地理部分多加订补，今于高先生所订之文皆以“光俊按”为标志，以示不敢掠美。

目　录[一]

[一] 按，底本不将序文、凡例、彭县表、星野图、疆域图等纳入目录，但诸篇之版心，又镌“卷一”字样，颇为不妥。又，底本将彭县表及纂修姓氏置于目录之后，亦失其次。今重编目录，将纂修姓氏次于原书凡例之后，将序、凡例、彭县表、星野图、疆域图等编为卷首。底本之目录则为本目录卷一至卷四十二之相关内容。

彭县志卷首

序

从来事之出于因者易，出于创者则难，况乎为一邑之志！凡山川、风土、沿革、废兴，大而人物之英奇，小而品汇之繁富，以至遗文轶事，皆在所不可略。而前无所凭，后无所藉。征文则蠹简炱编[一]、单辞只字必录；考献则青衿组带[二]、缁流白望并谘[三]。而欲勒成一书，信今传后，不亦戛戛乎其难哉[四]！

彭邑，古繁县地[五]。其山崒嵂而嵯峨，其水泙渫而扬波[六]，其人磊砢而英多。自汉唐以迄于今，奇人杰士指不胜屈，雄文巨制照耀编简。而欲网罗遗佚，使数千年废坠之迹裒然成帙，此尤其难焉者也！

[一]“蠹”，底本作“蝨”，字书不载，当因“蠹”字异体作“蝨”，遂形近而误，抄配本正抄作“蝨”，今改为通行体。◎炱（tái）：火烟凝积而成的黑灰。《吕氏春秋·任数》：“向者煤炱入甑中，弃食不祥，回攫而饮之。”高诱注：“煤炱，烟尘也。”此处指被烟尘熏染而腐烂。《新唐书·儒学中·马怀素传》：“是时文籍盈漫，皆炱朽蟫断，签縢纷舛。”

[二]青衿：青色交领的长衫，明、清秀才的常服。《诗·郑风·子衿》“青青子衿，悠悠我心”，毛传：“青衿，青领也。学子之所服。”这里代指读书人。◎组带：本指丝织系带。《左传·哀公十一年》：“公使大史固归国子之元，寘之新箧，褽之以玄纁，加组带焉。”因其常用来系官印，所以借指官员。古有“解组”一词，其“组”即维带。

[三]缁流：僧尼之徒。因其所穿多黑衣，故名。《洛阳伽蓝记》卷一“胡统寺”条：“其寺诸尼，帝城名德，善于开导，工谈义理。常入宫与太后说法，其资养缁流，从无比也。”◎白望：本指虚名。《晋书·熊远传》：“选官用人，不料实德，惟在白望。”这里应该是指慕虚名之隐士。又，典籍有“缁白”一词，指僧徒与俗人。此处亦将“白望”与僧徒对举，则若理解为俗人，亦可。

[四]戛戛：艰难貌。《韩昌黎文集校注》卷三《答李翊书》：“惟陈言之务去，戛戛乎其难哉！”

[五]繁县：汉代所置。《汉书·地理志上》载，蜀郡有繁县。据《旧唐书·地理志四》，唐代彭州之州治为九陇县，即汉代繁县。故《中国历史地名大辞典》称繁县治所在今彭州市西北。

[六]泙（yā）渫（xiè）：《〈世说新语〉大辞典》释为“波浪重叠相连的样子”。按，此语即本自《世说新语·言语》：“王武子、孙子荆各言其土地人物之美。王云：‘其地坦而平，其水淡而清，其人廉且贞。’孙云：‘其山崔巍以嵯峨，其水泙渫而扬波，其人磊砢而英多。’”

岁在辛未（1811），蜀中大府以《通志》阅八十馀年未经修辑[一]，因请于朝，设局编纂，并檄下各郡县采访遗事，排次成书，以资考证。于是罗山王君撰成《县志》一编[二]，就质于余。余受而读之，自《星野》以至《艺文》，分门四十有二，旁搜博采，表微阐幽，每条所载，必根本经史，溯流穷源，确有依据。知其从事于斯编者，非一日矣。昔康德涵撰《武功志》[三]，统为七门，叙事简核，一时推为名作，而升庵太史尚议其太简[四]。若王君此编，典而赡，辨而裁，义例精严，条理晰密，所谓"谢艾虽繁，辞不可删；王济虽略，人不能益"者[五]，直当之而无愧矣！又岂仅以搜遗补缺为人所难能乎哉？

余学识梼昧[六]，未辨广轮[七]，愧非农、马之专[八]，难证鲁、鱼之误[九]。

[一] 大府：清代称总督、巡抚为大府。此处指嘉庆时期四川总督常明（？—1817），《清史稿》卷三五八有传。嘉庆《四川通志》卷首载常氏所作《重修四川通志序》云："盖旧志成于雍正八年（1730），迄今八十年，未尝续修故也。维时下车伊始，以察吏安民为亟，未暇托雅名于古今之集，奋勤修于甲乙之编。逾年而僚属咸和，民气益靖，有堂方方伯亦以为言，遂奏请开局。"

[二] 罗山：据本书卷首之《彭县志纂修姓氏》，罗山为王锺钫之字。

[三] 康德涵：明代康海（1475—1541），字德涵，号对山、浒西山人等。弘治十五年（1502）进士，授翰林修撰，《明史·文苑二·李梦阳传》有附传。编有《武功县志》三卷，《钦定四库全书总目》卷六八之提要称："是志仅七篇，曰地理，曰建置，曰祠祀，曰田赋，曰官师，曰人物，曰选举。凡山川、城郭、古迹、宅墓，皆括于地理；官署、学校、津梁、市集则归于建置；祠庙、寺观则总以祠祀；户口、物产则附于田赋；艺文则用《吴郡志》例，散附各条之下，以除冗滥；官师则善恶并著，以寓劝惩。王士禛谓其'文简事核，训词尔雅'，石邦教称其'义昭劝鉴，尤严而公，乡国之史，莫良于此'，非溢美也。"

[四] 升庵：明代新都人杨慎（1488—1559），字用修，号升庵。正德六年（1511）进士，授翰林修撰。嘉靖初（1522？），充经筵讲官，召为翰林学士。因"大礼议"，被贬云南永昌卫，卒于戍所。《明史》卷一九二有传。杨慎曾编《全蜀艺文志》《雅州志》等，也曾为《大理府志》《剑州志》等作序，但暂未见其评康海《武功县志》太简之语。

[五] 按，此语出《文心雕龙·镕裁》："昔谢艾、王济，西河文士。张俊以为艾繁而不可删，济略而不可益。"

[六] 梼昧：愚昧。此处用为谦词。《尔雅注疏》郭璞序云："璞不揆梼昧，少而习焉。"

[七] 广（guàng）轮：东西为广，南北为轮。《周礼·地官·大司徒》："以天下土地之图，周知九州岛之地域广轮之数。"贾公彦疏引马融曰："东西为广，南北为轮。"此处乃作者谦称不知方位与广狭这些基本常识。

[八] 农、马之专：老马能识途，老农善稼穑，比喻专业人才。语出《韩昌黎文集》卷二《上襄阳于相公书》："昔者齐君行而失道，管子请释老马而随之；樊迟请学稼，孔子使问之老农。夫马之智不贤于夷吾，农之能不圣于尼父，然且云尔者，圣贤之能多，农、马之知专故也。"

[九] 鲁、鱼之误：言书籍经过多次传抄，形成讹误。《抱朴子内篇》卷一九："故谚曰'书三写，鱼成鲁，虚成虎'，此之谓也。"

君乃殷殷问序于余，率尔操觚[一]，自知无当。然君既为椎轮之创始[二]，余亦窃比木柷之先鸣尔[三]。

嘉庆癸酉（1813）仲冬，户部广东司员外郎、会典馆总纂修官、四川通志局总纂金匮杨芳灿拜序[四]。

[一] 率尔操觚：本指文思敏捷，成文迅速。语本《文选·陆机〈文赋〉》："或操觚以率尔，或含毫而邈然。"此处谦称成文草率。

[二] 椎轮：本指原始的无辐车轮。《文选·序》："若夫椎轮为大辂之始，大辂宁有椎轮之质？"此处引申为事物之草创。《白居易集笺校》卷六三《大官乏人》："伏愿思以后难，革其前失，正丞郎椎轮之本，疏公卿滥觞之源。"

[三] 木柷（zhù）：形如方斗的一种木制乐器，乐曲开始演奏则击之。《尔雅·释乐》："所以鼓柷谓之止。"郭璞注："柷如漆桶，方二尺四寸，深一尺八寸，中有椎柄，连底挏之，令左右击。止者，其椎名。"

[四] 金匮：雍正二年（1724）所设县名，治所在今无锡市。◎杨芳灿（1754—1816）：字才叔，号蓉裳。乾隆四十二年（1777）拔贡生，历任甘肃伏羌知县、灵州知州，入为户部员外郎。《清史稿·文苑二·邵齐焘传》有附传。

序

志，史之流也。古者周官掌邦国之志[一]，太史以輶轩观十五国之风谣[二]，是即志之始也。司马子长以八书立法[三]，班掾广之为十志[四]。志之所昉，分类起义，有国志，有郡志，有邑志。虽其志不同，而其纪述则一。盖志之为言识也，考疆索之式廓[五]，记山川之流峙，辨风土人情之异同，纪民庶物产之繁殖。与夫废置沿建之不常，扼塞险要之当备，莫不州次部居[六]，条分缕析。且片善必书，寸长必录，即佣夫贩妇之贱，一节可取，在所不弃。所以宣教化而示劝惩，一道德而同风俗，志之所系，岂不大哉！乃事欲其博，文欲其该，而世远年湮，编残简断，文献两无可征[七]，何以酌古准今，以垂永久？则创始之难，倍于因袭，如彭

[一] 按，《周礼·小史》云："小史掌邦国之志，奠系世，辨昭穆。"即此处所谓"周官"。

[二] 輶轩：古代使者所乘之轻车，多为出巡时所坐。《扬雄文集》卷四《答刘歆书》："尝闻先代輶轩之使，奏籍之书皆藏于周、秦之室。"按，《周礼·大史》云："大史掌建邦之六典以逆邦国之治，掌法以逆官府之治，掌则以逆都鄙之治。"据此，太史并不乘轻车采访风谣。

[三] 司马子长：司马迁（前145—？）字子长，西汉左冯翊夏阳人。早年游历四方，元封三年（前108）继父任为太史令，发愤著《史记》，传记详《汉书》卷六二。◎八书：《史记·太史公自序》云："礼乐损益，律历改易，兵权山川鬼神，天人之际，承敝通变，作八书。"此八书者，即《礼书》《乐书》《律书》《历书》《天官书》《封禅书》《河渠书》《平准书》，后来正史将这些内容皆改称为"志"。

[四] 班掾：掾为属官之通称，此处指班固（32—92）。如《少室山房笔丛》卷五云："左丘废，史迁辱，班掾缧，中郎狱，陈寿放，范晔戮，魏收剖，崔浩族，甚矣，唐以前史氏之厄也！"即以班掾称班固。班氏字孟坚，扶风安陵人。博学能文，明帝时除兰台令史，迁为郎，典校秘书，奉诏续成其父之《史记后传》而成《汉书》。传记详《后汉书》卷四〇。◎十志：即《汉书》之《律历志》《礼乐志》《刑法志》《食货志》《郊祀志》《天文志》《五行志》《地理志》《沟洫志》《艺文志》。

[五] 疆索：疆域。《左传·定公四年》："聃、季授土，陶叔授民，命以《康诰》而封于殷虚，皆启以商政，而疆以周索。"杜预注："疆理土地以周法。索，法也。"◎式廓：规模，范围。《诗·大雅·皇矣》："上帝耆之，憎其式廓。"朱熹《集传》："式廓，犹言规模也。"

[六] 州次部居：州为古代户籍单位。《周礼·大司徒》："五党为州。"郑玄注："州，二千五百家。"州次则言以类似编籍之法而编排资料。部居谓以类相聚，按类归部。《急就篇》卷一："分别部居不杂厕。"颜师古注："前后之次，以类相从，种别区分，不相间错也。"州次与部居连用，指按类编排。《分甘馀话》卷二："若士阅《宋史》，朱墨涂乙，某传宜删，某传宜补，某人宜合某传，某某宜附某传，皆注目录之下，州次部居，厘然可观。"

[七] 文献：典籍与贤者。《论语·八佾》："夏礼吾能言之，杞不足征也；殷礼吾能言之，宋不足征也。文献不足故也。"朱熹注："文，典籍也；献，贤也。"

邑之志是已。

考彭邑为古繁县地，昔者置郡置州，代有因革。而天彭、井络[一]，素称奥区。群峰崒嵂，巨壑激湍，绣壤相错，玉河潆洄。控松龙[二]，障都会，十紧六雄[三]，久推扼要。是形势之雄胜、山川之奇秀可见也。地近玄亭[四]，人多隽异；化行石室[五]，士知礼让；闺襜励节[六]，塾党谈经[七]。其风俗之淳厚，人物之瑰伟，又可见也。邑号小郫[八]，产多嘉种。绿叶朱荣，熙天耀日，正不仅牡丹有谱[九]，竞丽争奇。则其壤地之沃饶，物产之繁富，又可见也。

生际圣朝，德威远播，民物恬熙，礼意风猷[十]，乐情膏润，其所以

[一] 天彭：彭州之别称。《元和郡县图志》卷三一：“垂拱二年（686），于此置彭州，以岷山导江，江出山处，两山相对，古谓之天彭门，因取以名州。”◎井络：井宿区域。《文选·左思〈蜀都赋〉》：“岷山之精，上为井络。”刘逵注：“《河图括地象》曰：‘岷山之地，上为井络，帝以会昌，神以建福，上为天井。’言岷山之地，上为东井维络；岷山之精，上为天之井星也。”这里指井宿所对应的地区，泛指蜀地。

[二] 松龙：松潘。雍正《四川通志》卷一七：“顺治初，奉裁茂州卫、叠溪、威州、小河等千户所。十年（1653），以地方荒残，将安绵道暂停推补，寻奉裁，改松潘道为松龙道，提调龙安。”

[三] 十紧六雄：本指唐代时将州郡之地按照离京师之远近及地位之重要程度所划分的等差，这里泛指全国州县。《通典·职官十五·州郡下》云：“开元中，定天下州府自京都及都督、都护府之外，以近畿之州为四辅，其馀为六雄、十望、十紧，及上、中、下之差。”其注云：“郑、陕、汴、绛、怀、魏六州为六雄，宋、亳、滑、许、汝、晋、洺、虢、卫、相十州为十望。初有十紧州，后入紧者甚多，不复具列。”据《元和郡县图志》卷三一，彭州属于“紧”类，其所辖九陇县、导江县、唐昌县属“望”类，濛阳县属“紧”类。虽有“紧、望”扩充名目之嫌，仍可见彭州之重要地位。

[四] “玄”，原作“元”，清人避康熙玄烨之讳而改者，今据文义改回。按，所谓玄亭者，草玄亭之省。指扬雄在成都修建的草玄亭，他曾于其中撰《太玄经》，故称。《益部谈资》卷中云：“扬雄旧宅在府治西，成都县治，其旧址也。今藩司前有墨池、草玄亭在焉。”

[五] 石室：汉代文翁于成都筑石室以授生徒，旧址在今石室中学。《华阳国志》卷三云：“始，文翁立文学精舍讲堂，作石室，在城南。永初后，堂遇火。太守陈留高朕更修立，又增造二石室。”《汉书·循吏传·文翁》云：“县邑吏民见而荣之，数年，争欲为学官弟子，富人至出钱以求之。繇是大化，蜀地学于京师者比齐鲁焉。至武帝时，乃令天下郡国皆立学校官，自文翁为之始云。”按，“朕”原误作“眹”，据《广川书跋》卷五《周公礼殿记》改。

[六] 襜（chān）：系在衣服前面的围裙。《诗·小雅·采绿》：“终朝采蓝，不盈一襜。”毛传：“衣蔽前谓之襜。”这里代指妇女。

[七] 塾党：私塾中的乡党。比喻在一起求学的士子。《礼记·学记》：“古之教者，家有塾，党有庠，术有序，国有学。”

[八] 按，《太平寰宇记》卷七三云：“《益州志》云：‘彭之地，号小郫，土地肥良，比之郫邑也。’”

[九] 按，宋人陆游有《天彭牡丹谱》一卷。

[十] 风猷：风教德化。《文选·任昉〈为范始兴作求立太宰碑表〉》：‘原夫存树风猷，没著徽烈，既绝故老之口，必资不刊之书。”吕向注：“猷，道……言风教道德，死当著其美业，故老既没必资于铭记。”

轩皇风而昭文治者，虽在一邑，乌可以无志哉？余以谫陋，承间簉乏[一]。下车之始，省民俗，稽版图，求所以载一邑之掌故者，前此无闻焉。不禁慨然兴叹，恐千百年之典章文物，竟至湮没不彰。久有志纂辑，以见闻梼昧，未敢削简。

岁在辛未（1811），大府请于朝，续修全省通志。檄下各郡县，各赍志以备采择。欣然载笔，可以偿夙昔之愿。旁搜博采，荟萃群书，二十二史以外，若常璩《华阳国志》、李吉甫《元和郡县志》、乐史《太平寰宇记》、王存《元丰九域志》、杨慎《全蜀艺文志》、曹学佺《蜀中名胜记》[二]，靡不详考。至史所不载，则求之古人之文集。近事则征诸邑中之俊髦。而其义例，以《大清一统志》为宗[三]。栉比鳞次，分门四十有二，各以类从。虽朴陋无文，亦绵蕞习礼之意也[四]。至于辨五土之宜[五]，罗千载之事，合史家志传之体，彬彬乎质有其文[六]，窾启寡闻[七]，识有未逮，是所望于后之博物君子焉。

嘉庆十有八年（1813）岁在癸酉十月，知彭县事嘉善王锺钫撰[八]。

[一] 承间簉（zào）乏：义同“承乏”，谓在缺少人才之际，以浅薄之才滥竽充数，多用为谦称。《文选·嵇康〈琴赋〉》：“王昭楚妃，千里别鹤，犹有一切，承间簉乏，亦有可观者焉。”

[二]“记”，原作“志”，据曹学佺所著书名改。按，曹学佺有《蜀中广记》，其中前三十卷为《蜀中名胜记》。后来，曹氏又编了《大明一统名胜志》，但关于四川地区的内容，几乎是照搬了《蜀中广记》中《蜀中名胜记》的部分，却改称《四川名胜志》。经过对比，我们发现本书所引《名胜志》云云，皆出自《蜀中广记》之《蜀中名胜记》，而非《大明一统名胜志》之《四川名胜志》。

[三] 按，《大清一统志》有康熙、乾隆、嘉庆三种，嘉庆志编修始于嘉庆十六年（1811），成书于道光二十二年（1842），康熙志又距今较远，故此处所指为乾隆《大清一统志》。

[四] 绵蕞（jué）：古代演习朝会礼仪时，牵拉绳索、捆束茅草以标识方位。《史记·刘敬叔孙通列传》：“遂与所征三十人西，及上左右为学者与其弟子百馀人为绵蕞野外。”司马贞《索隐》引韦昭曰：“引绳为绵，立表为蕞。”

[五] 五土：山林、川泽、丘陵、水边平地、低洼地等五种土地。《孔子家语》卷一：“乃别五土之性，而物各得其所生之宜。”

[六] 质有其文：言有文有质，即既有文采又显朴质。《论语·雍也》：“质胜文则野，文胜质则史，文质彬彬，然后君子。”

[七] 窾（kuǎn）启：空虚不实，这里喻指腹中无诗书与才华。《宋文鉴》卷八三吕大临《考古图后记》：“每得传摹图写，浸盈卷轴，尚病窾启，未能深考。”

[八] 王锺钫：字罗山，浙江嘉善县人。同治《嘉定府志》卷二三称其为监生，嘉庆七年（1802）署荣县县丞。光绪《重修彭县志》卷六称此人嘉庆十四年（1809）七月任知县，十六年（1811）十一月奉差赴黔，十七年（1812）二月差旋回任。民国《新繁县志》卷二二，称此人嘉庆十九年（1814）兼任新繁知县。光绪《重辑枫泾小志》卷四称此人字罗山，官四川打剑炉同知。又据同书卷三，王氏之墓在四中区东冬字圩，则属今上海枫泾古镇也。

《彭县志》凡例

一、各邑纂志，有旧志可稽。而彭邑向无志乘，世远年湮，事难鸠采。凡职官、人物各门，悉遵《大清一统志》为准则。又复旁征远引，自二十二史以至历代名人诗文集并资考证。然挂一漏十，简陋之讥，自知不免。

一、星野一门，天道悠远，度数之推测，近乎渺茫。且世历千古，星躔岂无移动？今遵《大清一统志》开载分野度数纂入，并采历代史册所载及各家推测之说，以备参考。

一、彭邑始为郡，继为州，历代沿革，已详于表与志。其属邑九陇、濛阳、永昌[一]、堋口，裁革之后，其地并入彭邑。惟导江于宋末改隶永康军，其于绍兴（1131—1162）以前唐宋之人物，亦立备载。缘尔时尚系彭州所辖，非好为牵涉也。

一、名宦、乡贤、节孝祠内止存其名，其事迹详见于人物志中，不至复沓。

一、列女中，节孝炳著，或其人尚存而请旌之年例已符，或未及请旌之年而其人已卒，皆为完节。现据绅士举报，与已蒙旌奖者一体列传，以表贞操。

一、户口、田赋等门，就现在卷宗科则，详晰查彧。事有乘除，不能泥古也。

一、废县已见沿革表与志，而废城即为古迹。仍为逐条分晰纂辑，不嫌重复。

一、祥异式载人瑞，百岁以上，准其开列。今谨将寿民八十以上，曾蒙锡赉建坊者，一并附载，以见隆平曼寿之盛[二]。

一、各门之首，如仿《通考》之例作序[三]，未免冗繁。今仿史赞，

[一]“永昌”下，原有“唐昌”二字，误以为唐昌、永昌乃二县，实则一地而异名，今删。按，《太平寰宇记》卷七三云：“唐仪凤二年（677）割导江、九陇 于益州郫县界置唐昌，属益州；垂拱二年属彭州……今为永昌县。”

[二]曼寿：长寿。《汉书·礼乐志》：“德施大，世曼寿。”颜师古注：“曼，延也。”

[三]《通考》：元人马端临所作《文献通考》，其《自序》详言每一门类之内容及编排原由。

括以韵语，以从简易。

一、艺文，史例止载书目。明之升庵杨氏采摭词赋，为《艺文志》[一]。兹将邑人所著书籍遵史例存其卷数，至诗文之类，仍照杨氏之例选辑。惟自唐迄于我朝，凡诗文、碑记有涉于彭邑山川、古迹、寺观、人物、物产者，不但雄文大篇亟登简册，即吉光片羽亦可增辉。时流怀人寄兴之作[二]，无关志乘者，概不采录。至经籍、艺文，是一是二，史例昭然，无庸区别也。

一、外纪，事非典要，语类俳谐，即照旧省志之例，附于艺文之末。

[一]《艺文志》：杨慎所编《全蜀艺文志》。

[二] 时流：世俗之辈。《晋书·阮裕传》："诸人相与追之，裕亦审时流必当逐己，而疾去。"

彭县志纂修姓氏

总　纂

成都府彭县知县王锺钫罗山，嘉善人

协　纂

彭县训导沈致极蟠山[一]，威远人

分　纂

甘肃敦煌县知县彭以懋晓村[二]，华阳人
甘肃会宁县知县蔡曾沂鲁泉[三]，崇宁人
广西新宁煌知州陈说邑人[四]
举人候选知县窦方琢字亭[五]，邑人
举人候选知县陈韶邑人[六]

采　访

副贡生唐开晋邑人[七]
副贡生贺奇俊邑人[八]

[一] 光俊按：本书卷二六称此人乃乾隆壬子（1792）科举人，嘉庆十五手（1810）四月任彭县训导。

[二] 光俊按：光绪《重修彭县志》卷六："彭以懋，华阳人，乾隆辛卯（1771）科举人，敦煌县知县，解组后迁居天彭山下。"咸丰《资阳县志》卷二五则称其字勉之，世居资阳，由华阳籍中举。嘉庆《郫县志》卷二八亦有详传。

[三] 光俊按：据民国《崇宁县志》卷五，蔡曾沂为嘉庆五年庚申（1800）恩科举人，编纂嘉庆《崇宁县志》时担任采访。

[四] 光俊按：据光绪《重修彭县志》卷六，陈说字介夫，乾隆辛卯举人，官广西新宁州知州；同书卷七小传称他还曾署永福县知县。

[五] 光俊按：据光绪《重修彭县志》卷六，此人乃乾隆五十三年（1788）举人。

[六] 光俊按：据光绪《重修彭县志》卷六，此人乃乾隆壬子（1792）举人，同书卷七有小传。

[七] 光俊按：据本书卷二七，此人乃嘉庆五年（1800）恩科副贡。

[八] 光俊按：据本书卷二七，此人乃嘉庆十五年副贡。

廪膳生龚霖邑人[一]
廪膳生王言达邑人[二]
廪膳生黄大昕邑人[三]
庠生王庸弼邑人[四]
布衣杨嘉众[五]

总　校

彭县典史陈宗器镜庄[六]，山阴人

分　校

陕西泾阳县国学生李立本盘根
陕西泾阳县学庠生郗应辰晓峰
增生方超元简州人
庠生彭维梓邑人[七]

[一] 光俊按：据光绪《重修彭县志》卷六，此人后来为岁贡生。
[二] 王言达：据光绪《重修彭县志》卷六，此人后来为岁贡生。
[三] 光俊按：据光绪《重修彭县志》卷七小传，此人字东白，道光乙酉（1825）举人，为官秦州、两当、秦安等县。
[四] 光俊按：据其为赵九峰《地理五诀》所作序言署款，此人字梦亭，乃赵氏门人。
[五] 光俊按：光绪《重修彭县志》卷七有小传，称其字贯一，学邃养纯，于《孝经》《周易》等并有发明，著有《四书经注笺微》。
[六] 光俊按：据本书卷二六，此人嘉庆十五年（1810）十一月任彭县典史。
[七] 光俊按：据光绪《重修彭县志》卷七小传，此人字澍南，彭以懋之孙，后任教授。

彭县表成都府属

	彭县		
两汉	繁县地		
三国汉			
晋			
宋齐梁	南晋寿郡宋置，梁兼置东益州。	晋寿郡梁置东益州。	
魏周	九陇郡周废州，改郡名。	九陇县周更名，郡治。	
隋	废，仁寿初（601？）置濛州，大业初（605？）废。	九陇县仁寿初置濛州，开皇初（581？）郡废。	
唐	彭州、濛阳郡初，复置濛州；贞观初（627？）废，属益州；垂拱二年（686），析置益州。	九陇县武德三年（620），以九陇、绵竹、导江置濛州，贞观二年（628）废。	濛阳县仪凤二年（677），析九陇、雒、什邡三县置，属益州；垂拱三年（687），改属彭州。
五代	彭州	九陇县	濛阳县
宋	彭州、濛阳郡属成都府路。	九陇县熙宁初（1068？）又置堋口县，旋省。	濛阳县
元	彭州属成都路。	至元中省入州。	濛阳县
明	彭县洪武十年（1377）降为县，属成都府。		洪武十年省。

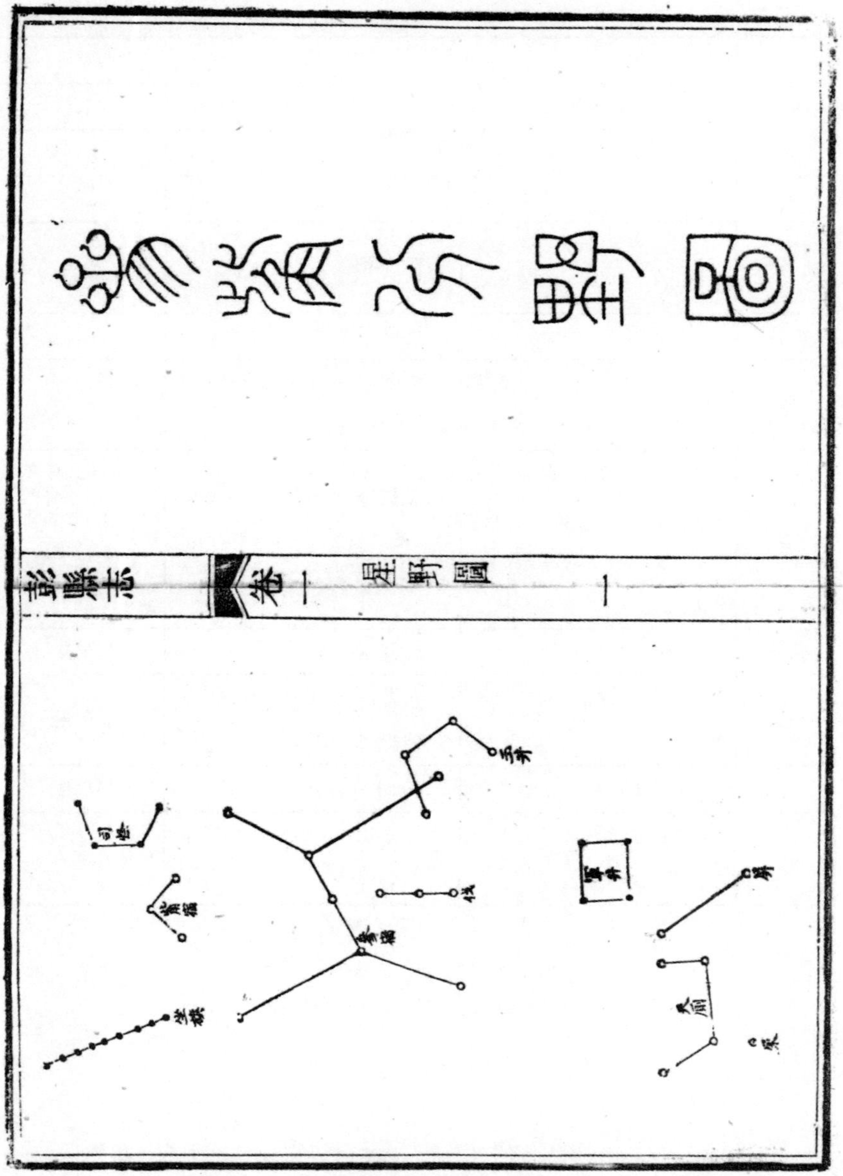

星野图

疆域图

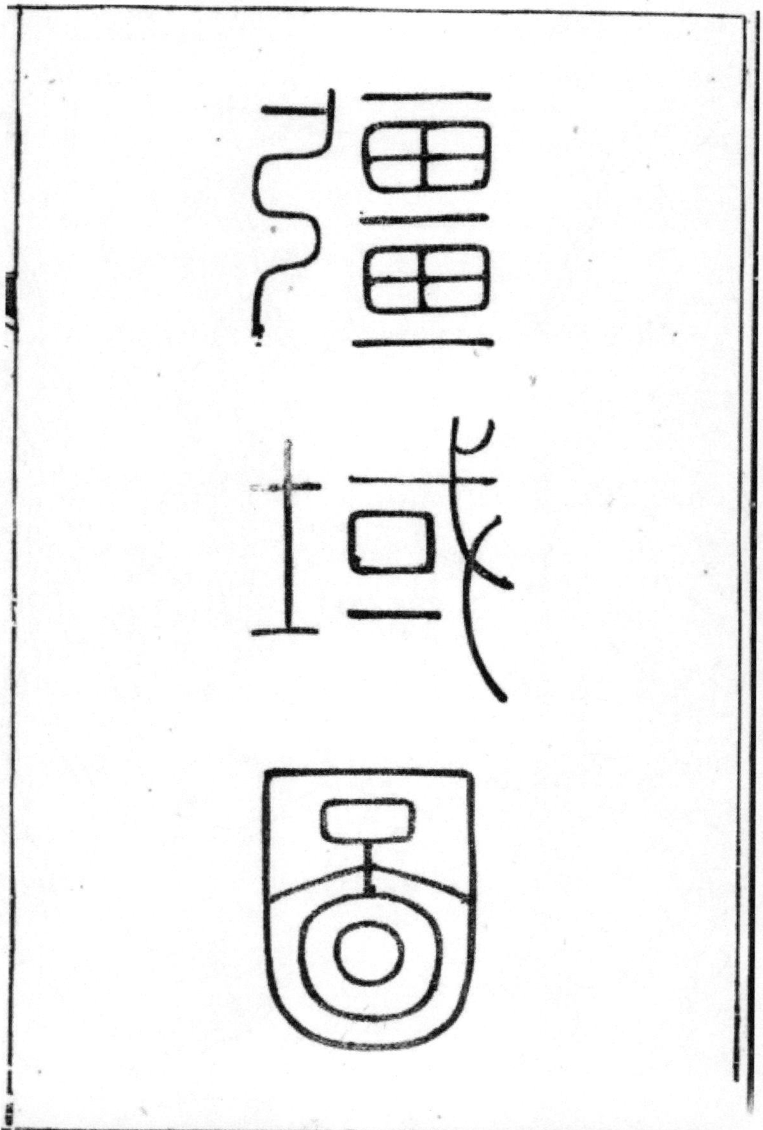

疆域图

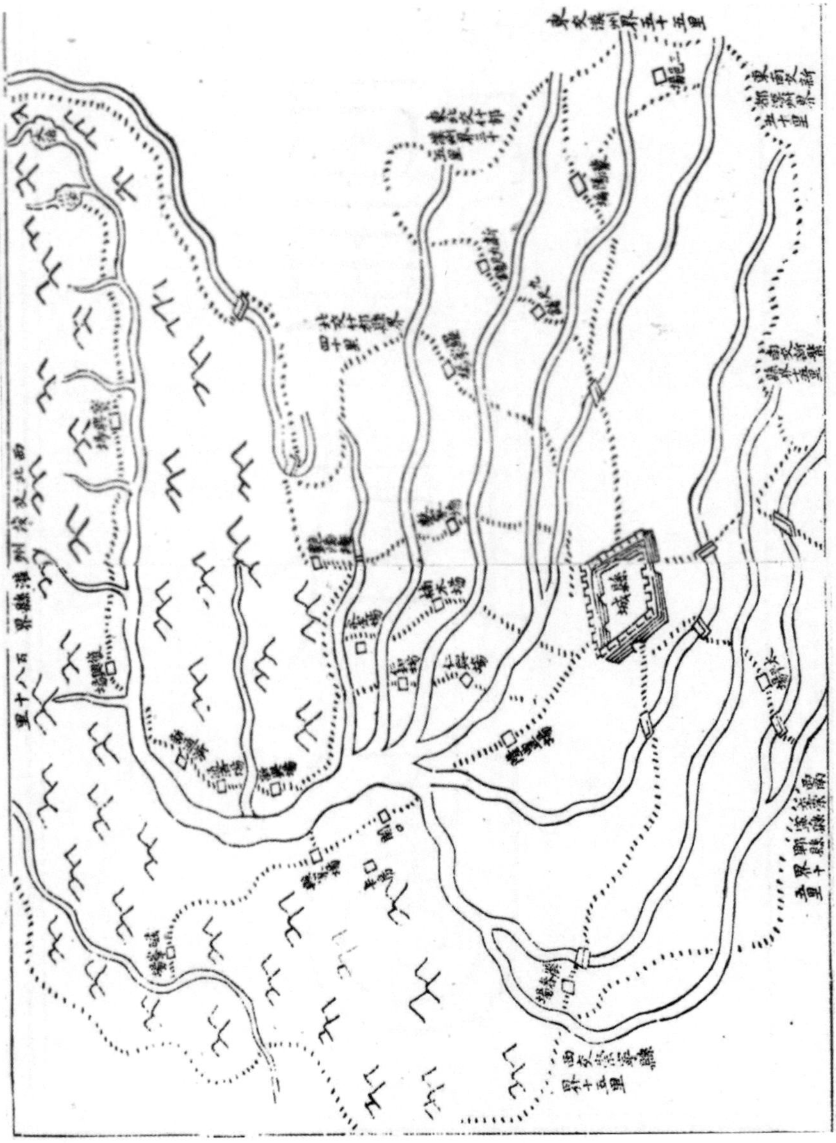

九峰山图

丹景山图

天彭山图

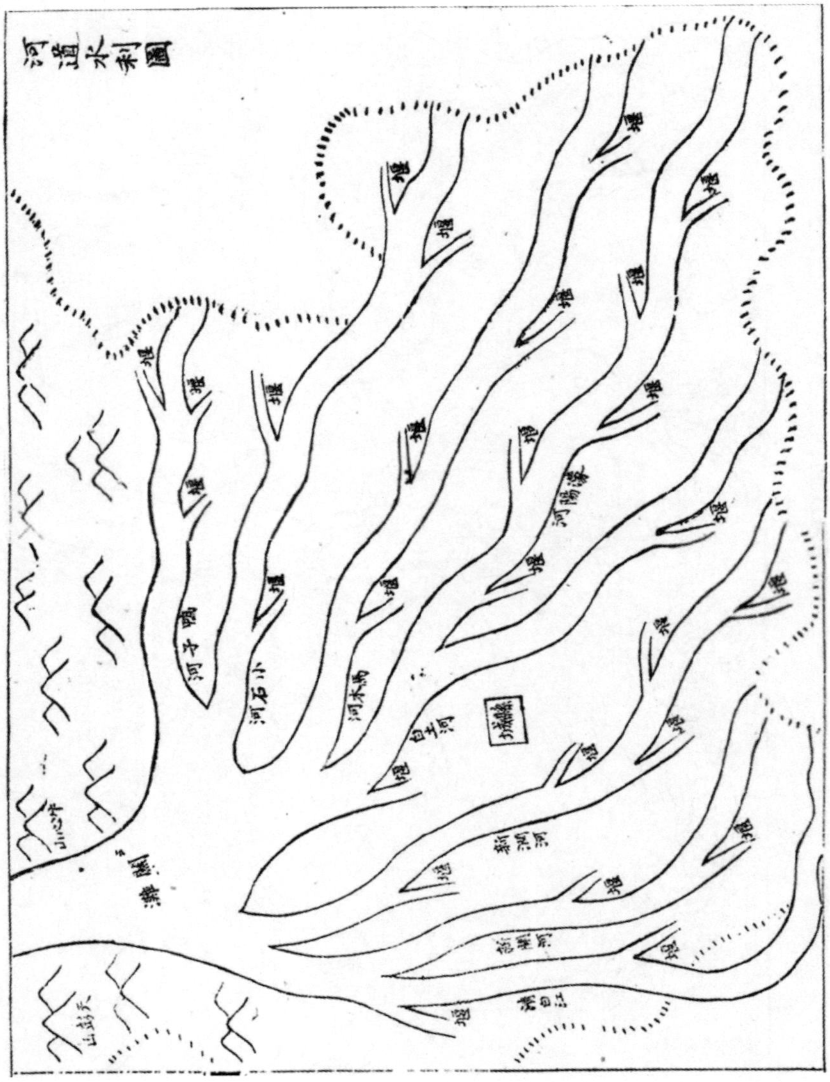

河道水利图

城池图

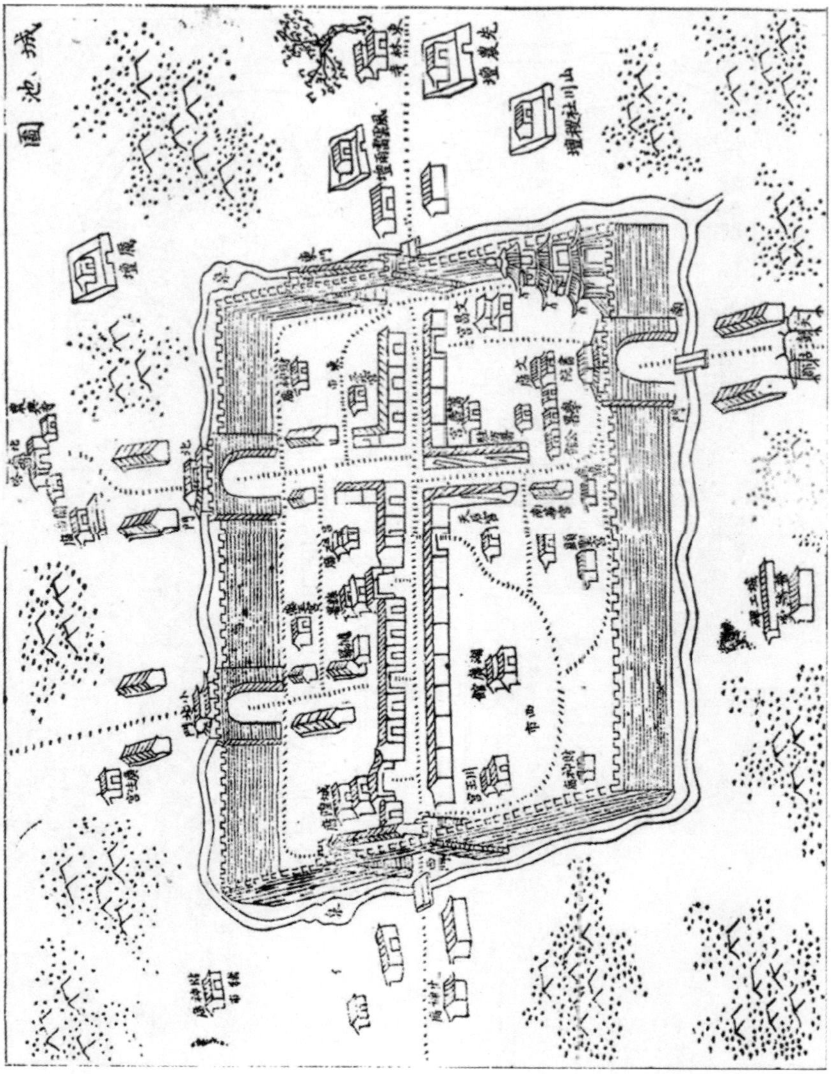

濛阳旧县图

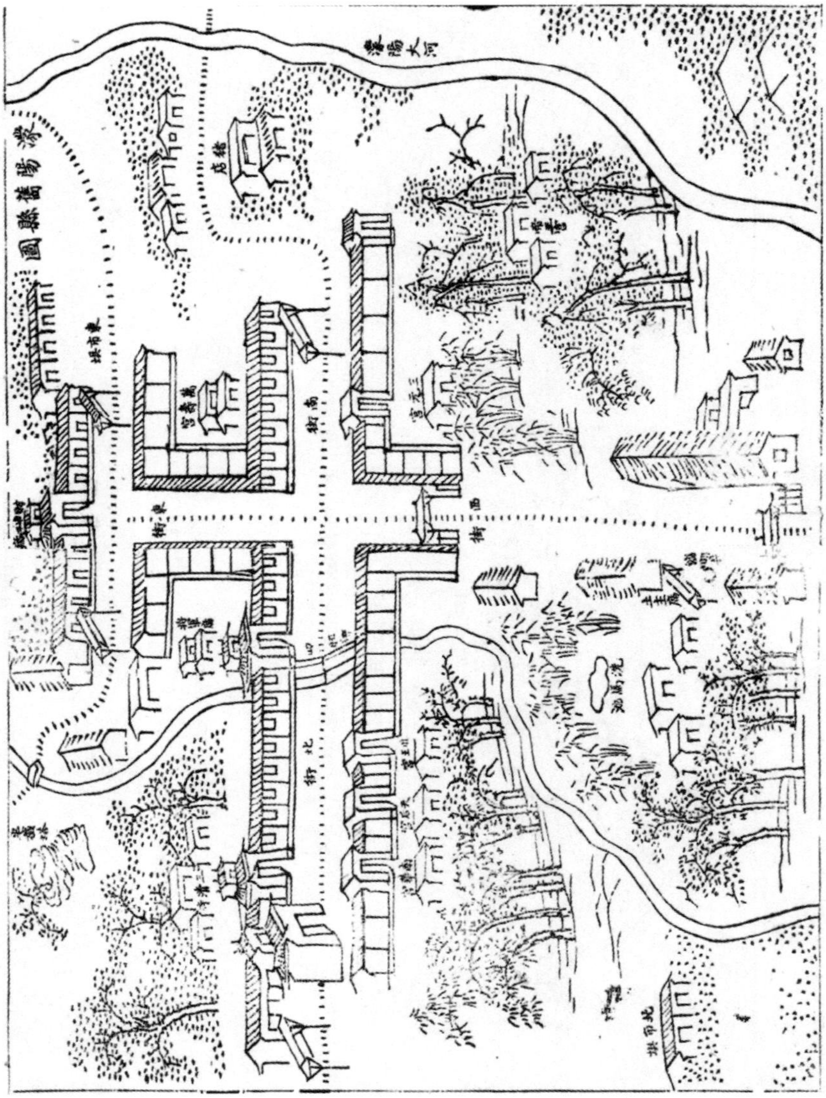

关口镇图

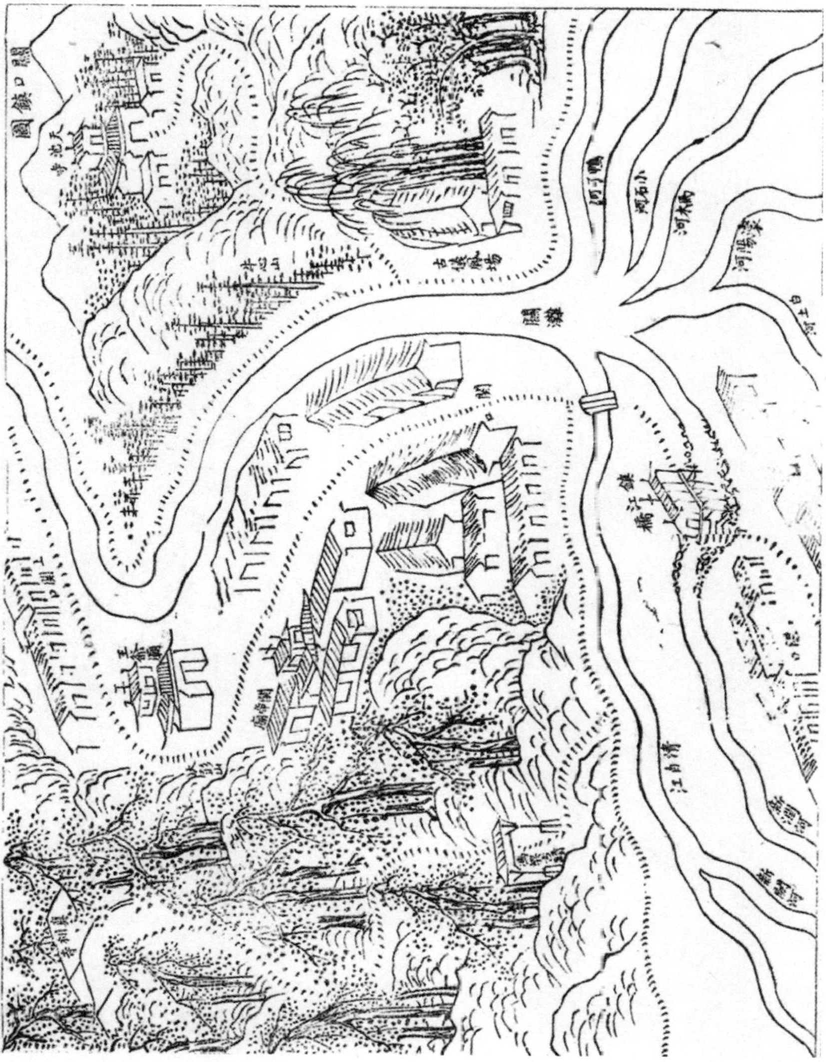

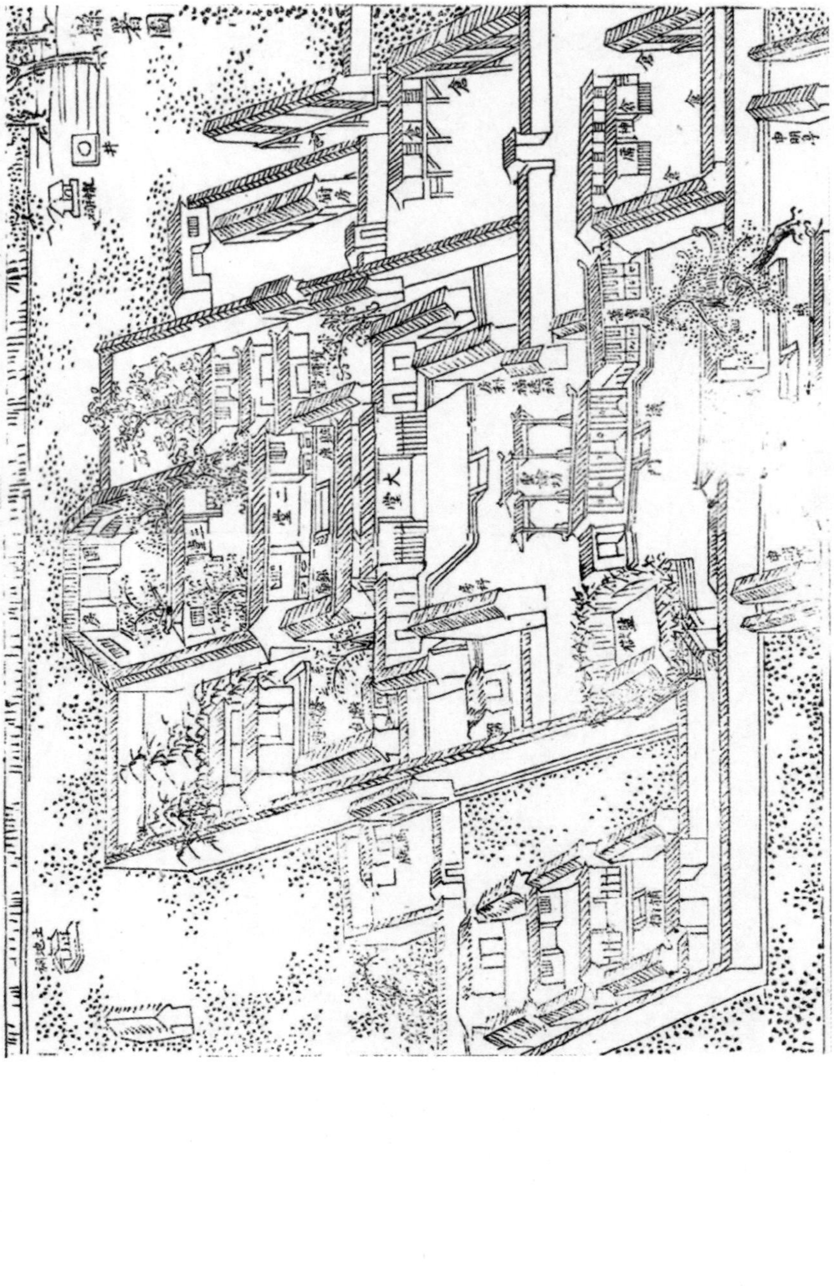

县署图

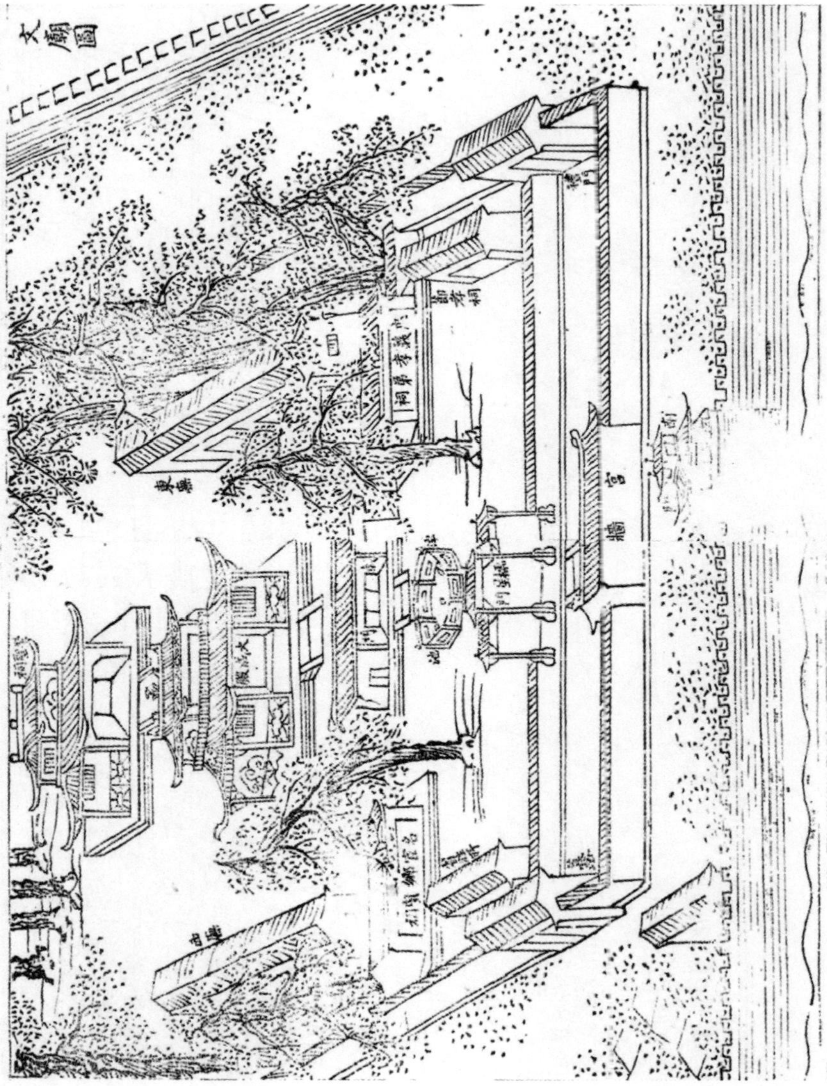

文庙图

九峰书院图

彭县志卷之一

星　野

《禹贡》梁州，今为巴蜀。井位参分，星躔攸属。象列西垣[一]，气通广漠。天德乾维，地灵坤轴。鹑首之次[二]，岷山之麓。是曰天彭，会昌建福[三]。作《星野志》。

《大清一统志》："井鬼分野，鹑首之次。"[四]

旧志："蜀，《禹贡》梁州之域。"[五]

《史记·天官书》："二十八舍，主十二州，益州属参分。"

《周礼·保章氏》注："觜参主益州。"[六]

《汉书》："巴、蜀分参、井、鬼。"又云："觜觿、参主益州。"[七]

《隋书》："益州分参。"[八]

[一] 西垣：即天市垣之西垣。

[二] 鹑首：星次名。指朱鸟七宿中的井宿和鬼宿。《梦溪笔谈》卷七 "天文家'朱鸟'，乃取象于鹑。故南方朱鸟七宿，曰鹑首、鹑火、鹑尾是也。"

[三] 会昌建福：《华阳国志》卷三引《河图括地象》云："岷山之上为井络，帝以会昌，神以建福。"

[四] 按，此处所引乃乾隆《大清一统志》卷二九一之语。底本将引文用双行小字排列，今改为正文字号，本书所有引文皆仿此，后文不再说明。

[五] 按，此处之"旧志"，实为泛称，故不加书名号。记载蜀地在《禹贡》中为梁州之域者，早见于《元和郡县图志》卷三一，其后则有《太平寰宇记》卷七二、《明一统志》卷六七等承袭之。

[六] 按，据《周礼订义》卷四四，此注文出自刘执中。

[七] 按，此处之引文亦源自雍正《四川通志》卷一，《汉书》并无相关记载；《后汉书·天文志上》虽然也谈到了各州之分野问题，但与此文字不合。《方舆胜览》卷五三《眉州·建置沿革》云："《禹贡》梁州之域，觜觿、参主益州。"虽记载与此处同，但并不言出处。

[八] 按，此处亦因袭雍正《四川通志》卷一。《隋书·地理志上》云："梁州于天官上应参之宿，周时梁州以并雍部，及汉又析置益州。"

丹元子《步天歌》[一]："天市西垣[二]，第四星曰巴，五曰蜀。"

《唐书》："剑南道分井、鬼。"[三]

《宋史》："益、梓、利、夔四路分井、鬼。"[四]又曰："东井、舆鬼，鹑首也。"[五]

《河图括地象》："岷山之上为井络。"[六]午山张庭云："井络即鹑首。"[七]

《华阳国志》："仰禀参、伐。"[八]

《蜀纪》："帝居房、心[九]，决事参、伐，是为蜀分。"

天文占候，镇星主井，五车、卿星、弧矢星俱主益州[十]。

蔡邕《月令章名》："自毕六度至井十度，谓之实沈之次，晋之分野。自井十度至柳三度，谓之鹑首之次，秦之分野。"[十一]

[一]"歌"，原误作"籁"，因袭雍正《四川通志》卷一而误，据《通志·天文略一》改。其文云："隋有丹元子者，隐者之流也，不知名氏。作《步天歌》，见者可以观象焉。王希明纂汉、晋《志》以释之，《唐书》误以为王希明也。"

[二]"市"，原作"帝"，因袭雍正《四川通志》卷一误，据《史记》及《文献通考》等书改。按，《史记·天官书》："东北曲十二星曰旗，旗中四星曰天市。"张守节《正义》："天市二十三星，在房、心东北，主国市聚交易之所，一曰天旗。"《文献通考·象纬考一·中宫三垣》引《宋两朝天文志》云："天市垣二十二星，东西列各十一星。……其西垣第一星曰韩，第二星曰楚，第三星曰梁，第四星曰巴，第五星曰蜀……"又，《订讹》已指出此误。

[三]按，此说亦因袭雍正《四川通志》卷一，两《唐书》皆无相关记载。

[四]按，此处因袭雍正《四川通志》卷一。《宋史·地理志三》云："陕西路，盖《禹贡》雍、梁、冀、豫四州之域，而雍州全得焉。当东井、舆鬼之分。"《宋史·地理志五》云："川峡四路，盖《禹贡》梁、雍、荆三州之地，而梁州为多。天文与秦同分。"

[五]按，此句因袭雍正《四川通志》卷一。所谓"又曰"云云，不见于《宋史》，而见于《旧唐书·天文志下》《新唐书·天文志一》。《四川通志》在此句之下尚有"尽巴蜀、汉中之地"，此句亦见两《唐书》，足证《四川通志》系据《唐书》征引文字而误题出处为《宋史》。

[六]"上"，原误作"下"，据《华阳国志》卷三改。按，此条早见于《华阳国志》，又见《三国志·蜀志·秦宓传》注文及雍正《四川通志》卷一。所谓《河图括地象》者，乃纬书，相关佚文见《古微书》卷三二。至于此处之误，《订讹》已指出。

[七]午山：疑误。张庭乃明代夹江人，字子家。嘉庆《夹江县志》卷八《人物志·宦业》下列其小传云："张庭，字子家，嘉靖进士。历吏部文选郎中，博学有才识。遇事敢言，以直言忤权贵，左迁副使。有《兀山存稿》《岷峨志》《邑志》《玄览要略》等书。"则所谓"午山"，或当作兀山。按，此条亦因袭雍正《四川通志》卷一。

[八]参、伐：皆星名，伐星属于参宿。《史记·秦始皇本纪》："盖得圣人之威，河神授图，据狼、狐，蹈参、伐，佐政驱除，距之称始皇。"又按，此引文出《华阳国志》卷一。

[九]"心"，原误作"星"，据《华阳国志》卷一二及雍正《四川通志》卷一改。

[十]按，此条亦因袭雍正《四川通志》卷一，相关记载可参《晋书·天文志上》。

[十一]按，此文见《后汉书·律历志下》李贤注文所引。

《晋书·天文志》:“自毕十二度至东井十五度为实沈，自东井十六度至柳八度为鹑首，属益州。”[一]

按《博雅》，在天一度，统地二千九百三十二里[二]。蔡邕《月令》自毕十二度至东井十五度为实沈，于辰在申，魏分，属益州。丹元子云：“天市西垣[三]，第四星曰巴，第五星曰蜀。”“成都属鬼、井之分，入参一度”[四]，实沈之躔。今彭邑在成都西北一百里，当井。自十度之前为实沈之次，以后为鹑首之次。入井，于辰在申。考彭邑在申末酉间，故唐诗有“井络天彭一掌中”之句[五]。

[一] 按，此条乃据《晋书·天文志一》改写。

[二] 按，此条出《广雅·释天》。称《博雅》者，隋朝时避杨广讳而改，此处沿袭旧称而已。

[三] “市”，原作“帝”，今改，详本卷前文“西垣”条。

[四] 按，此说见雍正《四川通志》卷一。

[五] 按，此句出李商隐《井络》诗。

彭县志卷之二

沿　革

晋寿、彭州，设官牧伯。绥三望县[一]，秩二千石。有明之初，制度厘革。改隶益州，编之载籍。圣朝御宇，考镜前册。旋并复分，疆围重辟。作《沿革志》。

《禹贡》梁州之域，彭县在府西北九十里[二]。本汉、晋繁县地。刘宋元嘉十二年（435）置南晋寿郡及晋寿县。齐因之。梁置东益州。后周废州改郡、县，俱曰九陇。隋开皇初（581？）废郡，仁寿初（601？）置濛州，大业初（605？）废县，属蜀郡。唐武德三年（620）复置濛州；贞观二年（628）州废，县属益州；垂拱二年（686）改置彭州；天宝初（742）改濛阳郡[三]；乾元初（758）复曰彭州[四]，属剑南道。五代及宋因之。元至元十三年（1276）省九陇县入州[五]。明初降州为县，属成都府。本朝康熙七年（1668）并入新繁县，雍正七年（1729）复置[六]。

《汉书·地理志》："繁属蜀郡。"[七]

[一] 三望县：据《元和郡县图志》卷三一，彭州管四县，其中九陇、导江、唐昌属于"望"，濛阳属于"紧"。

[二] 按，《元和郡县图志》卷三一称彭州在成都西北一百里。此处所言距离与《明一统志》卷六七、乾隆《大清一统志》卷二九二等相合。

[三] 按，据《旧唐书·地理志四》，改为濛阳郡在天宝元年。

[四] 按，据《旧唐书·地理志四》，改为彭州在乾元元年。

[五] 按，此说本自雍正《四川通志》卷二，乾隆《大清一统志》卷二九二亦有相同记载。

[六] "七"，原作"六"，当是据乾隆《大清一统志》卷二九二而来，其说有误，今据《清世宗实录》卷八七改。其文云："(雍正七年十月己酉）吏部议覆：四川巡抚宪德疏言，川省州县先因地广人稀，政事简少，将双流等县裁并。今生聚日繁，应复设县治，照旧分理。成都府，复设双流县、崇宁县、彭县……至各县教职、俱设训导一员，以司学校。均应如所请。从之。"

[七] 按，此条见《汉书·地理志上》。

《后汉书·郡国志》："繁属蜀郡。"[一]

《晋书·地理志》："繁属蜀郡。"[二]

《宋书·州郡志》："元嘉十二年置南晋寿郡、晋寿县。"[三]

《南齐书·州郡志》："南晋寿郡。"[四]

《梁书》[五]："置东益州。"

后周废益州[六]，改九陇郡，置九陇县。

《隋书·地理志》："仁寿初（601？）废九陇郡，置濛州，大业初（605？）废。"

《唐书·地理志》[七]："垂拱二年（686）析益州置彭州、濛阳郡，隶剑南道，领县四。武德三年（620），以九陇、绵竹、导江置濛州[八]。贞观二年（628），州废，县皆来属。导江本盘龙，武德元年（618）以故汶山置，寻更名。贞观中曰灌宁，开元中复为导江。唐昌，仪凤二年（677）析九陇、导江置，长寿二年（693）曰周昌，神龙元年（705）复故名。濛阳，仪凤二年析九陇、什邡、雒置。又有府二，曰天水、唐兴，有威戎军。"

《宋史·地理志》："彭州，濛阳郡，军事，紧[九]。县三：九陇，望，唐县，熙宁二年（1069）置堋口县，四年（1071）省为镇，入焉；崇宁，望，本唐昌县，崇宁元年（1102）改；濛阳，望。"

[一] 按，此条见《后汉书·郡国志五》。

[二] 按，此条见《晋书·地理志上》。

[三] "二"，原作"三"，据前文及《宋书·州郡志四》改。

[四] 按，此条见《南齐书·州郡志下》。

[五] "梁书"后，原有"州郡志"三字，今删。按，《梁书》并无《州郡志》。其书《诸夷列传·西北诸戎》之"武兴国"云："大同元年（535），克复汉中。智慧遣使上表，求率四千户归国，诏许焉，即以为东益州。其国东连秦岭，西接宕昌，去宕昌八百里，南去汉中四百里，北去岐州三百里，东去长安九百里。"从这里描述的地理位置来看，所谓东益州，应该不是旧彭州之地；且彭州大体位于川西，亦不应名"东益州"。又，《太平寰宇记》卷七三称梁天监中置东益州，不知何据。

[六] "后周"下，原有"州郡志"三字，今删。按，《周书》并无《州郡志》，整个《周书》也无"九陇郡"。从文献来看，《隋书·地理志上》《通典·州郡六》较早记载了后周置九陇郡的情况。又，《订讹》已指出《梁书》《周书》无《州郡志》。

[七] 按，此处所据当是《新唐书·地理志六》，因为《旧唐书·地理志四》称垂拱二年（686）置彭州，天宝元年（742）改为濛阳郡，与此不同。

[八] "濛"，原作"蒙"，据《新唐书》改。

[九] 按，据《宋史·地理志五》，彭州，紧；濛阳郡，军事。此处之改写颇为含混。

《寰宇记》："彭州，濛阳郡[一]，今理九陇县。秦、汉属蜀郡。晋以后又为蜀、宁蜀二郡之地。梁天监中，置东益州。后周武帝废州，又为九陇郡。隋初郡废，复置濛州，取濛水为名。炀帝初州废，并其地入蜀郡。周垂拱二年分益州之九陇等四县置彭州，取古天彭阙为名。天宝元年（742）改为濛阳郡。乾元元年（758）复为彭州。《益州记》云[二]：'彭之地号小郫，土地肥良，比之郫邑也。'元领县四，今三。一县割出：导江，入永康军。九陇县，依旧三十乡，州所理。汉繁县地，宋置晋寿郡，古城在县西北三里[三]。梁置东益州，后魏为天水郡，仍改为九陇，以九陇山为名。隋初，于县东三里置濛州，大业省。唐武德二年又置濛州，领九陇、绵竹、导江三县。贞观初省，县属益州。垂拱二年，于县置彭州。永昌县，西三十里，依旧二十三乡。唐仪凤二年（677）割导江、九陇，于益州郫县界置唐昌，属益州。垂拱二年（686）属彭州，长寿三年（694）改为周昌[四]，神龙初（705？）复旧名。梁开平二年（908）改为归化县[五]。后唐同光初（923？）复旧[六]。晋天福初（936？）为彭山县。今为永昌县。濛阳县，东三十九里，旧二十四乡，今一十四乡。唐仪凤二年割九陇、雒、新都、新繁、什邡等县，于九陇县界濛江之北置，故曰濛阳。垂拱三年（687）来属。"

《元和郡县志》："彭州，濛阳，紧。《禹贡》梁州之地，汉分梁州为益州，即汉益州繁县地也。垂拱二年于此置彭州，以岷山导江，江出山处，两山相对，古谓之天彭门，取以名州，管县四。九陇县，望，西至州郭下二里。本汉繁地，旧曰小郫，言土地肥良，比之郫县也。梁于此置东益州，后魏改为九陇郡[七]，取九陇山为名也。隋开皇三年（583）罢郡为九陇县[八]，属益州。皇朝因之[九]，后改属彭州。导江县，望，东至

[一]"濛"，原误作"汉"，据《太平寰宇记》卷七三改。

[二]"记"，原作"志"，据《太平寰宇记》改。按，《益州记》有李膺、任豫两人所作两种，此处不知具体为何人书。

[三]"西"，原脱，据《太平寰宇记》补。

[四]按，前文引《新唐书·地理志六》，改周昌在长寿二年。

[五]"二年"，原作"三年"，据《太平寰宇记》改。

[六]"初"，原脱，据《太平寰宇记》补。

[七]按，《隋书·地理志上》《通典·州郡六》皆称后周改九陇郡。此处称后魏，或误。武英殿聚珍版、文渊阁《四库全书》本《元和郡县志》卷三二皆作"后周"。

[八]"隋"，原脱，据《元和郡县图志》卷三一补。按，《订讹》已指出此脱文。

[九]"皇朝因之"，原脱，据《元和郡县图志》补。按，《订讹》已指出此脱文。

州五十八里。本汉郫县地，武德元年（618）于灌口置盘龙县，寻改为灌宁县。二年（619）又改为导江县，取《禹贡》'岷山导江'之义也。垂拱二年（686）割入彭州。唐昌县，望，东至三十里。本郫县、导江、九陇三县之地，仪凤二年（677）于此分置唐昌县。濛阳县，紧，北至州四十里[一]。本九陇、雒县、新都、新繁、什邡五县之地，仪凤二年于此分置濛阳县，在濛江之水北，因曰濛阳。"

《元丰九域志》："紧，彭州；濛阳郡，军事。治九陇县，县四。望，九陇。三十乡，堋口、木头二镇，鹿角一寨。堋口、木头二茶场。望，永昌，州西二十六里。二十三乡，一茶场。望，濛阳，州东三十一里，一十四乡。望，导江，州西七十五里。二十乡，导江、蒲村、唐兴三镇。导江、蒲村二茶场，一矾场。乾德四年（966）以导江县隶永康军。开宝四年（971）改唐昌县为永昌县。熙宁二年（1069）置堋口县，四年（1071）省为镇，入九陇；五年（1072）废永康军为寨，以导江县还隶；七年（1074）废永康寨；九年（1076）复即导江县治置永康军使。"

《元史·地理志》："彭州属成都路。"[二]至元中[三]，九陇县省入州。

《明史·地理志》："彭州，洪武十年（1377）五月降为县，属成都府。又东有濛阳县，元属彭州，洪武十年五月省。又北有白石沟巡检司。"[四]

[一]"州"，原脱，据《元和郡县图志》补。
[二] 按，此处乃据《元史·地理志三》改写。
[三] 按，本卷开篇称省九陇县在至元十三年（1276）。
[四] 按，此条出《明史·地理志四》。

彭县志卷之三

疆　域

方五十里，周建小国[一]。后世因之，画疆分域。昔为郡治，环列属邑。改隶益州，重比畿赤[二]。式瞻表树，毋思越陌[三]。以固吾圉，拱建皇极。作《疆域志》。

彭县在府西北九十里，东西距八十五里，南北距一百一十五里。东至汉州界七十里，西至崇宁县界十五里，南至新繁县界十五里，北至九峰山后，交直隶茂州界一百里，东南至汉州界五十里，西南至崇宁、灌县二县界三十里[四]，东北至什邡县界四十里，西北至灌县界一百一十里。见旧《省志》[五]。

按，县治在成都府西北一百里。东西距七十里，南北距五十五里。东至汉州杨家沟界五十五里；西至县属丽春场，交崇宁县界十五里；南至界牌，交新繁县界十五里；北至县属罗家场，交什邡县界四十里；东南至县属三邑桥，交新都县、汉州界五十里；西南至县属太平场，交崇宁县、郫县界十五里；东北至县属三界桥，交什邡县、汉州界三十五里；西北至县属九

[一] 按，《孟子·万章下》云："小国，地方五十里。"

[二] 畿赤：唐代划分州县等级地位为七级，京都所治县为赤，京之旁邑为畿。《通典·职官十五·州郡下》云："大唐县有赤、畿、望、紧、上、中、下七等之差。京都所治为赤县，京之旁邑为畿县，其馀则以户口多少、资地美恶为差。"

[三] 越陌：跨过界限。《文选·曹操〈短歌行〉》："越陌度阡，枉用相存。"此处指背井离乡，逃亡他方。

[四] 按，关于西南交界之说，此处是因袭雍正《四川通志》之语，并未做评述与更改。《订讹》认为，"灌"当作"郫"，"三十里"当作"二十里"，是。实则据本书卷首之地图，西南方标注正作"西南交崇宁县、郫县二县界十五里"。

[五] 按，相关数据源自雍正《四川通志》卷三之上。

峰山后，交直隶茂州、灌县界一百八十里[一]。

四乡，共十七里。东乡，凤楼、新香、石河、巽恭凡四里；西乡，鹿坪、禾川、仙居、梯云凡四里；南乡，绣城、连封、仁风、濛阳凡四里；北乡，永定、华园、岚屏、锦田、艳阳凡五里[二]。

[一] 光俊按：杨家沟在今濛阳街道境内，原濛阳乡。原丽春场西与崇宁县交界，1959 年君平乡等崇宁县地划归彭县，边界有乡西延伸十数里至北桥。罗家场原属罗万乡，今属濛阳街道的最北边，东与什邡市相邻。三邑桥原属三邑乡，以与新都、广汉三交界故名，今属濛阳街道。太平场今属致和街道，原属太清乡，西与郫都区、南与新都区交界。三界桥在今濛阳街道，原属义和乡（曾名三界乡），以桥名三界，过桥向北通什邡，偏南通广汉。最北端俗称太子城和文政梁子，北接茂县，偏西属都江堰市，偏东属什邡市。

[二] 光俊按：1989 年版《彭县志》第 76 页对彭县行政区划有详细介绍，抄录如下（括号内为现在的大体地域）：

乾隆五十年（1785）闽人谢生晋任知县时，将全县分成东、南、西、北 4 乡，并以龙兴寺塔层数，划分全境为 17 里。

东乡：在县城东北，管辖 4 里。

石河里：沿小石河，包括今罗万、三界和升平老罗场、统圣寺一带。（今属濛阳街道和九尺镇）

巽恭里：今清平全境和升平大部分、九尺铺和新街、老街、戊寅乔、麻柳村等地。（今属天彭街道和九尺镇）

凤楼里：以境内凤鹤楼得名，包括今敖平、军乐和升平乡西境。（今属敖平镇、隆丰街道和九尺镇）

新香里：今升平大墓山、广兴寺一带。另万年乡一至七村地区也属该里。（今属九尺镇和葛仙山镇）

南乡：在县境东南，管辖 4 里。

绣城里：城关及其附近。（今属天彭街道）

仁风里：主要是致和乡东部三教庵、书经台一带。（今属致和街道）

濛阳里：今濛阳、竹瓦、三邑等乡镇。（今属濛阳街道）

连封里：一作贤德里，以贤德寺得名。包括太清及致和西境。（今属致和街道）

西乡：在县境西和西北，管辖 4 里。

禾川里：包括关口、隆丰场到丽春一带。（今属丹景山镇、隆丰街道和丽春镇）

仙居里：即明时仙居里部分地域。领今隆丰镇西境自三昧水到废青龙场和丽春良坪一带。（今属丹景山镇、隆丰街道和丽春镇）

鹿坪里：包括今大宝、小鱼洞、磁峰和海窝子上场。主要是湔江西岸地区。今属桂花镇和龙门山镇）

梯云里：主要是湔江以东的通济、思文、白鹿 3 乡。（今属通济镇和白鹿镇）

北乡：县境中部城关以北地区，辖 5 里。

岚屏里：包括利安场和百贤乡的万家庵、白衣庵、化成院一带。（今属隆丰街道和天彭街道）

锦田里：百贤乡东境，军乐西部的朝阳庵、香水寺和利安的寂光寺、杜家林、骆家林等地。（今属隆丰街道和天彭街道）

永定里：今永定乡全境和楠木中正庵一带。（今属丹景山镇和葛仙山镇）

艳阳里：包括今红岩乡和万年乡花园沟、葛仙山、官仓等地。（大体以葛仙山为界，东属敖平镇，西属葛仙山镇）

华园里：今楠木乡大部分和万年乡玉河村一带。（今全属葛仙山镇）

彭县志卷之四

形　势

名都盘盘[一]，益为天府[二]。北鄙百里，彭门区宇。群峰崒嵂，大隋下俯[三]。青城、玉垒，左右夹辅。四达康衢，松州前户。沱水经流，功溯神禹。作《形势志》。

《通志》："彭门斗城。九峰高峙，濛水长流。"[四]

前襟清白[五]，后枕蓥华[六]，左抱灌、崇[七]，右临新、汉[八]。

[一] 盘盘：宽广巨大貌。《西山文集》卷三三《潭州复税酒颂》："洞庭之南，衡岳之麓，盘盘大都，维楚旧服。"

[二] 天府：成都之美名。《华阳国志》卷三："地称天府，原曰华阳。"又云："又溉灌三郡，开稻田，于是蜀沃野千里，号为陆海。旱则引水浸润，雨则杜塞水门，故记曰：'水旱从人，不知饥馑''时无荒年，天下谓之天府'也。"

[三] 大隋：山名，详本书卷五。

[四] 按，此语见雍正《四川通志》卷三之下。实则《方舆胜览》卷五四已有"号为斗城""九峰高峙，濛水浚发"之语。

[五] 清白：江名。本书卷五云："马水河，东经州南，入清白江。""渡船河自崇宁县流经彭县界，合玉村河入新繁界，为清白江。"雍正《四川通志》卷三之下论郫县云："地壤膏腴，江流清白。"

[六] 蓥华：山名，在今什邡市。

[七] 灌、崇：据本书卷三所叙四至八到之情况，灌指灌县，即今都江堰；崇指崇宁县，治所在今郫都区唐昌镇。

[八] 新、汉：据本书卷三，新指新繁县，治所在今新都区新繁镇；汉指汉州，今广汉。按，关于此左右临界情况，《订讹》认为"左右互误"。根据本书卷首所绘地图，以人观图，彭县左边为灌、崇，右边为新、汉，不误。

彭县志卷之五

山　川

彭阙崇冈，千仞斗立。峭壁中断，两崖相揖。大隋壓天，龙怀蟠结。孕川含陆，冈峦崒嵂。羲舒沐浴[一]，屏黔呼吸[二]。玉水沱江，萦带城邑。作《山川志》。

天彭门。《一统志》："在县西北三十里。两峰对立如阙，名曰天彭门。"[三]《九域志》："彭州有彭门山。"[四]《太平寰宇记》[五]："梁天监中立东益州于此。又号小郫，以土地肥良比诸郫邑。"《明统志》："天彭门一名彭门山。"[六]彭邑诸山之水俱由此出，故曰彭门。《华阳国志》云[七]："李冰初谓汶山为天彭山，及见此两山对峙如阙，因号天彭阙。"

[一] 羲舒：日神羲和与月神望舒，此处代指日月。《小畜集》卷二六《日月光天德赋》："是何凿混沌之精，挂羲舒之影。"

[二] 屏黔：保护与攻击。屏者，屏障，以守卫；黔者，羊黔，高积薪土以攻城。《墨子·备高临》："积土为高，以临吾城，薪土俱上，以为羊黔。'此处连用以喻地势险要。《升庵集》卷二四载《禹碑歌》云："文章绚烂悬日月，风雷呵护环屏黔。"《湖海诗传》卷三五载杨芳灿《王氏汉官铜印歌》云："精光夜上触牛斗，灵神默护趋屏黔。"均用此义。

[三] 按，此处所引见乾隆《大清一统志》卷二九二"彭门山"条，而此书又是因袭《明一统志》。

[四] 按，整理本《元丰九域志》卷七正文无相关记载，而见于附录之《新定九域志》卷七"古迹"类。又，《订讹》已指出《九域志》无此说。

[五] "太平寰宇记"，原作"华阳国志"，显误，晋人常璩所作之《华阳国志》不可能记载南朝梁之事。今据称梁天监中置东益州最早见于《太平寰宇记》，以及所谓"邑号小郫"亦见《太平寰宇记》而改出处。又按，《订讹》言"《华阳国志》"当作"《元和郡县志》"，虽然说明了作"《华阳国志》"有误，但认为此语出《元和郡县志》，却不确，《元和郡县志》亦无此说。

[六] 按，此条出《明一统志》卷六七。

[七] "华阳国志"，原误作"方舆胜览"，《方舆胜览》卷五四并无相同记载，据此说最早见《华阳国志》卷三而改出处。又按，《订讹》已指出此误。

牛心山。在县西北三十里，相传志公和尚讲经之所[一]。山顶涌出一池，名曰天池，与彭门山隔江对峙，山南有古石洞存焉。山麓为古花村，以其俗好植牡丹故名[二]。

至德山。在县西北。《方舆胜览》："在彭州西三十里。"[三]《名胜志》："至德山上有广明院。蜀王衍常游是山，患其高险，令于福唐寺东别开一径，凡数里，广可二丈，栽松砌石，以达于寺，从官悉骑以从。松枯石怪，尚有存者[四]。至德山有三昧泉，自石窦喷洌，方大如斗，不竭不溢。俗传即知玄国师洗人面疮之处[五]，至今疾者浇之多效。按《高僧传》，释罗僧者，蜀圣寺中得果位人也[六]。尝寝疾于五台山[七]，同会僧众俱不之测。悟达国师独视之，将及九旬，病愈。别去，云：'所苦今遂平复，由师之力！我住在剑外九陇郡之茶笼山，尔异日游方，无忘相访也。'悟达暮岁至蜀，历访群峰，讯老樵辈，皆以未尝闻兹山名。乃叹曰：'噫！病禅之妄也？'将回，遇一山童，曰：'某是彼岩之聚沙者。'[八]前导而去。俄睹殿塔俨空，房廓环肃，果值昔之病僧。迎门叙故，日将暮矣，而谓之曰：'兹寺非得漏尽通不能至[九]。尔以宿缘，一谐遘止。言寄寓乎，斯

[一] 志公和尚：释宝志（418—514），南朝僧人，俗姓朱，金城人。少出家于京师道林寺，师从沙门僧俭，修习禅业。宋明帝时出入钟山，往来都邑。好作语言，语如谶记。齐武帝、梁武帝皆甚礼重。传见《南史·隐逸传下·陶弘景附释宝志》及《神僧传》卷四等。据《神僧传》所载详细履历，此人应未曾入蜀，雍正《四川通志》亦不载此人，故所谓志公和尚讲经处之说，实传言耳。

[二] 光俊按：山在湔江出山处东岸。《三洞珠囊》卷七所谓"道由罗江水两岐山口入"当即指此。《方舆胜览》卷五四云："牛心山下谓之花村。"牛心山之名见于此。光绪《重修彭县志》卷一称之为"牛囟山"，可备一说。

[三] 按，此条出《方舆胜览》卷五四。

[四] 按，此处所引《名胜志》，即《蜀中名胜记》，乃《蜀中广记》之一门，引文出其书卷五。此段关于广明院的记载，又早见于《方舆胜览》卷五四。

[五] "玄"，原作"元"，避讳而改者，今据《蜀中广记》卷五回改，后文此人之名作"元"者径改。按，悟达国师讳知玄，居九陇山。《蜀中广记》卷九五《水懺文》条及本书卷三六有详传。

[六] "位"，原作"仙"，据《蜀中广记》卷五及《宋高僧传》卷二一《唐彭州九陇茶笼山罗僧传》改。

[七] "寝"，原作"寐"，据《蜀中广记》及《宋高僧传》改。寝疾者，卧病在床。

[八] 聚沙：本指积小善而成大行，这里代指从小修习佛法者。《法华经》卷一云："若于旷野中，积土成佛庙，乃至童子戏，聚沙为佛塔，如是诸人等，皆已成佛道。"

[九] 漏尽通：佛教六种神通之一。分别为：神足通、天耳通、他心通、宿命通、天眼通、漏尽智证通。《大乘阿毗达磨杂集论》卷一四云："漏尽通者，谓依止静虑于漏尽智威德具足中，若定、若慧及彼相应诸心心法。漏尽智者，谓由此智通达一切漏尽方便，及诸漏尽、威德具足者，此智成满故。"又据《大智度论》卷二八，漏尽通有漏习俱尽与漏尽习未尽二种，前者是佛，后者是菩萨。

为未可。尔其克勤修证，诣果胡难？’乃命旧童送师归去。回望之顷，但见岩壁峭峻，杉桧莽苍而已，则开成（836—840）中事也。时知玄著传之次，得僧可思，尤闲地理[一]，为玄作茔兆于丹景前峰。其山若雉堞状[二]，虽高低起伏，而中砥平。俄有里人耆老曰：‘古相传茶笼山矣。’”

九陇山。在县西北四十五里。《元和志》：“在九陇县西二十五里，连峰迤逦，凡有九曲。”[三]《寰宇记》：“山屈曲九折，有九陇之名。自永昌县崇宁也。连亘至县界[四]，崖谷险峻，人所罕到。有鸣猿谷[五]、清风岭、鸭子鼻。”《方舆胜览》：“古彭州之西山。一伏陇，二豆陇，三秋陇，四龙奔陇，五走马陇，六骆驼陇，七千秋陇，八较车陇，九横担陇。”[六]故有九陇之名[七]。

丹景山。在县西北[八]。《四川通志》[九]：“山在彭州西北三十五里，与天彭山相接。”《十国春秋》：“咸康元年（925）九月，蜀后主王衍奉太后、太妃祷青城山，又历丹景山，宫人皆衣云霞之衣，游丹景山金华宫，太后、太妃赋诗而还。”[十]宋韩绛记云：“群山之间，风气流爽，一日之间备四时焉。”[十一]“山多牡丹，春时香艳袭人。相传彭祖遍游洞府以窥圣迹，尝往来于其中。”[十二]或云唐金头陀经修，始植牡

[一] 闲：通“娴”，熟习。《诗·大雅·卷阿》：“君子之马，既闲且驰。”郑玄笺：“闲，习也。”

[二] 雉堞：城上短墙。《文选·鲍照〈芜城赋〉》：“板筑雉堞之殷，井干烽橹之勤。”李善注：“郑玄《周礼》注曰：‘雉，长三丈，高一丈。’杜预《左氏传》注曰：‘堞，女墙也。’”

[三] 按，此文出《元和郡县图志》卷三一。

[四]“永昌”，《太平寰宇记》卷七三作“唐昌”，实为一地。

[五]“鸣猿”，原互倒，据《太平寰宇记》乙正。

[六] 按，此文见《方舆胜览》卷五四。

[七] 光俊按：九陇山脉属于黄土丘陵，在至德山东南，土溪以东，湔江以西，由北向南，分为多支，在丹景山镇、隆丰街道、桂花镇、丽春镇之间，长数十里。原分属彭县与崇宁县，光绪《重修彭县志》卷一对各条山脉有较为详细叙述。这段山区山脉纵横，《方舆胜览》所谓“九陇”，已经很难实指，独光绪《重修彭县志》一一道来，可供参考。

[八] 光俊按：丹景山在丹景山镇丹景村境内，山脉上接土地岭、老君山，下启九陇山。有人疑其得名于道士炼丹，后以牡丹得名，可备一说。五代范禹偁少时在此山隐居读书。

[九]“四川通志”，原作“元统志”，辑本《元一统志》卷五并无相关记载，亦暂未见有更早相似记载云出《元一统志》者，据此条见雍正《四川通志》卷二三改。

[十] 按，此文见《十国春秋》卷三七。而关于太后、太妃游丹景山并赋诗之诗，早见于《鉴诫录》卷五。

[十一] 韩绛（1012—1088）：字子华，开封雍丘（今河南杞县）人，宋人韩亿第三子。庆历二年（1042）进士，嘉祐八年（1063）知成都府，传记见《宋史》卷三一五。按，此残句见《明一统志》卷六七“丹景山”条注文，原文已佚。

[十二] 按，《订讹》评此处所谓彭祖往来其中之语曰“语诬”。此处乃因袭《明一统志》之文，并非修志者新造妄语。

丹[一]。今岩左尚有古植牡丹数株，高丈馀。自山麓至顶约十里，其间奇峰积翠，清泉幽壑，实为天彭名胜之区。蜀王衍题峰顶曰“丹台第一峰”，又栽松十万株[二]，以补山中之隙。明杨慎题诗勒石[三]。

凤凰山。在县北四十里，山形如凤鸟。明敕建法藏寺[四]。

曲尺山。在县北。《方舆胜览》：“在州北五十里。”[五]

葛璝山。《一统志》：“在县北四十里。亦名葛仙山，山有二十四峰，八十一洞。《唐书·地理志》[六]：‘九陇有葛璝山。’《寰宇记》：‘在县北四十八里，昔永璝学道于此。’”《名胜志》：“上有崇真观[七]，在濛阳镇北四十里，二十四化之第五化也。葛仙翁璝、杨仙翁升贤，俱得道于此。梁大同中（535—546），蒲仙翁高远，复于此白日上升。梁武帝锡名上清观，刘孝先作碑以纪其事。《成都记》：‘韦皋梦神人谓曰[八]：“异日富贵，无忘葛璝也。”后尹成都，再梦，乃复新观宇，皋自为记。’《云笈七签》云：‘葛璝化，周回岩峦，左右嵌穴，地灵境秀，迥绝诸山[九]。故有二十四峰，八十一洞。观下磎泉，深在谷底，汲之非便。此宫之西过崖磴十五步巨石下有丁东水[十]，出于崖腹，滴入洼石窍中。中和间（881—885），刺史安金山准诏投龙，郡县参从者三百馀人，忽有污触其水者，顷刻而竭。安公与道流颇怀忧惧，夜至泉所，拜手焚香，叩祈良久，涓涓复滴。虽从骑之众，食之充足。每年三月三日蚕市之辰，众逾万人宿止山内，饮食之外，水常有馀。”《元统志》引《仙传拾遗》曰：“葛仙永璝居蜀之

[一] 按，此说不知出自何处，或系传言。

[二] 按，王衍题字一说，不知本自何处。

[三] 按，本书卷四二载杨慎题诗七首。

[四] 按，本书卷四二有明钱博《天彭凤凰山敕赐法藏寺宝敕堂记》，作于成化十四年（1478）。光俊按：凤凰山在今丹景山镇石洞堰社区，原永定乡北部。自明代国师一天智中居此后得盛名。

[五] 按，此说见《方舆胜览》卷五四，原文还说山上有云居院，春时游览之所。光俊按：曲尺山分为相邻的大曲尺山和小曲尺山，在今丹景山镇与葛仙山镇交界处。山西北面为鹿耳溪，山东面有天德庵、海会堂、云居院等遗迹。

[六]“理”，原作“里”，据乾隆《大清一统志》卷二九二及《新唐书·地理志六》改。

[七]“真”，原误作“镇”，据《蜀中广记》卷五改。

[八] 韦皋（745—805）：字城武，唐代京兆万年（今西安）人。贞元元年（785）代张延赏为剑南西川节度使，以功加中书令，封南康郡王。《旧唐书》卷一四〇、《新唐书》卷一五八有传。

[九]“迥”，原误作“道”，据《蜀中广记》及《云笈七签》卷一二二“葛璝化丁东水验”条改。

[十]“西”，原脱，据《蜀中广记》及《云笈七签》补。

上清山，白日升天，时人因号其山曰葛璝。”[一]《新唐书》：“王子安客剑南，尝登其上，慨然思诸葛武侯之遗，赋诗见志。”[二]国朝雍正二年(1724)，有道人张清长、王阳升云游至此，重建祠宇，并建星斗庙于峰上，曰东斗、南斗、西斗、北斗。其洞有雷神、仙女、莲花等名。又有丁东水，每年三月三日，远近之人来礼山者络绎[三]。

大隋山[四]。在县西北。《方舆胜览》：“在堋口镇北三十五里，上有瀑布。”泉下流入清白河。宋张商英记：“西山之胜，在彭门者大隋为甲。”[五]上有木禅庵、白龙井，山生竹若龙头，俗呼龙头竹。《名胜志》：“大隋山有景德寺，神照禅师投锡之所[六]。右去堋口镇三十五里。”又二十五里始至县。

[一] 按，此引文早见于雍正《四川通志》卷二三，嘉庆《四川通志》卷二一亦引之，《元一统志》卷五即据嘉庆《四川通志》辑录。

[二] 按，《新唐书·文艺上·王勃传》载此事，“葛璝山”作“葛愦山”。

[三] 光俊按：葛璝山又名葛仙山，在葛仙山镇与敖平镇之间。《三洞珠囊》卷七：“第五葛璝山治，在蜀都繁县界，与漓沅山相连，去成都县二百三十里，去阳平治水口四十八里。杨仙贤于此得道。上有松栗山，高六百丈。治应心宿，道人发之，治王九十年。”五代时为前蜀朝廷的圣山，朝廷多次来此祈祷求雨等，文见杜光庭《广成集》。

[四] 光俊按：大隋山当作大随山，在今通济镇东北面天台山村与凤坪村境内，为天台山前部。山名初见于《大随开山神照法师语录》。光绪《彭县志》认为此山夫今通济“凤冠子”，范围比宋代史料所记载的略狭。宋代以来舆地书多记作“大隋”，而诸佛家语录如《五灯会元》卷四“益州大随法真禅师”条等均称“大随”。盖佛家有“大随烦恼”“中随烦恼”之说，山名当得自此。神照禅师法号法真，唐末五代时今四川盐亭县人，俗姓王，于是光天元年（918）赐号“神照”。法真禅师在当时影响深远，宋代“大随”二字几乎成了参禅的代名词之一。《禅宗颂古联珠通集》卷二二收录了大量与大随法真禅师相关的偈颂，可以参看。

[五] 张商英（1043—1122）：宋蜀州新津（今成都新津县）人，字天觉，号无尽居士。英宗治平二年（1065）进士，历任开封府推官、提点河东刑狱、右正言、左司谏、尚书右丞等，入元祐党籍。传见《宋史》卷三五一。此处所引之语亦见《方舆胜览》卷五四、雍正《四川通志》卷二三、嘉庆《四川通志》卷一〇。雍正、嘉庆志所引文字全同，比《方舆胜览》略多，《全宋文》卷二二三二即据嘉庆志辑录，题作《彭州大隋山记》。其多出之文，即后文“上有木禅庵、白龙井，山生竹若龙头，俗呼龙头竹”者，然古籍无标点，难辨引文起讫，《方舆胜览》引文所无者，不敢贸然当作张氏之语也。

[六]“神照”前，原有“隋大业中”四字，因袭《蜀中广记》而误，今删。按，此条见《蜀中广记》卷五。曹学佺云出《舆地纪胜》，但其书残缺，无此条；《记纂渊海》卷一六引《舆地纪胜》仅“大隋山有景德寺，神照禅师所居”一句。《大明一统名胜志·四川名胜志》卷五所载内容与之相同，但已经不题出处。以是观之，或《记纂渊海》所载乃真正本自《舆地纪胜》者，其馀之文乃曹氏所增。称此僧大业中投锡此地，不知何据，或误。《古尊宿语录》卷三五《大随开山神照禅师行状》载：“师讳法真，貌古有威，眉垂覆睫。尝闻老宿辈，皆称为定光佛示迹，于剑南梓州盐亭县王氏家生……师于乾德元年（919）己卯七月十五日斋前，辞众端坐而化，俗寿八十六”，逆推可知生于唐文宗大和八年（834）。

漓沅山。在县北[一]。《唐书·地理志》:“九陇县有漓沅山。”[二]《寰宇记》作“丽元山”[三]。《明统志》:“在县北六十里。”[四]作“漓沅山”。李膺《记》云:“范蠡学道[五],升仙于此。”按古录云:“山上有鸿都观。”[六]李膺升仙于此[七],又罗公远亦于此山修炼[八]。

五龙山。在县西北。《寰宇记》:“山在九陇县,有神溪水。云是伯阳登山嗽此神水[九],今为溪,源出五龙山[十],多木莲。”《元统志》:“在彭州西北五十里,亦曰游龙山。”[十一]又名五龙洞。《名胜志》:“山高数百丈,延袤二十馀里。山麓有洞,旱时祈雨,巫者初入,执火烛之。行少顷,跂足而望,悬崖间有斧凿痕如井,深数十百丈。牖一线之明,而烟焰袅然上冲,谓之天生眼。至此少偃息,复入第三四五六洞,洞下重渊,深不可测,盛夏水冷如冰[十二]。以编竹筏寝其上,逡巡蚁附而入。抵第七洞,龙所穴也。始用符咒取水,盛竹筒而出,离洞即有风雷,随之而雨作。间值洞中水壅,巫者多不得出。”[十三]

[一] 光俊按:漓沅山应该在今白鹿镇境内,白鹿寺以北,具体位置已经不可考。2020 年,敖平镇以灵石村、幸福村与梨花村合并,名漓沅村。若此村得名缘于漓沅山,则其山可能在葛仙山以东。光绪《重修彭县志》卷一云:“又东南五里曰余家山,即漓沅山。山势突起,东方峻崖长七八里,有大垭口,为自白鹿场通湔氐河孔道。山前陵阜历落,流潦无所出,往往聚成陷赌,如浮粕,如渟□,故号漓沅。有毗卢寺。”则是以白鹿镇塘坝村余家山毗卢寺为漓沅山,可备一说。

[二] 按,此说见《新唐书·地理志六》。

[三] 按,此文见《太平寰宇记》卷七三,后文引李膺《益州记》之语亦系据《太平寰宇记》转引。

[四] 按,此文见《明一统志》卷六七,原书称有石龛名范蠡洞。

[五] 按,《订讹》言“范本作蕃”,其实此处乃据《太平寰宇记》转引,原文即作“范”。

[六] 按,此处所谓古录,显为泛称,相关记载见《蜀中广记》卷五。

[七] 按,《太平寰宇记》卷八三云:“李膺墓在州西南四十里。膺,涪城人,为益州大中正,撰《益州记》三卷。”不知何来升仙一说?

[八] 罗公远:唐玄宗时道士,又名罗思远,《太平广记》卷二二有传,本书卷三六亦有小传。

[九] 伯阳:传说中之仙人李伯阳,汉代人。万历《合州志》卷八称其在合州九炼山炼丹,白日飞升。

[十]“出”,原脱,据《太平寰宇记》卷七三补。

[十一]“游龙”,原误倒,据雍正《四川通志》卷二三乙正。《元一统志》辑本卷五据嘉庆《四川通志》卷一〇辑录,亦作“游龙”。

[十二]“冷”,原作“泠”,形近而误,据《蜀中广记》卷五改。

[十三] 光俊按:五龙山即今白鹿镇塘坝村以五龙洞为主的群峰。或以为天师道初传时二十四治的第二治“鹿堂治”即在此。唐王悬河《三洞珠囊》卷七:“第二鹿堂山治,治在蜀郡繁县界北乡,去成都三百里。上有仙室、仙台,古人度世之处。昔永寿元年(155),太上老君将张天师于此治上与四镇太岁大将军、川庙百鬼共折石为要,皆从正一盟威之道。山有松柏、五龙仙穴,能通船渡,持火入穴,三日不尽。治应亢宿,弓长发之,治王八十年。”这段描述与五龙洞景物吻合。

白鹿山。在县西北六十里。《寰宇记》："在县北五十里。"[一]《元和志》："在九陇县西北。"[二]《周地图记》云："宋元嘉九年（432），有樵人于山左见群鹿，引弓将射之，有一麕所趋险绝，进入石穴，行数十步，则豁然平旷[三]，邑屋连接，阡陌周通。问是何所，有人答曰小成都。后更往寻之，不知所在。"《名胜志》[四]："白鹿山上有大乘金觉禅寺，晋佛图澄所建[五]，上有洗肠处。逸民刘敞，故州牧刘璋曾孙也，隐居白鹿山。"即此。今白鹿山绝顶可望省会并金堂云顶、灌县青城诸山，峰峦环峙，百里瞬息。游人登览，咸以此山为最云。【补】《华阳国志》："周慎王五年（前316）秋，秦大夫张仪、司马错、都尉墨等，从石牛道伐蜀。蜀王自于葭萌拒之，败绩。王遁走至武阳，为秦军所害。其傅相及太子退至逄乡，死于白鹿山。"[六]

天台山。在县西北八十里[七]。山有三十六峰，上接九峰，下映白鹿。古诗云"天台三十六峰斜，中有仙人数百家。我来春酒家家熟，满山开放碧桃花"[八]，盖比之桃源也。山腰石壁镌刻"刘阮误入"四

[一] 按，此文出《太平寰宇记》卷七三，后面引《周地图记》之文亦出自《太平寰宇记》。又，《订讹》已指出《元和志》九字当在《寰宇记》上，有一定道理。但此次校注既已点明引《周地图记》之出处，则不移动原文也无所谓。

[二] 按，《元和郡县图志》卷三一称此山在九陇县西北六十一里。

[三] "旷"，原作"博"，据《太平寰宇记》卷七三所引改。

[四] 按，此《名胜志》即《蜀中广记》之《蜀中名胜记》，见其书卷五。《订讹》以为《名胜志》当作《益部谈资》，甚无谓。

[五] 佛图澄（232—348）：西晋时龟兹国人，本姓帛，永嘉四年（310）至洛阳，投石勒，甚为所重，号曰大和尚。《晋书·艺术传》有传。此处云大乘金觉禅寺乃其所建者，本自《方舆胜览》卷五四，恐亦属传言耳。

[六] 按，此段文字据抄配本书末补，出《华阳国志》卷三。光俊按：白鹿山在今通济镇与白鹿镇交界处，又名白鹿顶。山脉自天台山、溜沙坡、老木岗而来。白鹿山追鹿的故事，除了上文引《太平寰宇记》外，杜光庭《神仙感遇传》卷五"蜀民"条记载的是这个故事的另一版本："蜀民遇晋氏饥歉，三五辈挟木弓竹矢，入白鹿山捕猎以自给。因值群鹿骇走，分路格之。一人见鹿入两崖间，才通人过，随而逐之。行十馀步，但见城市栉比，闾井繁盛，了不见鹿。徐行市中，因问人曰：'此何处也？'答曰：'此小成都耳，非常人可到，子不宜久住。'遂出石穴，密志归路，以告太守刘悛。悛使人随往，失其旧所矣。"

[七] 光俊按：天台山位于通济镇天台山村和白鹿镇白鹿顶村之间，属蓥华山支脉东干中山，其前山又名大隋山。光绪《重修彭县志》卷一称之为天彭山、峄山、天隳山、太山、中隋山，可备一说。其名见于北宋阮阅《诗话总龟》卷四七："彭州天台禅院，前致仕焦将军彦宾所创也。天台僧行灯掌之。刺史安思谦男守范与宾客游，联句以纪其来。"山上有华光寺、万寿寺（天台寺）、白雀寺、龙池等遗迹。

[八] 按，此诗不知何人所作，亦暂未见更早记载。《听雨楼随笔》卷三亦载此诗，当即源自本县志也。

字[一]。东接彭、什分水岭，山石上亦有“路入天台”四字，万历间（1573—1620）曹东书。龙定、塔房及木禅[二]、景德、崇德诸寺之山，皆发脉于此。

琅岐山。在县西北九十里。《一统志》作“两岐山”[三]。《寰宇记》：“在九陇县西北二十七里。李膺《记》：‘此山出木，堪为船。本琅岐山，语讹两岐山。’”[四]在白鹿山北，延袤三十里，乃五龙、天台分劈处，故曰两岐。东西皆大溪，流水东入什邡界，为罗江水，亦名廉水。西入玉村河，山麓别出瀰濛水，即小鱼洞也，亦合玉村河[五]，经天彭山，分流入崇宁县界[六]。

慈坪山[七]**。**在县西北，相传即慈照精蓝通陆习静之所。山距县西北

[一] 刘阮：刘晨、阮肇。《剡录》卷三云：“刘晨、阮肇，剡县人。汉明帝永平十五年（71）采药于天台山，望山头有一桃树，取食之。又流水中有胡麻饭屑，二人相谓曰：‘去人不远。’因过水，深四尺许。行一里，又度一山，出大溪，见二女，颜容绝妙，便唤刘、阮姓名，问：‘郎来何晚也？’馆服精华，东西帷幔宝络，左右尽青衣，下胡麻饭，山羊脯，设甘酒，歌调作乐，日暮止宿，住半年。天气和适，常如二三月。鸟鸣悲惨，求归甚切。女唤诸仙女歌吹送还乡，乡中怪异，验得七代子孙，传闻祖翁入山，不知何在。太康八年（287），失二公所在。”按，刘、阮所入天台（tāi）山在浙江，非成都天台（tái）山。此四字，或好事者所为。

[二]“木禅”前，原有“大隋”二字，大隋寺即景德寺，故删。《订讹》评此句亦云：“按，景德即大隋，与龙定、塔房、木禅止在一山，并止在一峰前后。”

[三] 按，此说见乾隆《大清一统志》卷二九二。

[四] 按，此文见《太平寰宇记》卷七三。所谓语讹一说，盖四川方言古无介音，今日仍读“晾”为“浪”也。

[五] 按，《订讹》评此处叙大溪流向之语云：“叙次轇轕。”则相关河流走向，当以光绪《重修彭县志》所载为是。

[六] 光俊按：琅岐山又作两岐山。据此处所载，当是以今白鹿镇白鹿河源头冒水洞两岸山分岐处为琅岐山。唐王悬河《三洞珠囊》卷七：“第一阳平治，在蜀郡繁县界，去成都一百八十里，道由罗江水两岐山口入，水道四十里。”《方舆考证》卷六五认为琅岐山即彭门山，其文云：“琅岐山在彭县西北，即彭门山也。《唐书·地理志》刘从易决沱江，凿川派流，合堋口琅岐水。盖即是山所出之水矣。”而《太平寰宇记》卷七三云：“弥濛水，在（濛阳）县南二百五十步，源出九陇县琅岐山。”则此山应该在丹景山镇湔江出山处附近，如果说濛阳河出自白鹿河源头的琅岐山，也就不通了。又，所引“刘从易”，当作“刘易从”。

[七]“坪”，原作“屏”，据本卷后文“大鱼洞”条及《天启新修成都府志》卷二、雍正《四川通志》卷二三改。按，后文言僧通陆习静一事，亦早见于二书。光俊按：慈屏山又名慈坪山、慈峰山、磁峰山，位于原磁峰镇北面，土溪与蟠江以北的高山。原磁峰镇以此得名。据本人抄录的由郭承先先生录碑的《江津郡主圹志铭》载：“蒙恩赐祭，相佳地，穀旦襄事于慈峰山，癸丁向。”江津郡主墓在今皇城山半山，为古慈峰山主峰西面。《古今图书集成》107册《方舆汇编·职方典》卷五八六《成都府部》“新繁县”条：“慈坪峰，在旧彭县治西北定峰山右，有慈照精蓝，僧通陆习静之所。”定峰山为今老君山，山上有定山寺遗迹。磁峰山有三个突兀山顶，从西向东，今分别名寨子顶、高峰顶、帽盒顶。光绪《重修彭县志》卷一以今磁峰社区南木鱼山为慈屏山，误。

八十里，今名高峰顶，又有帽盒顶、莲花顶诸名。

中隋山。在县西北。《方舆胜览》："山高三十里。"[一]《名胜志》："中隋山在大隋山之后，上山三十里至光相阁。三月半间，扫去积雪，下视葛仙、白鹿、大隋，真培塿也。"[二]

九峰山。"在县西北，中隋山北。山极高大，北连茂州界。"[三]山在县西北百六十里，脉自茂州来，起伏奔赴，历二百馀里至此。奇峰拔地倚天、耸然峙列者九，实为彭邑诸山之冠，故名。吴草庐曰[四]："岷山在茂州，而江源远出西徼。"彭之九峰，岷之阴也，高插云汉，六月积雪。上有雷音寺，乃无瑕祖师道场[五]，明天启间（1621—1627）建，四时常有佛灯。又现五色霞光，灵爽赫然。有盘陀石、舍身岩、睹光台。自山麓至顶约七十里，中间危岩栈道，行者战慄[六]。下为南天门、雷洞坪、

[一] 按，《方舆胜览》卷五四"中隋山"条并不言"山高三十里"，只云"又上三十里，至光相阁"，此三十里者，山路远近也。云"高三十里"，谬矣。又，后文引《名胜志》，实则《蜀中广记》亦源自《方舆胜览》。

[二] 培（pǒu）塿：本作"部塿"，小土丘。《左传·襄公二十四年》："部娄無松柏。"杜预注："部娄，小阜。"应劭《风俗通》卷一〇"培"条引作"培塿"。光俊按：中隋山当名"中随山"，其名与大隋山相类，源于佛家"中随烦恼"之说。据此处所载，中隋山在今小鱼洞社区北面，铁瓦殿梁子以西。而光绪《重修彭县志》卷一则认为中隋山为今通济天台山主峰。《方舆胜览》说中隋山在大隋山后，是造成分歧的主要原因。若以彭州城为视角，"在大隋山后"，应该如嘉庆《彭县志》所说。如果以通济场为视角，会以为是天台山主峰。嘉庆《彭县志》在同卷列山中王村河七大支流，排列顺序是：竹溪河、白水河、黑水河、中隋水、乾溪、大隋水、白鹿河。各河按照现在的地名对应，显然是从北向南汇入王村河干流的顺序来记录的。"中隋水"（今名石匣河）当然是从中隋山来，也是嘉庆《彭县志》认为中隋山在小鱼洞社区北的旁证。光绪《重修彭县志》卷一也说："旱潦山又南偏东十里得第二岭，俗名曰中隋山，距县七十八里（乾东四度）。旧有中隋寺，今易为铁佛寺。左臂曰石碶山，分二支，石碶河二源出焉。东南流至复兴场北注于湔水。"光绪《重修彭县志》将原中隋山更名为旱潦山，将中隋寺更名铁佛寺。这也是现在此山名为"铁佛寺梁子"的原因。

[三] 按，此语出乾隆《大清一统志》卷二九二。原文不点明出处，后文又云"在县西北百六十里"，遂有重复之嫌。

[四] 吴草庐：元人吴澄（1249—1333），字幼清，晚字伯清。宋咸淳间（1265—1274）举进士不第，还居草屋，学者称草庐先生。元成宗大德（1297—1307）末除江西儒学副提举，武宗时为国子监司业，迁翰林学士。泰定帝时为经筵讲官，修《英宗实录》，有《吴文正集》等。《元史》卷一七一有传。至于此处引文云出自吴澄者，见其所著《书纂言》卷二。

[五]"瑕"，原作"霞"，音同而误，据本书卷四二《无瑕禅师塔铭》改。其文云："沙门从四方来者，咸顶礼师事，檀越为之创寺，名曰雷音。"

[六]"慄"，原作"慓"，形近而误，据文献用例改。按，战慄谓哆嗦、发抖。《素问·疟论》："疟之始发也，先起于毫毛，伸欠，乃作寒慄鼓颔。"王冰注："慄，谓战慄。"

普贤岩、观音岩、阎王碥、骡子寺、钻天坡、祖师殿张鹏翮建[一]、龙神岗万历间（1573—1620）僧湛然建、鹿鹤口、海会堂、响水洞、东林寺、接引殿，俱崇祯九年（1636）建[二]。又山下有海眼，四时水势畅流，名大海子、小海子，即彭之水源也。九峰：东北曰青龙、朱雀、火焰、天牙，中曰背光，西南曰仙人、黄龙、玄武、白虎。诸峰迤逦蜿蜒，西北琅岐[三]、天台、白鹿、五龙，皆其发脉也[四]。

阳平山。《一统志》："在彭县西北。《唐书·地理志》：'九陇县有阳平山。'"[五]《五代史》："蜀王衍与其太妃游青城山，遂至彭州阳平化。"[六]《元统志》："金城，即阳平化也。"[七]"今金城山之仙居观，是其驻跸所也。金城山，形如城，上应角宿，即二十四化之阳平治。"[八]

玉村河。在县西北三十里。《一统志》作"马水河"[九]，"源出县西北五峰[十]、大隋、中隋、白鹿、漓沅诸山溪[十一]，合流曰玉村河，经彭门

[一] 张鹏翮（1649—1725）：字运青，遂宁人。康熙九年（1670）进士，授刑部主事，累擢河道总督，治理黄河。雍正时为武英殿大学士，《清史列传》卷一一有传。按，若此处所言不误，则与本书卷一九云祖师殿乃崇祯时建相抵牾，或为张氏重建？

[二] 按，此处所谓"俱崇祯九年建"，语义含混，指代不详。据本书卷一九，崇祯年间所建者，有祖师殿、东林寺。

[三]"岐"，原误刻左边"山"部作"由"，据本卷前文改。

[四] 光俊按：九峰山有广义与狭义之分。广义九峰山为今龙门山镇白水河与湔江正流以北诸山的总称，高峰有九，分别是：青龙、朱雀、火焰、天牙、背光、仙人、黄龙、玄武、白虎等峰。狭义的九峰山为雷音寺所在的火焰峰，因其多佛寺，朝山旅行者多登此山。

[五] 按，此条出乾隆《大清一统志》卷二九二，所引《唐书》之文，见《新唐书·地理志六》。

[六] 按，此条见《新五代史·前蜀世家》。

[七] 按，此处引《元一统志》之语，亦见乾隆《大清一统志》卷二九二。《元一统志》辑本则据嘉庆《四川通志》卷一〇辑录。

[八] 按，此说见《蜀中广记》卷五。光俊按：阳平山为天师道二十四治之首，当是今老君山，明代称之为"定峰山"。从"金城山形如城"可知。位于今通济镇湔江西岸与龙门山镇交界处。此山三面壁立如城，只西面有较陡斜坡。前文"慈坪峰"条注引《古今图书集成》所谓："慈坪峰在旧彭县治西北，定峰山右。"光绪《重修彭县志》卷九载《蒲江郡主圹志铭》说："葬于成都府彭县仙居乡定峰山之原。"（蒲江郡主墓在今老君山西北面山脉来处，磁峰山的最东面）。光绪《重修彭县志》卷一以阳平山为"彭阙"，遂以南面太平寺山为阳平山，可备一说。今人据此说法，在太平寺遗址上建成阳平观。唐代王悬河《三洞珠囊》卷七："第一阳平治，在蜀郡繁县界，去成都一百八十里，道由罗江水两岐山口入，水道四十里。治道东有龙门，拒守神水，二柏生上。西南有大泉，决水归东。"

[九]"水"，原作"木"，形近而误，据乾隆《大清一统志》卷二九二改。本书后文此河之名误作"马木"者，径改。

[十] 按，此五峰，当即前文之五龙山。

[十一]"沅"，原作"元"，据本卷前文漓沅山条改。

山下，出毛郎镇[一]。后分二支，东流入什邡县慈母山界。其正派东流六十里入汉州界，名马水河。又东经州南，入清白江”。按，玉村河之水出彭门分七大支：一支西南依山，下流为清白江，居民多作筒车引水以灌山田，至崇宁县界会湔水；一支南流为新开河，下经花街子，合官渠；一支东南流为干河子，今名新润河，绕县城西南而下。以上三河，俱入新繁沱江。一支东流为濛阳河，又分白土河。李膺《记》云[二]：“沱水入都田江入城。”[三]都田江，此水是也。一支东流为马牧河[四]，一支东北流为小石河，三河之水俱入汉州。又一依山东北流为鸭子河，白石、鹿耳、神溪诸水合焉，经慈母山入什邡界[五]。

竹溪河。即金沙河，源出九峰山后[六]。

白水河。一名牛圈沟，源出九峰山后灌县接界处，经怀抱石，至鸾驾坪，入玉村河[七]。

黑水河。一名龙漕，源出九峰山后[八]。

[一]“毛郎”，《大清一统志》作“三即”，《蜀中广记》卷五引《志》作“二郎”，同书卷五一又作“三郎”；《天启新修成都府志》卷三“福昌寺塔”条亦云“在彭县三郎镇”。按，本书卷一四“九陇废县”条引《蜀中广记》作“毛”，据《汉语大字典》，此字与“三”音义皆同。光绪《重修彭县志》卷二“毛郎镇”条云：“有毛郎庙尚存，俗呼三郎，以古算马三字负数有作毛者，因是致误。窃意作毛为是，盖由龙怀山以南，皆可名毛山也。”

[二]“记”，原误作“纪”，据李膺书名《益州记》之省称而改。

[三]“都”，原作“郫”，据后文“都田江”及《太平寰宇记》卷七三引李膺《益州记》改。◎“城”，原作“成”，亦据《太平寰宇记》改。又按，《订讹》认为此条所叙有误，且以为“田”当作“由”，其说有误，殆不知编者之所据也。

[四]马牧河：即马水河，因“水”形近而讹作“木”，再音近而讹作“牧”，嘉庆《汉州志》卷五已作“马牧河”了。

[五]光俊按：玉村河又称关口大河、埌岐水、两歧水 今从光绪《重修彭县志》卷一之说，名为湔江。发源于九峰山后红龙池，纳白水河、白鹿河等各支流，出关口分为七大支，分别是清白江、新开河、新润河、濛阳河（下分白土河）、马牧河（下分小濛阳河）、小石河、鸭子河。新中国成立后建成人民渠，九河归一，以小石河为主要排洪道，其他各河逐渐变成支渠，遗迹或湮没于平原上。又，漓沅治或漓沅山在本志中并无具体位置，本书前文认为在白鹿寺以北白鹿河流经之处，漓沅水或许指今白鹿村丁家湾沟，待考。

[六]按，据雍正《四川通志》卷二三，玉村河经堋口镇南至竹溪河。光俊按：竹溪河可能是指今湔江正源，即今银厂沟及金河等段；也可能指九峰山及东林寺以西的下沙金河，即此处所谓金沙河，待考。

[七]光俊按：白水河在今龙门山镇境内，今湔江西源 发源于红龙池西边，与湔江主流汇合于连盖坪。上游有小牛圈沟、燕子洞沟、回龙沟等支流。

[八]按，《订讹》称此处言竹溪河、白水河、黑水河皆源自九峰山后之说谬。光绪《重修彭县志》卷一《山川志》，对水道有详细介绍，可参看。光俊按：黑水河今名龙槽沟，位于龙门山镇，原小鱼洞镇与龙门山镇的界沟，发源于冲天坡西侧，不是源于九峰山后。

中隋水。由山顶穴中出。以上四水，皆东南流入玉村河[一]。

乾溪。大隋之阴，天台诸山之水出焉，下流入青冈林[二]。

大隋水。山上有泉水下流，岩窝小沟之水俱会焉[三]。

白鹿河。源出琅岐山下，经漓沅，过白鹿寺，至堋口镇，约百馀里[四]。以上三水，皆西南流入玉村河。按，七河之水俱崖间涓滴所集，或山间瀑布下流，岩壑幽深，山势高峻，夏秋大雨时水势泛涨，涛波迅激。桥既难成，津亦数易，两岸居民出入，尝以雨水为候云。

濔濛水[五]。在县东。《寰宇记》："在濛阳县南二百五十步，源出琅岐山。李膺《记》云：'昔有人姓侯，兄弟五人，住此水侧，皆武勇，家居殷富，俗人呼为五侯水。'"旧《志》："东入湔水，即新都弥牟水之上源也。'濛'声转讹而为'牟'耳。"[六]《山海经》云："濛水出汉阳，入江。"[七]《唐志》："武后时，彭州长史刘易从决唐昌沱江[八]，凿川派流，合堋口琅岐水，溉九陇、唐昌田，民为立祠。"[九]

[一] 光俊按：今名石匣河，或作石峡河，上分为两支，东支发源于铁瓦殿梁子，西支发源于铁佛寺梁子和黄青枫梁子。铁佛寺梁子，即本书之中隋山。

[二] 光俊按：乾溪，今名甘溪、干溪，位于今通济镇花溪村，在通济场西汇入湔江。

[三] 光俊按：又名麻柳树沟、岩鹅溪，发源于今通济镇天台山村大隋山，上游支流主要有蚂蟥沟和响水洞。光绪《重修彭县志》卷一《山川》记载："水出天彭左腋，名五架槽。东南流右合蚂蟥沟，并老木冈南流，右合四架槽水，又西南径五台山南，右合三架槽水。(水出龙定庵右崖下，名响水洞。)东南合塔房前小水，东南注岩鹅溪。溪水又西南径梓潼宫南，又西南至白衣庵南，崇德寺东，左纳杉树沟，右合汉王沟水……又南径通济场东，注湔水。"

[四] 光俊按：白鹿河全境在白鹿镇境内，上游名冒水洞，以山出两歧，本志称之为琅岐山。较大支流有发源于天台山西的红崖坡沟和发源于五龙山的丁家湾沟。疑丁家湾沟即此书所称"漓沅"，待考。白鹿河在今回龙寺遗址南汇入湔水，不经堋口镇（堋口镇在关口以外，或以为在今丹景山镇白塔坝，或以为在今隆丰街道境内，待考）。上文"至堋口镇约百馀里"大约是指从白鹿河源头到堋口镇的距离。

[五]"濔"，与《元丰九域志》卷七同，《太平寰宇记》卷七三作"弥"。而光绪《重修彭县志》则两种写法皆有。

[六] 按，此处引《旧志》之语，乃据乾隆《大清一统志》卷二九二转引。

[七] 按，此语出《山海经》卷一三。又，《订讹》评此处所引云"语不完"，谬矣。

[八]"彭州"，原作"彭城"，因袭雍正《四川通志》卷二三"沱江"条注文，今据《订讹》之说改。按，《新唐书·地理志六》仅言"长史刘易从"，但《新唐书·则天顺圣武皇后纪》则称，永昌元年（689）闰八月戊申，彭州长史刘易从为武后所杀，则作"彭州"是。但也不乏误作"彭城"者，如《万姓统谱》卷五八小传云："德威次子，累迁彭城长史。永昌中，为酷吏周兴诬以死罪。将刑，百姓奔走，争解衣投地，曰：'为长吏祈福。'有司平直，乃十万馀言。"

[九] 光俊按：相当于清代濛阳河。自人民渠建成后，彭州平原河道大调整，濛阳河仅剩下部分遗迹。上引《唐书·地理志》刘易从云云，不当附录在此。琅岐水当是今湔江正流，相当于早期的湔江堰。

鹿耳溪。在县西北四十五里，源出曲尺山，会清白江[一]，西南流合鸭子河，入什邡县界。

督桥河。《一统志》："自彭县西南分清白江，东流经新繁北，又东经新都县北，又东经金堂县南，至焦山坡，入中江。一名绣川河。"[二]

罗江水。《一统志》："在彭县及什邡县界。《元和志》：'在濛阳县十里。'《寰宇记》：'源出九陇县两岐山，经县界入雒县，亦名廉江水。'"按，今什邡西南之水入汉州者，止有雁江，疑罗江即雁江之异名[三]。

白石沟泉。在县北七十里，玉村河之分流也[四]。源出小峡山，东流入汉州，注金堂峡[五]，下流入什邡、汉州界。《名胜志》："白石沟，漓沅治也，上应房宿，治有鸿都观，下观名曰响石。"[六]

神溪水。在县北六十里，源出五龙山麓[七]，流入华严沟，灌田三百馀亩，下入鸭子河。

小鱼洞。在县西北七十里，源出琅岐山，空中，深邃莫测，即㶉濛

[一] 按，《订讹》称此条"四字衍"，当即"会清白江"四字。但此处之说乃因袭雍正《四川通志》卷二三"鹿耳溪"条，若有误，则《四川通志》已误。光俊按：鹿耳溪，今名六龙溪、鹿茸溪，位于丹景山镇石河村。发源于曲尺山，上游为今东河水库，中游有石河水库，在牛心山东汇入鸭子河。此处称"会清白江"，误，光绪《重修彭县志》已经指出其谬。

[二] 按，此条及下一条皆出乾隆《大清一统志》卷二九二。又，《订讹》称"此河与本县无涉"，从所叙内容看，甚是。光俊按：以为督桥河乃是蒲阳河——清白江流经旧崇宁县的一段，恐误。督桥河又名杨柳河、杨柳堰，是清白江南岸的一条支流，在旧新繁县境内，东南流入原新都县。《清史稿·地理志十六》："清白江自崇宁入，歧为督桥河，东入新繁。"光绪《新繁县乡土志》卷七："杨柳堰在新彭桥西二里，清白江南岸下分为小堰六道，溉县东北水李二村田一万一千八百六十五亩，与常乐堰皆为新繁巨浸。其渠东行，径新彭桥南二里，又东过鄢家碾，又东过东林寺，又东过河西寺，出境流入新都为督桥河，又名绣川河。"

[三] 光俊按：罗江水可能是今湔江或湔江支流鸭子河的别名。《三洞珠囊》卷七："第一阳平治，在蜀郡繁县界，去成都一百八十里，道由罗江水两岐山口入，水道四十里。"《方舆胜览》卷五四："罗江，在九陇县西北二十馀里。"

[四] 按，《订讹》称此条为"瞽说"，据光绪《重修彭县志》卷一《山川志》，此泉发源于小峡山，不言所谓玉村河分流一说。

[五]"堂"，原作"台"，据嘉庆《汉州志》卷五"沉犀河"条改。光俊按："金台峡"当作"金堂峡"，为沱江出山口。白石沟源头在白鹿镇塘坝村五龙洞以东的柳水沟，沿着葛仙山东，主要在今敖平镇石龙山村境内，汇入鸭子河。

[六] 按，此条见《蜀中广记》卷五，《蜀中广记》亦系据旧志转引。

[七]"麓"，原作"顶"，据《订讹》改。按，据前文"五龙山"条，五龙洞的确在山麓，非山顶。光俊按：神溪水发源于白鹿镇塘坝村五龙洞，今上游白鹿镇境内名广子沟，葛仙山镇境内名华严沟或花园沟。参见"五龙山"条。此水源头在五龙山高处小山峰之下，光绪《重修彭县志》称当改"山顶"为"山麓"，也不甚恰当。可能是嘉庆《彭县志》把整个塘坝子高山称为"五龙山"，而光绪《重修彭县志》仅仅将五龙洞所在的小山峰称为"五龙山"，故有此差异。

水也。流畅四时不竭，捕鱼人尝于空旁拾得他物[一]，盖其所从来远矣。中多细鳞鱼，味极脆美。每当风雷，天将作雨，则衔接而出。居民伺之，得其首出者，续取动以千百计。长大有径二尺馀者，俗呼之为拙鱼。若首出者惊脱，则馀不复出矣。

大鱼洞。在小鱼洞隔岸慈坪峰后[二]，山麓多穴，泉水较小。向亦出细鳞鱼，今洞崩塞[三]。

清白江。渡船河自崇宁县流经彭县界[四]，合玉村河入新繁县界，为清白江。又东流十五里，仍经彭县，入新都、汉州界[五]。

龙井。在大隋山木禅庵后[六]。

凉水井。在县北八里，明万历年间（1573—1620）凿[七]。

[一]“拾”，原作“拴”，形近而误，据文义改。

[二]“小鱼洞”，原作“小渔洞”，据前文改。光俊按：小鱼洞在今龙门山镇渔江楠村，天台山西面分支。此处叙述有差缪，光绪《重修彭县志》卷一已经指出。琅岐山与此已经相差甚远，不当云“源出琅岐山”。这个仅仅是濛水上游玉村河（湔江）的小支流，不当云“即瀰濛水也”。这种“拙鱼”，生于石灰岩溶洞中，当是“嘉鱼”的一种。

[三] 光俊按：大鱼洞在今小鱼洞隔湔江西岸，五显岗梁子向东靠近湔江的崖下。光绪《彭县志》卷一记载：“（桃山）东北岩下临湔水，有穴与丙穴壬丙相向（距县五十七里五分，亥西六度五十分），俗呼大鱼洞。今水细小不似昔年浩大，出鱼细鳞赤尾。”

[四]“渡船河”前，原有“九域志”三字，以为出《元丰九域志》也，实则原书并无相关记载，今删。按，相关记载见乾隆《大清一统志》卷二九二“清白江”条、雍正《四川通志》卷二三“沱江”条。《订讹》已言此处“讹引”矣。

[五] 光俊按：古人习惯将从都江堰分流的蒲阳河上游称蒲阳河，下游称清白江。民国《崇宁县志》称流经旧崇宁县中一段为渡船河。其书卷三《水利》云：“渡船河，县北五里。自灌邑都江堰分派东流入县西界，与蒲阳河相接，流二十里入锦水河，交新繁郫两界。”《彭县水利电力志》第23页：“其下入彭县界，有埃山河、桐麻河注入，再下合土溪河，在土溪以上称蒲阳河，以下称清白江。汇流处下一公里为人民渠进水口。现定名人民渠进水口以上称蒲阳河，人民渠进水口以下河段称清白江。”可参考。

[六] 光俊按：龙井，在今通济镇天台山上，具体位置不可考。《天启新修成都府志》卷五七《外纪》载明正统十三年（1448）六月二十日地震毁坏山中佛寺（景德寺）的掌故。本书卷末外纪有收录，略同。另，天台山华光寺前及华光寺西各有一龙池遗迹，可参看。

[七] 光俊按：凉水井在今天彭街道龙檀村境内。自旧彭县城延秀街出小北门一直向北八里，即凉水井。凉水井村落可能被彭州三环路占用了。《纱笼文选》卷七载黄云鹄《彭游行纪》云：“食后霁，即行，赴丹景山。道中泥石杂糅，舆夫颇苦。幸无蹉跌。五里至凉水井。相传昔有人屡过酒家饮，未给赀。酒家妇仍饮之。此人授以药，令投井中，遂成酒，因此致富。逾三年，此人复来，问：‘酒佳否？’妇曰：‘酒信佳，惜无糟饲豕耳。’此人复授以药，曰：‘投此则有糟。’因题壁云：‘天高不为高，人心比天高。凉水变成酒，又道猪无糟。’自此复成水矣。此事有无未可知，然天下不与酒家妇等诮者几人哉？姑记以示警。”《小学达诂录》卷首载罗时宪《吕先生传》云：“（吕调阳）卜葬于邑之小北门外凉水井老宅旁。”

彭县志卷之六

户　口

天德曰生，地德曰载。盛世涵育，重熙累代[一]。生齿日蕃[二]，富教兼备[三]。兆民康乐，八方和会。三农畎亩，百工阛阓[四]。毋作雁户[五]，流离负戴[六]。作《户口志》。

明季原额人丁五千三百一十二丁。国朝雍正七年（1729）奉文复设县治起，新旧花户共四千四十三户。嗣陆续奉行清查，至嘉庆十七年（1812）止，新旧花户共四万一千三十四户。

男八万二千三百二十二丁。

妇六万五千三百一十一口。

共男妇一十四万七千六百三十三丁口。

[一] 重熙：颂扬君主累世圣明。《旧唐书·贾耽传》："太宗继明重熙，柔远能迩。"

[二] 生齿：人民。《文苑英华》卷九七四权德舆《司徒兼侍中、上柱国、北平郡王、赠太傅马公行状》："生齿益息，庶物蕃阜。"

[三] 富教：富民和教民。《论语·子路》："冉有曰：'既庶矣，又何加焉？'曰：'富之。'曰：'既富矣，又何加焉？'曰：'教之。'"

[四] 阛阓：街市，街道。《文选·左思〈魏都赋〉》：'班列肆以兼罗，设阛阓以襟带。"吕向注："阛阓，市中巷绕市，如衣之襟带然。"此处用为动词，言百工充满街市。

[五] 雁户：像大雁一样流动无定的民户。《刘禹锡集笺证》卷二八《洛中送崔司业使君扶侍赴唐州》："洛苑鱼书至，江村雁户归。"

[六] 负戴：以背负物，以头顶物，比喻辛苦劳作。《孟子·梁惠王上》："谨庠序之教，申之以孝悌之义，颁白者不负戴于道路矣。"

彭县志卷之七

田　赋

三代征赋，区田出卒[一]。降及汉唐，大均寖失[二]。圣世恤民，仁心仁术。准古而行，助彻之壹[三]。厥赋既平，经邦九式[四]。耕凿输将，农毋惰逸。作《田赋志》。

【补】《华阳国志》："繁县郡北九十里有泉水、稻田。"[五]

上、中、下田地，共五千五百三顷六十六亩三分四厘八毫七丝六忽二微九尘四纤四沙五渺[六]。内上田二千二百三十六顷九十六亩七分三毫一丝八忽四微一尘，每亩征丁条粮银一分八厘三毫六丝三忽四微二尘三

[一] 区（ōu）田：古代农民播种时所开的穴或沟谓之"区"。此处用作动词，将田地开沟划分。《齐民要术》卷一："区，方七寸，深六寸，相去二尺，一亩千二十七区，用种一升，收粟五十一石。一日作三百区。"

[二] 大均：平均。《周礼·地官·均人》："三年大比，则大均。"郑玄注："有年无年，大平计之。"◎寖（jìn）失：逐渐失去。《春在堂随笔》卷六："又以未经付梓，钞写传讹，浸失其旧。"

[三] 助彻：古代的田赋制度。《孟子·滕文公上》："夏后氏五十而贡，殷人七十而助，周人百亩而彻，其实皆什一也。"言殷人耕七十亩则助耕公田七亩，周人耕百亩则以十亩所收成为税赋。

[四] 九式：九种均衡财富的方法。《周礼·大宰》："以九式均节财用。一曰祭祀之式，二曰宾客之式，三曰丧荒之式，四曰羞服之式，五曰工事之式，六曰币帛之式，七曰刍秣之式，八曰匪颁之式，九曰好用之式。"注："式，谓用财之节度荒凶年也。"

[五] 按，此条据抄配本书末补，出《华阳国志》卷三。从内容看，此条所叙为远古之事，而其他文字皆叙嘉庆时之事，故补于本卷开篇。

[六] 按，此处所言单位，《御制数理精蕴》下编卷一云："度法：丈以下曰尺、寸、分、厘、毫、丝、忽、微、纤、沙、尘、埃、渺、漠、模糊、逡巡、须臾、瞬息、弹指、刹那、六德、虚空、清净。……衡法：两以下曰钱、分、厘、毫、丝、忽，以下并与度法同。"皆以十为进制。据此规定，则十尘为一沙，十沙为一纤。然检核嘉庆时其他方志，如嘉庆《宜宾县志》卷八、嘉庆《洪雅县志》卷八等，亦将尘次于纤之前。

纤[一]，共征丁条粮银四千一百七两八钱三分七厘一毫八丝四忽二微七尘五纤七渺五漠一埃。

中田八百一十六顷十五亩八分七厘九丝九忽三微一纤，每亩征丁条粮银一分四厘二毫七忽六微七尘七纤，共征丁条粮银一千一百五十九两五钱七分一厘九毫三丝三忽一微四尘二纤三沙五渺五漠三埃。

下田七百二十三顷四亩一分三厘一毫六丝九忽七微四尘六纤，每亩征丁条粮银一分一厘二毫四丝七忽六微八尘五纤，共征丁条粮银八百一十三两二钱五分四厘九丝七忽五微三尘一纤五沙四渺五漠三埃。

中地八百八十一顷八十八亩六分六厘八毫八丝二忽九微九尘九纤四沙，每亩征丁条粮银七厘一毫三忽八微三尘八纤，共征丁条粮银六百二十六两四钱七分八厘一丝六忽八微三纤九沙二渺六漠九埃。

下地八百四十五顷六十亩九分七厘四毫五忽八微九尘九纤，每亩征丁条粮银四厘四毫三丝九忽八微九尘九纤，共征丁条粮银三百七十五两四钱四分二厘一毫八丝四忽一微六尘八渺三漠九埃。

现征丁条粮银七千八十二两五钱八分三厘四毫一丝五忽九微一尘二纤九沙八渺五漠五埃，每两加一五火耗[二]，遇闰每两加征银三分五厘二毫八丝六忽七微二尘六纤六沙七渺一埃。

领　支

一、嘉庆七年（1802）新增文昌宫春秋祭祀银一十四两，于盐茶耗

[一] 丁条粮银：清代的赋役制度，谓将土地税、人头税及其他杂役统一起来按地亩摊派。《钦定续文献通考·职役二》："一条鞭法者，总括一州县之赋役，量地计丁，丁粮输于官。一岁之役，官为佥募，力差则计其工食之费，量为增减；银差则计其交纳之费，加以增耗。凡额办、派办、京库岁需与存留供亿诸费，以及土贡方物，悉并为一条，皆计亩征银，折办于官，故谓之一条鞭。"

[二] 火耗：正赋之外增加的税额。因为征收上去的碎细银两需要经过铸造汇为整数，这个制造的过程会产生损耗，所以提前多征一部分税额，以抵消这个损耗。《钦定续文献通考·田赋考二·历代田赋之制》："顾炎武《钱粮论》曰：'自古以来，有国者之取于民，不闻有火耗之说。火耗之所由名，其起于征银之代乎？'原夫耗之所生，以州县之赋，户户而收之，铢铢而纳之，不可以琐细而上诸司府，是不得不资于火。有火则必有耗，所谓耗者，特百之一二而已。"但这个多征的部分，被下级官吏逐层加码，成为了剥削百姓的名头。

羡银内动支[一]，赴司请领。

存 留

一、本县春秋二祭，文庙及山川、社稷各坛祠，祭祀银一十六两。又续增武庙春秋祭祀银一十六两，内酌拨银二两致祭厉坛，又酌拨银四钱六分致祭龙王庙。

一、本县禀生原额十名，每名岁支饩粮银三两二钱[二]，共银三十二两，遇闰每名加银二钱六分六厘六毫六丝六微六尘四纤。

岁 支

一、本县知县一员，岁额俸银四十五两。额设衙役三十一名，内门子二名[三]，皂隶一十四名，马快八名，轿、伞、扇夫七名，每名岁支工食银六两，共银一百八十六两。又改设仵作一名，岁支工食银六两；随学仵作二名，每名岁支工食银三两，共银一十二两。设立民壮六名，每名岁支工食银八两，共银四十八两。额设禁卒八名，更夫五名，每名岁支工食银六两，共银七十八两。又添设捕役二名，每名岁支工食银六两，共银一十二两。又添设斗级二名[四]，仓夫三名，每名岁支工食银六两，共银三十两。设立县属底塘[五]、界牌共二铺[六]，共设铺司兵四名，每名

[一] 耗羡银：火耗与羡馀之合称，正额税赋外加征的额外税额。《钦定续文献通考·田赋考二·历代田赋之制》："于是两之加焉十二三，而铢之加焉十五六矣。薄于正赋而厚于杂赋，正赋，耳目之所先也；杂赋，其所后也。于是正赋之加焉十二三，而杂赋之加焉或至于十七八矣。解之藩司，谓之羡馀，贡诸节使，谓之常例。"

[二] 饩粮：明清两代有部分读书人由公家发放膳食，后将实物粮食折算为银两，类似于今日之生活补贴。

[三] 门子：看门者。《旧唐书·李德裕传》："吐蕃潜将妇人嫁与此州门子，二十年后，两男长成，窃开垒门，引兵夜入。"

[四] 斗级：主管官仓、务场、局院的役吏。斗谓斗子，级谓节级。《大明会典·仓庾一》："景泰三年（1452），令各仓斗级库子，开写年甲、乡贯、住址，编造文册，候巡视官员点闸。"

[五]"塘"，原误作"铺"，据本书卷二二改。

[六]"二"，原误作"三"，据本书卷二二改。

月给工食银五钱，岁共支银二十四两。遇闰之年，照数加增。

一、本县教官一员，岁额俸银四十两。额设衙役四名，内门斗二名[一]，膳夫二名，每名岁支工食银六两，共银二十四两。

一、本县典史一员，岁额俸银三十一两五钱二分。额设衙役六名，内门子一名，皂隶四名，马夫一名，每名岁支工食银六两，共银三十六两。

一、孤贫口粮，岁无定额，有则详请拨支。

以上祭祀、官俸、饩粮，除文昌宫祀银一十四两在盐茶耗羡银内领支外，其馀岁共支银一百八十两五钱二分。又衙役、民壮、仵作、禁卒、更夫、捕役、斗级、仓夫、铺司工食，岁共支银四百五十两。嘉庆四年（1799）钦奉谕旨，应支各款在于地丁银内扣留支给，年终造册奏销。所有支剩丁条粮银六千四百五十二两六分三厘四毫一丝五忽九微一尘二纤九沙八渺五漠五埃，起运布政库收贮，听候拨支。

[一] 门斗：官学中的仆役，兼司看门与管理仓储。《清稗类钞·胥役·门斗》："旧称为学官供役者曰门斗，盖学中本为生员设廪膳，称门斗者，当是以司阍兼司仓，故合门子、斗子之名而称之耳。"

彭县志卷之八

仓 储

贾逵有言[一]，粱美益州[二]。厥供正赋，以实廪庮[三]。出纳唱簿，稽核持筹。取法常平[四]，有粟如丘[五]。乐输贮社，意美且周。岂可无备，长恃有秋。作《仓储志》。

仓 廒

在县署内。自雍正八年（1730）起，至嘉庆十七年（1812）止，新旧建常平仓、监仓三所，共七十一间，额贮谷三万八千石。

社 仓

在四乡各寺庙内，共四十二处仓廒，一百九十九间。自乾隆元年（1736）粜常平仓谷在剩馀银添买，又历次劝捐添买，及借息谷，陆续储积，至嘉庆十七年止，四乡共贮社谷八万二千三百八十三石三斗一升四

[一] 贾逵（30—101）：字景伯，东汉扶风平陵（今陕西咸阳）人。少传父业，弱冠能诵《左氏传》及《五经》本文，以大夏侯《尚书》教授，虽为古学，兼通五家《谷梁》之说。后任左中郎将、侍中等职，曾为《左传》《国语》等书作注。

[二]“粱”，原误作“梁”，据《升庵集》改。其书卷六一“小粱州”条云：“贾逵曰：‘粱米出于蜀、汉，香美愈于诸粱，号曰竹根黄。’”

[三] 庮（yǒu）：据《类篇·广部》，义为屋檐的前板。这里与“廪”连用，代指仓库。

[四] 常平：古代用仓库存储米粮，以便调节物价。《事物纪原》卷一“常平”条：“汉宣帝时，数丰稔，耿寿昌奏诸边郡以谷贱时增价籴入，贵则减价粜出，名曰‘常平’，此其始也。”

[五]“丘”，原作“邱”，清人尊孔子而改者，今改回。丘，小土山。

合。各设正、副社首，自行经管，年满报替[一]。

义 仓

乾隆二十八年（1763）起，至三十五年（1770），历次官民捐贮谷共六千九百七十三石八斗五升。自乾隆三十六年（1771），因金酋不法[二]，节次奉文碾办站夫口粮、军米。至三十八年（1773）上，尽数碾运。原建仓厫二所，六间，空存年久，亦皆朽坏无存。

[一] 年满报替：谓在粮食保质期将满之时上报，卖出旧谷，买入新谷。

[二] 金酋：大小金川的少数民族。乾隆时期（1747—1776）平定大小金川，可参《平定两金川方略》。

彭县志卷之九

水　利

水出岷阳，遍润区夏。连山合沓，支流激射。引溉筑堰，功侔造化。如云之屯，如雨之泻。利专上腴，亩收倍稼。盛世耕民，多勤䆉稏[一]。作《水利志》。

清江堰。在县北八十里玉村河取水，灌田一千八百馀亩，馀水仍归玉村河[二]。

【补】《唐书·地理志》："濛阳郡导江县有侍郎堰，其东百丈堰，引江水以溉彭、益田。"[三]

七大河总堰。彭水发源于九峰，汇天台诸山之水，经百馀里至彭门下关口皂角崖，分为两河。东面河口计十四丈，经里馀，分为四河：鸭子河、小石河、马牧河[四]、濛阳河。西面河口计七丈，经半里，分为三河：新润河、新开河、清白江。分派河道处，岩石上镌有"毛郎镇"三大字[五]。按，毛郎镇每年冬季修淘河堰，皆民间照田自派，不领官帑。设立总、散堰长，督工经费，工之繁简，费之多寡，视其秋水之大小、河口之冲淤为准。关口之水，其源出九峰二海子，合下竹溪诸水。溪开

[一] 䆉稏（bàyà）：据《康熙字典·禾部》，此为一种水稻。这里泛指水稻。

[二] 光俊按：清江堰起水于今龙门山镇渔江楠村棺木岩下，流往通济镇。乡人赵一涵开，事迹见本志卷三一《忠义》。光绪《重修彭县志》卷三《水利》记载："清江堰，西山玉村旧无稻田，乡人赵一涵于乾隆三十二年（1767）相度湔流，自复兴场观音岩下作堰，引水循山麓屈曲南流，经小鱼洞背，左纳丙寅沟窩肖沟水，东南入玉村，灌上中下三坝田四千馀亩。旧《志》称灌田一千八百馀亩，馀水还江。"又，"观音"原误作"观母"，据同书卷三《湔堰水道记》改。

[三] 按，此条据抄配本书末补，出《新唐书·地理志六》。本条所叙为独立内容，在归入本卷时，不便放在卷末，姑置于此。

[四] 按，本书之马牧河，又作"马水河"，详本书卷五。

[五]"毛"，底本此页原缺，抄补作"毛"，据抄配本改。

细流，冬时可涉，故每年自夏至后，大雨滂沱，始能灌溉田亩，民甫栽插[一]。至于秋夏之交，霪雨过多，又致河口冲淤[二]，故七河分水古有成规，而小堰上下每无定处[三]。

鸭子河。河口二丈六尺，下分小堰九道，共灌田二万六千六百馀亩，馀水流入什邡。

小石河。河口二丈八尺，下分小堰十五道，共灌田二万五千五百九十六亩，馀水流入什邡。

马牧河。河口四丈八尺，下分小堰十六道，共灌田四万二千五百四十亩，馀水流入汉州。

濛阳河。河口三丈八尺，经里馀，又分白土河，两处河口各一丈九尺，下分小堰十七道，共灌田二万六千七百六十亩，馀水流入汉州。

白土河。与濛阳河分水，离城二十五里，下分小堰十三道，共灌田二万九千九百三十馀亩，馀水流下合濛阳河，入汉州。

分计西面**新润河**[四]。河口三丈五尺，下分小堰八道，共灌田一万六千二百一十亩，馀水入新繁界清白江大河。

新开河。河口一丈七尺五寸，下分小堰七道，共灌田七千一百零七亩，馀水入清白江大河。

清白江。河口一丈七尺五寸，下分小堰八道，共灌田七千四百一十亩，馀水归崇宁湔江。

南乡连境堰。离城十五里，由清白江沿河发水至连境堰，沟宽八尺，深五尺，下分小堰七道，共灌田一千九百九十馀亩，馀水还江[五]。

[一]“栽”，底本误抄作“裁”，据抄配本改。

[二]“致”，原作“至”，虽说当成通假字来看，“至”可通“致”，然如此晚近之古籍，如此常见之字，用通假字似乎说不过去，故当成讹字处理，改回正确文字。

[三]光俊按：即今湔江堰，位于丹景山镇关口社区，是湔江的出山口。嘉庆以前分为东西两大河口，西河口又下分三支，东河口下分四支。道光十一年（1831），因两河常为争夺水资源发生纠纷，知县毛辉凤在旧堰下三十丈处修建分水平梁，改两河口为五河口，其下又分七河，进而分为九河。此后多次改修。1951年因建成人民渠，将小石河作为主要排洪河道，其他河道逐步萎缩。

[四]“润”，原误作“闰”，据前文及本书卷五“玉村河”条改。

[五]光俊按：位于丽春镇原天顺村境内，今属景林村。光绪《重修彭县志》卷三：“清白江自新开河分水处起……历崇、彭二县界至丽春场西。午二里九左分连境堰入崇宁界，丙午三里至合江桥，仍历二县界，丙二里一分转巳注沱江。”又：“连境堰在丽春场西崇、彭二县界，清白江枝流也。沿河出泉，东南流至新开河，度高枧槽共分小堰四道，灌田千九百九十馀亩。”

东乡三尺堰。离城四十里，由清白江引都江堰水入三尺堰，河口宽三丈三尺，深二尺五寸，次王中堰，下分小堰四道，共灌田八千亩，馀水入白土河[一]。

黑龙泉。在县南里许，乾隆十九年（1754），邑令朱次臻凿泉二，取水灌溉南乡田亩[二]。

西城濠泉[三]。

北城濠泉。以上二泉，乾隆三十二年（1767），邑令沈鹏凿，取水灌南乡田。

连禾泉。在县西西湖内，乾隆五十五年（1790），邑令谢生晋凿泉三口，灌南乡田[四]。

清泉。在清泉寺左，有泉四口[五]。

古佛泉。在古佛庵内[六]。

安乐泉。在广兴寺右，有泉数十处[七]。

七星泉。在壁山庙，有泉七口[八]。

三泉。三寺相连[九]。

[一] 光俊按：三尺堰位于今濛阳街道三王村，王中堰位于三尺堰东南，都从清白江起水，馀水复归清白江。光绪《重修彭县志》卷三："（三尺）堰自竹瓦街西四里馀新繁界内引沱江水，东流入境。河口宽三丈三尺，深二尺五寸，下分黄土、湃缺二小堰。黄土堰门宽二丈，湃缺堰门宽一丈二尺，与西北老古堰分流，过筒之水俱灌竹瓦街上下田。三尺堰东三里为王中堰，旧分小堰四道，道光中因江涨淤断，各小堰口仍顺沱江作堰。"

[二] 光俊按：黑龙泉位于今致和街道双龙社区。光绪《重修彭县志》卷三："黑龙泉，在桤木泉东火巷河枝渠下，即黄土堰也，近河凿泉，灌田二千馀亩。"

[三] 光俊按：此泉在今天彭街道西部，久已填塞。光绪《重修彭县志》卷三："西城濠泉，乾隆三十二年邑令沈鹏凿，灌南乡田。今濠深，旧泉脉断，水上沟迟。"

[四] 光俊按：连禾泉在今西大街与杨柳河交叉处西南侧，似已经湮塞。

[五] 光俊按：清泉今有两处。本书所叙在今致和街道清泉庵，原致和乡清泉村。光绪《重修彭县志》卷三："清泉在升平场北清泉寺，灌田百亩。"一在今九尺镇昌衡村境内，原属升平镇双槐村，故马牧河边。

[六] 光俊按：古佛泉在原九尺镇古棠村境内古佛庵，2005 年并入天宝村。古棠村以境内有古佛庵和棠树观得名。

[七] 光俊按：安乐泉、广兴寺在今九尺镇广山村，原升平镇广兴村。

[八] 光俊按：七星泉位于今天彭街道枣子树社区净土寺周围，原属清平乡壁山村。壁山庙又作壁山庙，古名白衣庵，今名净土寺。参见本书卷一九《寺观》。

[九] 光俊按：三泉三寺，指今敖平镇上泉寺、中泉寺、下泉寺的泉凼。上泉寺位于敖平镇原济泉村，今紫音泉村。中泉寺位于敖平镇原中泉村，今鹤泉村。下泉寺位于敖平镇原下泉村，今凤泉村。光绪《重修彭县志》卷三："（五珠泉）近北有上中下三泉寺，三泉各灌田数百亩。"

白马泉[一]。

以上各泉，俱在县属。

新泉。在县东南唐家坝，乾隆三十四年（1769）浚[二]。

桤木泉。在县东四十里，古泉五眼，流注连延，有潆洄九曲之势，四时不竭，溉田五百馀亩[三]。

玉泉。在玉泉寺侧[四]。

三合泉。在七宝院后[五]。

九龙泉。在县南，泉阔一亩[六]。

泉水河。在县西三十里[七]。

井泉。在县西北七星桥右[八]。

水莲洞[九]。

五龙洞[十]。

七眼泉。在县北，雍正八年（1730）杨廷汉凿，在楠木园。一冈桐，

[一] 光俊按：白马泉有二。其一在敖平镇东面原石泉村，今兴平村境内。光绪《重修彭县志》卷三："白马泉，在敖场东北二里。阔半亩，水源清畅，四时不竭。"其二在今天彭街道白马社区境内。光绪《重修彭县志》卷三："白马泉，在檀木泉北里馀，灌田三百亩。"

[二] 光俊按：新泉位置待考。光绪《重修彭县志》卷三："方泉，在场东南五里骆家坝，灌田三百亩。唐家庵新泉同。"是说新泉地方与方泉接近，可灌田三百亩。

[三] 光俊按：此泉在县东四十里，当在今濛阳街道境内。暂未找到其具体位置。光绪《重修彭县志》卷三记载的"桤木泉"在今致和街道境内，邻近黑龙泉。

[四] 光俊按：玉泉在原升平镇玉泉村，今九尺镇升平社区。光绪《重修彭县志》卷三："玉泉，在县东二十里玉泉寺，近九尺铺。泉水莹彻，游鱼可数。灌田数百亩。"

[五] 光俊按：七宝院又名老马寺，位于今九尺镇宝马村。参见本书卷一九《寺观》。

[六] 光俊按：九尺镇九龙泉有二，其一位于九尺镇天宝村四组，其二位于九尺场医院内。另外敖平镇亦有九龙泉，在敖平镇东，临近观音泉和麻柳泉。

[七] 光俊按：泉水河发源于清白江故道以西，丹景山镇九陇山东麓，流向隆丰街道和丽春镇境内。光绪《重修彭县志》卷三："泉水河，在县西北二十五里，九陇东麓。新堰子下流也。缘山麓出泉，终岁可转碾，计灌县境田约八千亩，崇宁田约二千亩。"

[八] 光俊按：七星桥在今隆丰街道原金山村，今西京村境内，已废弃。井泉故迹当在此，估计即七星泉。光绪《重修彭县志》卷三："七星泉，在石佛寺北二里，麻柳河之七星桥北，灌田四百亩。"

[九] 光俊按：此洞不知在何处。葛仙山北寨门外右下方敖平镇石龙山村境内有水帘洞，从洞顶渗水甚多，如同水帘，或许即此。

[十] 光俊按：五龙洞在今白鹿镇塘坝子五龙山，洞高二三长，深不可测，长年流泉，为华严沟上游。参见本志卷五"五龙山""神溪水"条。《纱笼文选》卷七黄云鹄《彭游行纪》："洞门高大如阙，水自洞出。予掬饮之，甚甘芳……洞前有广坪，群峰环拱，俗谓为莲花地，真形似。入洞蹑水石，立望移时，搴九节蒲数本出洞。沮洳不可穷，亦不必穷也。"

二棬子，三杨柳，四白鹤，五大麻柳，六小麻柳，七自流[一]。

三眼泉。在县北[二]。

乌鱼洞。在县北。

按，彭邑旱田、山田，凡河堰不能引注者，或用筒车取水灌溉，或资泉水自然流灌。又有冬日积水田中，至春栽种者。又或于高处设塘注水，俟栽种时决灌。亦有于泉塘内用龙骨车、戽斗取水[三]，人力倍多，随时设法，无凭注载。

[一] 光俊按：今棬子泉尚存，在葛仙山镇楠杨社区附近，为自流泉。其他位置暂不可考，当都在棬子泉附近。光绪《重修彭县志》卷三："棬子泉，在楠木场西北三里，灌田百亩。""杨柳泉，在棬子泉西北一里，灌田二百亩。"同书记载了另外几眼泉水，录以备考："星宿泉，近楠木场北，灌田三百馀亩。下有姚家泉，灌田二百馀亩。桐麻泉，在楠木场东北二里馀，地名石缸林，灌田百馀亩。质刀泉，距桐麻泉半里，灌田数百亩。三星泉，在楠木场东里许，灌田六百馀亩。""大泉，在棬子泉北一里，灌田三百馀亩。"

[二] 光俊按：三眼泉在今天彭街道临江社区境内，原利安乡杜家村。约清乾隆五十四年(1789)，知县谢生晋请张阿訇在三眼泉求雨成功，该泉名声大噪。

[三] 龙骨车：水车的别名，带水的木板用木榫连接成环带，形如龙骨。《剑南诗稿》卷七〇《春晚即事》之四："龙骨车鸣水入塘，雨来犹可望丰穰。"◎戽（hù）斗：一种取水灌田用的旧式农具。《农政全书》卷一七："戽斗，挹水器也。……凡水岸稍下，不容置车，当旱之际，乃用戽斗。控以双绠，两人挈之，抒水上岸，以溉田稼。"

彭县志卷之十

城　池

蜀称天府，彭为屏障。楼堞久颓，榛芜遂荒。乃备畚锸[一]，筑城浚隍。百堵崇墉，三成巨防[二]。赪壤飞文，霞赩云苍[三]。仡仡言言[四]，永固金汤。作《城池志》。

彭邑旧系土城，明天顺间（1457—1464）知县侯福创建，周四里四分，计七百九十二丈，高一丈五尺。门四：朝京、镇远、文化、武威。成化初（1465？），知县高能重修[五]，浚濠筑堤绕城。

国朝乾隆三十一年（1766），知县沈鹏劝民捐输，就土城旧址量为加广，改修砖城，周围五里六分二厘二毫二丝二忽，计一千零十二丈，高一丈八尺。设门五：东朝阳、南阜财、西涵江、北拱极，又小北门曰延秀。每门建城楼，外决濠深八尺，宽一丈。寻以堪舆家言[六]，闭小北门。五十三年（1788），知县谢生晋改南门于小南街，重开小北门。嘉庆二年（1797），教匪滋扰[七]，维时城多坍塌，砖亦损破。署邑令马维岳、徐绂

[一] 畚锸（běnchā）：装土的筐子与挖土的铁锹，这里代指筑城用的者类工具。《晋书·石季龙载记论》："穷骄极侈，劳役繁兴，畚锸相寻，干戈不息。"

[二] 三成：三重，三层。《周礼·秋官·司仪》："令为坛三成，宫旁一门。"郑玄注引郑司农曰："三成，三重也。"

[三] "赩"（xì），原误刻右边"色"字作"邑"，字书不载，今据文献用例及文义改。《毗陵集》卷七《仙掌铭》云："霞赩烟喷，云抱花捧。"霞赩者，如云霞一般的红色。

[四] 仡仡（yì）：高耸貌。《诗·大雅·皇矣》："临冲茀茀，崇墉仡仡。"◎言言：高大貌。《诗·大雅·皇矣》："临冲闲闲，崇墉言言。"毛传："言言，高大也。"

[五] "高"，原误作"李"，据嘉靖《四川总志》卷三等改，说详本书卷二九。

[六] 堪舆家：相度地形、察看风水的人。堪指地形之高处，舆原指大地，此借指地形低处，合之则为地形之高低。《史记·日者列传》："孝武帝时，聚会占家问之，某日可取妇乎？五行家曰可，堪舆家曰不可。"

[七] 教匪：此处指白莲教运动。清人庆桂有《剿平三省邪匪方略》四百卷，三省者，即湖北、四川、陕西。时间大致在嘉庆元年至九年（1796—1804）。

于坍塌处所先后补修土城。四年（1799），知县杨为龙复用土垒筑外城。工未竣而教匪平，遂废。今惟南门外城门、城楼尚存，而内旧城周围雉堞益复崩圮。嘉庆十八年（1813）春，锺钫捐廉俸银一千两以倡修砖城，士民闻风，捐输踊跃。克日鸠工兴筑，规模悉依旧址。城外原筑旧堤围九里三分，今故址仍存。

彭县志卷之十一

场　市

武侯政令，翊日而市[一]。行鲁守彭[二]，约期而止[三]。端衢四达，墆鬻遐迩[四]。列屋接栋，山郿水涘[五]。缩板为垣，树柳成里。鸡犬相闻，守望相恃。作《场市志》。

三交镇。在县东北四十里，汉州、什邡连界[六]。

濛阳镇。在县东四十里，东通汉州，南通新都、新繁，西通西北诸山，北通什邡，道路四达。唐龙纪初（889），王建攻西川，陈敬瑄将山

[一] 按，《文苑英华》卷八〇八载陈溪《彭州新置唐昌县建德草市、歇马亭镇并天王院等记》云："昔武侯以蜀脞脆，故令邻邑翊日而市，意在习其筋力而俟之征徭。"

[二]"鲁"，原作"曾"，形近而误，今改。按，唐人吴行鲁，曾任彭州刺史。据雍正《四川通志》卷二六，此人大中十一年（858）前后为官彭州。

[三] 约期：陈溪《彭州新置唐昌县建德草市、歇马亭镇并天王院等记》云："公亦约之以期而候之，其日商旅辇货至者数万，珍纤之玩悉有，受用之具毕陈。"是吴行鲁亦效仿诸葛亮，专门规划了市场，并安排了交易的具体时间。

[四] 墆（zhì）鬻：囤积并待价卖出。《文选·左思〈蜀都赋〉》："贾贸墆鬻，舛错纵横。"

[五]"郿"，疑误。按，郿字用作地名，在今陕西眉县。据"水涘"指水边，则"山郿"亦应与之义近。古籍中有"山崖水涘"，如《明诗纪事·乙签》卷二"苺兢"小传；有"山巅水涘"，如《三长物斋文略》卷一《静虚山房诗集序》；有"山砠水涘"，如《瞿忠宣公集》卷七《承牧师命次孟阳唱和诗韵》；有"山椒木涘"，如《存研楼文集》卷一四《书重立〈瘗鹤铭碑记〉后》，暂未见"山郿水涘"也。《诗·秦风·蒹葭》："所谓伊人，在水之湄。""湄"有水岸之义，或"郿"乃"湄"之误。

[六] 光俊按：以意推之，当是三地交界处，该地或在今濛阳街道原义和乡（三界场）境内。存疑待考。《锦里耆旧传》卷一："龙纪元年春二月庚午，陈太尉发军与王司徒大战于三郊，川军败绩。"光绪《重修彭县志》指出，三交镇当入"古迹"。该地只是一个古地名，确不是场市，具体位置也有争议。

行章自新繁败[一]，屯濛阳，即此。今为濛阳场。

堋口镇。即今隆丰场[二]。

新九尺铺场。在东乡巽恭里，距县二十五里。乾隆辛卯年（1771）设[三]。

敖家场。在东乡凤楼里，距县三十里。场旧敖姓地，西通县治，东通汉州，南通新繁，北通什邡[四]。

罗家场。在东乡石河里，距县四十里，雍正元年（1723）设。上通县治，下通汉州，南北通什邡、新繁[五]。

太平场。在南乡连封里，距县十五里，嘉庆元年（1796）设。南通新繁、郫县，北通县治[六]。

九尺铺。在南乡仁风里，距县二十里，雍正年间（1723—1735）设。上通县治，下通濛阳场。

丽春场。在西乡禾川里，距县十五里，旧名花街子，雍正九年（1731）

[一] 陈敬瑄（？—891）：唐末宦官，唐僖宗时凭借其兄田令孜的权势升为四川节度使，黄巢之乱，随僖宗入蜀，封颍川王。后又因田令孜而获罪，流放端州。唐昭宗立，陈敬瑄拒诏，王建率兵讨而杀之。《新唐书·叛臣下》有传。◎山行章：唐末曾官眉州刺史，《十国春秋》卷四〇有传。按，此事载《资治通鉴》卷二五八。原文云："戊申，王建大破山行章于新繁，杀获近万人，行章仅以身免。杨晟惧，徙屯三交；行章屯濛阳，与建相持。"

[二] 按，《订讹》评此处关于三交镇与隆丰场之说云："三交、堋口皆当入《古迹志》。又，今三兴场本非三交，隆丰场本非堋口。纵尔，亦当云'三兴场即古三交镇，隆丰场即古堋口镇'，以今无'三交''堋口'之名也。"光绪《重修彭县志》卷二《古迹志》，认为三交镇即新兴场，以北有三岔河而得名。我们认为，三交镇在三兴场之说有一定道理，所谓三交者，彭县、汉州、什邡三县交界之地也，与所谓三岔河当无关联。又，光俊按：在嘉庆时代，今丹景山镇关口地区尚无场镇之设，清后期设通镇场。宋代堋口县治和堋口镇的位置，可能在今隆丰街道境内，也可能在今关口西面白塔坝故镇国寺附近。

[三] 光俊按：新九尺铺，已废，在今九尺镇宝马村境内。九尺铺因道路和河道变迁，共有三处。今九尺铺为雍正年间设，北面为新九尺铺，原名新街村（今属宝马村），和南面的老九尺铺，原名老街村（今属玉源社区），在清代已经废弃。光绪《重修彭县志》卷二："九尺铺，在南乡仁风里，距县东二十里。东南距濛阳场、竹瓦街俱二十里，雍正中设。由场东北出二里为新九尺铺，南出二里为老街子，今并废。"

[四] 光俊按：即今敖平镇所在，今属敖家场社区。旧有凤鹤楼、凤楼书院。光绪《重修彭县志》卷二："东距罗家场十五里。"

[五] 光俊按：在今濛阳街道罗万社区境内，为原罗万乡治所。马牧河南岸九尺镇昌衡村（原双丰村）境内有"老罗家场"，因洪水废弃。雍正元年（1723）另择小石河南岸建场，因屡遭洪灾，1964年小石河滨老场被冲毁，1965年，在原场南里许之余家桥附近高地，再次择地建新场，沿用称"罗家场"。光绪《彭县志》卷二："东南距三界桥十八里。"

[六] 光俊按：在今致和街道太平社区，原太平公社、太清乡治所。光绪《重修彭县志》卷二："东距界牌十五里。"

设。西通崇宁，东通县治。

隆丰场。在西乡禾川里，距县二十五里，乾隆五十年（1785）设。上通关口，下通县治。

新兴场。在西乡梯云、鹿坪二里，距县四十里，旧名黑窝子，乾隆五十五年（1790）设。邑令谢生晋易名，依山傍水，入山要路[一]。

磁峰场。在西乡鹿坪里，距县六十里，旧名冯街镇，乾隆辛未年（1751）设。系灌、彭、崇宁交界地[二]。

通济场。在西乡梯云里，距县六十五里，旧名青岗林，乾隆壬午年（1762）山水冲决，庚子（1780）迁设，更名通济场。上通小鱼洞，下通新兴场[三]。

复兴场。在西乡鹿坪里，距县八十里，旧名小鱼洞，乾隆四十五年水决，次年（1781）改设。上通白水河，下通通济场[四]。

河坝场。在西乡梯云里，距县九十里，乾隆十九年（1754）设。东北通什邡，东南通县治[五]。

宝兴场。在西乡鹿坪里，距县一百里，旧名白水河[六]。

仁兴场。在北乡岚屏里，距县二十五里，乾隆三十年（1765）设，旧名万家庵[七]。

[一] 光俊按：位于今通济镇海窝子社区。清初于今龙怀村画易家坡小区北田家沟汇入湔江附近设殷家场，后废，迁于今址，沿河岸设场。光绪《重修彭县志》卷二："南距通镇场十里。"

[二] 光俊按：位于今桂花镇磁峰社区，以境内有普照寺，俗称"普照寺"。光绪《重修彭县志》卷二："东南距隆丰场四十里。"

[三] 光俊按：位于今通济镇青杠林社区。以境内旧有大片青枫树得名，"青岗林"当作"青枫林"。光绪《重修彭县志》卷二："东距思文场六里，东南距新兴场十里。"

[四] 光俊按：位于今龙门山镇小鱼洞社区南部湔江边。清代康、雍年间，人们在湔江东岸背丙穴（小鱼洞）临河建成集市，以小鱼洞为名。乾隆四十五年（1780）场镇毁于洪水，居民迁于今罗原坝东侧，湔江西岸，面棺木岩，重建市集，以附近有复兴寺，更名为复兴场。光绪《重修彭县志》卷二："东距通济场二十里。"

[五] 光俊按：又名白鹿场，位于白鹿镇白鹿场社区。场镇在白鹿河东岸，一度迁花店子（今水观村境）。咸丰四年（1854），再于河坝场兴场。光绪《重修彭县志》卷二："西南距思文场二十里。"

[六] 光俊按：位于龙门山镇白水河社区，白水河西岸。光绪《重修彭县志》卷二："南距复兴场十五里。"

[七] 光俊按：位于今隆丰街道万皇村境内万家庵。光绪《重修彭县志》卷二："废仁兴场，在北乡岚屏里，南距隆丰场三里，今名万家庵。"

仁和场。在北乡岚屏里，距县二十五里，旧名集贤庵，今废[一]。

楠木场。在北乡华园里，距县三十里，乾隆二十八年（1763）设。西通永定场，东通敖家场，南通县治[二]。

永定场。在北乡永定里，距县三十五里，康熙五十七年（1718）设。西通关口，东通敖家场，南通县治[三]。

艳阳场。亦名红岩子，在北乡艳阳里，距县四十里，雍正八年（1730）设。西通灌县，东北通什邡，南通县治[四]。

乐兴场。在东乡凤楼里，距县二十里，旧名军屯镇，嘉庆十八年（1813）改名[五]。

[一] 光俊按：位于隆丰街道集贤村境内，原为集贤（百贤）乡政府驻地。光绪《重修彭县志》卷二："废仁和场，在北乡岚屏里，西距废仁兴场四里，今名集贤庵。"

[二] 光俊按：位于葛仙山镇楠木社区，原为楠木乡政府驻地。光绪《重修彭县志》卷二："南距利安场十三里。"

[三] 光俊按：位于丹景山镇石洞埝社区，为永定乡治所。光绪《重修彭县志》卷二："东距楠木场、西距通镇场各十里。"

[四] 光俊按：位于今敖平镇红岩子社区，原红岩镇治所。1989 年版《彭县志》称唐代于辖境设毗卢场，明置白马镇，属循孝乡。光绪《重修彭县志》卷二："南距敖家场十二里。"

[五] 光俊按：位于今隆丰街道军屯场社区，原军乐镇治所。光绪《重修彭县志》卷二："西北距楠木场十二里。"

彭县志卷之十二

关 隘

重门击柝，取之《豫》卦[一]。蜀道阻深，雄于两戒[二]。依岩为关，临谷为隘。保障民萌[三]，慎固疆界。蕞尔弹丸[四]，无忘守械。相地立防，勇夫勿懈。作《关隘志》。

静塞关。在邑西北。《唐书·地理志》："彭州有静塞关。"[五]

白石关。在白石沟，距县六十里，系通什邡县路。《明·职官志》云："白石沟设巡检一员，弓兵十二名，兼辖彭、什。"[六]今汰[七]。

[一] 按，《易·豫》陆德明音义云："悦豫也，备豫也。"是此卦有预防、防备之义。

[二] 两戒：唐代僧一行将山脉走势分为两条，一为南戒，一为北戒。《新唐书·天文志一》云："而一行以为，天下山河之象，存乎两戒。北戒，自三危、积石，负终南地络之阴，东及太华，逾河，并雷首、底柱、王屋、太行，北抵常山之右，乃东循塞垣，至濊貊、朝鲜，是谓北纪，所以限戎狄也；南戒，自岷山、嶓冢，负地络之阳，东及太华，连商山、熊耳、外方、桐柏，自上洛南逾江、汉，携武当、荆山，至于衡阳，乃东循岭徼，达东瓯、闽中，是谓南纪，所以限蛮夷也。"

[三] 民萌：同"民氓"，百姓也。《管子·山至数》："粟之三分在上，谓民萌皆受上粟，度君藏焉。"

[四] 蕞（zuì）尔：小貌。《左传·昭公七年》："郑虽无腆，抑谚曰'蕞尔国'，而三世执其政柄。"

[五] 按，此条见《新唐书·地理志六》。光俊按："静塞关"之说，历代舆地书都沿引《新唐书》的记载，别无其他史料可资借鉴。考虑到唐代彭州包括导江县，即今都江堰市岷江以东部分，不排除静塞关在今都江堰市境内的可能。

[六] 按，《明史·地理志四》提到了彭州北有白石沟巡检司，但不言人员配备情况；《明史·职官志四》仅言有正副巡检，也不言兵力配备情况。

[七] 光俊按：白石关遗址当在今敖平镇石龙山村境内，白石沟出山口。光绪《重修彭县志》卷一："（白云山）峰势直东南尽白石沟口，其前为魏家坝。旧白石沟巡检治其后。""（白石沟）又东南出山口，径故白石沟巡检治南，今名魏家坝也。"

关口。在县西北三十里，有上下二关，又名毛郎镇，系彭邑入山要路，汛防拨兵住此盘诘[一]。

[一] 光俊按：大体位置相当于晚清的通镇场，现在的丹景山镇关口社区。今通济镇龙怀村最南境接丹景山镇丹景村处尚有“三郎镇”遗址，估计是上关口的一部分。

彭县志卷之十三

津　梁

柔不可玩，流水汤汤[一]。何以济之？舟楫杠梁[二]。民未病涉，阻不望洋[三]。鳌身峙耸，雁齿排长[四]。人立小艇，岸夹垂杨。来问津者，遥指鞭扬。作《津梁志》。

文化桥。在县东五里，乾隆五十年（1785）重修[五]。

朱家桥。在县东十里，乾隆三十五年（1770）重修[六]。

汤巴桥。在县东十五里[七]。

[一] 汤汤（shāng）：水流盛大貌。《诗·卫风·氓》："淇水汤汤，渐车帷裳。"毛传："汤汤，水盛貌。"

[二] 杠（gāng）：独木桥。《孟子·离娄下》："岁十一月，徒杠成；十二月，舆梁成，民未病涉也。"

[三] 望洋：本义指河伯望着大海自叹不如，这里比喻为看着河流而无法通过。《庄子·秋水》："秋水时至，百川灌河，泾流之大，两涘渚崖之间不辨牛马。于是焉 河伯欣然自喜，以天下之美为尽在己。顺流而东行，至于北海，东面而视，不见水端。于是焉，河伯始旋其面目，望洋向若而叹曰：'野语有之曰：闻道百以为莫己若者，我之谓也。'"

[四] 雁齿：比喻桥的台阶。《白居易集笺校》卷二七《答王尚书问履道池旧桥》："虹梁雁齿随年换，素板朱栏逐日修。"

[五] 光俊按：位于天彭街道旌旗社区，原清平乡文化村，新润河支流上。条石平桥，木梁条石桥面。全长一丈，宽六尺，条石台墩，二洞。1960 年河改道后拆除。

[六] 光俊按：位于天彭街道星光村，新润河支流上。明末清初建，条石平桥，木梁桥面。长三丈，宽六尺，条石台墩，二洞。1966 年改建为砖拱桥。1975 年改为涵管。

[七] 光俊按：位于九尺镇龙福村，原升平镇天福村，跨濛阳河上。民国十二年（1923）水毁后改建为木板桥，长十五丈，宽五尺。十馀年后水毁，改为渡口 5 年，重建为板桥。1966 年修建为卵石拱桥，1968 年毁于水。1971 年再建为钢筋混凝土卵石拱桥。

牛蹄桥。在县东二十五里[一]。

善人桥。在县东三十里黄土河，长十二洞，楼高二丈，乾隆初年（1736？）邑令陈奕绳改名。北通什邡，南通新繁[二]。

南桥。在县南里许，向系平桥，年久倾圮。嘉庆十八年（1813），邑令王锺钫改建环桥，形如半璧[三]。

彭寿桥。在县西南一里许，乾隆三十年（1765）普照寺僧海明建修，县令沈鹏命名彭寿。四十年（1775）水圮，五十九年（1794）重修。桥楼高一丈八尺，长三洞七间，道通郫、崇[四]。

鼎成桥。在县南十里，高一丈一尺，长十丈，宽一丈四尺，五洞十一间。嘉庆十四年（1809），邑人夏立廷、邓文彩、谢坤三人公建，署邑令李徽典锡名[五]。

[一] 光俊按：位于今人民大桥上游原小石河支流上。敖场（今敖平镇）乡绅修了一座长约丈馀的两孔石板平桥，名牛蹄桥。光绪《重修彭县志》卷二："牛蹄桥，敖家场南三里，小石枝河。"民国初年，这座桥被洪水冲去，由于它地处交通要道，又有一两百年历史，因而远近闻名。敖场、军屯（今军乐镇）两乡集资兴建了"双凤桥"。光绪二十六年（1900），马牧河水冲入小石河后，使河面继续扩大，原设的便桥已无济于事，只好在枯水季节设石步子，大水时设渡船。民国元年（1912）湔江发大水，冲毁关口以下的河堤，将小石河及其分支合而为一。到民国十一年（1922）河面已宽达五、六十丈（166—200 米）。敖场和军屯乡绅用一年时间，修起一座长 63 间的木桥，名"济生桥"。民国十二年（1923年）毁于洪水，次年动工修建全长 350 馀米，70 馀洞、133 间，更名为"川西第一桥"。建国后修建为全长 416.2 米，桥面净宽 6.5 米，共 18 孔卵石拱桥，名人民大桥。

[二] 光俊按：位于今九尺镇与濛阳镇之间。咸丰九年（1859）重建，宣统元年（1909）再次培修。新中国成立初尚保留较为完整的古典建筑木楼。上部木楼十一间，精雕细刻，屋面琉璃瓦。桥长 24 米，宽 4.7 米。光绪《重修彭县志》卷二："善人桥，濛阳场西北十五里，路通三界桥。"上世纪六十年代中期破四旧中拆毁。1969 年拆除，另建混凝土卵石拱桥，更名革命桥。

[三] "璧"，原作"壁"，形近而误，据文义改。按，由平桥改建环桥，自然形如半璧，谓如半圆形也。光俊按：位于彭州城南门外原彭县酒厂前，跨新润河上。光绪《重修彭县志》卷二："南桥，县南门外里许，新润枝河，彭寿桥下分水。"民国十三年（1924）降拱桥与路平。1957 年于上河筑台墩，加宽路面。

[四] 光俊按：位于彭州城西南，原彭县纸厂前，跨新润河上。光绪《重修彭县志》卷二："彭寿桥，县西南一里馀。"民国十二年（1923）毁于洪水，改建为条石平桥。后改为木板桥。1962 年建纸厂，改为钢筋混凝土平桥。

[五] 光俊按：位于今致和街道龙泉村，跨火巷河上。光绪《重修彭县志》卷二："鼎成桥，在废永兴场。"道光二十四年（1844），改为条石平桥，长十一丈六尺，宽五尺，条石台墩八洞。光绪三年（1878）废永兴场后，线路改道，改建条石拱桥，长 3 米，宽 2 米，一洞。

清江桥。在县南十五里，桥南新繁界，北彭县界[一]。

接连桥。在县南十五里，嘉庆八年（1803）重修[二]。

金凤桥。在县南五十里[三]。

文运桥。在县南五十里，五洞，高一丈二尺，宽六尺，长四丈。嘉庆十六年（1811）建，路通汉州[四]。

踏水桥。在县南五十里[五]。

艾家桥。在县南五十里[六]。

通济桥。在县西门外[七]。

西湖桥。在县西二里[八]。

顾复桥。在县西二里，南通崇宁、灌县，长二十五丈，高一丈六尺，阔一丈二尺，上建楼二十五间。邑令刘炯题名[九]。

[一] 光俊按：位于致和街道太平场南，跨清白江上。光绪《重修彭县志》卷二："锦江桥，连封桥西五里太平场南。"光绪十六年（1890）毁于水，只剩两桥头。光绪二十八年（1902）于上游里许重建。民国十二年（1923）、民国二十三年（1934）、民国二十四年（1935）多次冲毁再修复。

[二] 光俊按：位于致和街道原清江村，新润河尾。民国七年（1918）洪水毁掉南端桥头，河增宽。后续修木楼五间，木排桩，长七丈，宽一丈六尺，原石桥上亦建木楼。共十洞，长十五丈。民国三十五年前后，拆掉石桥，1954 年拆掉木楼桥。

[三] 光俊按：位于濛阳街道祇金路上，跨黄土河。光绪《重修彭县志》卷二："金凤桥，濛阳场东北十里，路通汉州塔子堰。"1975 年拆除，改为钢筋混凝土平桥，长 15 米。

[四] 光俊按：位于濛阳街道原月亮湾村，黄土河上。光绪《重修彭县志》卷二："文运桥，濛阳场东，路通汉州中兴场。"1960 年洪水毁掉一墩，改为木。1966 年改建为砖拱桥，更名月亮湾桥。

[五] 光俊按：位于濛阳街道三邑火车站侧，白土河、清白江支流汇合处。清嘉庆六年（1801）建，木楼桥，长十一丈，宽一丈五尺，石台木排桩，六洞。光绪《重修彭县志》卷二："踏水桥，三邑场北六里。"至修铁路时仍然较为完整。

[六] 光俊按：位于濛阳街道三邑桥村，清白江支流上。明末清初建条石平桥，木梁条石桥面，长三丈六尺，宽四尺，条石台墩，三洞。清雍正末水毁。乾隆初年重建条石平桥。光绪《重修彭县志》卷二："艾家桥，三邑场北三里。"

[七] 光俊按：遗址位于城区西门口，跨护城河上，据云建于明崇祯十五年（1642），木平桥，长四丈，宽一丈二尺，木排桩一洞。民国十六年（1927）为通汽车，加固木排桩。1953 年拆除城门时，拆掉木桥，用城墙砖砌方形涵洞。

[八] 光俊按：遗址位于城西门外旧西湖附近，原西郊乡境内，跨新润河上。原为条石平桥，木梁条石桥面，长三丈二尺，宽一丈四尺，条石台墩，二洞。同治二年（1863）毁于洪水，重建。自顾复桥建成后，桥无用而拆除。

[九] 光俊按：位于城西门外，原西郊乡境内，跨新润河上，通丽春场。清嘉庆二年（1797）建木廊桥，长二十五丈，宽一丈二尺，条石台阶，条石墩，十三洞。同治二年（1863）毁东端八洞，河口变窄，次年就剩馀五洞修复。光绪《重修彭县志》卷二："顾复桥，县西二里。"民国十二年（1923）毁两端，改建为石平桥，三洞，长四丈，宽九尺。1951 年拆石桥建木桥。1968 年改钢筋混凝土桥。

公功桥。在县西十五里，乾隆六十年（1795）重修[一]。

斗成桥。在县北二里[二]。

小洛阳桥。在县小北门外一里[三]。

镇龙桥。在县北二十里[四]。

忠义桥。在县北二十五里[五]。

三星桥。在县北三十五里[六]。

凤仪桥。在县北四十里[七]。

刁桥。在县北四十里[八]。

[一] 光俊按：位于丽春镇花街子社区，彭温路上，跨新开河。长十一丈，宽五尺，九洞，名公功桥。咸丰十年（1860）毁于水。后设为渡口八年。同治七年（1868）改建木楼桥，十三间，长十五丈，宽一丈六尺，石台木五桩，六洞。更名二道桥。光绪《重修彭县志》卷二："二道桥，丽春场东半里许，通县治。"民国十六年（1927）拆去桥楼。1954 年用原桥台重建木平桥。1968 年改建五孔卵石拱桥。1977 年改建混凝土乱石拱桥。

[二] 光俊按：位于位于原牛市巷口，跨新润支河。清雍正年间建，条石平桥，木梁条石桥面，长七尺，宽四尺，条石台，一洞。1968 年用城墙条石加宽为四米，长一米。《方舆胜览》卷五四："忠清王杨晟守彭州，王建来攻，晟曰：'此斗城也。'"斗城桥得名于此。

[三] 光俊按：位于彭州城北北塔社区，跨新润支河上。清雍正年间建，条石拱桥，一洞，长七尺，宽一丈。1968 年改建为条石平桥，中加一墩为二洞，长七尺，宽一丈二尺。1974 年改渠，缩为一洞，长 0.8 米，宽 4 米。桥因彭州以牡丹之盛号"小洛阳"得名。《方舆胜览》卷五四："彭门牡丹，在今蜀为第一。承平洛阳花最盛，独彭门有小洛阳之称。"

[四] 光俊按：位于天彭街道银木社区，跨小濛阳河上。清乾隆初年（1736？）建，条石平桥，木梁条石桥面。长八丈，宽四尺，条石台墩，七洞。同治二年（1863）毁大半，民国十二年（1923）河流改道闲置。后废弃。

[五] 光俊按：位于原楠木乡村云光村，今隆丰街道井堰村境内，跨马牧河上。据云清雍正中建，条石平桥，长十三丈二尺，宽五尺，条石台墩十一洞。同治二年（1863）毁于洪水，次年改为木板桥。后因河渐小，废弃。

[六] 光俊按：位于葛仙山镇官仓村境内，老敖万公路上。清乾隆年间建，条石平桥，长二丈六尺，宽四尺，条石台墩，二洞。同治二年（1863）毁于洪水，当年冬天重建条石拱桥，长一丈八尺，宽一丈，更名花拱桥。民国三十七年（1948）改建为木桥。1960 年修建公路时改为卵石拱桥。另外还有两处比较著名的名为"三星桥"的古桥。其一在今丹景山镇关口（通镇场）新开河上。光绪《重修彭县志》卷二："三星桥，通镇场下。"卷三《湔堰水道记》："新开河自堋口起，午针一里三分右分清白江，丙针径三星桥。"其二位于今通济镇青杠林社区下场，跨麻柳树沟（大随水、岩鹅溪）。清嘉庆二十三年（1818）建木楼桥，民国十二年（1923）年毁于洪水。今为钢筋混凝土梁式平桥。

[七] 光俊按：位于丹景山镇石洞埝社区 8 组，南接永定老街，北接凤凰山法藏寺，横跨鸭子河之上。光绪《重修彭县志》卷二："仪凤桥，永定场北。"据云始建于明万历十一年（1583），为石结构七孔拱桥，长 73.8 米，宽 4.8 米。各孔跨径 6.4 米，最高拱高 3.8 米。该桥久经风雨山洪，尚存。

[八] 光俊按：又作雕桥，位于丹景山镇石河村，原永定电站附近，跨鸭子河。光绪《重修彭县志》卷二："雕桥，鸭子小石二河分水处，今毁。"同治二年（1863）水毁掉八孔，同年修复。民国十二年（1923）毁于洪水，没有修复。

会元桥。在县北四十里鸭子河，石卷三洞，中洞高三丈，傍两洞高一丈八尺，长七丈二尺，宽二丈四尺。乾隆五十三年（1788）建，路通绵竹、什邡[一]。

东南桥。在县北四十五里[二]。

西北桥。在县北六十里，什邡之西，彭邑之北，故名。高一丈二尺，宽八尺，二洞，长二丈。古桥碑字漫灭，不知建自何年。路通什邡、绵竹[三]。

彭什桥。在县北五十五里[四]。

连封渡。在县南二十里[五]。

高桥渡。在县南五十里[六]。

善缘渡。在县西三十里[七]。

普济渡。在县西四十里[八]。

善良渡。在县西五十里[九]。

复兴渡。在县西八十里[十]。

[一] 光俊按：位于敖平镇红岩子社区，省道川西环线（S106）上。光绪《重修彭县志》卷二："会元桥，艳阳场南。"1968年洪水后，改修为双曲拱桥。

[二] 光俊按：位于敖平镇漓沅村，跨刘家沟与白石沟汇流的河上。条石平桥，长六丈，宽二丈，条石台墩，一洞。光绪《重修彭县志》卷二："东南桥，艳阳场北四里，白石沟诸水，南入鸭子河。"1961年毁于洪水，当年冬重建为条石拱桥。今为钢筋混凝土平桥。

[三] 光俊按：位于敖平镇漓沅村，刘家沟与纸厂沟汇流河上。光绪《重修彭县志》卷二："西北桥，艳阳场北十里，什邑纸厂沟水下合刘家沟。"据云建于明嘉靖十年（1531），条石平桥，长二丈二尺，宽五尺，条石台墩，二洞。

[四] 光俊按：位于敖平镇漓沅村，刘家沟、白石沟汇鸭子河附近，清乾隆五十四年（1789）重建，条石拱桥，长八丈五尺，宽一丈二尺，条石台墩，三洞。石桩石栏板栏杆。

[五] 光俊按：位于致和街道普照社区，为太平场到新繁要道，跨清白江。清雍正年间建石桥，乾隆年间桥毁设渡。道光三十年（1850）新繁、彭县两地共同筹建桥梁后停渡。

[六] 光俊按：位于濛阳街道原竹瓦与三邑之间，三岔渡下游四里，三邑渡上游六里，跨清白江。是三邑、竹瓦通往新都的要道。乾隆四十六年（1782）这里的高桥毁于水后改为渡口。光绪《重修彭县志》卷二："高桥渡，三岔渡下。"光绪二十八年（1902）建桥。

[七] 光俊按：位于丹景山镇关口社区，文翁祠北皂角岩。光绪《重修彭县志》卷二："善缘渡，在毛郎镇。"光绪二十五年（1899）文澜索桥建成后停渡，民国三十年（1941）索桥毁于水，复渡。1958年彭白铁路通车后停渡。另一"善缘渡"位于今九尺镇昌衡村境内，跨马牧河。为罗万到军乐要道。清嘉庆年间设渡，中途停渡　咸丰元年（1851）恢复，渡口在康乐桥与原升平十三大队之间游动，又名康乐渡。马牧河变小后废弃。

[八] 光俊按：位于今通济镇海窝子社区西，连接新兴场与狮子山、梅子岭。光绪《重修彭县志》卷二："普济渡，新兴场下。"设于清初，属于常年渡。因水势变化，渡位时在官田坝，时在梅子岭。

[九] 光俊按：位于通济镇阳平村境内，今通济大桥（群众大桥）以南，连接新兴场与通济场。光绪《重修彭县志》卷二："善良渡，通济场南。"

[十] 光俊按：位于龙门山镇小鱼洞社区与渔江楠村之间，跨越湔江，小鱼洞场东棺木岩，是连接小鱼洞与通济的古渡口。设置年代不详。光绪《重修彭县志》卷二："复兴渡，复兴场东。"1958年，彭白铁路建成，复兴渡废。

彭县志卷之十四

古　迹

天彭崎丽，林泉清激。觞咏钓游，英流接辙。水绿平湖，楼明望雪。物换星移，高名未灭。老树遗台，尚留陈迹。怀古幽情，临风蕴结。作《古迹志》。

繁县故城。在九陇县东四十里[一]。《华阳国志》："县在郡北九十里。"[二]《元统志》："汉故繁城，即今县治地。"[三]

晋寿故城。在县西北三十里。刘宋元嘉十二年（435）置晋寿郡[四]，治晋寿县。齐因之，梁改置东益州，即九陇地。

九陇故城。《一统志》："今彭县治。刘宋置晋寿县，为晋寿郡治。后周改曰九陇，唐、宋为彭州治。元省入州。《元和志》：'彭州东南至成都府一百里，东至汉州七十五里。垂拱二年（686）置，以天彭门为名。九陇县郭下，西至州二里。本汉繁县地，旧曰小郫，言土地肥良，比之郫

[一]"四十里"，或误。雍正《四川通志》卷二六"繁县故城"条作"十四里"，嘉庆《新繁县志》卷一三亦作"十四里"。《订讹》仅称此说误，并未明言。据光绪《重修彭县志》卷二，繁县故城在治西北隅，很接近，不至于四十里，若据《太平寰宇记》，则仅在县西北二里。光俊按：据《三国志·蜀志·后主传》，后主延熙十年（247），姜维迎凉州夷驻繁县。或即此。

[二]按，此条见《华阳国志》卷三。

[三]按，此处引《元一统志》，与雍正《四川通志》卷二六所言不合，雍正《四川通志》称"故繁城在九陇县东十四里"。《元一统志》卷五据嘉庆《四川通志》卷四九辑补，作"在九陇故县东四十里"。

[四]"十二"，原误作"十三"，据本书卷二改。光俊按："晋寿故城"当作"南晋寿故城"与川北"晋寿"相区别。《太平寰宇记》卷七三："宋置晋寿郡，古城在县北三里。"《天启新修成都府志》卷二："晋寿城，彭县西北二里。刘宋晋寿郡、梁东益州、西魏天水郡、后周九陇郡皆置于此。"据此，似乎侨置的"南晋寿郡"在今天彭街道境内，不是嘉庆《彭县志》所云在今丹景山境内。两说差异较大，待考。

县也。梁于此置东益州。后魏改为九陇郡，取九陇山为名。'《寰宇记》：'九陇县，宋置晋寿郡，古城在县西北三里。'"[一]《名胜志》："九陇县故城在治北十里之毛郎镇[二]，以九陇山为名。山自永昌县连亘至县界，屈曲而九折也。"《方舆胜览》："九陇者，古彭州之西山。一伏陇，二豆陇，三秋陇，四龙奔陇，五走马陇，六骆驼陇，七千秋陇，八较车陇，九横担陇，故有九陇之名。"[三]"《元统志》谓彭州即古彭国[四]，旧《志》又谓隋九陇故城在彭县北三十里之毛郎镇，唐移今治，疑皆无据。"[五]

导江故城。《一统志》："蜀汉置都安县，属汶山郡。刘宋为汶山郡治，隋废。唐改置导江县，属彭州。宋末属永康军。元省。《元和志》：'县东至彭州五十八里。'"[六]

安国城。《寰宇记》："在九陇县。"

廉桑口。《寰宇记》："在九陇县。"

天水故城。《寰宇记》[七]："后魏无东益州[八]，改天水郡为九陇，即以九陇山为名。"[九]

濛阳废城。在县东北，唐置。《元和志》："县北至彭州四十里。本九陇、雒、新都、新繁、什邡五县地，仪凤二年（677）置，在濛江之北，故名。"[十]龙纪初（889），王建攻西川帅陈敬瑄将山行章，自新繁败，屯濛阳，即此[十一]。《寰宇记》："濛阳县，唐仪凤二年于濛江之北

[一] 按，此条见乾隆《大清一统志》卷二九二。

[二]"毛"，《蜀中广记》卷五据旧《志》引作"二"。

[三] 按，此条见《方舆胜览》卷五四。

[四]"统"，原误作"和"，据乾隆《大清一统志》卷二九二改，《订讹》已指出此字之误。

[五] 按，此说乃乾隆《大清一统志》卷二九二之按语。光绪《重修彭县志》卷二《古迹志》则认为九陇故城在彭县西北二里，也就是繁县故城所在地。光俊按：综合上述史料，九陇故城在今天彭街道境内。南晋寿郡是在元嘉十二年（435）侨置，按照情理，只是"晋寿郡"的临时治所，不当领有繁县地。

[六]"八"，原脱，据乾隆《大清一统志》卷二九二及《元和郡县图志》卷三一补。又按，《订讹》认为此条"当入《灌县志》"。光俊按：导江故城在今都江堰市聚源镇境内，误入此志。

[七] 按，《订讹》称"《寰宇记》"上当增"即今县治"四字。

[八]"无"，原作"置"，误，东益州乃梁代置，据《太平寰宇记》改。《订讹》亦云："又《记》言梁置东益州，后魏为天水郡，仍改为九陇，此所引亦误。"按，此条及前二条皆见《太平寰宇记》卷七三。

[九]"山"，原脱，据《太平寰宇记》补。

[十] 按，此条见《元和郡县图志》卷三一。

[十一] 按，此条见《资治通鉴》卷二五八，本书前文卷一一亦引之。

置[一]，故曰濛阳。盖瀰濛水源出九陇县[二]，来经县南二百五十步。”今治东二十里之濛阳镇是。

堋口废县。在县西北十五里。《九域志》：“宋熙宁二年（1069）置堋口县，四年（1071）省为镇，入九陇县。”又有堋口茶场。旧《志》：“在彭县西北二十五里。”[三]

蛮子城。在县东十五里[四]。

七盘城。

安远城。

龙溪城。《唐书》：“三城均在彭州。”[五]

羊灌田守捉。

堋笮守捉。

绳桥守捉。《新唐书》[六]：“三守捉均在彭州。”按，唐高适《论彭州西山三守城列戍疏》云：“平戎以西数城[七]，皆穷山之岭，蹊隧险绝，运粮束马之路，坐甲无人之境。”按，九峰后山即茂州番地，是时松、维、保三州已陷，而彭州地逼吐番，不时骚扰，恐潜出山径，故列三城设戍。《唐书》，剑南道彭州有西山三守捉[八]。

当风戍。《新唐书》：“在彭州。”[九]

[一]“二年”，原作“间”，据《太平寰宇记》卷七三改。

[二]“瀰”，《太平寰宇记》作“弥”。

[三]按，此处引旧《志》之语，见乾隆《大清一统志》卷二九二“堋口废县”条。

[四]光俊按：今致和街道高桥村白虎夷王墓附近有旧城遗址，当即此。或是蜀汉繁县故城的一部分。

[五]按，此说见《新唐书·地理志六》。光俊按：位置待考。唐代彭州包括导江县，故此三城可能在今都江堰市境内。

[六]“新唐书”，原作“寰宇记”，《太平寰宇记》卷七三并无相关记载，据《新唐书·地理志六》载此三守捉而改出处。所谓守捉者，唐代驻军之地，规模小者称守捉。

[七]“戎”，原误作“城”，据两《唐书·高适传》改。又，《订讹》评此处之说云：“高《疏》称平戎城以西数城云云，据《元和志》，平戎城在恭州南八十里，恭州在维州东北三百五十里，则平戎在今阿革土司之南。以西数城，非彭州西山之三城也。”我们认为，这个说法有道理，但本书编者也并无将彭州西山三守捉等同于平戎城以西数城之意。

[八]按，此所谓西山三守捉，即《新唐书·地理志六》所载三守捉。本条前文既误将《新唐书》作《寰宇记》，故有此处重复之文。

[九]按，此说见《新唐书·地理志六》。

威戎军[一]。《唐史》[二]："在彭州。"《寰宇记》有威戎军[三]。

白水堡关。今白水河地，明设防汛官吏[四]。

花村。在县北牛心山下。《古今集记》[五]："孟氏以牡丹名苑，于时彭门为辅郡，典州者多其戚里，得之上苑，此彭门花之始也。天彭亦谓之花州，而牛心山下谓之花村云。"

望雪楼。在县北。《方舆胜览》："在王子城上。"[六]唐彭州守建，进士邓衮有铭[七]。

写经台。在县北三十里。相传汉末有居士于此援笔书空，曰："为诸天写经。"后凡雨降，台独不湿。今台在县东二十里，俗呼书经台[八]。

东湖。在县东。《一统志》："在彭县旧州倅厅，唐李德裕开。"[九]旧《志》："宋政和中，眉山苏元老开浚。"[十]元符中（1098—1100），袁隮有记云："九峰高峙，濛水浚发。楼阁亭轩，隐见林竹间。"[十一]盖当时游览之所也。故址在今东林寺，寺前有皂荚一株，围一丈四尺，高数丈，枝条四垂，行人憩息，咸乐其荫蔼。

[一]"军"下，原有"第三关"三字，语义不明，据《新唐书·地理志六》删。《订讹》亦云："语无据。"

[二]按，所谓"唐史"，即《新唐书》。

[三]按，《太平寰宇记》卷七八载通化县有威戎军，卷七三彭州下不载。

[四]按，雍正《四川通志》卷四之下云："白水堡，在绵竹县西北三十里白水河口。"

[五]"集"，原作"杂"，据《方舆胜览》卷五四改。按，此处引文因袭《蜀中广记》卷五。《方舆胜览》原文称出自《成都记》，此条涉及孟蜀，显非唐人卢求之《成都记》，乃赵抃《成都古今记》。《蜀中广记》多称赵抃书为《古今集记》。

[六]"王"，《方舆胜览》卷五四无，此处或是据《太平寰宇记》卷七三"王子城"条而补。

[七]邓衮：事迹不详，唐代进士。《文苑英华》卷八一〇载其《望雪楼记》，作于大和元年（827）九月，详本书卷四二《艺文志》。

[八]按，此传说早见于《方舆胜览》卷五一，其台在新繁县，居士姓苟。《明一统志》卷六七、《蜀中广记》卷六八皆因袭之。雍正《四川通志》卷二六亦将其隶于新繁县。乾隆《大清一统志》卷二九二亦隶新繁县，但将居士所处时代改作隋朝，其所据当是《太平广记》卷一〇二"新繁县书生"条。光俊按：位于致和街道明台村境内。

[九]按，此条出乾隆《大清一统志》卷二九二。若据《蜀中广记》卷五，则此湖在新繁县。《订讹》已明言此处误以新繁县之东湖为彭县东湖。

[十]"苏元老"，原误作"苏洵"，据本书卷二六苏氏小传改。按，苏洵卒于治平三年（1066），岂能在政和中（1111—1118）中开浚此湖？《订讹》已明言此处之误，光绪《重修彭县志》卷二已改作"苏元老"。

[十一]按，此文见《方舆胜览》卷五四，袁氏事迹不详。光俊按：位于今天彭街道东大街旧东林寺后，俗称滹池塘。南宋绍兴年间，李石任彭州通判，在彭州的官署紧邻东湖，因此他在东湖边作了不少建设，为此写下五首一组诗：《湖屿》、《海山堂》、《盖公堂》、《仙巢》、《鱼相忘亭》，见《方舟集》卷一。

西湖。在县西里许。唐元和间（806—820）郡守王潜、萧祐浚凿[一]。邓衮《记》："二公陶奇撰幽，不乏心匠，于西湖台岛花竹，布置罔不宛妙。"岸北有泰山府君祠，《蜀昼锦录》云：'岸东有勇烈侯杨晟祠[二]，乾隆五十三年（1788）[三]，县令谢生晋重加修浚，建龙王庙其上。泉水数穴，出溉城南田数十顷。"[四]

龙兴塔[五]。在县北门外龙兴寺，宋大观中（1107—1110）预知禅师建[六]。高三十馀丈，为级十七，可望百里。去东北一角，只存三面，历久如故。塔下有锯解石，锯痕宛然。距塔左右二十步，有古井二口，名鲁班井，今犹存。

[一]"唐元和"前，原有"寰宇记"三字，《太平寰宇记》并无相关记载，今删。《订讹》已言其误引。按，言二郡守凿湖之事，见邓衮《望雪楼记》。

[二]杨晟：《新唐书》卷一八六及本书卷二九皆有传。据《资治通鉴》卷二五八，龙纪元年（889），王建攻陈敬瑄，杨晟屯兵三交镇。

[三]"五"，原误作"三"，据本书卷二六《职官》所载此县令任职时间改。

[四]光俊按：西湖大体在今彭州市下柳河与西大街延长线交叉处附近，早已化为楼宇道路。据《永乐大典》卷二二六三转引《元一统志》："西湖，在成都彭州。元符三年（1100），太守李侯《序》西湖曰：'唐太中元年，《望雪楼记》载，王仆射潜、萧桂州祐继守此郡。于西湖布列台岛，罔不妙绝。二公之守是邦，皆元和时也。则西湖之作，其在元和时乎？'"本书卷四二载《望雪楼记》云："二公陶奇撰幽，不乏心匠，于西湖台岛花竹，布置罔不宛妙也。"又周表《焦夫子碑记》记载："熙宁中，吾乡贤士文与可游天彭，馆倅舍之徐公园。杯酒谈笑中，忽放笔绘夫子之像于学之壁，不数笔而成之。经岁既久，几至泯灭。元丰壬戌岁（1082），聂公子守是郡，惜其潇洒神妙之迹，或隐晦不显，遂徙其壁于西湖之凝碧亭焉。"

[五]按，《锦里新编》卷一五"彭县塔"条载此塔神异之事，可参看。

[六]按，《订讹》言此说乃因袭明碑而误，实则《天启新修成都府志》卷三、雍正《四川通志》卷二六已言此说。据《蜀中广记》卷八三，此僧为唐末人，则不可能大观中创此寺矣。光绪《重修彭县志》卷二认为乃南朝梁武帝大同时建，据其所言，塔上檐马舌上有"大同二年"（536）字样，朱雀衔铃则有"甲子年"（544）字样，则确为古塔矣。又，本书卷一九"龙兴寺"条，则称大观二年（1108）建。光俊按：据今人林向、庄巨川、周述烈等考证，龙兴塔建于唐武宗灭佛后。陈会《彭州九陇县再建龙兴寺碑》有云："创浮屠，建宝刹"之语，疑龙兴寺塔即建于此时。《天启新修成都府志》卷三载："唐大体中预知禅师创造。""体"字疑衍，当作"大中"。预知禅师是五代时什邡龙居寺僧人，建龙兴塔之说，应该是讹传。"宋大观中预知禅师建"一语，全误。龙兴古塔原是正方直筒形，中空如竹，密檐十七级。每级檐角均悬檐马垂铃，风来必响。塔砖新旧、厚薄不一，有汉魏六朝墓的几何花纹和唐初宝相花纹砖杂砌在墙体中，粘合料用黄泥。在清初已经阙一角，到民国十一年（1922）农历除夕午夜，西半部垮塌，所存就只剩一角了。1981年5月1日，被一精神病人爬上去拆毁六层，只剩下残高18.74米。1994年8月，彭州市开始重建龙兴寺塔，在清理残塔塔基时，发现一处密封砖砌正方形空间，长宽各2.6米，深2米，里面杂乱无章的堆放着残破石刻造像。早在上世纪四十年代初，能海法师发愿重修，并建成一模型塔。1994年4月19日（农历三月初九）上午十点在龙兴寺内舍利塔前举行奠基典礼。建成金刚宝座式新龙兴塔。

云居院塔。在曲尺山，宋乐音王祖师建，高十三层。院西石岩内，乐音王肉身至今不坏[一]。

南楼。在县治内，范百禄作记[二]，文同有诗[三]，今废。

凝翠亭。在西湖上，有焦夫子碑像[四]，今废。

元妙观。《双桂井蛙记》云："观中有古桂，双干交枝，老根盘露，四时清阴覆地二十馀丈，花时金粟万斛，香飘数十里。"今废，桂亦无存。

花街。在县西十五里。《放翁集》云："李氏建亭馆，春月花开，游人多聚花竞胜，故名花街镇。"[五]

赛丹景。在小北门外。陆放翁记："宋时惟此寺牡丹最盛[六]，大者径尺。绍兴中（1131—1162），寺有牡丹二十一种，时号天彭为小西京，以其俗好植牡丹，有京洛之遗风。"城外有花市，寺有种花台，高八丈，阔六丈，花时登城眺望如锦堆，较丹景山为盛，故名赛丹景云[七]。

泥琴。在九陇故县福昌寺前[八]。寺左有福昌塔，塔北第五级有七星

[一] 按，此条早见于《天启新修成都府志》卷三、雍正《四川通志》卷二六，祖师事迹无考。光俊按：位于今葛仙山镇云居村。乐音王肉身今已不存。因塔在古寺云居院前得名。云居村也得名于此。塔基碑有联云："秀岭青山陪曲尺，端然古塔护云居"。塔密檐十三级，高 20.86 米，内部结构紧密，空心小，无塔室，每层虚设窗户，只能瞻其外貌。历史上也曾维护，有现存基座四周镶砌的石条和清道光十九年（1839）所立记事碑。塔座为须弥座，原四周有风铃（金属檐马）156 只，现仅存 5 只。

[二] 范百禄（1030—1094）：宋代成都华阳人，字子功，范镇的侄子。熙宁七年（1074）知谏院，反对新法。哲宗时迁中书舍人，历刑部、吏部侍郎等职。《宋史·范镇传》有附传。按，范百禄作记之说见《方舆胜览》卷五四。光俊按：宋人程公许《沧洲尘缶编》卷六有《唐彭州改创南楼为赋长歌》，中有句云："岧峣飞槛抗云表，显敞华堂屹湖面。搜揽一州胜处寻丈间，恍觉蓬莱鳌首抃。楼成侯已迫瓜戍，澹云寒烟有馀恋。"

[三] 文同（1018—1079）：字与可，今四川盐亭县人。皇祐元年（1049）进士，长期任职州县，历邛州军事判官、邛州通判、汉州通判、知陵州（今仁寿县）、兴元府（今汉中）等。《宋史·文苑五》有传。按，文同诗题作《彭州南楼》，见本书卷四二《艺文志》。

[四] 焦夫子：详本书卷四二《焦夫子碑记》。光俊按：此亭即碑记中之"凝碧亭"。

[五] 按，此处引陆游之文，或即《渭南文集》卷四二之《天彭牡丹谱》。其文云："而天彭之花遂冠两川，今惟三井李氏、刘村母氏、城中苏氏、城西李氏花特盛，又有馀力治亭馆，以故最得名。"光俊按：花街之说，不见于《天彭牡丹谱》，检陆游《渭南文集》也没有找到，待考。疑似杜撰。光绪《重修彭县志》卷一〇李心正《赠陈明府序》："余因问以花街故实，客则黯然久之。谓彭邑夙称巨丽，里名花街，犹县号小洛阳，皆以牡丹得名。"

[六] 按，此处所引亦出《渭南文集》卷四二之《天彭牡丹谱》，所谓寺者，指永宁院。

[七] 光俊按：赛丹景在小北门外，名宝星庵。李调元《童山诗集》卷二九《彭县谢康侯明府生晋招游赛丹景新建宝星亭》诗："宝星天上落，化作一拳亭。水涌孤城白，山连九陇青。最宜观稼到，恰已有弦听。丹景何须赛，彭门自可铭。"

[八]"九陇故县"，光绪《重修彭县志》卷二改作"堋口废县"。光俊按：福昌寺塔，今名镇国寺塔，在丹景山镇关口社区。

泥琴。秋时风雨至，辄有清越之音。

白塔。在县东四十里，宋天圣年（1023—1032）建[一]。

半截塔。在濛阳场东[二]。

王村[三]。在县西五十里。《成都古今杂记》："蜀王衍安其族人于此，故云。"又作避暑庄，其地有鸾驾坪云。

净水池。在丹景山，相传刘海蟾遗迹[四]。

洗肠池。在白鹿山，晋佛图澄洗肠处[五]。

天池。在牛心山顶，离玉村河约五百丈。其水清浊以河水为候，故名。

"冯梁古迹"坊。在县西真相寺中，寺侧有游息洞，系九陇县尹冯公日与梁僧游息之所，深邃莫测。后俱白日飞升[六]。

三昧水。在县西三十里，自石窦中喷出，方大如斗，不竭不溢。相

[一] 光俊按：白塔，又名正觉寺塔，位于敖平镇红塔村。光绪《重修彭县志》卷二："正觉寺塔，在县北四十里慈姥山南，宋天圣中建。"该塔内部3层，中空为室；层间设砖砌磴道相通，磴道建在室壁与外壁之间，右旋登上塔顶，顶为拱形。各层心室四隅均用砖砌成仿木圆柱，一至二层室除一面室壁与磴道相连虚设拱门外，其它三壁均当中开设拱形券门与甬道相通至外廊室。外壁正中开一方窗，两侧为拱形顶廊道。第三层顶部心室，四壁均设拱形券门，廊室亦皆用砖砌成仿木圆柱，柱上砖砌成仿木双抄五铺作斗拱。廊室外壁均设方窗。底层外墙及门洞内两侧原嵌有石碑18方，记载了建塔之缘由和维修及捐资者姓名等内容。但这些碑已损毁殆尽。在东墙上尚遗留有一块残缺之碑，有如下字迹："皇宋天圣元年（1023）太岁癸亥八月八日汉州什邡县永贵乡初合第一层起塔钱，次舍施如后"、"天圣四年（1026）七月二十八日记载"。

[二] 光俊按：位于濛阳街道东塔村，清代存留半截，故名半截塔。上世纪六十年代拆毁。遗址在东塔寺内。

[三]"王村"，光绪《重修彭县志》卷二作"玉村"，云："在通济场西，江中出璧玉，故名。《古今杂记》讹为王村，谓王衍安其族人于此，殆臆说也。今其地之上草坪为旧湔氏县治，即记之所谓銮驾坪也。"按，此处引《成都古今杂记》，或即宋人赵抃之《成都古今记》，但并无更早著作征引该文，则其说不可信。

[四] 刘海蟾：《续文献通考》卷二四二小传云："刘海蟾初名操，改名玄英，广陵人，第明经，仕燕刘守光为相。素喜黄老教，忽遇正阳子，为演清静无为之宗、金液还丹之要，遂辞燕适秦，韬光隐晦。尝道遇尚书郎李观，语曰：'奉烦寄语养素先生蓝方，十月怀胎，如何得出？'观至南岳，语方，方惊曰：'吾养圣胎已成，念非海蟾不足以成吾道。'是年方卒。尝访陈希夷，为方外交，所至多有遗迹。后白气自顶门出，化鹤飞升。元至元六年（1269），封明悟弘道真君。"按，封号之诏书见《甘水仙源录》卷一。《历世真仙体道通鉴》卷四九、《五代诗话》卷九亦有详传。光俊按：位于丹景山半山净水寺，遗迹毁于上世纪六十年代。刘海蟾遗迹云云，不可考。

[五] 光俊按：在今白鹿镇思文社区白鹿寺故址，有清龙藏寺僧雪堂含澈书"晋佛图澄洗肠池"石碑尚存。《纱笼文选》卷七黄云鹄《彭游行纪》："（白鹿）寺有洗肠池，相传佛图澄洗脏腑于此。《北史》载其事，惟不言在蜀中。"此洗肠池当是白鹿寺僧为附会佛图澄而建，未必真是其洗肠处。

[六] 光俊按：位于丹景山镇关口社区真相寺前，石坊尚存。上书"真相禅林、冯梁古迹"等字。

传即唐悟达国师洗人面疮处，至今疾者洗之多效[一]。

邓宝村。在县西北二十里。宝事母至孝，母殁，入葛仙山学道仙去。后人号所居为邓宝村，今名仙居乡[二]。

“古唐胜迹”坊。在县西三十里丹景山麓东岳庙前。庙建自汉代，唐金陀重修，始植牡丹。绝顶为玉皇殿，右有盘陀石、望乡台。东岳为正殿，殿前铁瓶二、铁花二，成化七年（1471）蜀府承奉正宋璟铸[三]，其大像皆铁。老君坐九头狮子，嘉靖间（1522—1566）铸。其下为净水池、大乘寺。又有药师楼，明蜀王铸铜体药师像，又铸金灯，大兴修补。题其峰曰丹台第一，桥曰脱凡，曰度生，曰鸭绿，曰锁崯，屏曰锦绣，曰飞红，关曰卧云，亭曰紫霄，曰濯心，楼曰碧虚，泉曰锡杖。又栽柏十万以补山间之缺。山门石坊，曰“古唐胜迹”。国朝乾隆甲子年（1744），僧性正重修东岳正殿[四]。

泰山府君祠旧址。在县西一里西湖侧。《野人闲话》[五]：“郑昭请张道隐画龙。”[六]即此。

[一] 光俊按：在丹景山镇双松村境内至德山中。宋程公许《沧洲尘缶编》卷八《炷香至德山》有句云：“异时闻至德，滴水洗沉冤”。自注：“唐悟达国禅师遇十三尊者，洗人面疮解宿负。”

[二] 光俊按：邓宝村不可考，其事迹除了见于本志外，还见于《天启新修成都府志》卷二四《孝义列传》。据光绪《重修彭县志》卷九《蒲江郡主圹志铭》，仙居乡在今彭州市磁峰山一带，与阳平治仙居观有关。

[三] 承奉正：内侍官名。《礼部志稿》卷一六“内侍”条云：“洪武间（1368—1398），定亲王府内官十员，承奉司承奉正，正六品；副，从六品。”

[四] 光俊按：古唐胜迹坊以前在今丹景山山门，因修筑铁路等原因，两次往山内移，大体尚存。丹景山中东岳庙、净水池、大乘寺、药师楼及诸桥，大都毁于上世纪五十年代末。东岳庙遗址今为金华寺，今净水寺为原净水池所在。山中古柏，只有半山存活一株。

[五] “野人闲话”，原误作“蜀名画录”，据《蜀中广记》卷一〇七改。按，此条《蜀中广记》先据《益州名画录》卷一引姜道隐之事，但不言其画龙。然后又引《野人闲话》卷二一张道隐之事，才谈到郑昭请其于彭州城西泰山府君祠画龙祷雨之事。严格说来，只有《益州名画录》，无《蜀名画录》。

[六] “张道隐”，原误作“姜野人”，据《蜀中广记》改。按，此句乃综合《蜀中广记》卷一〇七之语改写而成。姜道隐不名姜野人，称‘野人”者，或因《蜀中广记》引文有《野人闲话》而误。

彭县志卷之十五

公　署

稽古作宇，垂法利众。审曲面势，重檐叠拱。向明而莅，驭兹林总[一]。上以宣德，下以折讼。尽彻屏障，未无蔽壅。以肃观瞻，匪侈榱栋[二]。作《公署志》。

彭县治。在城西，雍正八年（1730）由新繁县分设。九年（1731），知县王焕承建大堂、二堂、三堂，共四十八间。大堂两旁分设十房，中建圣谕牌坊一道，头门、仪门各一道。乾隆五十年（1785），知县谢生晋重修[三]。

儒学署。在县治东南。按，彭县自设学以来，历无官署，司铎者咸赁民舍居之[四]。乾隆二十一年（1756），知县朱次臻重修九峰书院，即材木之馀为之创建，共大小房二十五间[五]。

典史署。在县治西，雍正八年设。乾隆五十年，知县谢生晋改修县治右侧，大小房共二十三间。

分防外委署。在县治南，大小房共十七间。

仓廒。在县署内。自雍正八年起至嘉庆十七年（1812）止，新旧建

[一] 林总：或即“林林总总”之省。《柳宗元集》卷一《贞符》：“惟人之初，总总而生，林林而群。”此处指万民，言居署之长官管理百姓。

[二] 榱栋：屋椽及栋梁。《荀子·哀公》：“君入庙门而右，登自胙阶，仰视榱栋。”这里代指官署建筑。

[三] 光俊按：彭县治在今彭州城西大街牡丹广场北，牡丹广场处名棠荫街。新中国成立后为人民政府及各机关单位驻地。上世纪九十年代末，政府机关迁出。

[四] 司铎：掌管文教的官员，这里指学官。古者设一种大铃的乐器，名铎，以之摇响，宣布政教法令。《书·胤征》：“遒人以木铎徇于路。”孔传：“木铎，金铃木舌，所以振文教。”

[五] 光俊按：位于今南街东面西华大学彭州校区的一部分，原文庙西侧。

常平仓、监仓三所，共七十一间。

营房堆卡[一]。在县城南门内，原设底塘营房三间，汛兵住守[二]。

衙神祠。在县署仪门外东偏。

监狱一所。在县署仪门外西偏。

养济院。在县城南门外，乾隆五十四年（1789），知县谢生晋建正房五间；六十年（1795），知县马维岳增修大门一座，厢房六间。原额收养孤贫十八名，新增收养孤贫八名。

[一]“卡”（qiǎ），原作“卞”，形近而误，文义不通，据嘉庆《罗江县志》卷一三、嘉庆《宜宾县志》卷一四等文献用例改。按，旧时在交通要道或险要之地设兵守卫，称为卡。

[二]汛兵：明清时期称军队驻防之地为汛，防守士兵为汛兵。《清史稿·高宗纪二》：“癸巳（1773），允朝鲜国王请，停奉天设牤牛哨汛兵。”

彭县志卷之十六

学　校

授经石室，问字玄亭[一]。六艺折衷[二]，多士仪型[三]。大化翔洽[四]，文德载馨。邑虽褊小，翘秀钟灵。北窗照雪，南轩聚萤[五]。勤思纡紫[六]，勖彼衿青[七]。作《学校志》。

彭县儒学。在县治东南，康熙六年（1667）裁并新繁，雍正八年（1730）复设。旧有焦家庵田地六十亩零拨入文庙，每年额收租谷三十石，以二十石纳赋及岁修等需，馀谷十石变价存贮县库，听为公用。嗣陆续增租四十石，岁共收谷七十石，以四十石为学官薪水之费，其原额租谷仍照旧章办理。国朝康熙二十三年（1684），钦颁御书"万世师表"匾额。四十五年（1706），钦颁御书"训饬士子"碑文。雍正四年（1726），钦颁御书"生民未有"匾额。乾隆五年（1740），钦颁御书"与天地参"匾额。

[一]"玄"，原作"元"，清人避讳而改者，今改回。按，玄亭，即扬雄草玄亭。

[二] 六艺：儒家的六种经典，分别为《易》《诗》《书》《礼》《乐》《春秋》。《史记·滑稽列传》："孔子曰：'六艺于治一也。《礼》以节人，《乐》以发和，《书》以道事，《诗》以达意，《易》以神化，《春秋》以义。'"◎折衷：同"折中"，判断事物的准则。《史记·孔子世家》："孔子布衣，传十馀世，学者宗之。自天子、王侯，中国言六艺者，折中于夫子，可谓至圣矣。"即此处之所本也。

[三] 多士：众多的贤士。《诗·大雅·文王》："济济多士，文王以宁。"◎仪型：表率、典型。《苏轼全集校注·诗集》卷六《次韵张安道读杜诗》："简牍仪型在，儿童篆刻劳。"此处用作动词，言众多贤士以儒家圣人为典型。

[四] 翔洽：周遍。雍正《四川通志》卷五之下："今圣天子德盛礼恭，大化翔洽。"

[五] 照雪、聚萤：囊萤映雪。《晋书·车胤传》："胤恭勤不倦，博学多通。家贫不常得油，夏月则练囊盛数十萤火以照书，以夜继日焉。"《初学记》卷二："《宋齐语》曰：'孙康家贫，常映雪读书。'"

[六] 纡紫：佩紫绶，借指身居高位。《论衡·令禄》："怀银纡紫，未必稷、契之才。"

[七] 衿青：同青衿，读书人穿的衣服，这里代指读书人。《诗·郑风·子衿》："青青子衿，悠悠我心。"毛传："青衿，青领也。学子之所服。"

嘉庆五年（1800），钦颁御书“圣集大成”匾额[一]。

学额、小学。文武取进各八名，廪、增各十名[二]，出贡与新繁轮流，四年各出一贡。按，彭旧系中学，文武取进各十二名，廪、增各二十名，二年一贡。康熙六年(1667)省县，归并新繁，学亦奉裁。雍正八年(1730)复设，将新繁之额各分拨一半。每试，入学六名，廪饩十名，两县轮流出贡。乾隆十八年（1753），学政葛俊起奏请彭县加取二名，定为八名。其廪、增出贡仍循雍正八年分拨原额。

申明亭。在县治前，东西各一座，雍正九年（1731）知县王焕建，乾隆五十年（1785），知县谢生晋重修。

九峰书院。在县城南门内，因九峰山取名[三]。乾隆十五年（1750），知县许伯政建。二十一年（1756），知县朱次臻补葺。五十三年（1788），知县谢生晋重修。旧有各废寺拨归书院及捐施田亩共水田旱地二百四十亩，山地一段，河坝一段，炭礶一座，每年共收租银十两，租米十九石，租谷一百三十石，租钱六十九千四百文，岁给掌教束修银一百二十两，薪费钱六十千文，良米六石，给生童膏火奖赏共米二十石，钱二十馀千。

义学。在四门外，东曰育英，南曰树芳，西曰启秀，北曰养正。嘉庆十一年（1806），知县刘炯建。每岁由邑令捐资，延师训课。

映台义学。在县东二十里。邑民王文现、郭文绅、冯韆、杨时春、高万龄、杨继缥、袁以道、胡万邦、罗鐄、杨侃、傅伦、卿一明、王学荣等十三人募赀累息，嘉庆十八年（1813）倡修文昌宫，置买田亩，将每年所收租息延师以教乡党子弟。邑令王锺钫题额。

[一] 光俊按：即文庙所在，为今彭州南街西华大学彭州校区的一部分。

[二] 廪、增：明、清时期由公家供给膳食的生员，有名额限制。最初享受此待遇者为廪生，超出廪生名额而新增的生员，称为增生。食廪年久的优秀生员，可以上贡，进入国子监学习，称为贡生。详《明史·选举志》。

[三] 光俊按：九峰书院在原南街文庙与小南街之间，大体在今西华大学彭州校区和彭州市实验小学中。

彭县志卷之十七

祠　庙

馨香昭告，崇备报功。百神怀柔，八表和同。峨峨禁楄[一]，肃肃灵宫。柱错星紫，栋焕霞红。精虔感格，肸蠁潜通[二]。受天之祜，岁稔年丰。作《祠庙志》。

文庙。在县治南，宋天圣元年（1023）建[三]。洪武元年（1368）知县胡子祺重修，弘治五年（1492）增修大成殿[四]。国朝康熙六年（1667）并入新繁。雍正五年（1727），知县王霖重修。八年（1730）复设，知县沈天成增修东西两庑。乾隆四十四年（1779），知县朱琦培修。五十五年（1790），知县谢生晋重修两庑，共十间；戟门一座，五间；棂星门一座，礼门，义路，下马碑，照墙，泮池，焚祝帛炉，俱极整饬。宫墙计一百六十丈[五]。

崇圣祠。在文庙后，雍正八年，知县沈天成建。乾隆五十五年，知县谢生晋重修。

名宦祠。在文庙戟门外左侧，雍正八年，知县沈天成建。乾隆五十五年，知县谢生晋重修。内祀：唐司徒彭州守杨晟、马步使安师建；宋

[一] 禁楄（pián）：短方大椽。《文选·何晏〈景福殿赋〉》：“爰有禁楄，勒分翼张，承以阳马，接以圜方。”李善注：“楄，附阳马之短桷也。”

[二] 肸蠁（xīxiǎng）：灵感通微。《文选·左思〈蜀都赋〉》：“天帝运期而会昌，景福肸蠁而兴作。”

[三]“圣”，原作“顺”，误，据宋代年号有天圣而改。按，天顺为明代年号，显误。

[四]“弘”，原作“宏”，清人避乾隆弘历之讳而改者，今改回。后文类似情况径改。

[五] 光俊按：位于彭州城南街今西华大学彭州校区所在。上世纪五十年代初拆毁。

益州转运使高觌[一]，彭州长史刘易从[二]，彭州军事李行简；明知彭县王梦说，知彭县黄正物，知彭县张文曜，知彭县汤鉴，知彭县孙奉先。

乡贤祠。在文庙南，乾隆五十五年（1790）知县谢生晋修建。内祀：晋邓宝；唐彭州军士王先成[三]；宋四川制置使赵彦呐；明户部侍郎、贵州守郑彦文，佥都御史李宗泗，顺德教谕李璲，贵州巡抚刘士元，云南宪副樊景麟，南工部郎边维垣，御史、巡按李凤毛，安东令马朝锡，富平令刘藻，安化令唐廷珍、刘諭，瑞州府推官史英，通山教谕李岳，诸生边洪，贡生米贝、徐仕明；国朝赵司鋐。

忠义孝弟祠。在文庙南，乾隆五十五年知县谢生晋修建。内祀：明鲁文献、易志明、张守业、唐庆忠、鲁城隍，诸生刘祚昌、徐端履[四]、熊安、祝丕傅。

节孝祠。在文庙南，乾隆五十五年知县谢生晋修建。内祀：宋范孝纯妻师氏[五]，喻舜俞二女喻氏、喻氏，虞集母杨氏；明叶馨妻彭氏，叶瑞妻柳氏，庠生刘松茂妻王氏，刘时雨妻黄氏，明经杨云鹏妻赵氏，贡生赵三畏妻刘氏，庠生边一俊妻祝氏；国朝赵司鋐妻官氏，邹望臣妻刘氏，邹珏妻高氏，陈维复妻姜氏，胡宏祥妻王氏，黄在职妻张氏，骆应联妻喻氏，烈女龙氏。

关帝庙。乾隆五十五年，知县谢生晋修建，在县治后街，庙北向。嘉庆十八年（1813），知县王锺钫移建城南。

社稷坛。在县东门外，雍正十一年（1733），知县陈世润建。嘉庆十二年（1807），知县刘炯移建。

[一]“益州转运使”，原误作“知彭州兼益州守”，据高氏履历改。按，《订讹》称高觌为益州转运使，未尝知彭州。其说是，《宋史》卷三〇一本传称“召为三司户部判官。安抚河北还，为京西转运使。徙益州，彭州广碃、丽水二峡地出金，宦者挟富人请置场，募人夫采取之。觌曰：‘聚众山谷间，与夷獠杂处，非远方所宜，且得不偿失。’奏罢之。”所谓“徙益州”，亦是以转运使之职而任职益州也。《明一统志》卷六七已经讹误：“高觌，知益州，彭州广碃、丽水二峡地出金……”雍正《四川通志》卷六又因袭《明一统志》之说，再加上古籍无标点，很容易理解为“知益州、彭州”，遂有此误。

[二]“刘”，原误作“陈”，据本书卷二六改。按，《订讹》已指出此误。

[三] 按，《订讹》云：“先成，新津人，王建军士。”据《十国春秋》卷四二，此人的确是新津人，但作为军士守彭州，此处之表述并无不妥。

[四]“履”，原作“屡”，据《钦定胜朝殉节诸臣录》卷一一改。说详本书后文卷三一此人小传。

[五] 按，《订讹》称“当入《崇宁志》”。我们认为，此说迂阔，谢生晋在修建好节孝祠之后，就已经将此人供奉其中，本志也是据实记录而已，并无不妥。

风云雷雨山川坛。在县东门外，雍正十一年（1733），知县陈世润建。嘉庆十二年（1807），知县刘炯移建。

先农坛。在县东门外，雍正八年（1730），知县沈天成建[一]。

文昌宫。在县城南，乾隆五十四年（1789），知县谢生晋建。嘉庆十八年（1813），知县王锺钫重修[二]。

城隍庙。在县西，嘉庆元年（1796），知县马维岳重修。

龙王庙。在县西门外，乾隆五十五年（1790），知县谢生晋建。

火神庙。在县西，乾隆五十四年知县谢生晋改建。

厉坛。在县北门外，乾隆五十五年，知县谢生晋建。

川主庙。在县西，乾隆五十五年，知县谢生晋建。国朝敕封敷泽兴济通佑王[三]。

东岳庙。在县西三十里，汉代建，唐金头陀重修。

铁峰土主庙。在县北五十里，祀隋姚苌。

濛阳土主庙。在县东四十里，唐咸通（860—874）时，西川节度使韦皋有功德于民，土人立庙祀之。庙在濛阳废县旧址，宋淳熙五年（1178），张縯著有碑记[四]。

杨晟庙。在县西二里。

奎星阁。在文昌宫东偏，凭城为台，凡三层。嘉庆十八年，邑令王锺钫建。

吕祖庙。向无祠庙，附于文昌宫后殿。嘉庆十八年，知县王锺钫移建武庙于城南，即其旧庙改奉。

[一] 光俊按：俗称“春厂”，大体在今彭州市东大街二环路外烈士纪念碑左右。现属天彭街道东湖社区。社稷坛与风云雷雨山川坛当亦在左近。

[二] 光俊按：位于彭州城南南街与小南街之间，文庙西面，九峰书院南。今彭州市实验小学所在。

[三] 按，据雍正《四川通志》卷五之下，雍正五年（1727）敕封蜀守李冰为敷泽兴济通佑王。

[四] 张縯：《南宋馆阁录》卷八云：“字季长，唐安（今成都崇州市江源镇）人，木待问榜（1163）进士出身，治诗赋。（乾道）九年（1173）九月除（正字），淳熙元年（1174）十一月丁忧。”按，此碑记见雍正《四川通志》卷四一，题作《南康郡王庙记》。

彭县志卷之十八

祀　典

春秋昭格[一]，飨祀道亨。圣贤立极，土谷司衡[二]。聿崇典礼，以洁粢盛。舞籥干羽，秉翟吹笙[三]。申禋百代[四]，式奠两楹。明灵不遐，绥我蒸民[五]。作《祀典志》。

文庙正殿、两庑位次。乾隆六年（1741）奉部颁发。

正殿：正中南向，至圣先师孔子神位。

东配：西向。

复圣颜子之位。

述圣子思子之位。

西配：东向。

宗圣曾子之位。

亚圣孟子之位。

东哲：西向。

先贤闵子之位。

先贤冉子之位。

先贤端木子之位。

[一] 昭格：昭者，明也；格者，至也，言春秋祭祀，以虔诚之心明达上天与神灵。

[二] 土谷：土地神与五谷神。《礼记集说》卷三一：“故祭天地社稷者，土谷之神也。”

[三] 籥（yuè）：一种管乐器。翟：长尾的野鸡，这里指野鸡的羽毛。《诗·邶风·简兮》：“左手执籥，右手秉翟。”孔颖达疏：“籥虽吹器，舞时与羽并执，故得舞名。”

[四] 禋（yīn）：祭名。升烟祭天以求福。《诗·大雅·生民》：“生民如何？克禋克祀，以弗无子。”郑玄笺：“乃禋祀上帝于郊禖，以祓除其无子之疾而得其福也。”

[五] 绥：安抚。《书·盘庚上》：“天其永我命于兹新邑，绍复先王之大业，底绥四方。”◎蒸民：百姓。《孟子·告子上》：“《诗》曰：‘天生蒸民，有物有则。’”

先贤仲子之位。

先贤卜子之位。

先贤有子之位。乾隆三年（1738）升配。

西哲：东向。

先贤冉子之位。

先贤宰子之位。

先贤冉子之位。

先贤言子之位。

先贤孙子之位。

先贤朱子之位。康熙五十一年（1712）升配。

东庑：

先贤蘧瑗之位。雍正二年（1724）复祀。

先贤澹台灭明之位。

先贤原宪之位。

先贤南宫适之位[一]。

先贤商瞿之位。

先贤漆雕开之位。

先贤司马耕之位。

先贤梁鳣之位。

先贤冉孺之位。

先贤伯虔之位。

先贤冉季之位。

先贤漆雕徒父之位。

先贤漆雕哆之位。

先贤公西赤之位。

先贤任不齐之位。

先贤公良孺之位。

先贤公肩定之位。

[一] 适（kuò）：《玉篇・辵部》："适，疾也。"多用为人名，如南宫适、洪适。

先贤鄡单之位[一]。

先贤罕父黑之位。

先贤荣旂之位。

先贤左人郢之位。

先贤郑国之位。

先贤原亢之位。

先贤廉洁之位。

先贤叔仲会之位。

先贤公西舆如之位。

先贤邽巽之位。

先贤陈亢之位。

先贤琴张之位。

先贤步叔乘之位。

先贤秦非之位。

先贤颜哙之位。

先贤颜何之位。雍正二年（1724）复祀。

先贤县亶之位。雍正二年增祀。

先贤乐正克之位。雍正二年增祀。

先贤万章之位。雍正二年增祀。

先贤周敦颐之位。

先贤程颢之位。

先贤邵雍之位。

先儒谷梁赤之位。

先儒伏胜之位。

先儒后苍之位。

先儒董仲舒之位。

先儒杜子春之位。雍正二年复祀。

先儒范宁之位。雍正二年复祀。

先儒韩愈之位。

[一] 鄡（qiāo）：姓，鄡单见《史记·仲尼弟子列传》。

先儒范仲淹之位。康熙五十四年（1715）增祀。
先儒胡瑗之位。
先儒杨时之位。
先儒罗从彦之位。
先儒李侗之位。
先儒张栻之位。
先儒黄幹之位。雍正二年（1724）增祀。
先儒真德秀之位。
先儒何基之位。雍正二年增祀。
先儒赵复之位。雍正二年增祀。
先儒吴澄之位。雍正二年复祀。
先儒许谦之位。雍正二年增祀。
先儒王守仁之位。
先儒薛瑄之位。
先儒罗钦顺之位。雍正二年增祀。
先儒陆陇其之位。雍正二年增祀。
西庑：
先贤林放之位。雍正二年复祀。
先贤宓不齐之位。
先贤公冶长之位。
先贤公皙哀之位。
先贤高柴之位。
先贤樊须之位。
先贤商泽之位。
先贤巫马施之位。
先贤颜辛之位。
先贤曹恤之位。
先贤公孙龙之位。
先贤秦商之位。
先贤颜高之位。
先贤壤驷赤之位。

先贤石作蜀之位。
先贤公夏首之位。
先贤后处之位。
先贤奚容蒧之位[一]。
先贤颜祖之位。
先贤句井疆之位。
先贤秦祖之位。
先贤县成之位。
先贤公祖句兹之位。
先贤燕伋之位。
先贤乐欬之位。
先贤狄黑之位。
先贤孔忠之位。
先贤公西蒧之位。
先贤之仆之位。
先贤施之常之位。
先贤申枨之位。
先贤左邱明之位。
先贤秦冉之位。雍正二年（1724）复祀。
先贤牧皮之位。雍正二年增祀。
先贤公都子之位。雍正二年增祀。
先贤公孙丑之位。雍正二年增祀。
先贤张载之位。
先贤程颐之位。
先儒公羊高之位。
先儒孔安国之位。
先儒毛苌之位。
先儒高堂生之位。
先儒郑康成之位。雍正二年复祀。

[一] 蒧（diǎn）：人名用字，此外还有孔子弟子曾蒧，即《论语·先进》中之曾点。

先儒诸葛亮之位。雍正二年（1724）增祀。

先儒王通之位。

先儒司马光之位。

先儒欧阳修之位。

先儒胡安国之位。雍正二年增祀。

先儒尹焞之位。雍正二年增祀。

先儒吕祖谦之位。

先儒蔡沈之位。

先儒陆九渊之位。

先儒陈淳之位。

先儒魏了翁之位。雍正二年增祀。

先儒王柏之位。雍正二年增祀。

先儒许衡之位。

先儒金履祥之位。雍正二年增祀。

先儒陈澔之位。雍正二年增祀。

先儒陈献章之位。

先儒胡居仁之位。

先儒蔡清之位。雍正二年增祀。

文庙礼器：乾隆四十八年（1783）部颁。

篚。《礼器图》[一]："以竹为之，长三尺，广一尺，深六寸，足高三寸。"用以盛币帛。

俎。《礼器图》："释《明堂位》曰：'俎，有虞氏以梡[二]，夏后氏以嶡[三]，商以椇[四]，周以房俎。'[五]旧图谓高二尺四寸，广一尺二寸，用以载牲。"[六]

[一]《礼器图》：清代有《皇朝礼器图式》，乾隆三十一年（1766）钦定，十八卷，收入《四库全书》。此处所引与《皇朝礼器图式》在描述礼器形制与尺寸上有出入。据查考，实出《钦定礼记义疏》卷七九《礼器图二》。

[二] 梡（kuǎn）：用来盛放全牲的木制礼器，四足。

[三] 嶡（jué）：形如今日小方几，用来陈列祭品，四足，足间有横档。

[四] 椇（jǔ）：似俎，足间横木弯曲。

[五] 房俎：有上下两层的俎。

[六] 按，此段引文见《钦定礼记义疏》卷八〇《礼器图三》。后文关于铏、簠、簋之引文出处亦同。

登。瓦豆曰登，范金为之，用盛太羹。

铏。范金为之，三足，口有两耳，覆以盖，用盛和羹。《礼器图》："铏鼎所以实羹，铏羹所以具五味。"

白瓷爵。

铜爵。形似雀，通柱八寸三分，深三寸三分，口径长六寸，阔二寸九分，两柱三足，铜质，范金。

簠。

簋。《礼器图》："内方外圆曰簋，外方内圆曰簠，皆足高二寸，漆，赤中。簠受一斗二升，口圆，径六寸，深七寸，底径五寸二分，厚八分，足底径六寸，厚半寸，唇寸，挫其四角。《考工》瓬人为簋[一]，受一斗二升。簋高一尺，厚半寸，唇寸，口径五寸二分，深七寸二分，底径五寸二分，厚八分，足底径六寸，皆有盖，簠盛稻粱，簋盛黍稷。"

笾。用竹为之，口径四寸九分，深一寸四分，通足高五寸九分，足径阔五寸一分，用荐果核。

豆。《礼记·明堂位》："夏后以楬豆，殷玉豆，周献豆。"聂氏崇义云："豆以木为之，受四升，口圆，径尺二寸，有盖，用以盛菹、醢。"[二]郑康成云："豆宜濡物，笾宜干物。"[三]

香炉。

烛台。

酒尊。云雷尊，范金为之，纽以螭首，两旁有耳，画云雷于腹，用贮初献酒。铜象尊，范金为之，画象尊腹，用贮亚献酒。铜牺尊，范金为之，画牛尊腹，用贮终献酒。

祝版。

祭品。

香烛。

酒。

帛。正位用绫，馀用绢、练，白色，每端一丈八尺。

俎实：牛、纯黑色。羊、豕、鹿、兔。

[一] 瓬（fǎng）：捏土制瓦器。《周礼·考工记序》："抟埴之工，陶、瓬。"

[二] "醢"，原作"盐"，形近而误，据《三礼图集注》卷一三改。

[三] 按，此说见《仪礼注疏·乡射礼》。

登实：太羹。《周礼·烹人》："祭祀共太羹、铏羹。"注："太羹，淡汁也，不致五味。"

铏实：和羹。铏羹，则和以五味矣。

簠实：稻、粱。

簋实：黍、稷。

笾实：形盐、《周礼》："形盐，积卤所结，其形似虎。"[一]鹿脯、薨（kǎo）鱼、《周礼·渔人》："凡祭祀，共其鱼之鲜薨。"注："鲜，生也；薨，干也。"栗、榛、菱、枣、芡。《周礼·笾人》："加笾之实，菱、芡、栗脯。"注："芡，鸡头实也。"

豆实：韭菹、《诗》："献羔祭韭。"[二]《周礼》："朝事之豆，其实韭菹、醓（tǎn）醢。"[三]注："全物曰菹，细切曰齑。"菁菹、《周礼》："麋臡（ní）、菁菹。"注："蔓菁也。"芹菹、《周礼》："芹菹、兔醢。"注："芹，楚葵也。"笋菹、《周礼》："笋菹、鱼醢。"注："笋，旬内未成竹者。"醓醢、《周礼》："醓醢。"注："醓，肉汁也；醢，肉酱也。有骨为臡，无骨为醢。"兔醢、鱼醢。

大成殿正位陈设：

香烛帛一、白色。白磁爵三、牛一、羊一、豕一、登一、太羹。铏二、和羹。簠二、黍、稷。簋二、稻、粱。笾八、形盐、薨鱼、枣、栗、榛、菱、芡、鹿脯。豆八、韭菹、醓醢、菁菹、鹿醢、芹菹、兔醢、笋菹、鱼醢。酒罇一。

东西配陈设：

香烛帛一、白磁爵三、羊一、豕一、铏一、簠一、簋一、笾六、无榛、芡。豆六、无韭菹、醓醢。酒罇一。

东西哲陈设：

香烛帛一、白磁爵三、豕一、铏一、簠一、簋一、笾四、形盐、枣、栗、鹿脯。豆四、菁菹、鹿醢、芹菹、兔醢。酒罇一。

东西庑陈设：

香烛帛一、铜爵三、豕首一、豕肉二、簠一、簋一、笾四、豆四、酒罇一。

[一] 按，《周礼传》卷一之下、《周礼注疏删翼》卷四皆载此说。

[二] 按，此语出《诗·豳风·七月》。

[三] 按，本段引《周礼》之文皆见《周礼·醢人》。

乐器：

麾旛一。以绛缯为之，长七尺，阔一尺二寸。上板绘云，下板绘山，以相首尾。前面绘升龙，后面绘降龙，涂金及五色彩云。朱竿，长八尺五寸，末施铜龙，首涂金，衔其麾。升龙向外，降龙向内。举之升龙见，乐作；偃之降龙见，乐止。

编钟十六。《国语》："先王之制钟也，大不出钧，重不过石，律度量衡。"[一]以应十二月之律。非十二辰之钟，则为编钟十六枚[二]，《周礼》谓编钟，即此。

编磬十六。《礼记·乐记》曰："石声磬。"凡击则先击钟[三]，以宣一字之音。俟一字之音既阕，则击磬以收之，所谓金声而玉振。

应鼓一。《风俗通》："鼓者，郭也。春分之音，万物皆郭甲而出[四]，故谓之鼓。"《尔雅》："大鼓谓之鼖（fén），小鼓谓之应。"[五]

鼗（táo）鼓二。《礼记·月令》曰："修鼗鞞鼓。"[六]《周官》："小师掌教鼓鼗，视瞭掌教播鼗。"郑氏以为如鼓而小，持其柄而摇之，旁耳还自击是也。

搏拊二。《礼记·乐记》曰："会守拊鼓。"陈氏祥道曰："拊之为物也，以韦为之，状若鼓，实之以糠。《白虎通》所谓'拊革着以糠'是也。其设在堂上，其用则先歌。《尚书》所谓'搏拊'，《周礼》谓之'登歌，合奏击拊'是也。"[七]

柷一。《书》曰："合止柷敔。"[八]《尔雅》："所以鼓柷谓之止。"郭氏璞注云："柷如漆桶，方二尺四寸，深一尺八寸，中有椎柄，连底

[一] 按，此文见《国语·周语下》。

[二]"枚"，原作"牧"，文义不通，形近而误，据《钦定周官义疏》卷四七"非十二辰之钟，则为编钟十六枚，《周礼》所谓编钟是也"改。

[三]"凡击"前，原有"郑氏注曰"四字，《礼记·乐记》之注文并无相关记载，今删。按，此语早见于《阙里志》卷一，又见《泰泉乡礼》卷七，非郑氏注文也。

[四]"郭"，原作"鼓"，据《风俗通义校注》卷六改。此处之"郭"义为扩张。

[五] 按，本卷引《尔雅》而论乐器者，皆出《尔雅·释乐》。据其书注文，小鼓乃悬在大鼓之侧者。

[六]"鼗"，原作"鞀"，因《礼记》之异体字"鞀"形近而误，今改。按，鼗鼓即拨浪鼓。◎"鼓"，原脱，据《礼记》补。

[七] 按，此段出《礼书》卷一二三。

[八] 按，此语出《书·益稷》。

挏之[一]，令左右击止者，椎名。”柷方二尺四寸[二]，为阴，乐作于阳，故以阴数成之[三]。

敔一。《尔雅》云：“所以鼓敔谓之籈。”[四]郭氏璞云：“敔如伏虎，背上有二十七鉏鋙刻[五]，以木长尺栎之[六]。籈者其名也。”郑注：“敔，木虎也，背有刻，所以鼓之以止乐。”[七]敔二十七鉏鋙，为阳，乐止为阴，故以阳数成之。

琴六。《白虎通》曰：“琴者，禁也，禁邪以正人心也。”[八]《广雅》曰：“琴长三尺六寸六分，象三百六十六日。”“广六寸，象六合。”[九]《礼器图》云：“舜作五弦，周文王、武王加二弦[十]，曰少宫、少商。”

瑟六。《尔雅》云：“大瑟谓之洒。”《礼器图》云：“瑟长八尺一寸，广一尺八寸，二十三弦。其常用者十九弦。”[十一]

排箫三。《礼器图》云：“雅箫长尺四寸，二十四彄[十二]；颂箫长尺二寸，十彄。《尔雅》云：‘大箫谓之言，小者谓之筊。’《博雅》云：‘箫，大者二十四管，无底；小者十六管，有底。’”[十三]

笙六。《尔雅》云：“大笙谓之巢，小者谓之和。”郭氏璞注：“列管匏中，施簧，管端大者十九簧，小者十三簧。”《礼器图》云：“笙长四尺，

[一] 挏（dòng）：《汉语大词典》释为撞击。
[二] “柷方二尺四寸”前，原有“郑氏康成云”，编者误以为此语为郑玄注文，实非。今据《礼书》卷一二五删。
[三] 按，此处言乐作为阳，乐止为阴，故用来终止作乐之柷的尺寸为阴数，即偶数。
[四] 籈（zhēn）：用来敲击乐器敔的木棒。
[五] 鉏鋙：不平正之处。
[六] 栎：打击，搏击。《汉书·司马相如传上》：“射游枭，栎蜚遽。”
[七] 按，郑注出《周礼·小师》。
[八] 按，此语见《白虎通疏证》卷二《礼乐》。
[九] 按，此处引《广雅》，实据《礼书》卷一二五转引，《广雅》原文仅云“琴长三尺六寸六分”，“象三百六十六日”者，乃陈祥道之语。至于“广六寸，象六合”，则出《琴操》卷上，非《广雅》也。
[十] 按，此条出《钦定礼记义疏》卷八一《礼器图四》，《钦定仪礼义疏》卷四三《礼器图三》则无“武王”二字。
[十一] 按，此条出《钦定礼记义疏》卷八一《礼器图四》。
[十二] 彄（kōu）：本指弓弩两端系弦处。《说文·弓部》：“彄，弓弩耑，弦所凥也。”此处指箫管。《乐书》卷一四七云：“雅箫尺有二寸，二十四彄；颂箫尺有四寸，十六彄。郭璞谓大箫二十三管，小箫十六管。”
[十三] 按，此条亦出《钦定礼记义疏》卷八一《礼器图四》。所谓《博雅》，即《广雅》，隋朝避杨广讳，改称《博雅》。

其管参差，有如鸟翼。”[一]簧为笙中之舌也。

箫六。截竹为之，长一尺九寸五分，前五孔，后一孔，各径二分，口半窍。

笛六。紫竹为之，长一尺四寸，七孔。上一大孔径三分，吹窍也。下六孔各径二分。

埙二。《周礼》：“小师掌教埙。”注：“烧土为之，大如雁卵，谓之雅埙。凡六孔，上一，前三，后二。围五寸半，长三寸四分。”《大晟乐书》云[二]：“埙、篪皆六孔，以五取音[三]，其声相应。”

篪二。《尔雅》：“大篪谓之沂。”郭氏璞曰：“以竹为之，长尺四寸，围三寸，一孔上出，寸三分，名曰翘。小者一尺二寸。《广雅》云：‘八孔为篪。’”

舞器：

旌节二。以红绒为缨，以绿皮刻花为盖。缨数七，长七尺。系以红绦竿[四]，长八尺五寸。施朱涂金，龙首衔其节。二人执，立于东西阶，以导其舞。

羽、籥各三十六。《礼记·明堂位》：“苇籥，伊耆氏之乐也。”孔疏：“苇籥者，谓截苇为籥。”“三孔，主中声而上下之，律吕于是乎生，命之曰籥。羽舞皆执籥，吹籥而舞，以声音之本在是也。”[五]羽有柄，尺寸如制，舞则以鸟羽之长者插于上，执而舞之。其羽或用鹭，或用翟[六]，疾徐应节，回翔于墀外。

仪注：

先期致斋二日。祭前一日，知县签榜，由县中门出，鼓乐迎至文庙

[一] 按，此条亦出《钦定礼记义疏》卷八一《礼器图四》。

[二]“晟”，原误作“成”，古旧目录著作皆不载，然诸多旧方志往往误作“大成乐书”，如康熙《龙门县志》卷七、雍正《平乐府志》卷七、同治《直隶绵州志》卷一七等，今据《直斋书录解题》卷一四、《宋史·艺文志一》等改。《直斋书录解题》云：“《大晟乐书》二十卷，大中大夫开封刘炳子蒙撰。大晟者，本方士魏汉津妄出新意，以祐陵指节定尺律，傅会身为度之说。炳为大司乐，精为缘饰。又有《图谱》一卷。”

[三]“五”，原作“互”，形近而误，据《宋史·乐志四》改。

[四]“系”，原误作“击”，据文义及文献用例改。如同治《直隶绵州志》卷一七云：“缨数七，长七尺，以红绒绦贯而系之竿，长八尺五寸。”

[五] 按，此处所引虽未言出处，实源自《钦定礼记义疏》卷八一《礼器图四》。

[六] 翟：野鸡。《诗·邶风·简兮》：“左手执籥，右手秉翟。”毛传：“翟，翟羽。”孔颖达疏：“翟，翟羽，谓雉之羽也。”

前张挂。至晚，行省牲礼。知县率僚属至明伦堂，观演乐习舞。毕，引赞引祭官穿补服诣省牲所[一]，唱曰："就位。"至香案前立，献爵奠酒，三揖。唱曰："省牲。"牵牲过案。唱曰："礼毕。"宰牲用小碟盛毛血，执事生捧送各神案前供奉。馀毛血埋净土。知县率僚属至先师庙前丹墀，各一揖退。

祭日，鸡初鸣，将牲馔、乐器、烛炉陈设整齐。知县率僚属等至更衣所。通赞赞曰[二]："签祝版。"[三]引赞唱曰："更衣。"官穿朝服，生穿襕衫。曰："升堂。"从东阶上。曰："序爵。"曰："序事。"各生执事[四]。曰："请祝。"请祝版至。曰："签名。"各官书名。曰："下堂。"从西阶下。通赞赞曰："启户。"司户生将门大开。曰："乐舞生就位。"曰："执事者各司其事。"曰："正献官就位，分献陪祭官各就位。"曰："瘞毛血。"司毛血生将毛血碟捧从中门出，至西北隅，埋于坎中。曰："启牲馔。"执事者将牲馔俎盘盖启开。曰："迎神乐作。"引赞引各官诣西北隅迎神，众官打躬。通赞赞曰："参神，乐奏咸平之章。"鸣赞曰[五]："跪。"众官皆三跪九叩首，兴，乐止。

通赞赞曰："行奠帛初献礼，乐奏宁平之章。"引赞引主祭官诣盥洗所，浴手净巾；诣酒罇所，司罇者举幂酌酒。执事取酒执爵，由正阶上，中门入，置神位前。引赞唱曰："诣至圣先师孔子神位前，跪，上香，进帛，奠帛，进爵，献爵，俯伏，兴，平身。"唱曰："诣读祝位，跪。"鸣赞赞，众官皆跪。引赞赞："读祝文，俯伏，兴，平身。"鸣赞赞，众官皆兴，平身。引赞引主祭官诣四配神位前，跪，上香，进帛，奠帛，进爵，献爵，俯伏，兴，平身，复位。通赞赞："行分献礼。"引赞引某官诣东西哲神位前，引某官诣东西庑神位前，跪，上香，献帛，献爵，俯伏，兴，皆复位。

通赞赞曰："行亚献礼，乐奏安平之章。"引赞引主祭官诣酒罇所取酒，诣至圣先师孔子神位前，跪，馀与初献同。终献，乐奏景平之章，

[一] 补服：本指官服，因前胸后背缀有金线和彩丝绣成的补子。但此处之引祭官非命官，其补服当是指缀有特殊图案的衣服。◎引赞：同治《大邑县志校注》卷九云："二人相对，立于官前，引导唱礼。"

[二] 通赞：同治《大邑县志校注》卷九云："通赞，立堂阶左，主赞行礼之总名。"

[三] "祝"，原误作"竹"，据后文"请祝版至"改。

[四] 执事：同治《大邑县志校注》卷九云："俱于本学生员中派用，预期示知。先令演习，其数量焉。"谓根据具体要求，从生员中选取的参加文庙祭典的工作人员。

[五] 鸣赞：同治《大邑县志校注》卷九云："鸣赞，立堂阶右，与通赞对，主唱、跪、叩三礼。"

馀与初献同。各复位。引赞引主祭官诣饮福位，跪。鸣赞赞，众官皆跪。引赞唱曰："饮福酒。"执事取正中一爵，从右递与主祭官，饮讫，将爵从左边递与执事。唱："受福胙。"执事取正位前半膊盛木器，从右递与主祭官，受之，递左边执事，由中门出，正阶下，送至主祭官署。俯伏，兴，平身。

通赞赞："谢神。"各官俱行三跪九叩首礼，兴，复位。通赞赞："彻馔，乐奏咸平之章。"执事将牲馔俱彻。通赞赞："辞神，乐奏咸平之章。"各官俱行三跪九叩首礼，引赞引众官送神，诣送神所。赞："神去。"众官打躬。通赞赞："望燎。"读祝者捧祝，执帛者奉帛，各诣燎所。引赞引众官诣望燎位，焚祝帛，复位，乐止。通赞赞："合户。"鸣赞赞："礼毕。"退班。

祝文：乾隆九年（1744）奉部颁发。

维先师德隆千圣，道冠百王。揭日月以常行，自生民所未有。属文教昌明之会，正礼和乐节之时。辟雍钟鼓，咸恪荐于馨香；泮水胶庠，益致严于笾豆。兹当仲春秋，祗率彝章，肃展微忱，聿将祀典。以复圣颜子、宗圣曾子、述圣子思子、亚圣孟子配。尚飨。

乐章：

春季夹钟为宫，倍应钟起调；秋季南吕为宫，仲吕起调。迎神，咸平。"大哉孔子，先觉先知。与天地参，万世之师。祥征麟绂[一]，韵答金丝。日月既揭，乾坤清夷。"

奠帛初献，宁平。"予怀明德，玉振金声。生民未有，展也大成。俎豆千古，春秋上丁[二]。清酒既载，其香始升。"

亚献，安平。"式礼莫愆，升堂再献。响协鼖镛，诚孚罍甗[三]。肃肃雍雍，誉髦斯彦[四]。礼陶乐淑，相观而善。"

终献，景平。"自古在昔，先民有作。皮弁祭菜，于论思乐。惟天牖

[一] 祥征麟绂：《绀珠集》卷八"解麟绂"条引王嘉《拾遗记》云："孔子始生，征在得麟，以绣绂系其角而纵之。哀公十四年（前479）获麟，角有绣绂犹在。孔子叹之，乃作《春秋》。"

[二] 上丁：上旬之丁日。这里指清代规定在农历的仲春（二月）、仲秋（八月）上丁日专门祭祀孔子。

[三] 甗（yǎn）：古代炊器。《周礼·考工记·陶人》："陶人为甗，实二鬴，厚半寸，唇寸。"郑玄注引郑司农曰："甗，无底甑。"

[四] 誉髦斯彦：义同"誉髦斯士"，《诗·大雅·思齐》："古之人无斁，誉髦斯士。"谓选拔英杰之士。

民[一]，惟圣时若。彝伦攸叙，至今木铎。”

彻馔，咸平。“先师有言，祭则受福。四海黉宫，畴敢不肃？礼成告彻，毋疏毋渎。乐所有生，中原有菽。”

送神，咸平。“凫绎峨峨[二]，洙泗洋洋[三]。景行行止，流泽无疆。聿昭祀事，祀事孔明。化我蒸民，育我胶庠。”

后殿崇圣祠：

正中南向，肇圣王。

东一室，南向，裕圣王。

西一室，南向，诒圣王。

东二室，南向，昌圣王。

西二室，南向，启圣王。

配位：

先贤颜氏，先贤孔氏。殿内东旁西向。

先贤曾氏，先贤孟孙氏。殿内西旁东向。

东庑，西向：

先儒周子辅成。

先儒程子珦。

先儒蔡子元定。

西庑，东向：

先儒张子迪。雍正二年（1724）增祀。

先儒朱子松。

正位五案：无太羹一登、太牢一俎，其馀陈设、仪注俱与正殿同，惟无乐舞。

配位陈设与先哲同。

两庑陈设与前两庑同。

祝文：乾隆九年奉部颁发（1744）。

[一] 牖（yǒu）民："牖"通"诱"。牖民，诱导人民。《诗·大雅·板》："天之牖民，如埙如篪。"毛传："牖，道也。"孔颖达疏："牖与'诱'古字通用，故以为导也。"

[二] 凫绎：凫山和绎山，均在山东省邹县。《诗·鲁颂·閟宫》："保有凫绎。"毛传："凫，山也。绎，山也。"

[三] 洙泗：洙水和泗水。古时二水自今山东省泗水县北合流而下，至曲阜北，又分为二水，洙水在北，泗水在南。春秋时属鲁国地。孔子在洙泗之间聚徒讲学。《礼记·檀弓上》："吾与女事夫子于洙泗之间。"

维王奕叶钟祥，光开圣绪。圣德之后，积久弥昌。凡声教之覃敷，皆循源而溯本。宜肃明禋之典，用申守土之忱。兹届仲春秋，聿将祀典。配以先贤颜氏、先贤曾氏、先贤孔氏、先贤孟孙氏。尚飨。

武庙

顺治九年（1652）敕封忠义神武关圣大帝。雍正五年（1727）敕封关帝三代公爵：曾祖光昭公，祖裕昌公，父成忠公。制造神牌，供奉后殿，春秋祭祀。诏加尊帝号为忠义神武关圣大帝。乾隆二十五年（1760）诏改谥神勇，乾隆三十三年（1768）诏加忠义神勇显佑关圣大帝。

前殿陈设：

香烛帛一、白磁爵三、牛一、羊一、豕一、果品五、核桃、荔枝、圆眼、枣、栗各一盘。酒罇一。

仪注：

祭日，引赞引承祭官进左旁门，至盥洗处，赞："盥洗。"盥洗毕，引至殿内行礼处站立。通赞赞："执事者各司其事。"引赞赞："就位。"引承祭官就位站立。通赞赞："迎神。"司香者捧香盒，就香炉左边站立。引赞引承祭官就香炉前立，司香者跪。引赞赞："上香。"承祭官立，将柱香接举插炉内，又将块香上三次。毕，引赞赞："复位。"引承祭官复位站立。引赞赞："跪，叩，兴。"承祭官行三跪九叩礼。通赞赞："奠帛，献爵，行初献礼。"捧帛爵者将帛爵捧举，各就位前。引赞赞："奠帛。"承祭官跪献，毕，行三叩礼退。执爵者立献，毕，退。读祝者至安祝文桌前，行一跪三叩礼，将祝文捧起，立。引赞赞："跪。"承祭官、读祝者俱跪。引赞赞："读祝者祝毕，捧至位前，跪，安盛帛盒内。"毕，行三叩礼，立。通赞赞："捧祝、帛、馔，各恭诣燎位。"捧祝、帛、香、馔者，各至位前，俱跪。祝、帛者行三叩礼，香、馔者不叩首。将祝、帛、香、馔捧起，依序捧送时，引赞引承祭官退至西边立，候捧祝帛者过毕，复位，站立。引赞赞："诣望燎位。"引承祭官至燎炉前，焚祝、帛时，引赞赞："礼毕。"引承祭官退。

祝文：

维帝浩气凌霄，丹心贯日。扶正统而彰信义，威震九州；完大节以笃忠贞，名高三国。神明如在，遍祠宇于寰区；灵应丕昭，荐馨香于历代。屡征异迹，显佑群生。恭值嘉辰，遵行祀典，筵陈笾豆，几奠牲醪。尚飨。

后殿陈设：不用太牢，馀与前殿同。

仪注：承祭官进中门、复位，俱行二跪六叩礼，馀与前殿同。

祝文：

维公世泽贻庥，灵源积庆。德能昌后，笃生神武之英；善则归亲，宜享尊崇之报。列上公之封爵，锡命优隆；合三世以肇禋，典章明备。恭逢诹吉，祗事荐馨。尚飨。

文昌宫嘉庆七年（1802）奉部颁发。

前殿：陈设、仪注与武庙同。

祝文：

维神道炳星垣，职司文柄。祥钟七曲[一]，本孝友以立身；光烛三台，揽灵秀而宣化。作大夫者十七世，仁义常昭；莅文衡者亿万年，彝伦攸叙。时逢仲春秋之月，典隆秩祝之文，乞降灵旗，载欣祀典。尚飨。

后殿：陈设、仪注与武庙后殿同。

祝文：

维祭引先河之义，礼崇返本之思。夫世德弥光，赏延斯及。祥钟累代，炯列宿之精灵；化被千秋，伟人文之主宰。是尊后殿，用答前庥。兹值仲春秋，肃将时事，用申告洁。尚飨。

吕祖庙在县治后街，嘉庆十一年（1806）奉文致祭。嘉庆十八年（1813），知县王锺钫移奉。每年春秋二季，素供果品五：核桃、荔枝、圆眼、枣、栗各一盘，馒首五盘，蒸糕五盘，饼四盘，高顶一盘。敕封燮元赞运纯阳演正警化孚佑帝君。

社稷坛

《会典》："坛制坐南向北，方二丈五尺，高二尺，四出陛，各三级。坛前十二丈，或九丈五尺。东、西、南各五丈，绕以周墙，四门红油。人从北左门入，右门出。石主长二尺五寸，方一尺，埋于坛上正中，露圆尖于外。"每岁仲春秋上戊日清晨，向南致祭。"二神牌位以木为之，高二尺二寸，阔四寸五分。座高四寸五分，阔八寸五分。朱漆青字，写'县稷之神位''县社之神位'。"[二]社神位于东，稷神位于西。祭毕，藏之。

[一] 七曲：绵阳梓潼县七曲山，此地为文昌帝君张亚子之祖庭。关于文昌帝君化身及神异之事，则可参《文昌化书》。

[二] 按，此处引《会典》之语，与《大明会典》卷八六相合。与《钦定大清会典》卷四三、《钦定大清会典则例》卷八一皆不同。

陈设：

俎各二、羊、豕。筐、帛黄色，长一丈八尺。铏各一、和羹。笾各四、形盐、薧鱼、枣、栗，居左。豆各四、韭菹、醓醢、菁菹、鹿醢，居右。中簠各二、黍、稷。簋各二、稻、粱。酒罇三。

仪注：

主祭长官一员，行三献礼，馀官陪祭。其斋戒、省牲、更衣、佥祝、瘗毛血、降神、迎神、盥洗、奠帛、初献、读祝、亚献、终献、饮福、受祚、谢神、彻馔、辞神、望瘗、送神等礼，俱与丁祭同[一]。但向南矮案，而祭无启户、阖户一节，升堂改升坛。奠献帛、爵，先社后稷。福酒、福祚，取社前者。读祝在坛之中。

祝文：

维神奠安九土，粒食万邦。分五色以表封圻，育三农而蕃稼穑。恭承守土，肃展明禋。时届仲春秋，敬修祀典。庶丸丸松柏[二]，巩盘石于无疆；翼翼黍苗[三]，佐神仓于不匮[四]。尚飨。

风云雷雨山川城隍坛

《会典》："坛制如社稷坛，坐北向南，人从南左右门出入。无石主，每岁仲春秋上旬择日设三案，安三神位。风云雷雨居中，山川居左，城隍居右，同坛，向北致祭。中帛四，左帛二，右帛一，俱白色。"[五]各案用高桌，其制度陈设与社稷制同。

仪注：

一应礼节与社稷坛同。但临祭时，执事者先将毛血瘗于西北坎内，通赞不唱瘗毛血一节。奠献帛、爵，先诣风云雷雨神位，次诣山川，次诣城隍、读祝所。福酒、福胙，于风云雷雨神前取之。望瘗改为望燎。

祝文：

维神赞襄天泽，福佑苍黎。佐灵化以流形，生成永赖；乘气机而鼓

[一] 丁祭：即前文上丁日祭祀文庙之礼。

[二]"丸丸"，原误作"芄芄"，据用典来源及文献用例改。按，丸丸，高大挺直貌。《诗·商颂·殷武》："陟彼景山，松柏丸丸。"毛传："丸丸，易直也。"同治《大邑县志校注》卷九此祝文亦作丸丸。

[三] 翼翼：蕃盛貌。《诗·小雅·楚茨》："我黍与与，我稷翼翼。"郑玄笺："蕃庑貌。"

[四]"仓"，原误作"苍"，据文义及同治《大邑县志校注》卷九此祝文改。

[五] 按，此处引文与《大明会典》卷八六相合。

荡，温肃攸宜。磅礴高深，长保安贞之吉；凭依巩固，实资捍御之功。幸民俗之殷盈，仰神明之庇护。恭修岁祀，正值良辰。敬修豆笾，祇陈牲币。尚飨。

先农坛

坛制：高二尺一寸，宽二丈五尺。神牌照京师式样，恭造红牌，金字填写“先农之位”。坛后建正房三间，配房各一间。正房中间供奉先农神牌，东间存贮祭器、农具，西间收贮耤田米谷。配房东间置办祭品，西间令看守农民居住。坛庙耤田之外，周围筑土为墙，开门南向。墙内耤田四亩九分，择勤谨农夫二名，看守坛宇，灌溉耤田，将每岁所收米谷数目、用过粢盛数目造册，报布政司，送户部查核。

陈设：

笾、豆、尊、爵与社稷同，外备农具一副，用赤色。牛一只，用黑色。耔种箱。用青色，所用耔种悉照各处土宜。

仪注：

每年仲春，候部颁吉期举行。前期致斋二日。祭日，主祭官及各官俱穿朝服，集先农坛行礼。其一切礼仪，悉照社稷坛之例。礼毕，各官俱换蟒袍补服。正印官秉耒，佐贰执青箱播种，用耆老一人牵牛，农夫二人扶犁，九推九返。农夫终亩耕毕，各官率耆老、农夫望阙行三跪九叩礼。

祝文：

维神肇兴稼穑，粒我蒸民。颂思文之德，克配彼天；念率育之功，常陈时夏。兹当东作，咸服先畴。洪惟九五之尊[一]，岁举三推之典。恭膺守土，敢忘劳民？谨奉彝章，聿修祀事。惟愿五风十雨，嘉祥恒沐于神庥；庶几九穗双岐，上瑞频书于大有。尚飨。

厉坛

每岁清明、七月十五、十月一日致祭。

仪注：

《会典》：“先期三日，主祭官斋戒，补服[二]，备香烛酒果，诣本处城隍庙祭告。行一跪三叩礼，平身。诣神位前献爵，平身，复位。再行一跪三叩礼，平身。焚告文，礼毕。”

[一]“洪”，原误作“恭”，据《钦定大清通礼》卷八所颁祝文改。

[二] 按，《大明会典》卷八七作“服常服”，这里应该是根据清代实际情况有所改动。

告城隍文：

某县遵承礼部札付，为祭祀本县无祀鬼神。该钦奉皇帝圣旨：普天之下，后土之上，无不有人，无不有鬼神。人鬼之道，幽明虽殊，其理则一。今国家治民事神，已有定制。尚念冥冥之中无祀鬼神，昔为生民，未知何故而没。其间有遭兵刃而死者，有死于水火贼盗者，有被人取财而逼死者，有被人强夺妻妾而死者，有遭刑祸而负屈死者，有天灾流行而瘟疫死者，有为猛兽毒蛇所害者，有为饥饿冻死者，有因战斗而殒身者，有因危急而自缢者，有因墙屋倾隤而压死者，有死后无子孙者。此等鬼魂，或终于前代，或没于近世，或兵戈扰攘，流移于他乡，或人烟断绝，久缺其祭祀。姓氏泯没于一时，祀典无关而不载。此等孤魂，死无所依，精魂未散，结为阴灵，或依草附木，或作妖怪，悲号于星月之下，呻吟于风雨之时。凡遇人间节令，心思阳世，魂杳杳以无归；身堕沉沦，意悬悬而望祭。兴言及此，怜其惨凄，故敕天下有司，依时享祭。命本处城隍以主此祭，镇控坛场，监察诸神等类。其中果有生为良善，误遭刑祸，死于无辜者，神当达于所司，使之还生中国，永享太平之福。如有素为凶顽，身免刑宪，虽善终亦出侥幸，神当达于有司，屏之四外。善恶之报，神必无私！钦奉如此。今某等不敢有违，谨于某年某月某日，于城北设坛，置备牲酒汤饭，享祭本县无祀鬼神等众。然幽明异境，人力难为，必须神力，庶得感通。今特移文于神，先期分遣诸将，召集本县阖境鬼灵等众。至日，悉赴坛所，普享一祭。神当钦承敕命，镇控坛场，监察善恶，无私昭报。为此，合行牒移，请照验，钦依施行。

陈设：

祭之日，设城隍位于坛上。祭物用一羊、一豕，馔与社稷同，无帛。设无祀鬼神牌位于坛下，左右相向，祭物用一羊、一豕，解作肴，置于磁盘，同汤饭等物铺设各鬼神位前，酒三，饭五，肉五。设毕，通赞赞："执事者各就位，陪祭官各就位，主祭官就位，行一跪三叩礼，平身，诣城隍神前跪，三献酒，俯伏，兴，平身，复位[一]，读祭文，讫，再行一跪三叩礼，平身，焚祭文、纸钱。"赞："礼毕。"

名宦乡贤忠孝等祠陈设、仪注悉同从祀诸儒，春秋俱随丁祭分献。

[一]"位"，原脱，据文献用例如乾隆《大邑县志校注》卷三、乾隆《大足县志》卷六等补。

名宦祠祭文：

卓哉群公，懋修厥职。泽被生灵，功垂社稷。兹惟仲春秋，谨以牲醴，用申常祭。尚飨。

乡贤祠祭文：

于惟群公，毓秀兹邦。懿德卓行，奕世流芳。兹惟仲春秋，谨以牲醴，用申常祭。尚飨。

忠孝祠祭文：

维灵秉赋贞纯，躬行笃实。忠诚奋发，贯金石而不渝；义问宣昭，表乡闾而共式。祇事懋彝伦之大，性挚莪蒿[一]；克恭念天显之亲，情殷棣萼[二]。模楷咸推夫懿德，纶恩特阐其幽光[三]。祠宇惟隆，岁时式祀。用陈尊簋[四]，来格几筵。尚飨。

节孝祠祭文：

维灵纯心皎洁，令德柔嘉。矢志完贞，全闺中之亮节；竭诚致敬，彰阃内之芳型。茹冰蘖而弥坚[五]，清操自励；奉盘匜而匪懈，笃孝传徽。丝纶特沛乎殊恩，祠宇昭垂于令典。祇循岁祀，式荐牲醪。尚飨。

[一] 莪蒿：《诗·小雅·菁菁者莪》中之“莪”，诗云：“菁菁者莪，在彼中阿。”言茂盛的莪蒿长在高山之上，比喻君子能长育贤才，如高山长育莪蒿。用在此处，似以莪蒿比喻忠义之士。

[二] 棣萼：比喻兄弟。《晋书·孝友传序》：“夫天伦之重，共气分形，心睽则叶悴荆枝，性合则华承棣萼。”语出《诗·小雅·常棣》：“常棣之华，鄂不韡韡。凡今之人，莫如兄弟。”

[三] 纶恩：纶，指帝王的诏书旨意。《礼记·缁衣》：“王言如丝，其出如纶。”故纶恩指皇帝的恩典。

[四]“簋”，原作“簠”，据《钦定大清通礼》卷一一改。按，此祭文皆官方颁布，不容妄更一字。

[五] 冰蘖：冰檗。喻寒苦而有操守。《全唐诗》卷四六八刘言史《初下东周赠孟郊》：“素坚冰蘖心，洁持保贤贞。”

彭县志卷之十九

寺　观

广厦万间，不庇寒士[一]。布金千亿，寺观云起。榱拱螭盘，觚棱凤峙[二]。琉璃蹴阶，火齐鋈戺[三]。木衣绨锦[四]，土被朱紫。龙兴、龙怀[五]，笔奋才子。作《寺观志》。

壁山寺。在县东十里，古白衣庵也，雍正八年（1730）重建。前后有泉七眼，名七星聚[六]。

龙吟寺。在县东十五里[七]。寺侧旧有圣井院，今废。院有井，相传与龙兴塔底井通，龙游其下，时闻吟声震地，故名。今塔底井用石盖压，

[一]《杜诗详注》卷一〇《茅屋为秋风所破歌》云："安得广厦千万间，大庇天下寒士俱欢颜。"

[二] 觚棱：宫阙上转角处的瓦脊成方角棱瓣之形。《文选·班固〈西都赋〉》："设璧门之凤阙，上觚棱而栖金爵。"吕向注："觚棱，阙角也。"

[三] 火齐：琉璃。《太平御览》卷八〇八引晋吕静《韵集》："琉璃，火齐珠也。"◎戺（shì）：门槛。《新唐书·董昌传》："百倡鼓吹于前，属兵列护门戺。"按，此二句用互文手法，言寺庙的门槛和台阶都用琉璃装饰得很精美。

[四] 绨（tí）：厚实平滑而有光泽的丝织物。《管子·轻重戊》："鲁、梁之民俗为绨。"尹知章注："缯之厚者谓之绨。"

[五] 龙兴、龙怀：皆唐代彭州名寺，陈会撰有《彭州九陇县再建龙兴寺碑》，王勃作《彭州九陇县龙怀寺碑》，详本书卷四二《艺文志》。

[六] 光俊按：又名壁山庙、璧山庙，现在名净土寺，位于天彭街道枣子树社区，原清平乡壁山村。供奉唐代壁山神赵延之。同治《璧山县志》卷末说："州城之西隅有璧山威烈侯庙，唐赵延之之祠也。大历中任巴川县令兼南镇兵马使，时资、泸夷贼寇掠县境，延之领兵袭之，以功授合州刺史兼渝、合、资、泸等地经略安抚使。尝巡历至渝州璧山寨，见石壁上隐隐若有人形，因以香酒奠之。后疾终于此，邑人为之立庙焉，祷有灵应。至咸通二年（861），贼攻逼州城，告神为援，贼众奔败，人见兵甲汹涌，争往驰逐，盖神之阴助也。本所闻奏，敕封威烈侯。"

[七] 光俊按：位于今九尺镇龙福村，原升平镇龙吟村。

塑佛坐镇。又传龙常戏塔顶珠，语载《外纪》。

七宝院。在县东二十五里，古名老妈寺[一]。相传寺侧有夷妇，无子，居常诵佛经，不与人言。既殁，里人以其屋改为寺。康熙七年（1668），新繁县令王长祚更名七宝院。院前有桥，名九滚桥。相传桥成时，有老僧赠一联，云："七宝常留三家客，九滚不离两路人。"俄而不见。院后三泉，经冬不涸。

三泉寺。在县东三十里，上、中、下三寺，相隔里许。寺侧各有泉，春夏间源泉外注，澄清可鉴，其流引灌田亩[二]。

贤德寺。在县南十里，今名阳明庵[三]。碑刻"蜀府王庄宇"，明宣德年（1426—1435）建。左有月耳泉，右有相公沱。夏秋间，澄泓汪濊[四]，下流入清白江。

回龙寺。在县南四十里，濛水之南[五]。明天顺二年（1458）建，乾隆辛亥（1791），邑令谢生晋于寺址建奎星阁[六]，高四丈馀。壬子岁（1792），适文武联捷。

王中寺。在县南四十里，蜀汉昭烈间勋臣王中建[七]。

大云寺。在县西北三十五里丹景山南，一峰别出，四时长有云气，回视天台、白鹿诸山，如在目前[八]。

[一] 光俊按：俗称"老马寺"，位于今九尺镇宝马村。

[二] 光俊按：三泉寺分别指位于敖平镇的上泉寺、中泉寺、下泉寺。上泉寺位于敖平镇紫音泉村，中泉寺位于敖平镇鹤泉村，下泉寺位于敖平镇凤泉村。

[三] 光俊按：贤德寺位于致和街道北京堂社区，原贤德村境内。

[四] 汪濊（huì）：深广。《汉书·司马相如传下》："威武纷云，湛恩汪濊。"颜师古注："汪濊，深广也。"

[五] 光俊按：位于濛阳街道永桥社区，原竹瓦乡永光村境内。

[六]"阁"，底本漫漶，据抄配本补。

[七] 按，此人事迹不详，或有误。光俊按：位于濛阳街道三王村，原王忠村境内。庄巨川先生藏清代《王中寺碑》抄本云："王中寺者，肇自大汉王老将军，迨至大元，彼时兵戈缭绕，庙宇倾颓，我钟、傅、程三姓之祖，共捐田一百六十亩，住宅一院，以作庙廊，装塑大佛三尊。无人奉祀，接湖广一麟禅师经理。至大明天启，已二百馀年，庙宇倾颓，一麟后裔仁誏和尚重建前后殿及东西两廊，山门墙垣，焕然复新。迨至崇祯十七年（1644），兵戈复起，献贼勦川入境，人民尽丧，三姓祖俱在寺中大佛腹内躲藏，蒙佛护佑不死，莫非前次捐田之报。仁誏死，后裔朗照经营。我朝圣主乾隆三十年（1765）间，水泛庙宇，田地冲毁七十馀亩。……五十四年（1789）另觅庙基，移於彭邑傅氏宅后。"

[八] 光俊按：位于丹景山镇丹景村，丹景山景区内。寺院毁于上世纪五十年代初，具体位置待考。

龙怀寺。在县西五十里，有唐王勃碑记。康熙二十八年（1689）重建[一]。

光相寺。在县西六十里，原名庙子坪。背负三台，前临曲水，翠竹乔松，青幽特甚。青乌家指为象鼻卷珠之势[二]。

塔房。在县西北七十里大隋山中，行密禅师瘗骨处[三]。前有悔来、喜来二坡，传昔有道者访行密，至坡，闻师不在，则悔其来。又一日至坡，闻师在，则喜其来。至今坡石上镌“悔来喜来”四字。

天德庵。在县西七十里大曲尺山左，相传四时常有佛灯，远近隐见。每风雨晦冥，一更后起，五更乃灭。庵前银杏一株，大四围，高十丈，数里可望，古色斑然[四]。

大明寺。在县西七十里天台山中，明天启间（1621—1627）建。国朝康熙年间（1662—1722），鲁若臣施水田一分。继有贾秉政等施茶地，庙宇重修。其山形如燕巢，极其幽邃。后有白鹤井，清流可爱[五]。

涌华寺。在县西北七十里，明成化间（1465—1487）建。寺后有古

[一] 光俊按：位于通济镇龙怀村，海窝子场下场。隋开皇元年（581），钱塘人法会禅师来到九陇县，被此地山川所吸引，建寺弘扬佛法。法会禅师受到当时蜀王杨秀的崇拜，开皇五年（585），杨秀赐名法会禅师在今新兴镇境内的精舍为“龙怀寺”。参见本书卷四二王勃《彭州九陇县龙怀寺碑》。民国时期寺门上悬挂“古龙怀寺”红字匾额，为国民政府主席林森所题。殿宇三重，依山势沿石阶而上，第一殿供韦陀像等五尊，第二重殿即大雄宝殿，正中为释迦牟尼，两旁是十八罗汉，两侧为厢房。第三重殿为观音殿，供奉观世音菩萨，殿后面是一片园林。中华人民共和国成立后，寺院充公，树木砍伐殆尽，殿宇拆掉。

[二] 青乌家：堪舆家，看风水之人。青乌子为传说中看风水的人，《抱朴子内篇》卷三《极言》：“相地理则书青乌之说。”光俊按：位于桂花镇金城社区庙子坪。上个世纪五十年代逐步拆除。明代沈德符《万历野获篇》卷二七记载：明宪宗成化十七年（1481），赐番僧“万行清修真如自在广善普慈宏度妙应掌教翊国正觉大济法王西天圆智大慈悲佛”领占竺等十四人诰命。后来明孝宗登基，取消掉番僧领占竺的封号，降为国师，并且将领占竺遣归彭县光相寺住坐。

[三] 行密：澹竹行密。冀应熊撰有塔铭，见本书卷四二。光俊按：位于通济镇天台山村，原景德寺南。光绪《重修彭县志》卷一载：“（大隋山）峰麓起左右两肩。左肩上为龙定禅院，肩下之前为淡竹和尚塔房。”

[四] 光俊按：俗称天灯庵，位于葛仙山镇云居村曲尺山中。光绪《重修彭县志》卷一载：“曲尺东北四里曰天德山，又名小曲尺山，有天德庵。”庵中竖立有灯杆，常年灯火闪烁，彻夜通明。新中国成立后，寺院变为民房。天德庵始建于明代，清代重修。遗址占地面积约 700 平方米，宽约 25 米，坐西北向东南，现存大殿基址、水池及残损十数躯石像等。

[五] 光俊按：位于通济镇黄村坝社区。据传始建于明成化十三年（1477）。为木结构，穿斗抬梁混合式梁架，悬山式屋顶，小青瓦屋面。部分建筑尚存。

殿一重，前有银杏一株，高八丈，围三丈，下有古井[一]。

天台寺。在县西百里天台山，乾隆四十四年（1779）修建。山麓有坪，约数十亩。塘名龙池，具载《景德寺碑》[二]。

木禅庵。古刹，在天台山。前有银杏，大数十围。唐时定光古佛修炼得道处[三]，寺侧有定光墓[四]。

大隋寺。在大隋山，神照卓锡为井[五]，收白蛇于此山麓[六]。

崇德寺。古名红牌楼，俗名皇坟山。前《志》载永川庄简王墓在大隋山[七]，即此。

普照寺。在县西南五里，明蜀府王庄，旧名玉皇观[八]。

金山寺。在县西十里，唐宋时为梵音院，明万历辛丑（1601）改名，邑令郑须德为撰碑文[九]。

[一] 光俊按：位于桂花镇金城社区，原磁峰镇涌华村。东邻龙门山镇草坝村。现存旧殿两重，观音殿为明代斗拱歇山式建筑。大雄宝殿为清光绪二十四年（1898）主持法馀和尚重建完成。正殿檐柱上刻有对联："泽及天彭，清白留名张县令；恩周普照，公正遗爱贾乡翁。"对联上款是"大清光绪二十四年姑洗月庚子日"，下款题"法馀刊竖"。山门前的银杏树，是历来涌华寺的地标。但因年深日久，银杏树的根基部出现大空洞，1978年，一个乞丐住在树洞里烧火，将大树大部分烧毁，不久即倒掉，仅存树桩。树下方古井因地貌变迁深埋地下。

[二] 按，此碑全称《重修大隋景德寺碑记》，见本书卷四二。光俊按：天台寺又名万寿寺，位于天台山顶。山麓大坪上，有华光寺。华光寺东侧龙池，已经干涸。西侧山下有另一水洼，亦名龙池。

[三]"唐"，原作"隋"，据本书卷三六此僧小传改。据雍正《四川通志》卷三八之三，此僧实为唐人。又据《古尊宿语录》卷三五《大随开山神照禅师行状》，"师讳法真，貌古有威，眉垂覆睫。尝闻老宿辈，皆称为定光佛示迹。于剑南梓州盐亭县王氏家生……师于乾德元年（919）己卯七月十五日斋前，辞众端坐而化，俗寿八十六"，逆推可知生于唐文宗大和八年（834）。

[四] 光俊按：大体位于通济镇天台村萧家坪。诸遗迹均已不存。

[五]"神照"前，原有"隋炀帝敕建"五字，乃因本书卷五《山川》"大隋山"条引《蜀中名胜记》有所谓"隋大业中神照禅师投锡之所"而误，其说无根，今删。详参本书卷五。

[六] 光俊按：大隋寺即景德寺，位于通济镇天台山村大隋山上。光绪《彭县志》卷一云："山尾向西南邪出浅冈，长一里，峰前为景德寺，一名大隋寺。"则称景德寺位于凤冠子。也久无遗迹。

[七] 按，此处所言前《志》，未详何指。嘉靖《四川总志》卷三、万历九年《四川总志》卷五、雍正《四川通志》卷二九之上皆有此说。光俊按：位于通济镇青杠林社区，大隋山分支金井山（今名金景山）东。遗迹已不存。永川庄简王蜀献王椿第六子朱悦㸅墓，在金井山上。光绪《重修彭县志》卷二："明永川庄简王墓，在县西北六十里大隋山。王名悦㸅，献王庶六子，永乐二十二年（1424）封，天顺四年（1460）薨。"

[八] 光俊按：光绪二十九年（1900）改寺院为彭县高等小学堂，今彭州中学。

[九] 光俊按：位于隆丰街道西京村，原金山村。2008年后，弥罗观道士迁入金山寺，寺庙重建后称金山观。

镇国寺。在县西三十里，明嘉泰间建[一]，即古福昌寺，在九陇废县北郭外。寺左有塔，高二十四仞，凡十三级[二]。

真相寺。在县西三十里天彭山麓，地势盘曲，有茂林修竹之胜，元大德间（1297—1307）建。山门百步外，石梯三百馀级。下有石坊，明万历四十二年（1614）建，镌“真相禅林”“冯梁古迹”八字[三]。

三昧水系三寺。在县西北三十五里，唐悟达国师建。宋至道（995—997）时，锡名至德院。上三昧寺今废，止存圣水亭。中三昧寺，悟达国师结庵于此，今为大兰若。下三昧寺，有小泉方尺许，即悟达国师洗疮处。旁有双松寺，即悟达遇迦诺迦尊者之地，双松无存[四]。

白鹿寺。《通志》：“在县北八十里。”[五]今按，寺在县西北六十里白鹿山，晋时僧佛图澄所建，古金阁寺之故基也。澄建寺时，有白鹿来游。明永乐（1403—1424）间，有长老明本卓锡于此，白鹿复出。后明本赴蓥华山，未及至顶，鹿即飞升。今白鹿顶有明本禅师像，蓥华山亦建有白鹿寺。国朝顺治（1644—1661）年间，寺僧行密于金阁寺基重建殿宇，成都知府冀应熊给白鹿寺匾额[六]。雍正（1723—1735）间，中宪大夫张烺培修[七]，题额曰“希有世尊”。乾隆丁卯（1747），威信公岳锺琪题额

[一] 按，此处或有误。明代没有嘉泰年号，嘉泰乃南宋宁宗年号，指 1201—1204 年。明代有嘉靖，也有泰昌，若作此解，则指嘉靖元年（1522）至泰昌（仅一年，1620）间，唯觉跨度太大耳。

[二] 光俊按：位于丹景山镇关口社区白塔坝。镇国寺应建于唐代，镇国寺塔建于宋代，系密檐式 13 级方形砖塔，高 28.34 米。基座呈 10 米正方形。外檐叠涩砖 13 层，檐下原塑各种佛、菩萨、宝塔、孔雀、飞天等浮雕，现已脱落。内有 5 个塔室，有磴道盘旋上顶。塔旁原有宋代知成都府事王素撰《彭州镇国寺新修塔记》，上世纪六十年代毁于人祸，残石尚存。碑石（2.26 米×1.10 米×0.24 米）阴阳有字，颜体楷书，颇佳。其碑文见诸光绪《重修彭县志》卷九。

[三] 光俊按：位于丹景山镇关口社区，寿阳山南面半山上。除石坊外，鲜有遗迹。

[四] 光俊按：位于丹景山镇双松村，为悟达国师圆寂藏舍利处。有安国寺（下三昧禅林）、至德寺（中三昧）、水亭寺（上三昧）等。参见本书卷五《山川》“至德山”条。

[五] 按，此条见雍正《四川通志》卷二八之下。

[六] 冀应熊：雍正《四川通志》卷三一载，此人为河南举人，康熙六年（1567）任成都知府。但此说有误，因为同书卷二三“洗墨池”条，明言此人康熙二年（1663）建草亭木桥。此人任成都知府应该在顺治末。又据《蜀龟鉴》卷五，康熙九年（1670），遵义武生刘管京控诉钦差勘问武举半官籍，巡抚张德地及成都知府冀应熊等革职，可知此人离任在康熙九年。道光《辉县志》卷一一有小传。

[七] 张烺：未详，可能是清代康熙年间四川遂宁人张烺。张氏以子张鹏翮贵，封光禄大夫、刑部尚书，康熙五十二年（1713）曾入京祝圣寿。据乾隆五十二年版《遂宁县志》卷五传记，此年他 87 岁。而据嘉庆《四川通志》卷五四小传，称其年八十八卒，则卒于康熙五十三年（1714）。若果此人，则所谓“雍正间”或误。

曰“藏经楼”[一]。庚午（1750），提督岳锺琪题额曰“竹月松风”[二]，联对曰“悟彻有声同石火，静谈无字散天花”。嘉庆四年（1799），寺僧道能建石坊，曰“晋明清寺”。有古树三株：一古柏，围一丈四尺；一麻柳，围一丈六尺；一银杏，围二丈[三]。

阳平观。在县西五十里[四]，汉张道陵得道处。《七修类稿》云[五]：“天师印之篆文曰‘阳平治都功印’。”[六]按，阳平治，二十四化之一。伪蜀王衍尝奉太后、太妃游此，有诗，见《鉴诫录》[七]。

雷音寺。在县西百五十里九峰山中，无瑕祖师道场[八]，明天启（1621—1627）间建。其山一日之间乍阴乍晴，阴则云雾接天，晴则霞光五色，每夜常见佛灯。山下有祖师殿、东林寺，俱崇祯时建[九]。

胜井院。在县北五十里，今废。有古塔、宝珠井，尚存。

[一] 岳锺琪（1686—1754）：成都人，字东美，号容斋。康熙五十年由捐纳同知改武职，以平定西藏乱事，擢四川提督。雍正时，署川陕总督；乾隆十三年（1748），再任四川提督。《清史稿》卷二九六有传。

[二]“琪”，原误作“璿”，据前文改。按，据《清高宗实录》卷四五八，乾隆十九年（1754），才“调广西提督岳锺璜为四川提督”，可知乾隆十三年（1748）至十九年之间，岳锺琪皆在四川提督任上。

[三] 光俊按：又称大乘金觉禅寺、金阁寺、经阁寺，位于白鹿镇思文场社区，原梓柏村境内。明末清初，新繁人费密避兵于白鹿山中，《燕峰诗钞》卷一载其《游彭县白鹿山经阁寺》：“春来树绿见巢禽，小马轻衣处处寻。僧到百年未是老，山行一日不为深。闲翁劚笋潜移座，野妇提筐笑出林。却慕古人真隐逸，此生长住在遥岑。”有石碑刻“晋佛图澄洗肠池”大字，下署：“同治壬申（1872）繁江含澈书。”民国时由白鹿山人杨钧书山门对联：“人尽皆僧，那堪苦海三千丈；我原是佛，曾住灵山六万年。”民国初年，四川督军熊克武为经营彭县瓷业，将在成都已办出成绩的陶瓷讲习所迁到彭县思文乡白鹿寺。新中国成立后，国家在思文办湔江煤矿，将白鹿寺大雄宝殿、方丈、东西花园拆毁，修建成电影院，矿部办公室、招待所、食堂、矿贸店，天王殿改建成思文中小学。

[四] 光俊按：阳平观即古阳平山仙居观，一说在今通济镇君山村老君山，一说在今阳平村太平寺故基。

[五]“修类”，底本漫漶，据抄配本补。

[六]“印”，底本漫漶，据抄配本补。又按，抄配本作“之印”，“之”字衍，据《七修类稿》卷一一“天师印”条删。据《历世真仙体道通鉴》卷一八，此乃张天师旧印之文，无“之”字明矣。

[七]“鉴诫录”，原作“五代史补”，其书并不载此事，今据相关记载早见于《鉴诫录》卷五“徐后事”条改。

[八]“瑕”，原误作“遐”，据本书卷四二《无瑕禅师塔铭》改。

[九] 按，本书卷五称此二寺建于崇祯九年（1636）。光俊按：位于龙门山镇九峰山（火焰峰）顶。光绪《重修彭县志》卷一：“火焰峰为五峰之一，距县北九十七里八分（壬东五度十五分）。峰前有雷音寺。”

龙兴寺。在县北门外，宋大观二年（1108）[一]，预知禅师建。明洪武十七年（1384），僧智润重修，锦城张赍撰文[二]，今碑磨灭。绵州李调元有诗，附《艺文志》。

宝星庵。在县小北门外里许，即赛丹景。邑令谢生晋重修，改名。庵内有宝星亭，详《古迹》[三]。

寂光寺。在县北五里，有黄慎轩碑[四]，明万历间（1573—1620）周建商重建。寺内有铁韦驮像、铜地藏佛二尊。古椿一株，大数十围，高四丈馀，其形如盖，古干灵根，蔚然深秀[五]。

总圣院。在县北十五里，明万历间建。今名陶家庵，古九院之一。

化成院。在县北二十里，即古涌泉院[六]。因文翁化蜀，尝驻马于此，故名。

香水寺。在县北二十里，本名香寿寺。寺内有井，唐明皇封其弟于锦城，号蜀王[七]，在此汲水。因其清冽甘美，称为香水井，寺因以名[八]。

熙林院。在县北四十里，康熙四十三年（1704），僧石空惟一建。日久倾圮。今僧崇念培修，寺宇焕然[九]。

[一]“宋”，原误作“唐”，据大观乃宋代年号改。按，本书卷一四“龙兴磬”条正作“宋大观中”，不误。但预知禅师又非宋人，不应于大观中建寺。此处之说有误。光俊按：位于天彭街道龙兴北街1号。相传始建于东晋，初名大空。唐武则天称帝，于天授元年(690)十月二十九日，诏令天下诸州各置大云寺一所。翌年，大空即易名为大云寺。神龙元年(705)中宗复位，大云寺改为中兴寺。神龙三年(707)，改为龙兴寺。唐武宗会昌五年(845年)拆毁，后创浮屠，兴宝刹。北宋时有寺僧平润在此讲《圆觉经》，苏洵撰有《彭州圆觉禅院记》。清代多次修葺。今存光绪间修建的藏经楼，为1949年12月刘、邓、潘“彭县起义”签订决议的场所。

[二]张赍：嘉靖《四川总志》卷五小传云：“张赍，华阳人，字彦质，登罗伦榜，历太仆少卿。谦恭勤俭，所至得民。勇退归家，以山水自娱。自未遇以至既显，待人如一，乡党称之。”据此，可知此人成化二年(1466)中进士。若果即此人，则撰碑之时非重修龙兴寺之时。

[三]光俊按：位于天彭街道北塔社区，遗迹已不存。

[四]黄慎轩：黄辉。雍正《四川通志》卷八小传云：“南充人，字平倩，号慎轩。弱冠举省元，由进士选入中秘。光宗在东宫，辉为讲读官，启沃调护，甚见亲礼。历大司成，后引疾归。家居清素，一如寒士。四十丧偶，终不再娶。文名动天下，尤精翰墨，海内多宝之。著有《铁庵集》八十卷，《平倩逸稿》三十六卷。”

[五]光俊按：位于天彭街道临江社区，原利安乡寂光村。明代徐𤊹《徐氏笔精》卷八“雷震毁寺”条云：“蜀成都府彭县有寂光寺，广袤五六里，香火甚盛。其地有缙绅刘志渊者，垂涎梵宇可拓私居，斥逐僧流，毁除佛像。方埋佛入地，忽霹雳一声震，志渊立毙，身首异处。”

[六]光俊按：位于天彭街道利安社区。

[七]按，此说或妄。据《旧唐书·睿宗诸子传》，睿宗六子，唐玄宗排行老三，其下弟有惠文太子李范、惠宣太子李业、隋王李隆悌，三人传记皆不言被封为蜀王之事。

[八]光俊按：香水寺位于隆丰街道井堰村。

[九]光俊按：位于葛仙山镇熙玉村。新中国成立后为彭县五七干校校址。

法藏寺。在县北三十里，明洪武初（1368？）白牛和尚习静之所[一]。永乐（1403—1424）间，松潘大悲寺月光禅师阐扬佛化，戎夷悦服，筹边将帅奏请敕书奖谕。后以年老，退休兹寺，举中一天师代其职[二]。中一天师绍师宣化，边塞归心。即将法藏寺奏准作松潘大悲寺下院。后僧智中、智远、丹藏卜暨子珙、子珰，俱能安抚松潘诸夷[三]。前朝章诰、宝饰金花，历加宠锡，僧建宝敕堂贮之。寺有摇碑亭，成化十四年（1478）建。游观者摇其亭柱而碑自动，今尚存。又松风亭，白牛和尚修养处，今废，惟存碑铭。嘉靖二十一年（1542），建石坊，上镌“福地洞天”四字。又磨盘石，在寺前，径数丈，平坦如盘[四]。山门在永定场街衢，去寺里许，有敕赐“法藏寺”匾额。又有碑记五，敕谕十一道。国朝康熙四十二年（1703），僧法印接圣祖仁皇帝驾于五台，归彭，住西禅，阐教说法，皈依法门，实繁有徒。旋住法藏，复创祠宇，巍楼杰阁，彩焕金碧[五]。

天池寺。在县西北三十里牛心山，因天池名。

中镇庵。在县北四十里。寺后峻崖壁立，高广约七八丈，而僧房适在其下。奇花异卉，曲槛回廊，别有洞天之致[六]。

[一] 光俊按：位于丹景山镇石河村牛心山顶上。以寺院内有一“天池”得名。清代后期，为躲避盗匪，在此建成条石为墙的“天池寨”，上个世纪五十年代初拆除。

[二] 中一天师：本书卷四二载钱博《天彭凤凰山敕赐法藏寺宝敕堂记》，有“一天中公”，皆指智中禅师，又号一天国师。光绪《重修彭县志》卷二“宝敕堂”条即云：“明成化间智中一天国师建。”

[三]“能安抚”，底本漫漶，据抄配本补。

[四]“坦”，底本漫漶，据抄配本补。

[五] 光俊按：位于丹景山镇石洞埝社区，原凤鸣村境内凤凰山上。摇碑亭毁于上世纪六十年代。现存清代建筑有三个钩连的四合院。古楠木、古银杏、古青㭎树尚存不少。

[六] 光俊按：又名中正庵、中正寺，位于葛仙山镇熙玉村，今葛仙观所在。中华人民共和国成立后尚存部分建筑，几十年前毁于火。清代黄云鹄两次来中正寺，为中正寺书匾额与楹联。《纱笼文选》卷七载《彭游行纪》：“下千河子至华严沟。皆下山路，颇险，迤逦抵中正庵，日昳矣。”又说：“二十六日晴，中正庵留憩一日。黎明起，书纪昨日游。自食时至晌午始脱稿。为招提山门额易庵为寺。书殿联、门联各一。殿联云：入道贵中行，莫学习狡狯神通辟支小果；摄心持正法，须报答龙天拥护海众皈依。”“辞中正寺，旋归。”《纱笼文选》卷七载又黄云鹄《重游五斗山行纪》：“昏黄抵中正山门。入寺门，灯上矣。”“戊申晨，饭讫，出中正寺。微日烘烘，过万年场上葛仙山。”雪堂含澈《绿天兰若诗钞》第一册《由中正庵登葛仙岭》：“清晓出禅悦，行行逸兴赊。牛山排闼远，鸟道逼天斜。洞口云低护，峦头树乱遮。高峰留廿四，何处认仙家。”《绿天兰若诗钞》第一册《重游中正庵》：“流光弹指七年中，携屐重来访旧踪。万点山烟迷鹿豕，几番劫火叹鸡虫。空林木老霜催赤，初地天寒夕照红。记得曩时游览日，连朝春雨送春风。”《绿天兰若诗钞》第五册《中正庵题示界德诸人》二首，其一：“三十二年弹指迁，今来重续旧游缘。清凉世界遗鸿迹，中正山林印月圆。”其二：“架上鼓钟云里叩，佛前花雨座中宣。追思当日菩提树，妙果同为不二禅。”

回龙寺。在县北四十里，有司徒边维垣碑记[一]。

白云寺。在县北六十里宝峰山下，系白云祖师道场。寺前有井六，名观音井[二]。

石炉寺。在县北八十里，山形如炉，故名。明天启（1621—1627）间建。有古柏四株，游者以手拍之，香气发越[三]。

云居寺。在县北五十里曲尺山，竹木荫蔼，每阴雨时，浮岚四起，故名。寺前有塔，宋乐音王建，高十三级[四]。

东林寺。在县东门外，旧祀东岳。乾隆五十三年（1788），知县谢生晋培修[五]。

[一] 光俊按：又名云峰寺，位于白鹿镇官田村，姚家沟汇入白鹿河附近。建于清代初年，有观音殿、娘娘殿、大雄宝殿等，还有生铁铸成韦陀像。雪堂含澈《绿天兰若诗钞》第二册有《云峰寺》诗云："日暮入云峰，危桥彳亍通。高山分白鹿，流水隐回龙。万籁声都静，三生兴却浓。夜来蒲榻上，清梦醒疏钟。"寺内有楹联："莫嫌澹泊来相处，若厌清贫去不留。"民国初年曾经在此办学。民国五年（1916），董辉成、陈显富在寺内开设碗厂。熊克武利用四川陶瓷讲习所的技术力量，于民国七年（1918 年）继续在回龙寺开办瓷厂，定名为"彭县新兴公司"，熊克武任厂长，刘芃尘任工程师。民国十二年癸亥（1923）瓷厂毁于洪灾。建国后，改为官田村小学。

[二] 光俊按：位于敖平镇石龙山村，白石沟以东，宝峰山（白云山）前，文钱沟上游，仅存遗址。光绪《重修彭县志》卷一："白石东山之高而锐者曰白云山，距县五十二里六分（子东半度），有白云寺，亦名半偏寺。"

[三] 光俊按：位于敖平镇漓沅村，原红岩镇石炉村。前临幸福水库，东为刘家沟，西为山家沟。现仅存摩崖石刻残件、石壁题刻、鼓式柱础数个和僧人墓。光绪《重修彭县志》卷一："（石炉山）南支夹杨家沟，横截刘家沟。两耳间之北为石炉寺，面石炉沟。"

[四] 按，此说本自《天启新修成都府志》卷三、雍正《四川通志》卷二六，所谓乐音王，未详。光俊按：又名云居院，位于葛仙山镇云居村曲尺山中。今仅存宋代古塔和山坡上的乐音王墓及其他几个零落浮屠残件。宋人王灼《颐堂先生文集》卷二有诗《曲尺山云居寺》："循溪上坡坨，溪亦因山曲。行尽高深处，招提隐山腹。往者灰烬馀，白塔但孤矗。十年闹斤斧，有此千间屋。阿师笑相语，异事子当卜。今日钟报客，振响非人触。病悴优婆塞，归梦到松菊。诸圣惠三昧，警我烦恼毒。卧听夜雨喧，起看晓云族。去路犹恐迷，主人费斋粥。"

[五] 光俊按：又名东岳庙，位于天彭街道东大街与二环路交叉处西面，故东湖南。今存东林寺照壁。光绪《重修彭县志》卷九有谢生晋《东岳庙碑》。晚清为官始乡学所在。

彭县志卷之二十

陵　墓

古原累累，斯人旧乡。狐邱豹山，贵贱同藏。谁为不朽，高名永扬？磷明夜炬[一]，树梁秋霜。忠臣化碧[二]，烈女埋香。一坏之土[三]，共奠椒浆[四]。作《陵墓志》。

汉严君平墓。《元和志》："在唐昌县。"[五]

[一] 磷明：磷火，又称鬼火，俗传为人和动物死后的血所化，其实为骨骼中的磷化氢挥发出来后发生的自燃现象。《湘山野录》卷下："柳仲涂开因曰：'余顷守维扬郡，堂后菜圃，才阴雨，则青焰夕起，触近则散，何邪？'宁曰：'此磷火也。'"

[二] 化碧：传说中苌弘死后，其血化为碧。《庄子·外物》："苌弘死于蜀，藏其血，三年而化为碧。"

[三] 一坏（pī）：一捧，形容土之少。《春渚纪闻》卷九"铜雀台瓦"："惜时无英豪，磔裂异肩髁，终令盗坏土，埏作三台瓦。"

[四] 椒浆：用椒浸制的酒浆，香气浓郁，多用以奠祭神灵。《汉书·礼乐志》："勺椒浆，灵已醉。"

[五] 按，《元和郡县图志》卷三一称严君平墓在唐昌县西南十里。又，《订讹》称此条"当入《崇宁志》"，唐昌在唐代属彭州，本志凡例已有申说，录之并无不妥。光俊按：误收。墓位于今郫都区唐昌镇横山平乐寺。清嘉庆中崇宁县典史李心正修复。民国《崇宁县志》卷七引赵抃《成都集记》："罗隐隶书君平井碑，在永昌县严乐院后。文曰：'井不可以（缺）为清也，神不可以（缺二字）虑宁也。'字大类岣嵝禹碑。井东南可五十步，即君平墓，碑曰：'蜀庄之茔。'惜破坏。道士翛然出旧搨，云亦隐书，又绝似孟德。隐以诗名，字工妙又如此，乃知古文人无不善书也。"

周夷王墓[一]。《寰宇记》：“在濛阳县北。”[二]

明永川庄简王墓。在县西七十里大隋山[三]。

蒲江郡主墓。在县西七十里涌华寺侧[四]，旧有明正统八年（1443）所立碑[五]，今已仆灭。蒲江郡主，蜀献王第七女也。敏慧贤淑，嫔蒲江雷焕之子雷安。甫七月，而安卒[六]。郡主节凛冰霜，卒葬于此。

杨司徒墓。名晟，在延秀街[七]。

[一]“夷”，原作“弟”，形近而误，据《太平寰宇记》卷七三改。按，《太平寰宇记》称此墓在濛阳县西北二十里。

[二]此句下，原有“《九域志》在九陇县界”一句，《元丰九域志》卷七并无相关记载，今删。按，《太平寰宇记》卷七三在“九陇县”下云：“两岐水，廉桑口，安国城，周夷王墓，已上皆在县界。”本书编者或因此而误记出处也。又，《订讹》认为此处之“周夷王墓”乃因袭《太平寰宇记》之误，当作“白虎夷王”。但《订讹》并未说明根据，据《舆地碑记目》卷四，梁山军（今重庆梁平县）有《浮兰碑》，刻汉时官署、白虎夷王及时民姓名，则白虎夷王活动范围不在成都平原，故《订讹》之说亦未必可从。《蜀典》卷一之上“周夷王墓”条云：“案，《世本》《竹书》《史·本纪》《世族谱》皆言‘夷王，名燮’。《古今人表》作‘夷王，折’。当别有据。而《太平寰宇记》云：‘夷王墓在彭州九陇县。’《寰宇记》又云：‘在濛阳县西北二十里。’不知夷王何缘葬蜀也？疑是荣夷公墓，讹为夷王。夷公封荣，即今之荣昌县。”张澍提出了对周夷王的另一种解释，虽难定是非，但他也认为封于荣昌之夷王不应葬于成都。光俊按：光绪《重修彭县志》卷二：“白虎夷王墓，《寰宇记》讹为周夷王墓，在濛阳县西北二十里，又云在九陇县界。案，今蛮子城东南三里有古冢，土人名高堆子，殆是也。”《太平寰宇记》卷七三“九陇县”条云周夷王墓在县界，“濛阳县”条云：“夷王墓，在县西北二十里。”不知这两处“夷王墓”是否指同一处。今致和街道高桥村境内高堆子，为蜀汉白虎夷王墓。夷王墓或指此。《三国志·蜀志·后主传》：“（后主延熙）十年（247），凉州胡王白虎文、治无戴等率众降，卫将军姜维迎逆安抚，居之于繁县。”白虎夷王墓当是埋葬这一支夷人首领。

[三]按，此说本自嘉靖《四川总志》卷三。光俊按：位于今通济镇青杠林社区，参见本书卷一九“崇德寺”条。

[四]光俊按：位于今龙门山镇草坝村，西距涌华寺数百米。光绪《重修彭县志》卷二：“蒲江郡主墓，在县西北五十里涌华寺侧。郡主以正统九年（1444）薨，明年十一月葬。光绪四年（1878）县令张为立碑墓道前。”郡主为蜀献王朱椿第七女，约生于洪武二十八年（1395）。《明太宗实录》卷一九二载，永乐十五年（1417）八月，封为蒲江郡主；同书卷一九七载，永乐十六年（1418）二月配锦衣卫百户雷安。《明宣宗实录》卷一六载，雷安卒于宣德元年（1426）四月。

[五]按，此说囿于资料而有误。《订讹》云：“郡主以正统九年（1444）薨，明年葬，安得有八年所立碑也？”光绪《重修彭县志》卷九收录了《蒲江郡主圹志铭》，此乃嘉庆修志者未见之文，情有可原。

[六]按，《订讹》云：“蒲江者，主之封邑，非谓雷氏为蒲江人也。‘甫七月而安卒’，亦讹撰，见《圹志》。”按，《蒲江郡主圹志铭》原文云：“降于中奉大夫、宗人府仪宾雷公安，而公昭信校尉、锦衣卫百户雷焕长子也，先逝。”从此文来看，确实看不出雷安是蒲江人，也不是新婚七月即卒。此错误记载，又被嘉庆《四川通志》卷四四吸收。不便校改，姑仍其旧。

[七]光俊按：清代彭县治后有三忠祠，西邻小北街（延秀街），供奉五代时候坚守彭州的杨晟、安师建、勾眘三人。或以为杨晟墓即在此。三忠祠在清末改建为延秀女塾，为今延秀小学所在。乾隆《大清一统志》卷二九三：“杨晟庙，在彭县西湖，墓亦在焉。”

边司徒墓[一]。在县东南二里。墓前有坊，刻“边氏司徒封茔”六字。碑石仅存“少微公墓”四字。又西禅寺下有石坊，年号漫灭。相传边始葬于此，后又迁至县东南[二]。

赵育轩墓。官山西汾州府知府，墓在县北四十五里江家湾[三]。

李有池墓。官太仆寺卿，墓在县北四十里华严沟[四]。墓碑隆庆六年（1572）立，石坊嘉靖四十二年（1563）建[五]。

李少池墓。进士[六]，墓在县西北一里，阳山县[七]，今墓碑存。

张烈女墓。在县东三十里，监生舒均显田界内。旧有土堆，广约一亩，高约一寻，其上竹树丛杂。乾隆己酉（1789），舒于近坟处见一桥石，形似碑，睨其下，隐隐有字痕。随揭起谛视，上刻“烈女张氏墓”，旁纪“万历五年（1577）九月十八日立”。舒乃另购石易之，舁而竖诸土堆前。虽无事实可征，而姓氏藉以不泯。后数年，舒二子连中武举。

国　朝

昭勇将军岳锺瑞墓[八]。在县北三十五里水日山[九]。

欧阳方曜墓[十]。在县东二十里[十一]。碑刻“文林郎、知新繁县事、滇南举人欧阳方曜之墓”。

[一] 边司徒：即边维垣，小传见本书卷三〇。

[二] 光俊按：司徒名边维垣，明代进士，彭县人。墓位置待考，按此描述，应在今天彭街道境内。西禅寺位于今通济镇圆通坝社区境内，白鹿山南面支脉上。

[三] 光俊按：江家湾在今葛仙山镇万年社区境内，赵育轩墓当在此范围，位置待考。

[四] “沟”，底本漫漶，据抄配本补。光俊按：华严沟今又名花园沟，位于葛仙山镇花园村境内。李有池墓位置待考。

[五] “年”，底本漫漶，据抄配本补。

[六] 按，此处称其为进士，但《明清进士题名碑录索引》未见。

[七] 按，“阳山县”文义不完，疑后文之“今”当作“令”，则属上句，谓其为阳山县令。光绪《重修彭县志》卷二则删去“阳山县”三字。光俊按：墓当在今天彭街道境内，待考。

[八] 按，此人小传见本书卷二七。

[九] 光俊按：水日山，不详所在。光绪《重修彭县志》卷二作“水口山”，不知孰是。以道里计，此墓当在今丹景山镇或葛仙山镇境内，待考。

[十] 按，民国《新繁县志》卷六有此人小传，称其康熙三十八年（1699）任知县。

[十一] 光俊按：不详所在，以道里计，当在今九尺镇境内，待考。

彭县志卷之二十一

兵　制

《易》曰御暴[一]，《诗》咏干城[二]。非好黩武，亦以卫氓。时际雍熙，无事提征。长榆不戍[三]，细柳无营[四]。鹭堠击柝[五]，鼍鼓巡更[六]。用诘寻究，练卒励兵。作《兵制志》。

成都城守左营右哨，一分防彭县汛外委一员，带领战兵十名，守兵十名。

外委每年四季共领养廉银五十六两。

战兵每名每年四季共领饷银二十两零。

守兵每名每年四季共领饷银十四两四钱零。

[一] 御暴：抵御狂暴之人的侵犯。《易·系辞下》："重门击柝，以待暴客，盖取诸豫。"疏云："重门击柝，非如舟楫、杵臼，故不云利也。变称以御暴客，是亦利也。"

[二] 干（gàn）城：捍卫城池。《诗·周南·兔罝》："赳赳武夫，公侯干城。"

[三] 长榆：关塞名。《汉书·伍被传》："广长榆，开朔方。"颜师古注云："如淳曰：'广，谓斥大之也。长榆，塞名，王恢所谓树榆以为塞者也。'师古曰：'长榆在朔方，即《卫青传》所云榆溪旧塞是也，或谓之榆中。'"

[四] 细柳：细柳营。汉文帝时，周亚夫为将，屯军细柳，军纪严明。详《史记·绛侯世家》。

[五] 鹭堠：侦察兵，取似白鹭引颈远望之义。《魏书·官氏志》："以伺察者为候官，谓之白鹭，取其延颈远望。"

[六] 鼍鼓：用扬子鳄的皮蒙的鼓。《诗·大雅·灵台》："鼍鼓逢逢。"陆玑疏："其皮坚，可以冒鼓也。"

彭县志卷之二十二

铺　递

唐达军书，门驼发使[一]。邮亭置卒，探刺边事。赤白囊驰[二]，追星纵辔。天彭地僻，枥不伏骥。赖兹捷足，可代飞骑。古曰亭公，今则堠吏。作《铺递志》。

底塘铺。在县城南门内。

界牌铺。在县南十五里，与新繁交界[三]。

[一]“门驼”，疑当作“明驼”，善走的骆驼。同治《续汉州志》卷二三张怀溥《居庸关怀古》云：“君不见，五部大人齐入贡，军书不用明驼送。”光绪《上虞县志校续》卷四六徐虔复《感事四首》之一：“军书日夜走明驼，万户苍生自枕戈。”

[二]赤白囊：红白夹杂的装军书的口袋。《汉书·丙吉传》：“尝出，适见驿骑持赤白囊。边郡发奔命，书驰来至。”

[三]光俊按：界牌位于今汇通湖社区南端，成彭高速收费站附近。

彭县志卷之二十三

蠲　政

生逢圣代，沐浴恩波。赋蠲正则，丁免常科。门无剥啄[一]，吏绝追诃。粟盈瓮盎，丝裕机梭。三登岁稔，四序时和。黄发玄髫[二]，击壤行歌[三]。作《蠲政志》。

雍正七年（1729）奉上谕："数年以来，甘肃、四川、云南、贵州、广西五省，有用兵西藏及剿抚苗蛮等事。其一应军需，皆动用公帑备办，秋毫不派及于民间。而粮饷转输，亦有资于民力。今藏地苗疆俱已宁谧，朕心嘉慰。特沛恩膏，着将庚戌年（1730）五省额征地丁银概行蠲免。"[四]

乾隆十一年（1746）奉上谕[五]，将各省钱粮普免一次。彭县即于十一年蠲免。

乾隆十四年（1749）剿抚金川凯旋，奉上谕，将四川办运夫米州县地丁钱粮分别等次，加恩蠲免。彭县列在二等，蠲免十四年地丁钱粮十分之七。

乾隆三十五年（1770）奉上谕："今年朕六十诞辰，明岁恭逢皇太后

[一] 剥啄：敲门声，比喻差役追索赋税。《韩昌黎诗系年集释》卷六《剥啄行》："剥剥啄啄，有客至门。"

[二] "玄"，原作"元"，避讳而改者，今据文义回改。按，玄髫谓小孩子的黑色头发，这里代指小孩。

[三] 击壤：古代的一种游戏。《太平御览》卷七五五引《艺经》云："壤，以木为之，前广后锐，长尺四，阔三寸，其形如履。将戏，先侧一壤于地，遥于四十三步，以手中壤搞之，中者为上。"

[四] 按，此上谕载《世宗宪皇帝圣训》卷二九。

[五] 按，此诏书见《钦定大清会典则例》卷五三，乃乾隆因执政满十年而效仿康熙蠲免之举也。

八旬万寿，普天忭祝，庆洽频年。着加恩将各省地丁钱粮分为三年，轮流全免。”[一]彭县于三十六年（1771）蠲免。

乾隆三十七年（1772）奉上谕：“昨岁进剿小金川以来，一切军储俱动支官帑，丝毫不累闾阎。而粮运转输，不无稍资民力。今春曾着将官兵经过之各州县所有本年分钱粮先行缓征，俟凯旋，分别等第加恩。今两路军营分兵进讨，小民转运兵食，颇为急公。若于军务告竣始行加恩，未免尚需时日。着即查明，酌定等第，分别蠲免。”[二]彭县列在二等，蠲免十分之七。其蠲剩之三分，先奉缓征。嗣于四十年（1775）钦奉恩旨，全数蠲免。

乾隆三十九年（1774）奉上谕：“官军乘胜进剿金川，所需夫役倍多。其节年踊跃急公等处，分别等第，酌行蠲免。”彭县蠲免十分之五。

乾隆三十九年又奉上谕：“官兵经过之地，所有四十年（1775）额征地丁钱粮，分别等第，酌量缓征。”[三]彭县缓征十分之七。

乾隆四十一年（1776）奉上谕：“金川全境荡平，着将川省节年应征、缓征、带征[四]，查明承办运务地方、出力轻重、差务繁简，分别等第蠲免。”[五]彭县列在三等，将四十年钱粮缓征十分之七内蠲免五分。

乾隆四十二年（1777）奉谕旨，将四十三年（1778）分各省额征地丁钱粮全数蠲免。自戊戌年为始，分年轮蠲。彭县即于四十三年蠲免。

乾隆五十五年（1790）奉上谕：“今岁朕八旬寿诞，敷锡兆民，普天胪庆。特降恩旨，将各省钱粮分为三年，通行蠲免。”[六]彭县于五十八年（1793）全数蠲免。

乾隆六十年（1795）奉上谕：“前经降旨，普免天下积欠[七]，令各该督抚查明具奏。四川等处向无积欠，着加恩于下年正赋宽免，蠲免十分之二。”彭县即于嘉庆元年（1796）分蠲免。

[一] 按，此上谕见《钦定皇朝文献通考》卷四四，文字略异。

[二] 按，此上谕见《平定两金川方略》卷三〇，文字略异。

[三] 按，此上谕见《平定两金川方略》卷一三四。

[四] 带征：在本年度应该征收的赋税之外，附带征收往年逋欠的部分钱粮。如《平定准噶尔方略·正编》卷八〇云：“本年应征未完地丁钱粮、草束及带征旧欠常平、社仓谷石、籽种等项，俱着加恩，缓至明年秋成后征收。”

[五] 按，此上谕见《平定两金川方略》卷一三三。

[六] 按，此上谕见《八旬万寿盛典》卷六五。

[七]“欠”，底本作墨丁，据抄配本补。按，嘉庆《四川通志》卷七三载此上谕全文。

乾隆六十年钦奉恩旨，嘉庆元年（1796）各直省应征地丁钱粮通行蠲免。彭县于嘉庆三年（1798）轮蠲。

嘉庆六年（1801）奉上谕，查明川省捐输津贴，分别蠲免应征地丁钱粮。彭县蠲免嘉庆七年（1802）分地丁十分之四。

嘉庆七年奉谕旨，川省续输二次津贴，再将应征地丁钱粮分别蠲免。彭县蠲免嘉庆八年（1803）分地丁十分之三。

彭县志卷之二十四

盐 法

蜀称沃壤，利在煮盐。筒车齐唱，火井自炎。既正偶策[一]，遍资闾阎。淡食不虞，和羹必拈。通引无滞，榷课倍添。无令墆鬻[二]，令甲綦严[三]。作《盐法志》。

彭邑并无盐井，自雍正八年（1730）起，额行陆引八百九十八张，于三台县厂买盐到本县行销。每引一张运盐四包，每包重一百三十五斤，每张征正课银二钱七分二厘四毫，征羡馀银四钱二分七厘六毫，征截角银四钱八厘[四]。

雍正十年（1732）奉文改拨，认销射洪县水引五十七张，于射洪买盐至本县行销。每张运盐五十包，共重六千七百五十斤。因水引难以陆运，乾隆元年（1736）改为陆引七百一十三张。每张征正课银二钱七分二厘四毫，征羡馀银四钱二分七厘六毫，征截角银四分八厘。

乾隆十九年（1754），因民食不济，详请加增水引二十张，于犍为县厂买盐至本县发卖。每引一张运盐五十包，共六千七百五十斤。每张征正课银三两四钱零五厘，征羡馀银二两二钱九分五厘，征截角银六钱。

乾隆二十八年（1763），奉文代销犍为县馀盐水照票二十四张。三十

[一] 偶策：合算，合计。《管子·海王》：“偶策之，商日二百万，十日二千万，一月六千万。”此处谓盐的买卖由官方统一筹划。

[二] 墆（zhì）鬻：囤积并待价卖出。《文选·左思〈蜀都赋〉》：“贾贸墆鬻，舛错纵横。”

[三] 綦（qí）：很。《荀子·王霸》：“夫人之情，目欲綦色，耳欲綦声，口欲綦味，鼻欲綦臭，心欲綦佚。此五綦者，人情之所必不免也。”杨倞注：“綦，极也。”

[四] 截角：将票据撕去一角作为存根。此处谓征收专门的资金为从事这个管理工作的胥隶发工资。

四年（1769），又请增馀盐水照票三十张。每张征公费银八两五钱。

三十五年（1770），详请馀盐水照票五十四张改为水引五十四张，于犍为县厂买盐至本县行销，以三十六年（1771）为始。每引一张运盐五十包，每包一百三十五斤，共重六千七百五十斤。每张征正课银三两四钱零五厘，征羡馀银二两二钱九分五厘，征截角银六钱。嗣因三台、射洪井干涸，不敷采买，将三台、射洪陆引一千六百一十一张照通融例，改赴犍为县厂买盐，至本县行销。每年征正课银六百九十两八钱六厘四毫，征羡、截银九百八十两四钱二分二厘，实共征正课、羡、截银一千六百七十一两二钱二分八厘。

彭县志卷之二十五

茶　政

唐为职贡[一]，明以易马。宋榷最严，私易衣赭[二]。盛世政宽，通端平价。雷荚幽岩[三]，雪芽沃野[四]。稚叶香清，小团制雅[五]。月窳花蛮[六]，珍逾糌粑[七]。作《茶政志》。

邑境西北山多产茶，彭门山内外及小鱼洞茶坪种植尤多。按，《茶谱》云："彭县有蒲村、堋口、灌口，其园名仙崖、石花等。其茶饼小，而布嫩芽如六出花者尤妙。"又《茶经》云："茶出彭州九陇县马鞍山、至德寺、堋口镇者，与襄州茶同味。"[八]《唐书·地理志》："彭州土产。"《食

[一] 职贡：本指藩属国向宗主国进贡，这里指地方向朝廷进贡。《左传·襄公二十九年》："鲁之于晋也，职贡不乏，玩好时至。"

[二] 衣赭：穿上赤红色的囚服，代指被治罪，沦为囚犯。《文选·司马迁〈报任少卿书〉》："魏其，大将也，衣赭衣，关三木。"

[三] 雷荚：惊雷荚之省称，殆以采于惊蛰时而得名。《云仙杂记》卷六"收茶三等"条云："觉林院志崇，收茶三等，待客以惊雷荚，自奉以萱草带，供佛以紫茸香。盖最上以供佛，而最下以自奉也。"

[四] 雪芽：茶名，产于峨眉山。《剑南诗稿校注》卷四《同何元立、蔡肩吾至东丁院汲泉煮茶·又》："雪芽近自峨眉得，不减红囊顾渚春。"

[五] 小团：团茶之较小者。欧阳修《归田录》卷二云："茶之品，莫贵于龙、凤，谓之团茶，凡八饼重一斤。庆历中（1041—1048），蔡君谟为福建路转运使，始造小片龙茶以进，其品绝精，谓之小团，凡二十饼重一斤，其价直金二两。然金可有而茶不可得。"

[六] 月窳：月窟，指极西之地。《文选·颜延之〈宋郊祀歌二首〉》之一："月窳来宾，日际奉土。"吕延济注："窳，窟也。月窟，西极。"◎花蛮：桃花蛮之省。《蛮书》卷四："桃花人，今亦呼桃花蛮也。本安南林西原七绾洞左右侧居人，披羊皮或披毡，前梳髻。"按，这里以两地泛指中原以外边远地区的少数民族。

[七]"粑"，原误作"把"，据文献用例改。按，糌粑为藏族的主食，雍正《四川通志》卷一九云："食则糌粑，饮则乳茶，衣毳毯、羊皮，无分冬夏。"

[八] 按，此处引《茶谱》《茶经》之语，皆系据《太平寰宇记》卷七三转引。

货志》："职贡。"[一]

《宋史·食货志》："熙宁四年（1071），神宗与大臣论昔茶法之弊，文彦博、吴充各论其故，然于茶法未有所变。及王韶建开湟之策[二]，七年（1074），始遣三司干当公事李杞入蜀，经画买茶。韶言西人颇以善马至边，所嗜唯茶。即诏趋杞据现茶计水陆运致，以著作佐郎蒲宗闵同领其事。初，蜀之茶园皆民两税地，不殖五谷，唯宜种茶。赋税一例折输，盖为钱三百，折输䌷绢皆一匹；为钱十，则折输绵一两；为钱二，则折输草一围。役钱亦视其赋。民卖茶资衣食[三]，与农夫业田无异。杞被命经度，即蜀诸州官场岁增息四十万[四]，而重禁榷之令[五]。既而运茶积滞，岁课不给，即建画于彭、汉二州岁买布各十万匹[六]，以折脚费。宗闵乃议以川峡路民茶息收十之三[七]，尽纳于官场，更严私交易之令，稍重至徒刑，仍没缘身所有物，以待赏给。于是蜀茶尽榷，民始病焉。十年（1077），知彭州吕陶奏言：'川峡四路所出茶，比东南十不及一。诸路既许通商，两川却为禁地，亏损治体。如解州有盐池，民间煎者乃是私盐；晋州有矾山，民间炼者乃是私矾。今川蜀茶园皆百姓已物，与解盐、晋矾不同。又市易司笼制百货，岁出息钱不过十之二，然必以一年为率。今茶场司务重立法，尽榷民茶，随买随卖，取息十之三，或今日买一千之茶，明日即作十三千卖之，变转不休[八]，比至年终，岂止三分？'因奏刘佐、李杞、蒲宗闵等苟希进用，必欲出息三分，致茶户被害。始诏息止收十之一。元丰五年（1082），以陆师闵提举茶场，税息加至百万。侍御史刘挚奏疏曰：'蜀茶之出，有司尽榷而市之，名为平市，而实夺之。园户有逃而免者，有投死以免者，其害犹及邻伍。故其俗论谓地非生茶也，实

[一] 按，两《唐书》之《地理志》《食货志》并不曾专门谈及彭州产茶、贡茶，不知此处据何而来，或误。

[二] 湟：湟中之省。《后汉书·西羌传·湟中月氏胡》云："湟中月氏胡，其先大月氏之别也，旧在张掖酒泉地。月氏王为匈奴冒顿所杀，馀种分散，西逾葱领。其羸弱者南入山阻，依诸羌居止，遂与共婚姻。及骠骑将军霍去病破匈奴，取西河地，开湟中，于是月氏来降。"

[三]"卖"，原误作"买"，据《宋史·食货志下六》改。

[四]"蜀"，原误作"属"，据《宋史》改。

[五]"令"，原脱，据《宋史》补。

[六]"万"，原脱，据《宋史》补。

[七]"川"，原脱，据《宋史》补。

[八]"休"下，原衍"者"字，据《宋史》删。

生祸也。愿选使者，考茶法之弊，以苏蜀民。’右司谏苏辙继言：‘吕陶尝奏改茶法，止行长引，令民自贩，每缗长引钱百，诏从其请，民方有息肩之望。又差孙迥[一]、李稷入川相度，始议茶价随时增减，取息依旧，息钱、长引二说并行。’”[二]

《明史·食货志》：“办茶课，约十枝而取其一，解茶马司以备易马。”[三]按，番人无茶则病，以此为羁縻之术，蔡方炳所称“贤于数万甲兵”也[四]。

国朝原额边引一千九百八十六张，腹引六十一张，代销荥经县边引二百四十张[五]。雍正十年（1732）新增边引四十二张，腹引四十张。十三年（1735）奉文改拨天全州土引八百一十一张。乾隆七年（1742），因引滞难销，开除五百四十九张。今额行并新增及代销，共边、腹引二千六百三十一张，边、腹引每张榷课银一钱二分五厘，共征银三百二十八两八钱七分五厘。边引每张征税银四钱七分二厘，腹引每张征税银二钱五分，共征银一千二百一十九两四钱二分。边引每张征羡馀银一钱二分四厘，腹引每张征羡馀银九分八厘，共征银三百二十三两六钱一分八厘。边引每张征截角银一钱，内代销荥经县边引二百四十张，每张征截角银一钱二分四厘，腹引每张征截角银一钱二分，共征银二百七十五两二钱。每张运茶一百斤，附茶十四斤，共榷课税、羡、截银二千一百四十七两一钱零三厘。每年于羡、截银内扣支书巡饭食银二十四两外[六]，实应榷

[一]“迥”，原误作“回”，据《宋史》改。

[二]“引”，原误作“行”，据《宋史》改。

[三]按，《明史·食货志四》云：“（户部言）四川巴茶三百十五顷，茶二百三十八万馀株，宜定令每十株官取其一，无主茶园令军士薅采，十取其一，以易番马。”

[四]蔡方炳：《钦定四库全书总目》卷七二《增订广舆记》提要云：“国朝蔡方炳撰。方炳字九霞，号息关，昆山人。明山西巡抚懋德之子也。”又《钦定皇朝文献通考·经籍考十二》著录此人《历代茶榷志》一卷，此处所引，当即出自该书，惜未见。然此语最早见于明代杨一清之奏疏，其《关中奏议》卷三云：“且如一背中国则不得茶，无茶则病且死，以是羁縻之，贤于数万甲兵矣。此制西番以控北敌之上策！”

[五]按，此处所谓边引、腹引、带销者，皆官方发放的贩茶票据。边引者，专门销往边远少数民族地区；腹引者，在内地销售；代销，义同带销，相当于捆绑销售，即在销售到边地或内地的同时，必须附带销售某种产品若干，与后来的“代理销售”不同。如嘉庆《什邡县志》卷二九《茶法》云：“嘉庆八年（1803）前件案，由三台县奉发带销天全州照票三拾张，每年随腹引给发什邡县茶商高三元带销，每张于本县配茶一百斤，运至三台县报卖缴票。”

[六]书巡：据后文，当是负责在固定的关隘处盘查抽检茶叶运送是否合规的小吏。

银二千一百二十三两一钱零三厘。边引于本县买茶，至松潘发卖。腹引于本县买茶，至潼川府属发卖。经过地方，原设卡隘四处，本邑毛郎镇、永定场、崇宁县交界两河口、丰乐场，每年派拨书巡盘查。

彭县志卷之二十六

职　官[一]文秩

天生烝民，俾尔司牧。匪惟整躬[二]，亦率其属。宣教庠序，师严道肃。修其政令，字我惸独[三]。长官清平，蚩氓蒙福[四]。无旷尔职，聿绥百禄。作《职官志》。

唐刺史

※钟绍京。虔州赣人，以中书令让官，出为彭州刺史[五]。

宋　珽。彭州刺史[六]。

※高　适。渤海人，乾元初（759）以太子詹事出刺彭州[七]。

[一] 按，本卷主要罗列彭县历史上的职官名单，于其任职之准确时间、任职事迹等皆省略，大部分人的小传皆见本书卷二九，故本卷不对复见于后文之人做详注，仅在复见人名之前加“※”符号以别之。其无小传者，酌情出注。

[二] 整躬：犹饬躬，整、饬义近。饬躬者，整顿、整肃自己的作风。整躬一词，清代多用之。如《世宗宪皇帝圣训》卷一〇载雍正十一年（1733）癸丑正月壬辰圣谕云：“建立书院，择一省文行兼优之士，读书其中，使之朝夕讲诵，整躬励行，有所成就。”

[三] 字：本义为抚育，这里指赡养、扶助。◎惸（qióng）独：无兄弟、无子孙的人。《周礼·秋官·大司寇》：“凡远近惸独老幼之欲有复于上而其长弗达者，立于肺石，三日。”郑玄注：“无兄弟曰惸，无子孙曰独。”

[四] 蚩氓：老实憨厚的百姓。语本《诗·卫风·氓》：“氓之蚩蚩，抱布贸丝。”毛传：“蚩蚩者，敦厚之貌。”

[五] 按，此人籍贯为今江西赣州，《旧唐书》卷九七、《新唐书》卷一二一有传，《新唐书》本传称其任彭州刺史。《旧唐书》本传则作“蜀州刺史”，据《方舆胜览》卷五二《崇庆府·形胜》“四相牧州”条：“唐张柬之、钟绍京、李岘、王缙，四公皆牧是州，唐刺史皇甫澈《壁记》。”应以蜀州刺史为是。

[六] 按，此人事迹不详，不知此条本自何处。光绪《重修彭县志》卷六云：“宋珽（一作珧），彭山人，僖宗时彭州刺史。”然亦不知何据也。

[七] 按，《高适集校注》有《谢上彭州刺史表》，作于乾元二年（759）五月。

※王　抡。彭州刺史[一]。

王　潜[二]。彭州刺史。

韦慎名[三]。彭州刺史。

※吴行鲁[四]。彭州刺史。

韦士模[五]。彭州刺史。

李仁罕[六]。天成中（926—930）彭州刺史。

孟蜀

田敬全[七]。彭州刺史。

※贾　鹗。彭州倅，权彭州刺史。

安思谦[八]。彭州刺史。

母守素。彭州刺史[九]。

宋

※王继涛。乾德二年（964）彭州刺史。

※程　勘。仁宗时彭州刺史。

※吕　陶。熙宁时（1068—1077）彭州刺史。

明

※胡子祺。吉水人，洪武四年（1371）彭州刺史。

[一] 按，《杜甫全集校注》卷一五有《哭王彭州抡》，作于大历元年（766），据此诗注文，知广德三年（765）至大历元年，此人在彭州任上。

[二] 按，据《旧唐书·文宗纪上》，此人卒于大和三年（829）。又据本书卷一四《古迹》“西湖”条，王潜在唐元和间（806—820）任郡守。

[三]“韦”，原误作“房”，据《订讹》改。按，据《元和姓纂》卷二，此人为韦义节之孙，任彭州刺史。

[四]“鲁”，原误作“曾”，据《订讹》改。按，据雍正《四川通志》卷二六，此人大中十一年（858）前后为官彭州。

[五]“韦”，原误作“房”，据《订讹》改。按，据《元和姓纂》卷二，此人为韦嗣立之孙，户部侍郎韦济之子，官彭州刺史。

[六] 按，此条原次于“王抡”之后，显误，今移至此处。此人为唐末五代时人，传记见《十国春秋》卷五一。《订讹》亦云：“当在后唐。”

[七] 按，《十国春秋》卷五三《贾鹗传》提到“明德元年（934），彭州刺史田敬全辟为本州倅职，已而权刺史事”。

[八] 按，此条原置于“韦士模”之下，显误，今移置此处。此人为唐末五代时人，《十国春秋》卷五七有传。《太平广记》卷一四五“安守范”条言“伪蜀彭州刺史安思谦”云云。又据《十国春秋》卷五七本传，此人广政十七年（954）伏诛，则应在母守素任彭州刺史之前也。

[九] 按，本条原次于“贾鹗”之上，据《贾鹗传》移置其下。又据《宋史·西蜀孟氏世家·母守素传》，此人于广政二十年（957）后任彭州刺史。

唐州守

常景修[一]。彭州守。

萧　祐[二]。彭州守。

※杨　晟。昭宗二年以司徒出守彭州[三]。

宋

※梁　介[四]。彭州守。

宋知州

※辛仲甫。太祖朝知彭州[五]。

※刘师达。太宗朝知彭州。

朱　绰[六]。知彭州。

※高　觌[七]。知彭州，兼益州守。

宋　构[八]。元祐间（1086—1094）以朝散大夫出知彭州。

唐长史

※刘易从。永昌元年（689）前彭州长史[九]。

※颜泉明。彭州长史。

※阎用之。彭州参军。

[一] 按，此人事迹不详。《天启新修成都府志》卷一一在吕陶传之末提到“常景修，彭州刺史”。

[二]“祐”，原作“佑”，据本书卷一四《古迹》“西湖”条改。按，此人守彭州在王潜之后。

[三] 按，此处不言年号，未知所谓二年具体指何时。据《资治通鉴》卷二五八，龙纪元年（889），王建攻陈敬瑄，杨晟屯兵三交镇。昭宗纪元始于龙纪元年，则所谓昭宗二年，或指大顺元年（890）。又，《订讹》云：“晟守彭州非朝命，司徒亦非其本职。”可参本书卷二九此人小传。

[四] 按，据《南宋馆阁录》卷八，此人乾道二年（1166）六月知彭州；《宋史·食货志上》之一又言“（乾道）四年（1168）以彭州守臣梁介修复三县一十馀堰”，此即其任职彭州之大概时间。又，据《中国历代职官别名大辞典》，宋代州守即知州之别称，不知此处何故不将梁介与后文知州合并编排？

[五] 按，据《宋史》本传，此人乾德六年（968）知彭州。

[六] 按，《补续全蜀艺文志》卷五三“彭门牡丹”条引旧《彭县志》云：“宋景文帅蜀，朱绰为彭州刺史。”据《宋川陕大郡守臣易替考》，宋祁知益州在嘉祐二年至三年（1057—1058），则朱绰任彭州知州亦在此前后。

[七] 按，此人并未知彭州，实当删，说详本书卷二九小传。

[八] 按，《苏轼诗集校注》卷二八有《送宋构朝散知彭州迎侍二亲》，作于元祐二年（1087）。据诗注，宋构字成之，成都双流人。

[九]“永昌元年前”，原作“嗣圣七年”，显误，据《新唐书》改。按，《新唐书·则天顺圣武皇后纪》，永昌元年（689）闰八月戊申，刘易从为武后所杀。又可参本书卷五“濛濛水”条。

宋

※陈从易。晋江人，进士及第。真宗时彭州军事推官[一]。

宋通判

※马知节。幽州蓟人，监彭州兵。

※吕　陶。成都人，熙宁进士。由佥事判官出为蜀州道判，知彭州军事[二]。

程敦厚[三]。

※李行简。彭州军事推官。

吕　卢[四]。

※姚仲孙。仁宗时通判彭州。

※苏元老。政和间（1111—1118）通判彭州。

※虞允文。绍兴间（1131—1162）通判彭州[五]。

郑　昭[六]。

唐知县

※柳　明。知九陇县。

※冉　实。玄宗时授导江县令。

王蜀

李　昊[七]。后主时授彭州导江令。

孟蜀

范禹偁[八]。知濛阳县。

[一]“真”，原误作“高”，据本书卷二九小传、《续资治通鉴长编》卷四八及《订讹》改。

[二] 按，《订讹》云此人宜列知州，其说不妥。前文在“知州”类已列此人，此处复见，自是职官不同而已，并无归类错误。

[三]“敦”，原脱，据《建炎以来系年要录》卷一〇四、卷一五二补。光绪《重修彭县志》卷六称此人以中书舍人倅彭州，见胡元质《牡丹谱》。今考，此人之名实不叫程厚，而叫程敦厚。《建炎以来系年要录》卷一〇四云：“左宣教郎、遂宁府府学教授程敦厚应诏上书，且献所注经世十论……乃除通判彭州。”可知此人通判彭州在绍兴六年（1136）。又据同书卷一五二，此人因忤秦桧，于绍兴十四年（1144）再通判彭州。

[四] 按，此人事迹不详，不知本书所据为何。光绪《重修彭县志》卷六亦言此人不可考。

[五] 按，本书卷二九小传称其绍兴二十三年（1153）通判彭州。

[六]“郑昭”前，原有“明”字，误以为此人乃明代人，据《蜀中广记》卷一〇七删。又可参本书卷一四“泰山府君祠旧址”条。

[七] 按，此人传记见《十国春秋》卷五二。又，《订讹》认为此条宜入《灌县志》。

[八] 按，此人传记见《十国春秋》卷五三。本书卷四二《外纪》亦记载其事。

宋

※章　频[一]。真宗时知九陇县。

※朱寿隆[二]。仁宗时知九陇县。

明

※高　能[三]。成化（1465—1487）时知彭县。

李　经[四]。弘治十二年（1499）任。

李　道[五]。弘治十五年（1502）掌彭县事，崇宁知县。

※侯　福。天顺（1457—1464）时知彭县。

汤　鉴[六]。宣城举人，嘉靖（1522—1566）中任。

※王梦说。贵阳举人，嘉靖中任。

苏文举[七]。嘉靖时知彭县。

※黄正物。丰城人，万历（1573—1620）中任。

※张文曜。临洮人，选贡，万历中任。

※孙奉先。永昌人，万历十七年（1589）任。

郑须德[八]。万历间任。

毛宗苌[九]。万历四十二年（1614）任。

冉　崟[十]。黔南人，万历四十六年（1618）任。

武奋扬[十一]。崇祯四年（1631）任。

[一] 按，此人传记见《宋史》卷三〇一。

[二]“隆”，原脱，据《宋史》卷三三三本传及本书卷二九补。《订讹》已指出此脱误。

[三]“高”，原误作“李”，据嘉靖《四川总志》卷三改，说详本书卷二九。

[四] 按，《天启新修成都府志》卷八载此人，称其为湖广人，任职时间不详。

[五] 按，《天启新修成都府志》卷八在崇宁县知县下载此人，但未详其籍贯，也只说“弘治间任”。

[六] 按，此人小传见《天启新修成都府志》卷一二。

[七]“文举”，原脱，据乾隆《永北府志》卷一四补。其书称此人乃嘉靖丙午（1546）举人。又，本条原在“孙奉先”之后，今移至此处。

[八] 按，此人小传见乾隆《莆田县志》卷一三，乃万历四年（1576）举人，字存修，富孙府学，彭县知县，能诗，有《绿野堂稿》三卷。又据本书卷一九“金山寺”条，此寺改名在万历辛丑（1601），此县令撰有碑记，则其任职应该在此年前后。

[九]“苌”，原误作“长”，据《天启新修成都府志》卷八改。据康熙《云南通志》卷二七，此人乃万历甲午（1594）举人。

[十] 按，此人见《天启新修成都府志》卷八。据乾隆《贵州通志》卷二六，此人乃万历癸卯（1603）举人。

[十一] 按，此人事迹不详。

王国麟[一]。湖广人，崇祯十七年（1644）任。

国朝

周世昌。陕西举人，顺治十八年（1661）任。

李之骥[二]。河南举人，康熙七年（1668）任。是年，归并新繁县，雍正七年（1729）复设。

沈天成。雍正七年署任。

※王　焕。山东济宁州岁贡，雍正八年（1730）三月任，乾隆二年（1737）八月卸事。

陈世润[三]。雍正八年署任。

林梦麟。江苏丹徒人，康熙癸巳（1713）科举人，乾隆二年（1737）八月任，十月卸事。

※胡南潘。江西星子人，进士，乾隆三年（1738）四月署任，五年（1740）七月卸事。

秦宜稷。山西大同举人[四]，乾隆二年十月署任，三年四月卸事。

※陈奕绳。山西凤台人，康熙丁酉（1717）举人，乾隆五年七月任，十一年（1746）十月卸事。

赵　忻。山东胶州人，康熙庚子（1720）举人[五]，乾隆十一年十月署任，十二年（1747）四月卸事。

※许伯政。湖南巴陵人，乾隆三年考补国子监戊午科，中顺天乡试，壬戌（1742）进士。十二年四月任，十六年（1751）三月卸事。

张　蕑。湖北汉阳人，乾隆丁卯（1747）举人，十六年三月任，十九年（1754）三月卸事。

※朱次臻。陕西三原人，雍正丙午（1726）举人，乾隆十九年（1754）三月任，二十四年（1759）四月卸事。

阮　树。贵州大定人，乾隆十八年（1753）拔贡，二十四年四月署，十月卸事。

[一] 按，此人见《明史·忠义传六·王励精》。

[二] 按，以上二人见雍正《四川通志》卷三一。

[三] 按，据嘉庆《崇宁县志》卷二，此人为直隶赵州宁晋县举人，雍正八年时任崇宁知县。

[四] 按，据乾隆《大同府志》卷二〇，此人为康熙五十二年（1713）举人。又据乾隆《灌县志》卷七，此人乾隆十九年任灌县知县。

[五] 按，此人中举之说见雍正《山东通志》卷一五之二。

张龄度。河南祥符人，乾隆辛未（1751）进士，二十四年十月任，二十六年（1761）四月卸事。

李　演。陕西三原人，附生，乾隆二十六年四月署，二十七年（1762）二月卸事。

※沈　鹏。浙江仁和人，乾隆己卯（1759）举人，二十七年二月任，二十九年（1764）卸事。

谢若晋。顺天宛平人，由供事乾隆二十九年正月任，三十年（1765）七月卸事。

沈　芝。江苏元和人，监生，乾隆三十年七月署任，三十一年（1766）十二月卸事。

褚端北[一]。江苏长洲人，乾隆辛未（1751）进士，三十一年二月任，三十二年（1767）六月卸事。

李光泗[二]。湖北荆门州人，乾隆丙辰（1736）进士，三十二年六月署任，十一月卸事。

王承爔。广东番禺人，乾隆癸酉（1753）拔贡，三十二年十一月任，三十三年（1768）卸事。

孙天宁。直隶承德人，乾隆丙辰恩科举人，三十三年正月署，七月卸事。

张宗文。山西平定州人，乾隆庚辰（1760）恩科举人，三十三年七月任，三十四年（1769）七月卸事。

李若愚。山西解州人，乾隆丁卯（1747）举人，三十四年正月任，三十五年（1770）二月卸事。

杨梦槎。江苏金匮人，乾隆丙子（1756）举人，三十五年二月署任，八月卸事。

陈新槐。漳平人，副贡生，三十五年八月署，三十六年（1771）二月卸事。

张心鉴。江苏阳湖人，乾隆丙子顺天举人，三十六年二月任，七月卸事。

徐　瓒。江苏阳湖人，乾隆癸酉顺天举人，三十六年七月代办，九

[一] 按，据民国《新修南充县志》卷九，此人字拱亭。
[二] 按，乾隆《直隶通州志》卷一一、嘉庆《如皋县志》卷一五皆有传，称其字泗水。

月交卸。本任张心鉴回任，三十七年（1772）九月卸事。

杨礼行。江苏阳湖人，监生，乾隆三十七年九月署，三十八年（1773）十月卸事。

徐鼎亨。江苏阳湖人，乾隆丙戌（1766）进士，三十八年十月任，三十九年（1774）十月卸事。

李德举。武邑人，乾隆丁卯（1747）举人，三十九年十月任，四十一年（1776）二月卸事。

张三礼。顺天大兴人，乾隆甲子（1744）举人，四十一年二月署，十二月卸事。

秦昌统。广西临桂人，乾隆己卯（1759）举人，四十一年十二月署，四十二年（1777）七月卸事。

朱　琦。山东历城人，乾隆丁卯顺天举人，四十二年七月任，四十五年（1780）二月卸事。

元　时。江苏太仓州人，乾隆癸酉（1753）举人，四十五年三月署，九月卸事。

徐宗仁。江苏金山人，乾隆壬午（1762）举人，四十五年九月任，四十六年（1781）闰五月卸事。

伯　起。镶白旗满洲人，乾隆丙子（1756）举人，四十六年闰五月署任，十月卸事。

李光亮。河南上蔡人，乾隆甲子举人，四十六年十月任，四十七年（1782）三月卸事。

巴宁阿。镶白旗满洲人，监生，乾隆四十七年三月署，十月卸事。

任思正。贵州仁怀人，乾隆己卯举人，四十七年十一月署任，四十八年（1783）二月卸事。

王有容。湖北孝感人，优贡，四十八年二月署任，七月卸事。

沈　涟。浙江山阴人，监生，四十八年七月署任，九月卸事。

严作明。顺天宛平人，供事，四十八年九月署任，四十九年（1784）四月卸事。

石作瑞。甘肃秦州人，乾隆丁酉（1777）拔贡，四十九年四月署，五十年（1785）正月卸事。

※谢生晋。福建侯官人，乾隆己卯举人，五十年正月任，五十六年

（1791）七月卸事。

余大鹤。福建建水州人，乾隆辛巳年（1761）进士，五十六年七月任，五十七年（1792）二月卸事。

张鸣彝。山东金乡人，乾隆甲午（1774）举人，五十七年二月署任，五十八年（1793）十月卸事。

杨为龙。广东大埔人，乾隆己酉（1789）举人，五十八年十月任，六十年（1795）二月卸事。

※马维岳。直隶任邱人，乾隆庚子（1780）举人，六十年二月署任，嘉庆二年（1797）三月卸事。

杨凤集。河南河阳人，乾隆己酉拔贡，嘉庆二年三月署任，五月卸事。

徐　绂。浙江嘉兴人，监生，嘉庆二年（1797）五月署，三年（1798）正月卸事。

沈　达。江苏江阴人，乾隆己亥（1779）恩科举人，嘉庆三年正月署，六月本任杨为龙回任，六年（1801）正月卸事。

汪师周。江苏吴县人，乾隆己亥恩科举人，嘉庆六年正月署任，七年（1802）八月卸事。

刘　炯。顺天大兴人，廪贡生，嘉庆七年八月任，九年（1804）十一月卸事。

李传杰。江西临川人，乾隆庚子（1780）举人，嘉庆九年十一月署。十年（1805）八月，前任刘炯回任，十二年（1807）六月卸事。

赖华锺。福建归化人，嘉庆壬戌（1802）科进士，十二年六月署任，十月卸交。前任刘回任，十三年（1808）七月卸事。

李徽典。山西太平县人，嘉庆辛酉（1801）科拔贡，十三年七月署任，十四年（1809）七月卸事。

杨道南。福建闽县人，乾隆癸卯（1783）科举人，十六年（1811）十一月署任，十七年（1812）二月交卸。

王锺钫。浙江嘉善县人，监生，嘉庆十四年七月任，十六年十一月奉差赴贵州，十七年二月差旋回任。

明儒学训导

向　兴。弘治十五年（1502）任。

胡　容。

国朝

周述昌。安岳县人，岁贡生，雍正八年（1730）八月任，乾隆二年（1737）三月卸事。

王登联。绵竹人，岁贡生，乾隆二年七月任，五年（1740）八月卸事。

吴国聘。射洪县人，康熙四十九年（1710）岁贡生[一]，乾隆五年（1740）署，六年（1741）三月卸事。

刘天爵。巴州人，岁贡生，乾隆六年四月任，九年（1744）六月卸事。

李　炯。酆都县人，岁贡生，乾隆九年六月任，十一年（1746）十一月卸事。

周廷璋。巴县人，雍正乙卯（1735）科举人，乾隆十一年（1746）署任，十二年（1747）五月卸事。

袁翼伯。蒲江县人，雍正二年（1724）拔贡生，乾隆十二年六月任，十五年（1750）正月卸事。

赵　典。梓潼县人，岁贡生，乾隆十五年五月任，二十一年（1756）六月卸事[二]。

耿　烈。达州人，岁贡生，乾隆二十一年六月署任，二十二年（1757）八月卸事。

李　藩。绵竹人，乾隆丙子（1756）科举人，二十二年八月任，三十二年（1767）九月卸事。

徐联元。保县人，岁贡生，乾隆三十二年九月任，四十三年（1778）闰六月卸事。

安乡荣。梓潼县人，廪贡生，乾隆四十三年闰六月署任，十一月卸事。

何良谟。兴文县人，岁贡生，乾隆四十三年十一月任，四十七年（1782）五月卸事。

熊　皋。隆昌县人，乾隆乙酉（1765）科举人，四十七年五月任，五十七年（1792）七月卸事。

张邦瑄。汉州人，廪贡生，乾隆五十七年七月任，五十八年（1793）二月卸事。

张相枢。阆中人，岁贡生，乾隆五十八年二月任，嘉庆七年（1802）

[一]“四十九”，原无，据乾隆《射洪县志》卷四补。
[二]“月”，原误作“年”，据文义及下一条改。

十一月卸事。

夏　明。涪州人，乾隆辛卯（1771）科副榜，嘉庆七年十一月任，八年（1803）五月卸事。

唐景圣。越嶲人，岁贡生，嘉庆八年五月任，十四年（1809）十月卸事。

王大宗。庆符人，恩贡生，嘉庆十四年（1809）十月任，十五年（1810）四月卸事。

沈致极。威远县人，乾隆壬子（1792）科举人，嘉庆十五年四月任。

宋县丞

高　稼[一]**。**嘉定七年（1214）进士，任九陇县丞。

唐主簿

※毕　构。九陇县主簿。

宋

李　镗[二]**。**九陇县主簿。

谢。见陆游《花释名》[三]。

明

郭　珍[四]**。**弘治十五年（1502）任。

陈嘉猷。万历四十二年（1614）任。

薛明光。万历（1573—1620）年间任。

明典史

陈　亨。弘治十五年任。

范一雁。万历四十二年任。

国朝

刘　英。康熙二年（1663）任。

鲁宏绶。宛平人，雍正九年（1731）正月任，十三年（1735）正月卸事。

[一] 按，此人见《宋史·忠义传四》本传。

[二] 按，此人见康熙《眉州属志》卷二，乃李焘之孙，官至修职郎，判彭州九陇县事。光绪《重修彭县志》卷六误作“李锡”，言所据为《氏族谱》。但《全蜀艺文志》卷五三所载费著《氏族谱》之李氏下，不载此人。据康熙《眉州属志》卷二，亦有李焘之孙李锡，但仅言官至宣义郎。

[三] 按，此人失其名，见《渭南文集》卷四二。

[四] 按，此人见万历《灵石县志》卷三，但不言任职之时。

魏乾元。汉阳人，雍正十三年（1735）正月任，乾隆二年（1737）十月卸事。

周思怙。宝抵人，乾隆二年十月任，三年（1738）七月卸事。

郁廷钧。大兴人，乾隆三年七月任，七年（1742）四月卸事。

潘　枚。慈溪人，乾隆七年十二月任，九年（1744）十二月卸事。

韩　瑞。山阴人，乾隆十年（1745）三月任，十月卸事。

寿　梿。大兴人，乾隆十年十月任，十八年（1753）四月卸事。

胡世绘。娄县人，乾隆十八年四月任，二十三年（1758）十二月卸事。

邓廷勋。直隶人[一]，乾隆二十三年十二月任，廿四年（1759）五月卸事。

洪肇彬。宛平人，乾隆二十四年五月任，二十九年（1764）十二月卸事。

吴　钺。河南固始人[二]，乾隆二十九年（1764）十二月任，三十年（1765）十一月卸事。

蔡倬立。广宁人[三]，乾隆三十年十一月任，三十一年（1766）四月交卸，本任洪肇彬回任，三十五年（1770）七月卸事。

张　洪。武进人，乾隆三十五年七月任，三十六年（1771）四月卸事。

葛坚焘。顺天大兴县人[四]，乾隆三十六年五月任，十月卸事。

严作明。宛平人，乾隆三十六年十月任，三十七年（1772）十月卸事。

余国华。江西万安人[五]，乾隆三十七年十月任，三十八年（1773）三月卸事。

杨礼行。阳湖人[六]，乾隆三十八年以知县兼摄典史，九月交代。

[一]“直隶”，原缺，据乾隆《石泉县志》卷二、道光《龙安府志》卷六补。按，此人在石泉县也是任典史，时间为乾隆十二年（1747），也很接近，应即同一人。

[二]“河南固始”，原缺，据嘉庆《四川通志》卷一一九补。按，此人又曾任营山县典史，见嘉庆《四川通志》卷一五九，所任职务相同，时间接近，应即一人。又据嘉庆《四川通志》卷三四，此人于乾隆三十八年（1773）前因金川事阵亡。

[三]“广宁”，原缺，据同治《嘉定府志》卷二三补。按，据《嘉定府志》，此人乾隆三十五年署荣县县丞，时间与职务皆比较接近，应即一人。

[四]“顺天大兴县”，原缺，据嘉庆《什邡县志》卷三四补。据《什邡县志》，此人乾隆四十七年（1782）任什邡典史，职务与年代皆比较接近，应即一人。

[五]“江西万安”，原缺，据嘉庆《新繁县志》卷二六补。据《新繁县志》，此人乾隆三十八年任典史，时间与职务皆比较接近，应即一人。

[六]“湖”，原误作“胡”，据本卷前文改。

陈光祖。广东嘉应州人[一]，乾隆三十八年（1773）九月接署，十月交卸，本任余国华回任，三十九年（1774）十二月卸事。

朱士钰。江南江宁府上元县人[二]，乾隆三十九年十二月署任，四十年（1775）正月卸事。

胡　涛。六安州人，乾隆四十年（1775）正月任，四月卸事。

李现龙。人[三]，乾隆四十年五月接署，闰十月交卸，本任胡涛回任，十一月卸事。

沈维祈。诏安县人，乾隆四十年十二月任，四十一年（1776）四月交卸，本任胡涛回任，四十二年（1777）五月卸事。

武　猷。广东英德县人[四]，乾隆四十二年五月任，六月卸事。

严士荣。诸暨人，乾隆四十二年六月署，十一月交卸，本任胡涛回任，四十六年（1781）十月卸事。

王　锬。浮山县人，监生，乾隆四十六年十月任，四十七年（1782）十一月卸事。

顾　墉。嘉兴县人，乾隆四十七年十一月任，寻卸事。

盛世绮。秀水县人，乾隆四十七年十一月任，四十八年（1783）二月卸事。

王世焘。鄱阳人，四十八年二月任，六月卸事。

顾培基。直隶人，四十八年六月任，九月卸事，前署任沈维祈回任，十月交卸，本任盛世绮回任，五十五年（1790）九月卸事。

曹六兴。新建人，监生，乾隆五十五年九月署，五十六年（1791）五月卸事。

吕　虬。宜兴人，乾隆五十六年五月署任，五十七年（1792）十月卸事。

顾玉栋。大兴人，乾隆五十七年十月任，五十八年（1793）八月卸事。

[一]“广东嘉应州”，原缺，据嘉庆《新繁县志》卷二六补。据《新繁县志》，此人乾隆三十三年（1768）任典史，时间与职务皆比较接近，应即一人。

[二]“江南江宁府上元县”，原缺，据嘉庆《郫县志》卷二四补。据《郫县志》，此人乾隆四十年任郫县典史，时间与职务皆比较接近，应即一人。

[三]按，此人籍贯不明，无从查补。

[四]“广东英德县”，原缺，据民国《双流县志》卷二补。据《双流县志》，此人乾隆三十四年任双流典史，时间与职务皆比较接近，应即一人。

张嵩年。宣化人，监生，乾隆五十八年八月任，嘉庆二年（1797）三月卸事。

杨廷锡。阳湖县人，四库馆誊录，嘉庆二年三月署任，四月交卸，本任张嵩年回任，五年（1800）十一月卸事。

吴绂诏。歙县人，监生，嘉庆五年十一月署任，七年（1802）九月卸事。

陆　榛。吴县人，监生，嘉庆七年九月署任[一]，八年（1803）四月卸事，本任张嵩年回任，十年（1805）闰六月卸事。

沈　涛。泾县人，监生，嘉庆十年闰六月署任，十一月卸事。

陈大溶。宛平人，附监生，嘉庆十年十一月任，十五年（1810）六月卸事。

李　锦。山阴人，监生，嘉庆十五年（1810）六月署任，十一月卸事。

陈宗器。山阴人，监生，嘉庆十五年十一月任。

武职[二]

国朝

王。雍正十二年（1734）至十三年（1735）任。

陈[三]。乾隆元年（1736）至二年（1737）任。

刘学海。乾隆三年（1738）至八年（1743）任。

蔡文英。乾隆九年（1744）至十四年（1749）任。

袁。乾隆十四年至十六年（1751）任。

王　云。乾隆十七年（1752）任。

宋　仁。乾隆十八年（1753）至二十年（1755）任。

郭起云。乾隆二十一年（1756）至二十四年（1759）任。

萧璧梁。乾隆二十五年（1760）至二十九年（1764）任。

闵怀玉。乾隆三十年（1765）至三十五年（1770）任。

罗鸣钟。乾隆三十六年（1771）至四十一年（1776）任。

吴起鳌。乾隆四十二年（1777）至四十六年（1781）任。

杨文荣。乾隆四十七年（1782）至五十一年（1786）任。

[一]“月”，原误作“年”，据上一条及文义改。
[二] 按，此处之武职，指总兵营下分防地方的低级武官把总。
[三] 按，以上二人缺名，无从查补。

罗　纲。乾隆五十二年（1787）至五十六年（1791）任。

马文志。乾隆五十七年（1792）至五十八年（1793）任。

马良魁。乾隆五十九年（1794）至嘉庆八年（1803）任。

马万年。嘉庆八年至十五年（1810）任。

程　魁。嘉庆十五年任。

彭县志卷之二十七

选　举

选士之制，代有乘除。圣世作人，英才是储。栋梁文囿，锄耨经畲。鸾翔霞蔚，豹变云舒[一]。称兹名器，毋饰虚车[二]。郁为时栋，光此里闾。作《选举志》。

进士

宋

赵彦呐。开禧（1205—1207）进士[三]。

明

王　弼。成化丙戌（1466）进士[四]。

张　静。成化丙戌进士。

李宗泗。成化辛丑（1481）进士。

刘士元[五]。正德辛未（1511）进士。

李凤毛。嘉靖庚戌（1550）进士。

[一] 豹变：幼豹长大退毛，然后疏朗焕散，其毛光泽有文采。此处比喻人才的成长。《易·革》："上六，君子豹变，其文蔚也。"孔颖达疏："上六居'革'之终，变道已成，君子处之，虽不能同九五革命创制，如虎文之彪炳，然亦润色鸿业，如豹文之蔚缛。"

[二] 虚车：空车，不值得去装饰的空车子。《周敦颐集》卷二《文辞》："文所以载道也。轮辕饰而人弗庸，徒饰也；况虚车乎？"比喻人应该有真才实学，才能发挥作用。

[三] 按，此人传记见《宋史》卷四一三，此处称其为开禧进士，本自雍正《四川通志》卷三三。

[四] 按，《订讹》云："《通志》，华阳人。"据嘉靖《四川总志》卷五、雍正《四川通志》卷八，此人为华阳人。故光绪《重修彭县志》已删除此条。

[五]"士"，原误作"仕"，据《明清进士题名碑录索引》及嘉靖《四川总志》卷四改。后文"举人"类此人之名径改，不再出校。

边维垣。嘉靖丙辰（1556）进士[一]。

杨云鹤。崇祯辛未（1631）进士。

龚完敬。崇祯丁丑（1637）进士，历官推官。

举人

宋

师　骥。政和二年（1112）省试第一[二]。

明永乐（1403—1424）科[三]

杨　圭。

杜　温。

祝　原。

赵　勖。

赵　霖。

张　静。

王　行。

周　进。

张　暹。

景泰（1450—1457）科

赵　儒。

成化（1465—1487）科

陈　嵩。

李　宗。

李宗泗。

弘治（1488—1505）科

孙　造。

正德（1506—1521）科

[一] 此条之下，原有“石櫃。万历进士，历官佥事”，今删。按，据《明清进士题名碑录索引》，此人乃隆庆二年（1568）进士，河南汝宁人，非彭县人。据万历九年《四川总志》卷三，此人万历三年（1575）任四川佥事。

[二] 按，此说本自《宋史·列女传·师氏》。又，《订讹》认为此条“宜入《崇宁志》”。

[三] 按，此后记载之明清举人，散见于嘉靖《四川总志》卷四、万历九年《四川总志》卷七、《天启新修成都府志》卷一三、雍正《四川通志》卷三五、嘉庆《四川通志》卷一二五等处，本书惜墨，未详列具体中举年代，而光绪《重修彭县志》卷六已据诸书详列年代。

李　干。

刘士元。

叶世蓁。

嘉靖（1522—1566）科

王廷宾。

李凤毛。

边维垣。

唐　铎。

万历（1573—1620）科

唐应绍[一]。

王民怿。

赵三聘。

唐文炜。

赵之庠。

刘泽民。

赵之璋。

傅为楫。

柳茂先。

刘　俊。

杨新泰。

天启（1621—1627）科

刘大佑。

杨云鹤。

崇祯（1628—1644）科

赵司鋐[二]。

龚完敬。

[一] 按，《订讹》以为，“绍”应作“诏”，不知何据。此处所据为雍正《四川通志》卷三六。又，嘉庆《四川通志》卷一二七作“诏”。光绪《重修彭县志》卷六改作“诏”，并明确指出其中举之时为万历己卯（1579），当有所据。

[二]“鋐”，原误作“弦”，据本书卷三四小传改。按，此人由明入清。嘉庆《四川通志》卷一五三亦作“赵司弦”，但所言事迹正与本书卷三四小传相合，则应是受本书此处而误导也。

国朝顺治丁酉（1657）科

赵　弼。

康熙辛卯（1711）科[一]

赵守诚。历江南金坛县知县。

丙午（1666）科

杨　岱。

壬子（1672）科

杨　峤。

雍正元年（1723）癸卯科

陈于凯。历山东莘县知县。

十三年（1735）乙卯科

王　灘。历云南广通县知县。

乾隆元年（1736）丙辰科

杨　瑄。历湖南东安县知县。

三年（1738）戊午科

吴　琼。

六年（1741）辛酉科

徐　淳。历山东日照县知县。

二十一年（1756）丙子科

李兆元。历绵竹县训导。

二十四年（1759）己卯科

毛于骍。

二十七年（1762）壬午科

李祚显。历广东阳山县知县。

三十年（1765）乙酉科

毛　翮。

三十三年（1768）戊子科

黄廷献。

三十五年（1770）庚寅恩科

[一] 按，《订讹》云此条“宜次壬子科之后”，其说有一定道理。但本书在后文罗列应例人员时，也并未完全按照时间先后为序，若此处移动，则牵一发而动全身，故仍之。

毛元醇。

三十六年（1771）辛卯科

陈　说。历广西新宁州知州。

五十三年（1788）戊申恩科

窦方瑑。

五十七年（1792）壬子科

周思楷。现任绵竹县教谕。

陈　韶。

五十九年（1794）甲寅恩科

左　基。

嘉庆三年（1798）戊午科

周思九。现任铜梁县教谕。

江怀珠。

九年（1804）甲子科

胡之宁。

国朝雍正十三年（1735）乙卯科武举

何　瑞。历贵州郎峒营千总。

乾隆六年（1741）辛酉科武举

杜秉钧。

十五年（1750）庚午科武举

邹淑智。解元。

唐天富。

十七年（1752）壬申恩科武举

邹淑曾。历贵州水城营把总。

弓辅臣。

十八年（1753）癸酉科武举

孙文彬。

陈圣中。

二十一年（1756）丙子科武举

黎元楹。

张维霨。

邹淑明。

陈万海。

二十四年（1759）己卯科武举

汤执中。

沈庆云。

二十五年（1760）庚辰恩科武举

陈于阵。

二十七年（1762）壬午科武举

万邦宁。

张明猷。

三十年（1765）乙酉科武举

岳圣恩。

三十三年（1768）戊子科武举

弓辅廷。

三十五年（1770）庚寅恩科武举

李维纲。

朱映南。

三十六年（1771）辛卯科武举

武安邦。历建昌营守备。

四十四年（1779）己亥恩科武举

马良栋。历福建新化营都司。

四十八年（1783）癸卯科武举

毛嗣忱。

五十一年（1786）丙午科武举

张均泽。

五十三年（1788）戊申恩科武举

周四俊。

五十七年（1792）壬子科武举

杨映阳。历督标右营千总。

舒鉴修。

六十年（1795）乙卯科武举

舒灏修。
嘉庆三年（1798）戊午科武举
舒正文。
刘守学。
李廷俊。
杨大鹏。
六年（1801）辛酉科武举
王万寿。
九年（1804）甲子科武举
王联升。
十二年（1807）丁卯科武举
张大勋。
十八年（1813）癸酉科武举
杨正龄。
成均
国朝恩贡
刘法健。
戴文焕。
曹　纲。
彭浩然。
拔贡
雍正十三年（1735）乙卯科
唐天爵。
乾隆六年（1741）辛酉科
竹全书。
四十二年（1777）丁酉科
陈师谔。历户部七品小京官。
副贡
雍正十三年乙卯科
戴　钦。
乾隆九年（1744）甲子科

黄　凤。历富顺县教谕。

十五年（1750）庚午科

陈以道。

嘉庆五年（1800）庚申恩科

唐开晋。

十五年（1810）庚午科

贺奇俊。

国朝岁贡

张起蛟。

李　柏。

李继淳。

杨　萱。

江　瑞。

窦基盛。历江津县训导。

熊　缙。

杨之统。

左　履。

陶严崇。历蒲江县训导。

廖甲一。

罗腾芳。

熊　绣。

毛世仪。

左懋功。

杨　珍。

侯　瓒。

陈　谷。

李辑躬。

汤学成。

杨志依。

营职附

岳锺瑞。康熙五十五年（1716）由守备升湖北中军游击。

郑启荣。由行伍于乾隆三十二年（1767）出师滇省，屡次得功，历升黎雅营游击。

陈敬庵。由督标左营千总出师达州大宁县剿捕教匪，枪伤左膊，回籍病故，未准承荫。

熊敏谦。出师西藏及达州，功列超等，历升游击，赐带花翎。

熊　升。嘉庆八年（1803）出师陕西，现授宁羌营外委。

姚遇尧。嘉庆二年（1797）出师湖北，现授长寿县外委。

丁朝清。嘉庆元年（1796）出师达州，现授资阳县外委。

李登魁。乾隆三十二年出师云南，现授安县外委。

罗美容。行伍，调随金川军营铸造�位，赏给把总职衔。乾隆四十二年（1777）奉旨行查，该把总入营授徒习学，以传久远。

岳　济。由行伍历升陕西提标后营游击。

应例附

唐祖修。乾隆四十一年（1776）应川运例报捐府经历，分发广东，历署广宁、陆丰县知县。

陈德言。应河工例报捐从九品，历江西南安府照磨[一]。

倪际泰。乾隆十三年（1748）应例报捐，历贵州羊肠塘巡检。

蓝景清。乾隆三十九年（1774）应川运例报捐，分发湖南，历保靖县典史。

张维祥。嘉庆三年（1798）应川楚例报捐，分发湖南，历保靖县典史。

魏光庭。应川楚例报捐，分发湖南，历长兴县典史。

曾家彬。应工赈例报捐训导。

蓝景琼。儒学吏攒，乾隆五十八年（1793）考授，未入流。

曾万选。乾隆五十五年（1790）报捐县丞职衔。

高　晟。乾隆二十九年（1764）报捐吏目职衔。

戴常昭。乾隆四十年（1775）捐职卫千总。

刘纲福。乾隆四十年捐职卫千总。

黄金冕。乾隆四十年捐职卫千总。

周　堂。乾隆四十年捐职卫千总。

[一] 照磨：元代以后设置的掌管宗卷、钱谷的属吏。《元史·百官志一》："照磨一员正八品，掌磨勘左右司钱谷出纳缮科例，凡数计文牍簿籍之事。"

李玉藻。 乾隆四十年捐职卫千总。

程玠石。 乾隆四十年捐职卫千总。

郑文焕。 乾隆四十年捐职卫千总。

马升元。 乾隆四十年捐职卫千总。

曾家蕙。 嘉庆五年（1800）捐职卫千总。

晏长安。 嘉庆七年（1802）捐职营千总。

罗安邦。 嘉庆七年捐职卫千总。

杨正荣。 嘉庆七年捐职卫千总。

范五常。 嘉庆十年（1805）捐职营千总。

尹崇本。 嘉庆十三年（1808）捐职卫守备。

袁玉堂。 嘉庆十四年（1809）捐职卫千总。

罗万春。 嘉庆七年捐职卫千总。

余国光。 由监生遵衡工例报捐从九品，即用[一]。

许怀远。 由监生遵衡工例报捐县丞。

许德超。 由俊秀报捐从九品职衔。

郭朝相。 嘉庆七年报捐从九品职衔。

熊友谦。 由未满吏报捐从九品职衔。

杨世升。 由满吏考取就职，从九品。

刘荣升。 由俊秀报捐从九品职衔。

黄中焕。 由满吏考取就职，从九品。

周维垣。 由满吏考取就职，未入流[二]。

王会元。 嘉庆十一年（1806）由满吏报捐从九品职衔。

曾万侯。 嘉庆七年遵例，由俊秀捐监生，加捐州同职衔。

李玉堂。 嘉庆二十年（1815）遵例报捐从九品职衔。

卿焕如。 嘉庆二十年报捐从九品职衔。

许天德。 乾隆四十年（1775）由俊秀捐监生，加捐州同职衔。

[一] 即用：清代选官制度，遇缺即递补。《钦定剿平三省邪匪方略·续编》卷三六："四川太平厅经历朱向隆，着以知县即用。"

[二] 按，《订讹》认为，应例中之蓝景琼、杨世升、黄中焕、周维垣四人皆吏员，不当厕应例志。我们认为，此说未必可从。若此四人不应列入，那同样被列入的熊友谦、王会员又当如何处理呢？

蔡汝宁。嘉庆七年报捐从九品职衔。

傅绍儒。嘉庆二十年遵例报捐从九品。

来应宗。嘉庆二十年报捐营千总。

彭县志卷之二十八

封　荫

文通武达，华毂雕轮。湛恩下逮，锡类施仁。既荣其身，推及其亲。九光霞焕[一]，五色云新。龙章凤藻，髓浃肌沦。勖哉任子[二]，无负簪绅。作《封荫志》。

国　朝

杨琯，以湖南龙山县知县，乾隆二十六年（1761）恭遇覃恩，貤赠父杨尚东文林郎[三]，母易氏孺人；祖父杨洪茀文林郎，祖母李氏孺人。

李兆元，以绵竹县训导，乾隆三十七年（1772）恭遇覃恩，貤赠父李天贵修职佐郎，母杨氏孺人。

古万选，以江西大庾县郁林司巡检，乾隆五十年（1785）恭遇覃恩，貤赠父古有耀登仕佐郎，母廖氏孺人。

丁朝清，以成都城守左营外委，乾隆五十五年（1790）恭遇覃恩，貤赠父丁启绪修武校尉，母刘氏孺人。

陈师谔，以户部七品小京官，乾隆四十五年（1780）恭遇覃恩，貤

[一] 九光：五光十色，形容光芒色彩绚烂。《太平御览》卷八引《海内十洲记》："碧玉之堂，琼华之室，紫翠丹室，锦云烛日，朱霞九光。"

[二] 任子：因父兄的功绩，得保任授予官职。《汉书·王吉传》："今使俗吏得任子弟，率多骄骜，不通古今……宜明选求贤，除任子之令。"颜师古注引张晏曰："子弟以父兄任为郎。"

[三] 貤（yí）赠："貤"通"移"。将自己得到的封号奏请朝廷，移赠于先人。《清史稿·选举志五》："旧例仕宦至三品，幼为外祖父母抚养，其外祖父母殁无嗣者，许依其官阶貤赠，其馀外姻不许貤封。"

赠父陈惟履承德郎，母毛氏安人；本生父陈惟谦承德郎，嫡亲母杨、毛氏安人。

周思楷，以筠连县教谕，嘉庆四年（1799）恭遇覃恩，貤赠父周国典修职郎，母张氏孺人。

熊敏谦，甘肃嘉峪关营游击，嘉庆十四年（1809）恭遇覃恩，封武翼都尉，妻杨氏、继妻罗氏封淑人，祖熊祖庄赠武翼都尉，祖母吴氏赠淑人，父熊镗赠武翼都尉，母牟氏赠淑人。

武安邦，以武举人拔授督标右营把总，出师西藏及达州等处剿捕教匪，立功，病故。嘉庆五年（1800）恩荫子建猷七品监生，现在建昌西昌汛效力。

杨映阳，以武举人署督标右营千总，出师达州大宁县剿捕教匪，阵亡。嘉庆四年（1799）恩荫孙登魁云骑尉世职，年未及岁，准食半俸。

靳朝贵，提标兵丁，出师闽省及西藏立功，拔龙安外委。当在行营，伤发亡故。乾隆五十九年（1794）恩荫子宗举八品职衔，现在城守左营学习。

李献廷，以武生在提标学习，出师甘肃、西藏及黔、楚，立功，拔普安营把总。随带兵攻克乌草河，右胁受枪伤，在黔省松桃地方伤发亡故。嘉庆十三年（1808）题准孙斯盛承荫，现食半俸。

王琯，以行伍出师金川，立功，拔外委。乾隆三十九年（1774）带兵攻木克什地方，阵亡。六十年（1795）奉文行查，伊子道成、道明等承荫，历经访查无迹，尚未具题。

彭县志卷之二十九

政　绩

蜀为才薮，彭在北隅。良牧休养，地为膏腴。陌垂穜稑[一]，社赛枌榆[二]。讼平政美，说礼师儒。捍灾御患，大节不逾。自秦迄今，舞巷歌衢。作《政绩志》。

秦

李　冰。孝文王时，以冰为蜀守。行郡至湔山，见水为民患，沉石犀于江，复凿离堆，导通洛水，出瀑口，经什邡、郫别江，会新都大渡[三]。筑堰灌田，湔水下流为清白江，经彭邑南乡，广溉田亩，至今民享其利，立庙祀之。

李二郎。冰子，替助其父，厥功懋焉[四]。

汉

文　翁[五]**。**为蜀郡守，每行属县，以经明行修者与俱，声教大行，化洽齐鲁。时止于彭，化尤浃洽。

[一] 穜稑（tónglù）：先种后熟的谷类和后种先熟的谷类。《周礼·天官·内宰》："上春，诏王后帅六宫之人，而生穜稑之种，而献之于王。"郑玄注引郑司农曰："先种后熟谓之穜，后种先熟谓之稑。"

[二] 枌榆：汉高祖故乡的里社名。《史记·封禅书》："高祖初起，祷丰枌榆社。"裴骃《集解》引张晏曰："社在丰东北十五里。或曰：枌榆，乡名，高祖里社也。"

[三] 按，此处叙李冰之功，详《华阳国志》卷三。

[四] 按，《订讹》评此条云："无稽。"

[五] 按，《汉书·循吏传》有此人传记。

唐

颜泉明[一]。彭州长史，家贫，居官廉介，饭粥不给，无愠色。

吴行鲁[二]。刺彭州，轫车之始[三]，究风俗，约市期。民之忧苦，明其重轻；事之兴废，熟其利病。从便革弊，幽显惬心。郡内既肃，化及支邑。

刘易从[四]。武后时彭州长史，决唐昌沱江，凿川派流，合堋口琅岐水，溉九陇、唐昌田。民享其利，立祠祀之。

钟绍京[五]。虔州赣人，以善书直凤阁。景龙中（707—710），为苑总监。会讨韦氏难，绍京帅户奴丁夫从。事平，进中书令、越国公，复进户部尚书，出为彭州刺史。史臣赞曰："绍京之果，足济危纾难，方多故时，必资以成功者也。"

柳　明[六]。字太易，河东人也。知九陇县，旷怀御物，长策服人。道路氓讴，政成黎颂。王勃称其卓行曰"君子人也"。

冉　实。字茂实，河南人，举四科，敷言简帝[七]，除导江令。政闻行露[八]，阖境相欢。率性仁爱，由衷易简。张说称之曰："子产、祭遵岂能过也？"[九]

[一] 按，此人小传本自雍正《四川通志》卷六，又见《明一统志》卷六七、《万姓统谱》卷二六。

[二]"鲁"，原误作"曾"，今改。可参本书卷二六。按，此处所言相关事迹，见《文苑英华》卷八〇八陈溪《彭州新置唐昌县建德草市、歇马亭镇并天王院等记》。

[三] 轫车：停车，此处指到任而下车。《战国策·秦策五》："陛下尝轫车于赵矣。"高诱注："轫车，止仕也，不欲言其质，故住车，故止于赵敢国。"

[四] 按，此人事迹源自《新唐书·地理志六》。

[五] 按，此人传记见《新唐书》卷一二一。

[六] 按，此人事迹见《王子安集注》卷一五《益州夫子庙碑》。又，《王子安集注》卷一九《彭州九陇县龙怀寺碑》称此人名柳明献，字太初，或其别名与字也。

[七]"帝"，原脱，据《张说集校注》卷一六《河州刺史冉府君神道碑》补。按，所谓"简帝"者，与帝心相合也。《书·汤诰》："简在上帝之心。"

[八]"露"，原误作"路"，据《张说集校注》改。按，"行露"者，以周代召伯为喻，赞美冉实。《诗·召南·行露》之《诗序》云："《行露》，召伯听讼也。"

[九] 子产：《史记·郑子产传》："死，丁壮号哭，老人儿啼，曰：'子产去我死乎，民将安归？'"◎祭（zhài）遵：字弟孙，东汉颍阳（今河南许昌市西南）人，官至征虏将军。为人廉约小心，克己奉公，赏赐则尽与士卒，家无私财。《后汉书》卷二〇有传。

高　适[一]。渤海人，肃宗时为彭州刺史。始，明皇东迁，分剑南为两节度，百姓弊于调度。适上疏，愿罢东川，以剑南并力从事。帝不纳。梓屯将段子章反，适从崔光远讨斩之。

王　抡。不详其里居，曾任侍御。罢官赴蜀，剑南节度使严武奏授彭州刺史。在严武幕，与杜甫为执友[二]，敭历中外，亦时之隽也。

阎用之。京兆人，温毅逊直，廉恪宽信[三]。读《论语》《老子》《周易》，被服其教。初仕彭州参军。尝摄督邮[四]，一日纠按本州愆谬不法数十事，太守徐知人，以为材。后有诏择舍人，以公魁伟爽悟，有蕴藉，乃登其选。历仕至金吾卫将军。

毕　构[五]。字隆择，偃师人，六岁能为文。及冠，擢进士第，补金水尉，迁九陇主簿。居亲丧，毁棘甚。神龙初（705？），迁中书舍人。武三思疾之，出按察剑南。所至振弊柅私[六]，号为清严。睿宗嘉构，赐玺书袍带。

杨　晟[七]。不详宗系，隶凤翔军。节度使李昌符畏其勇，欲杀之，妾周擿使亡去[八]。隶神策军，为都校。僖宗在陈仓，邠宁朱玫遣万骑追行在，乃擢义军节度使、检校司空，守大散关。玫兵攻关，晟数却战。帝更徙兴元，晟西奔。玫取兴、凤二州。晟袭文州，逐刺史，据成、龙、茂等州。王建攻成都，田令孜以晟故将，与连和，假威戎军节度使，守彭州。晟击建无功[九]，引还，且畏建图己，乃约山南西道节度使杨守亮兄弟，合谋拒建。建使王宗裕率骑五万围晟，食四郊麦，掠民资产。晟假子实以骑八千降于建。建以奇兵袭杨守厚等，皆亡去。晟开门决战，

[一] 按，高适传见《新唐书》卷一四三。

[二] 按，《杜诗详注》卷一七有《哭王彭州抡》。

[三]“信”，原作“性”，据《文苑英华》卷九四九独孤及《右金吾卫将军阎公墓志铭》改。此文又载《毗陵集》卷一二，经过比对，与《毗陵集》略异，与《文苑英华》相合。

[四] 督邮：官名。汉置，郡的重要属吏，代表太守督察县乡，宣达教令，兼司狱讼捕亡。《汉书·尹翁归传》：“延年大重之，自以能不及翁归，徙督邮。”

[五] 按，此人传记见《新唐书》卷一二八。

[六] 柅（nǐ）：塞于车轮下的制动之木。《易·姤》：“系于金柅。”王弼注：“柅者，制动之主。”此处引申为杜绝。

[七] 按，此人传记见《新唐书》卷一八六。

[八] 擿（tī）使：指使。《汉书·谷永传》：“卫将军商密擿永令发去。”颜师古注：“擿，谓发动之。”

[九]“功”，原误作“攻”，据《新唐书·杨晟传》改。

大败，遂约降。建馈十羊，晟曰："以我为机上肉乎？"不出。建筑甬道，属陴以入，斩晟首。晟有仁心，下怀其恩，虽城中食尽，无叛者。初，昌符死，晟得其妾周，母事之。周请为妻，晟固辞，旦夕问省，乃视事。

安师建。彭州马步军使杨晟爱将，勇而有礼。既就执，建顾曰："尔报杨司徒足矣，能从我乎？"谢曰："司徒誓同死生，不忍复戴日月。"三谓不回，乃戮之[一]。

勾　弇[二]**。**扈僖宗入蜀，封卫将军。同杨晟守彭州，城陷死之。

孟　蜀

贾　鹗[三]**。**青社人也，仕蜀为御史，刚方严正，门无私谒。明德元年（934），彭州刺史田敬全辟为本州倅职，已而权刺史事。为理公清，人多敬惮之。是时彭州僧号醋头者，长髭垂发，以功德灯像纳为三衣，状若佯狂，言事多中，惧鹗，不敢辄入境内。彭州人诣鹗陈状，请归之。鹗判状曰："出家长头，未除烦恼。为衣挂像，岂敬慈尊？向禅室以邪淫，发妖言而惑众。妄裁历数，上侮朝廷；谩述灾殃，下迷声俗。况今有漏，未证无生。将修功德以为名，积聚私财而作贾。但以正人息事，君子含宏，未议剪除，致兹猖炽。所嗟鄙俚，竞言妖称，列状诣衙，欲希迎请。须行严令，以绝风情。所由入界把捉，候到决脊奏闻。"醋头闻之，越邻境而去。

宋

辛仲甫。孝义人，太祖时知彭州。州卒诱营兵及诸屯戍，以长春节宴集为乱[四]。属春初，仲甫出城巡视，见濠中草深，意可藏伏，命烧薙之。其党疑谋泄，乃自首，尽擒斩之。先是，州少种树，暑无所休。仲

[一] 按，此处所引亦出《新唐书·杨晟传》。

[二] 按，此人事迹见《全蜀艺文志》卷五三《氏族谱》之勾氏。但原文不言封卫将军一说，《订讹》认为此条当删，或不知其有所本欤？

[三] 按，此人传记见《十国春秋》卷五三。

[四] 长春节：《宋史·太祖纪一》云："以二月十六日为长春节。"

甫课民栽柳荫行路，郡人德之，名补阙柳。太祖问群臣文武兼资者，赵普以仲甫对，徙益州兵马都监。太宗时，知成都府，奏免岁输铜钱，罢榷酤，政尚宽简，蜀民赖之。

王继涛[一]**。**河溯人，宋初为左神武大将军。大军伐蜀，为凤州路壕砦使。孟昶降，诏以继涛为彭州刺史。绵州军乱，劫全师雄为帅，率众攻彭州。继涛与都监李德荣拒之，德荣战死。继涛身被八枪，单骑走至成都。素与通事舍人田钦祚有隙，会钦祚入朝，乃诬奏以他事。太祖驿召继涛，将面质之，道病卒。诏曰："故彭州刺史王继涛，先登击贼，身被重枪，优典未加，赍志而殁[二]。故阶州刺史高彦晖，帅师讨贼，奋不顾身，垂老之年，殒身锋镝。永言痛悼，不忘于怀。并赐其家粟帛。"

李德荣。仕宋为都监，全师雄攻彭州，李德荣战死。

高彦晖[三]**。**蓟州渔阳人，仕契丹为瀛州守。世宗北征，以城来降，迁耀、阶二州刺史。王师伐蜀，为归州路先锋、都指挥使。全师雄之乱，崔彦进遣彦晖与田钦祚讨之。至导江，与贼遇，贼据险路，设伏竹箐中。官军至，伏发，遂不利。彦晖谓钦祚曰："贼势张大，日将暮，请收兵，诘朝与战。"钦祚欲遁，虑贼曳其后，乃绐之曰[四]："公食厚禄，遇贼畏缩，何也？"彦晖复麾兵进，钦祚潜遁去。彦晖独与部下十馀骑力战，皆死之，时年七十馀。事上闻，优恤其家。

刘师道[五]**。**东明人，太宗时知彭州。转运使刘锡、马襄上其治绩，召归。

马知节[六]**。**字子元，幽州蓟人，江州防御使马全义之子。幼孤，太宗时以荫补供奉官，赐今名。年十八，监彭州兵，以严莅众，众惮之如老将。李顺之叛，诏与刘继恩同讨贼。继恩恃势自任，恶知节不附己，遣守彭州，付以羸兵三百[七]，彭之旧卒悉召还成都。知节累请益兵，不

[一] 按，此人传记见《宋史》卷二五五。

[二] 赍志：怀着志向。《江文通集江注》卷一《恨赋》："赍志没地，长怀无已。"

[三] 按，此人传记亦见《宋史》卷二五五。

[四] 绐（dài）：欺诳。《史记·项羽本纪》："项王至阴陵，迷失道，问一田父，田父绐曰'左'，左，乃陷大泽中。"

[五] 按，此人传记见《宋史》卷三〇四，乃雍熙二年（985）进士。

[六] 按，此人传记见《宋史》卷二七八。

[七] "羸"，原作"嬴"，据《宋史》改。

从。贼众十万攻城，知节力战[一]，自晨抵晡，士多死，慨然叹曰："死贼手，非壮夫也！"即横槊溃围出。迟明，援兵至，复鼓噪入，贼遂溃去。太宗闻而叹曰："贼众我寡，知节不易当也。"

张若谷。字德繇[二]，南剑沙县人。进士及第，为巴州军事推官。会蜀寇掠邻郡，若谷率众为守御备。真宗识其名，特改大理寺丞，知濛阳县。所至有循良迹，不激讦取名云[三]。

章　频[四]。浦城人，真宗时知九陇县。眉州大姓孙延世，伪为券，夺族人田，久不能辨。转运使檄按治之，频视墨浮朱上，曰："此必先盗印，然后书。"乃引伏。

姚仲孙。商水人[五]，仁宗时通判彭州。尝以天下久无事，不可以弛兵备，因上前代御戎料敌之策，名《防边龟鉴》。累迁屯田员外郎。

俞汝尚[六]。乌程人，仁宗时知导江县。新繁令卒，使者使承其乏，将资以公田。辞不许，至则悉以周旧令之家。

朱寿隆[七]。诸城人，仁宗时知九陇县。吏害民一家七人，以火死者。寿隆曰："宁有尽室就焚，无一脱者？殆必有奸。"逾月，获盗，果杀其人而纵火也。

苏元老[八]。眉山人，通判彭州。政和间（1111—1118），茂州蛮叛。元老移书成都帅周焘曰："此蛮跳梁山谷间，惟施、黔两州兵可与为敌。若檄数千人，使倍道往赴，贤于官军十万也。"又策："茂有两道，当使正兵阵湿山，而阴出奇兵捣刁溪，与石泉并力合攻，贼腹背受敌，擒之必矣。"焘皆不能用，竟得罪。后帅至，如元老策，蛮势蹙乃降。

吕　陶[九]。熙宁时（1068—1077）知彭州，时茶息收一之三，尽纳于官场，更严私交易之令，稍重至徒刑。吕陶奏言茶户被害，始诏息止

[一]"力战"，原脱，据《宋史》补。

[二]"繇"，原误作"谅"，据《宋史》卷二九九本传改。

[三] 激讦：激烈率直地揭发、斥责别人的隐私、过失，乃针对其大理寺丞之职而言也。《后汉书·杨震传》："今赵腾所坐，激讦谤语为罪，与手刃犯法有差。"

[四] 按，此人传记见《宋史》卷三〇一。

[五]"商"，原误作"商"，据《宋史》卷三〇〇本传改。按，商水县今隶河南周口市。

[六] 按，此人传记见《宋史》卷四五八。《订讹》认为此条当入灌县、新繁二县志。

[七] 按，此人传记见《宋史》卷三三三。

[八] 按，此人乃苏辙之孙，传记见《宋史》卷三三九。

[九] 按，此人事迹本自《宋史·食货志六·茶下》。

收十之一。元丰五年（1082），吕陶奏改茶法，止行长引，令民自贩，诏从其请，民方有息肩之望。

虞允文。仁寿人，绍兴二十三年（1154）通判彭州[一]。中书舍人赵达首荐允文，召对，极论四川财赋科纳之弊，上嘉纳之。

程　戡[二]**。**阳翟人，仁宗自择知益州。至彭州，民妄言有兵变，捕斩之。守益州者以嫌，多不治城堞。戡独完城浚池自固，奏禁蜀人妖言诬民者。

梁　介。乾道二年（1166）守彭州[三]，修永昌、九陇、濛阳十馀堰，民受灌溉之利，及于邻邦。

高　觌。任益州转运使[四]，彭州广碃[五]、丽水二峡出金，宦者挟富人，请置场募人夫采取。觌曰："聚众山谷间，与夷獠杂处，非远方所宜，且得不偿失。"奏罢之。

李行简[六]**。**彭州军事推官。陵州富民陈子美父死，继母诈为父书，逐出子美，累诉不得直。转运使檄行简，劾正其罪。

陈从易[七]**。**晋江人，真宗时调彭州军事推官，摄州事。时王均盗据成都，彭人谋应之。从易斩其首谋，召馀党，晓以祸福，贯之，众皆呼悦。乃率励将吏，修严守械，戒其家僮积薪舍后，曰："吾力不足以守，当死于此。"贼闻其有备，不敢入境。

明

胡子祺[八]。吉水人，洪武中（1368—1398）知彭州。都江诸堰，秦守李冰所凿，历代皆用铁石为之，劳费不赀。元季兵兴，堰废。子祺议

[一]"绍"，原误作"诏"，据《宋史》卷三八三本传改。

[二]"戡"，原误作"勘"，据《宋史》卷二九二本传改，后文此字之误径改。

[三]"二年"，原误作"三年"，据《南宋馆阁录》卷八，此人乾道二年（1166）六月知彭州，故改之。又，《宋史·食货志上》之一言"（乾道）四年（1168）以彭州守臣梁介修复三县一十馀堰"，即此处小传之所本也。

[四]"任益州转运使"，原作"知益州"，因袭旧志而误，据《宋史》卷三〇一本传改。

[五]"碃（qìng）"，原误作"靖"，据《宋史》改。

[六]按，此人传记见《宋史》卷三〇一。

[七]按，此人传记见《宋史》卷三〇〇及《东都事略》卷六〇，此处所引出《宋史》。

[八]按，此人小传出乾隆《大清一统志》卷二九三。

以竹木代，工甚省。

高　能[一]。成化时（1465—1487）知彭县，浚濠筑堤[二]，百废俱举。

侯　福[三]。天顺时（1457—1464）知彭县，修筑土城，以备不虞。

王梦说。贵阳举人[四]，嘉靖间任彭令，政尚简易。尝曰："为政，去所害而兴其所利耳。虚誉不必贾也。"恤民瘼，减赋役，有青天之谣。

黄正物[五]。丰城举人，万历中（1573—1620）知彭县。性淳笃，喜缄默，不事苛责，而内秉刚正，不畏强暴，不假威棱而人不敢犯。

张文曜。临洮人，选贡，万历中（1573—1620）任彭县令。时大工起，采木，文曜捐俸购办，民无扰累。清丈田亩，明察无欺隐。至徭役、条鞭[六]，裁定画一，诸郡邑皆仿行焉。

孙奉先[七]。永昌人，万历十七年（1589）知彭县。恺悌廉明，问民疾苦，一切蠹政悉行划除。

国　朝

王　焕[八]。山西济宁州岁贡，雍正八年（1730）知彭县事。值设县之初，创建衙署及各坛庙，兴水利，立学校，在任数年，精勤如一日。

[一]"高"，原误作"李"，据嘉靖《四川总志》卷三、万历九年《四川总志》卷五、《天启新修成都府志》卷三改。又据《天启新修成都府志》卷八，此人乃直隶人，举人，成化间任彭县知县。又据万历《和州志》卷四，此人乃景泰四年（1453）举人，以四川彭县知县致仕。

[二]"堤"，原误作"提"，据前引诸书改。

[三]按，此人筑城之事见嘉靖《四川总志》卷三、万历九年《四川总志》卷五、《天启新修成都府志》卷三等。又据《天启新修成都府志》卷八，此人为山西人。

[四]按，据乾隆《贵州通志》卷三〇，此人为嘉靖丙午（1546）举人。又，此人小传见《天启新修成都府志》卷一二、雍正《四川通志》卷六等，据《天启新修成都府志》，此人乃嘉靖末年任彭县令。本书所引，大致与《四川通志》相合。

[五]按，此人小传见《天启新修成都府志》卷一二、雍正《四川通志》卷六。本书所引，大致与《四川通志》相合。

[六]"鞭"，原误作"编"，据《天启新修成都府志》卷一二、雍正《四川通志》卷六改。按，此处所引与《四川通志》大致相合。所谓"条鞭"者，即明代实行的赋役制度一条鞭法。

[七]按，此人小传见《天启新修成都府志》卷一二、雍正《四川通志》卷六。此处所引与《四川通志》大致相合。

[八]按，嘉庆《四川通志》卷一一六小传与此相合。道光《济宁直隶州志》卷八之三称其字尧文。

胡南藩[一]。江西星子县进士，乾隆三年（1738）知彭县。为政公明，添建仓厫，劝捐社谷，士民爱戴。

陈奕纯[二]。山西凤台县举人，乾隆五年（1740）知彭县。在任六载，身先勤俭，倡捐社谷。常行畎亩，勤课农桑，至今父老犹颂其德政。

许伯政[三]。湖南巴陵县进士，乾隆十二年（1747）知彭县。勤敏廉干，案无留牍。创建九峰书院，政教修明，治行最著。

朱次臻[四]。陕西三原县举人，乾隆十九年（1754）知彭县，公正不阿。开西湖及黑龙泉，兴水利，建社仓，劝捐贮，培修书院，教养兼勤。

沈　鹏[五]。浙江仁和县举人，乾隆二十七年（1762）知彭县。改修砖城，倡捐积谷，凿泉灌溉田亩，邑民至今蒙其利。

谢生晋。福建侯官县举人，乾隆五十年（1785）知彭县。重修书院及各祠庙，兴教化，勤决狱，政声洋溢于境内。

马维岳[六]。直隶任邱县举人，乾隆六十年（1795）署彭县。每单骑往场市察奸宄[七]，人咸畏之，野无惰农[八]，庭无诤辞，有古良吏风。

[一] 按，此人字楚雄，号植堂，小传见同治《南康府志》卷一八、同治《星子县志》卷一八，乃雍正甲辰（1724）进士。

[二] 按，嘉庆《四川通志》卷一一六小传与此相合。

[三] 按，此人详传见嘉庆《巴陵县志》卷一九，字惠棠，乾隆壬戌（1742）进士。

[四] 按，嘉庆《四川通志》卷一一六小传与此大致相合。

[五] 按，嘉庆《四川通志》卷一一六小传与此大致相合。据乾隆《杭州府志》卷七一，此人乃乾隆二十二年（1757）举人。

[六] 按，据道光《任邱县志续编》卷上，此人字仲山，乾隆庚子（1780）举人。

[七] “宄（guǐ）”，原作“究”，形近而误，据文献用例改。《书·舜典》：“蛮夷猾夏，寇贼奸宄。”孔传：“在外曰奸，在内曰宄。”孔颖达疏：“寇贼奸宄，皆是作乱害物之名也。”

[八] “惰”，原作“隋”，虽曰可通，仍据文义改为本字。

彭县志卷之三十

宦　业

天彭毓秀，英杰济时。致身鳌禁[一]，奋翼龙池[二]。荣昭黼黻，华掌纶丝[三]。如膺民社[四]，惟勤职司。苞凤绚采[五]，灵芝呈姿。乐只君子，邦家之基。作《宦业志》。

宋

代　渊[六]。字蕴之，本代州人，唐末避地导江，家世为吏，有阴德。渊性简洁，以孝友闻。受学于李畋、张达，年四十，乡人更劝，举进士甲科，得清水主簿。叹曰：“禄不及亲，何所为耶？”还家教授，坐席常满。知益州杨日严又荐之，遂以太子中允致仕。谢绝诸生，著《周易旨要》[七]《老佛杂说》数十篇。晚年，日菜食，巾褐山水间，自号虚一子。

[一] 鳌禁：翰林院的别称。《司马光全集》卷一五《神宗皇帝挽词五首》之四：“鳌禁叨承诏，金华侍执经。”

[二] 龙池：犹凤池，指中书省。《陈子昂集》卷四《为陈舍人让官表》：“司言凤綍，挥翰龙池。”按，此二句喻指彭县之人才能身居高位。

[三] 纶丝：皇帝的言论，这里指诏书，言文采飞扬，能草拟诏书。《礼记·缁衣》：“王言如丝，其出如纶。”

[四] 民社：州县地方。《于湖居士文集》卷二七《后土东岳文》：“下臣虮虱，天子使守民社。”

[五] 苞凤：具有九种特征的凤凰。《初学记》卷三〇引《论语摘衰圣》：“凤有六像九苞……九苞者：一曰口包命；二曰心合度；三曰耳听达；四曰舌诎伸；五曰色光彩；六曰冠矩州；七曰距锐钩；八曰音激扬；九曰腹文户。”

[六]“代”，原误作“戴”，据《宋史》卷四五八本传改。《订讹》已指出此字之误，但云此条“宜入《灌县志》”，则略显迂阔。

[七]“旨”，原误作“肯”，据《宋史》改。

长吏岁时致问，澹然与对，略不及私。嘉祐二年（1057）九月有疾[一]，召术士择日，云："丙申吉。"颔之。是日，沐浴而绝。

师　骥[二]。彭州永昌人，政和二年（1112）省试第一。宣和中（1119—1125）为右正言，十馀日凡七八疏，论权幸及廉访使者之害而去。

赵彦呐。字敏若，彭州人，登四川类试第，少以材称。吴曦叛，以禄禧伪守夔，彦呐结义士杀之，遂显名。嘉定十二年（1219），关外西和州新被兵，制使安丙檄使经理。金人再至，战却之。因请修州北水关，募民耕战以守，又劝丙尽捐关外四州租，结民兵使各自为守，皆不行。在州五年，得军民心，转提点刑狱。寻帅沔，时誉甚都。宝庆元年（1225）移帅兴元[三]，会郑损弃四州，保三关[四]，彦呐力争，不胜，罢归家者五年[五]。绍定四年（1231），起彦呐于副使。端平元年（1234），遂升正使。丞相郑清之趣其出兵[六]，以应入洛之役[七]，不从。秦、巩之豪汪世显久求内附[八]，至是，彦呐为力请数四，清之亦讫不从。三年（1236），金人大入，至三泉，彦呐大败，贬衡州。其子洸夫用事，亦窜岭南。史嵩之留之江陵，两年卒。

明

郑彦文[九]。彭县人，元贵州宣慰使，洪武间（1368—1398）投诚。安抚播、贵水西、毕节有功，擢户部侍郎，守贵州。

李宗泗[十]。彭县人，成化辛丑（1481）进士，任池州府推官。入为御史，一时多所建白。有褒崇宣圣、控运边储诸疏。寻擢佥宪，筑临清

[一]"九月"，原无，据《宋史》补。

[二]按，宋人晁公遡《嵩山集》卷五二有《师公传》，即师骥之传记，可参看。

[三]"元年"，原误作"二年"，据《宋史》卷四一三本传改。

[四]"三"，底本、抄配本皆漫漶，据《宋史》补。按，据《宋史》，郑损弃四州在宝庆三年（1227）。

[五]"者五年"，底本漫漶，据抄配本及《宋史》补。

[六]"正使丞"，底本漫漶，据抄配本及《宋史》补。

[七]"役"，原误作"彼"，据《宋史》改。

[八]"巩之"，底本漫漶，据抄配本及《宋史》补。

[九]按，此小传本自雍正《四川通志》卷八。又，同书卷三八之二，亦有此人传记，内容略异。

[十]按，此处小传见《天启新修成都府志》卷二〇及雍正《四川通志》卷八。又据嘉靖《赣州府志》卷七，此人字希颜。

河堤，朝廷赐金帛劳焉。闽广寇儆[一]，以宪副备兵南赣，城会昌，以扼其冲。卒于官，所著有《挹清轩集》。

李　璲[二]。彭县人，以乡荐司训襄阳。夜有贼入室，以米肉遗之，贼感泣，为善。迁顺德教谕[三]，闻陈白沙讲学，往见之，坐语移日。白沙叹曰："君资可以入道。"

樊景麟[四]。彭县人，进士，知长沙。民谣曰："樊作长沙官，止饮长沙水。"仕至云南宪副，忤巡抚，被劾。朝臣论奏，巡抚罢，景麟亦挂冠而归。

边维垣[五]。字师甫，彭县人，进士。初授南工部郎，榷芜湖，清慎奉法，忌者反以京察中之，调禹州同知。未几，摄守事，出重囚，鞫无辜，士人白部使者，竟释之。京陵王不法，藏纳亡赖，阴署逻卒，悉捕系，置之法。又摄睢州，条省里徭千六百金。郡有张烈妇，死节甚奇，议旌，例宜听台请。维垣曰："表节，守臣职也。若候会勘移文，则停阁数年，而不得慰幽魂。"竟自奏行。为州佐，凡期岁，两上章，名大显，破例内转。累官江右巡抚，转南工部侍郎。屡上书求去，皆慰留，卒于官。

李凤毛[六]。字于翔，彭县人，嘉靖庚戌（1550）进士。由大名府推官行取御史，巡按宣、大[七]。时俺酋方炽[八]，凤毛区画战守，前后凡三十馀疏，皆报可，升光禄少卿。会凉楼灾，自陈待罪。上念边功，置不问。复疏清查浮冒，岁省光禄十馀万金。未几，迁南太仆。严世蕃恶不

[一] 儆：紧急。《后汉书·郭伋传》："是时朝廷多举伋可为大司空，帝以并部尚有卢芳之儆，且匈奴未安，欲使久于其事，故不召。"李贤注："儆，急也。"

[二] 按，此人传记本自雍正《四川通志》卷八，与《天启新修成都府志》卷二一文字小异。

[三]"教"，原脱，据文义补。

[四] 按，此条乃因雍正《四川通志》卷八而误收。《四川通志》称其为彭县人，然更早之旧志如嘉靖《四川总志》卷四、嘉靖《汉阳府志》卷六、隆庆《云南通志》卷九、万历《湖广总志》卷二〇等，皆称其为新繁人。虽然《天启新修成都府志》卷二〇小传称其为彭县人，但同书卷一三又言为新繁人，可证作彭县人有误，雍正《四川通志》当即承袭《天启新修成都府志》而来。若据《四川通志》以为彭县人，但本书卷二七在《选举志》中又并不收此人，可见前是而此非，故本条实当删去。光绪《重修彭县志》卷七亦承袭此处之误，认为乃彭县人，谬矣。

[五] 按，此处传记本自雍正《四川通志》卷八，《天启新修成都府志》卷二一文字更详。

[六] 按，此人传记本自雍正《四川通志》卷八。

[七] 宣、大：宣谓宣府镇，今河北宣化县；大谓大名府，今河北大名县。

[八] 俺酋：俺即俺答汗，又译为阿勒坦汗，明代北方蒙古土默特部的首领。《钦定蒙古源流》卷六云："阿勒坦汗，丁卯年（1507）生，占据十二土默特而居。"

附己，遂致仕归。

马朝锡。字晋卿，彭县人，进士。起家萧山令，调安东，开荒田，招流徙。后榷芜湖关，奏革船税以便行人。寻以谗归，朝野惜之。著有《扪参楼集》《五道原》等书[一]。

刘　藻。字文洁，彭县人，以太学生领顺天乡荐。为富平令，政教并举，不避权势。未久[二]，乞致仕归，聚徒讲诵，以恬淡自守。

唐廷珍[三]。字宗儒，彭县人，由选贡令安化县。平易仁恕，民情爱戴。

[一]《五道原》：此处所据为雍正《四川通志》卷八。但本书卷四二著录此书之名则作《五道原书》，未知孰是。

[二]“久”，原误作“人”，据雍正《四川通志》卷八小传改。按，据万历《富平县志》卷八小传，此人为正德十一年（1516）举人。

[三]按，此人小传见《天启新修成都府志》卷二一、雍正《四川通志》卷八，文字小异。

彭县志卷之三十一

忠　义

十室之邑，必有忠信。身不顾危，必坚其荩[一]。忿激青霄，甘蹈白刃。成仁取义，躯残骨烬。史册炳麟，山岳摇震。急难好施，亦世之俊。作《忠义志》。

汉

任　末。字叔本，繁人。少习《齐诗》，游京师，教授十馀年。友人董奉德于洛阳病亡，末乃躬推鹿车，载奉德丧，致其墓所，由是知名。为郡功曹，辞以病免。后奔师丧[二]，于道物故，敕兄子造曰："必致吾丧于师门，使死而有知，魂灵不惭。如其无知，得土而已。"造从之。

魏

昝龙超[三]。晋寿人也，性尚义侠，少为乡里所重。永熙中（532—534），梁将樊文炽来寇益州，刺史傅和孤城固守。龙超每出战，辄破之。时攻围既久，粮矢俱尽，刺史遣龙超夜出，请援于汉中，遂为文炽所得，许

[一] 荩（jìn）：一种草。《本草纲目》卷一六云："今处处平泽溪涧侧皆有，叶似竹而细薄，茎亦圆小，荆襄人煮以染黄，色极鲜好，俗名簗蓐草。"此处比喻像荩草一样柔弱的普通人也会有坚韧不屈的时候。

[二]"奔"，原误作"丧"，据《后汉书》卷七九之下本传改。

[三] 按，《订讹》认为此条宜入《昭化县志》，或误。据《太平寰宇记》卷七三，宋置晋寿郡，故城在九陇县北，则收入此条，亦自有其理。

以封爵，使告城中曰："外无援军，宜早降。"乃置龙超于攻楼上，龙超乃告刺史曰："援军数万，近在大寒。"[一]文炽大怒，火炙杀之，至死辞气不挠。大统二年（536），诏赠龙骧将军、巴州刺史。

唐

王先成[二]**。**彭州军士。昭宗景福元年（892）六月，王建围彭，日久不下，民皆窜匿山谷，建兵肆剽掠。先成度建诸将惟王宗侃最贤，乃往说之，切陈彭民流离困厄状。宗侃恻然，因以白建。建悦，撤围，民复故业。

明

刘士元[三]**。**彭县人，七岁能文。正德六年（1511）进士，官御史，巡按畿辅。十三年（1518），帝猎古北口，将招朵颜卫花当、把儿孙等燕劳，士元陈四不可。先是，帝幸河西务，指挥黄勋假供奉扰民，士元按之。勋惧，逃赴行在，因嬖幸谮于帝，云士元闻驾至，令民间尽嫁其女，藏匿妇人。帝怒，命裸缚面讯之。野次无杖，取生柳干痛笞之四十，几死，囚槛车驰入京。都御史王璟及科道陈沾、牛天麟等交章论救，不报，谪麟山驿丞。世宗立，复故官，出为湖州知府，迁湖广副使。修荒政，积粟百万馀石。事闻，被旌劳。嘉靖九年（1530），屡迁右副都御史，巡抚贵州，居三年罢。

鲁文献。彭县人，以母老兄瞽，不仕。道遇遗金，不拾。岁旱且疫，捐地以瘗道殣[四]。

易志明。彭县人，居慈峰。三子务农为业，赒族济贫，瘗殍建桥，乡党以"三代遗民"褒之。

张守业。彭县人，张文广仆。文广疾笃，托孤于其婿，婿辞，因属

[一]"寒"，原作"寨"，据《北史》卷八五本传改。
[二]按，此人传记见《十国春秋》卷四二。又，《订讹》云此条"宜入《新津县志》"，迂阔。
[三]按，此人传记见《明史》卷一八八《张文明传》之附传。
[四]道殣（jìn）：饿死于路边的人。殣，饿死者。《大戴礼记·千乘》："此以气食得节，作事得时，劝有功……是故年谷不成，天之饥馑，道无殣者。"

守业，泣受之。成葬毕，即邀戚党邻里至，田产登记簿籍，详载明晰。终岁勤劬，侍养主母，抚孤成立，仍邀戚党邻里至，奉簿籍管钥，悉归其主，沃产倍增，毫无私蓄。众请复其身，守业曰："我，张氏老奴也，将安往？"士大夫咸敬礼之。

唐庆忠。彭县人，性好施，家止斗米，先济贫乏。

杨宏义。彭县人，邻有寒士敖选，家甚贫，宏义周之。后得志，酬以千金，不受。

徐端履[一]。彭县人，业医，性孝谨，治病不计贫富。贼至[二]，留衣履于观音泉岸，赴水死。

鲁　姓。失其名，彭县人。人以其秉性正直，恒以城隍呼之。贼至，执之驱而行，骂不绝口。贼割其舌，犹噀血以号，遂寸磔之。

刘祚昌[三]。彭县诸生，匿山中。贼至被执，不屈，遂杀之。

国朝

王秉钧[四]。邑贡生，豁达好施，尤笃宗族。族中贫者，咸赒之，为婚嫁其子女。会暑月将大雨，有远人病卧宅畔，钧掖至家，予以药食，平复乃去。盖勇于为义者。

赵　涵。邑监生，有才识。西山王村坝，广约二千亩，旧皆菜园。乾隆丁亥（1767）间，涵相其地平衍，得水可栽稻禾，倡先于小鱼洞凿沟，名清江堰，引灌全村。村人德之，刻石堰上，每派修堰工费，不及涵家。

杨天恩[五]。邑人，有胆略。康熙间（1662—1722），吴逆既溃[六]，尚有流贼啃聚行劫，乡民苦之。天恩率众逐贼，至崇宁水兽沱上，格杀百

[一]"履"，原作"屦"，据《钦定胜朝殉节诸臣录》卷一一改。按，此人之名，诸书多有误写者。雍正《四川通志》卷一二小传作"徐瑞屦"，其名颇怪，作"瑞屦"显误。《钦定胜朝殉节诸臣录》作"徐端履"，从权威性来看，当是，然其所据也是《四川通志》，颇疑今文渊阁《四库全书》本《四川通志》有误。又，乾隆时期蜀人彭遵泗编《蜀碧》，卷二称"业医徐履端"，其书晚出，并未说明资料来源。"履端"或"端履"常用于人名，如万历九年《四川总志》卷七，就记载了内江举人徐履端，正与彭县此人同名；万历《嘉定县志》卷一〇，也著录了贡生徐端履。

[二] 贼至：指张献忠杀掠四川之事。

[三] 按，以上八人小传皆见雍正《四川通志》卷一二，偶有文字差异。

[四] 按，嘉庆《四川通志》卷一六三亦载此人小传，文字略异。

[五] 按，此人小传亦见嘉庆《四川通志》卷一六三。

[六] 吴逆：吴三桂。

人，馀遁去，由是邑中安堵。

尹思元。邑监生，慷慨好义。乾隆癸丑（1793）间，岁歉米贵，思元于就近场市减价粜米二百馀石，存活甚众。川督孙旌其门曰“惠匀梓里”[一]。

刘纪宪。邑贡生，亦于是年减价粜米二百馀石。川督孙给以额曰“尚义可风”。

陈于凯[二]**。**邑举人，令山东莘县，原任广东监司陈太常季子也。归里后，族人以长房绝业田分百亩遗凯，凯弗受，为立嗣焉。邑令张龄度建《让产碑》旌之，附载《艺文》。

冯　虪。邑庠生翮之兄，少孤，孝事孀母，教幼弟成名。平日慷慨好义，族党有急辄周之。置义冢，葬孤贫。邑东乡新建映台义学，虪亦在倡捐首事之列。虪卒后，子思诚、思琦继其志，施棺百馀[三]。又捐旱地约八十亩呈于县，入文昌宫，为焚献之资[四]。其长子思忠之子志伊，入邑庠，皆克守遗风云[五]。

龙子仲。监生龙门超之曾祖，慷慨好义。乾隆五十九年（1794）[六]，岁歉米贵，减价粜米五十石。成都太守邱奖给“积善馀庆”额[七]。嘉庆十年（1805），又逢岁歉，米价倍昂。子仲于就近场市减价粜米一百石，赖以全活者甚多。藩司董给“谊敦梓里”额[八]，以奖其门。

刘文绣。邑监生，慷慨好义，时济人急。每届岁除，邻人多告贷焉。文绣视其家人数多寡给以米，未尝责偿，岁以为常。又施棺木并与葬地，计二百馀冢。子士勋、士尧，淳厚一如其父，俱入文庠。

[一] 川督孙：孙士毅（1720—1796），浙江仁和人，字智冶，号补山。乾隆二十六年（1761）进士，历任云南、广东巡抚，两广总督。《清史稿》卷三三〇有传。又据嘉庆《四川通志》卷一〇三，此人乾隆五十五年（1790）署四川总督。

[二] 按，此人小传亦见嘉庆《四川通志》卷一六三。

[三]“棺”，底本漫漶，据抄配本补。

[四]“为焚”，底本漫漶，据抄配本补。

[五]“守遗风”，底本漫漶，据抄配本补。

[六]“乾隆”，底本漫漶，据抄配本补。

[七] 太守邱：据嘉庆《四川通志》卷一〇四，此人名邱之芬，广西临桂人，乾隆五十六年（1791）任成都知府。

[八] 藩司董：应即董教增，道光《上元县志》卷一五有详传。据嘉庆《四川通志》卷一〇三，此人嘉庆九年（1804）任职布政司，与“藩司”之职相合。

周　锈。监生周应绂之父，武生周德超之祖，廪生周崇朴之曾祖。乾隆五十八年（1793），岁歉米贵，锈减价粜米二百馀石。邑令谢给“勇于好义”额旌之[一]。

[一] 邑令谢：指彭县县令谢生晋。

彭县志卷之三十二

孝　友

玄黄剖判，厥初生人。惟孝及友，天德之纯。同衾让果[一]，衔索悲薪[二]。秉彝所同，无间贱贫。爱敬尽力，感格通神。景其遗躅，激薄还淳。作《孝友志》。

晋

邓　宝[三]。彭县人，事亲至孝，乡里称之。其家酤酒为业，得钱奉甘旨。有二仙客常就饮，见宝事亲尽礼，每嗟异之。一日，言曰："汝孝行可嘉，学道有缘。"宝闻其言，潜随其后，行二十馀里，履江若平地。俄抵山，见其廊庑壮丽，奇花怪石，皆非尘世。二客见宝，笑曰："汝亦来耶？"引之周览，不觉饥渴。谓宝曰："汝离家久，母念汝成疾。"与药两丸，令救其母。遂出，回顾旧处，已失所在。至家，已二年矣。宝以药献其母，疾愈，寿百馀岁。终，宝结庐墓侧。岁馀，二客诣庐召之，遂仙去。人号所居为邓宝村。

[一] 同衾让果：同盖一床被子，推让果子。《晋书·孝友传序》："推肥代瘦，徇急难之情；让果同衾，尽欢愉之致。"按，让果谓孔融让梨之事。

[二] 衔索：口穿绳索，引申为不能孝养父母。《孔子家语》卷二："枯鱼衔索，几何不蠹；二亲之寿，忽若过隙。"◎悲薪：不忘故旧。《韩诗外传》卷九："孔子出游少源之野，有妇人中泽而哭，其音甚哀。孔子使弟子问焉，曰：'夫人何哭之哀？'妇人曰：'乡者刈蓍薪亡吾蓍簪，吾是以哀也。'弟子曰：'刈蓍薪而亡蓍簪，有何悲焉？'妇人曰：'非伤亡簪也，盖不忘故也。'"《晋书·孝友传序》："聚薪流恸，衔索兴嗟。"

[三] 按，此人事迹见嘉靖《四川总志》卷五，其后万历九年《四川总志》卷八、《天启新修成都府志》卷二四、雍正《四川通志》卷一〇之上等皆承袭之。《订讹》云："未知所出，晋时亦无彭县。"

明

史　英[一]。彭县人，以乡荐任江西瑞州府推官。历任九载，数决疑狱。以母老，坚意乞归终养。瑞人感其孝，祠祀之。

边　洪[二]。彭县诸生，事母纯孝，轻财好义。年六十七，以哭母过哀而终。

李　岳。彭县人，官华容训导，转通山教谕，事孀母至孝。

米　贝。彭县贡生，苦学励行。事奉继母曲为顺承，推让货产以与异母弟，当事以笃行表其间[三]。

徐仕明[四]。彭县人，母何氏，常卧病，仕明两次割股，俱获痊。当事闻其孝，表曰"爱笃慈乌"。又尝拾人遗金，尽归其主，人称孝义。

熊　安[五]。彭县人，兄弟六人，力耕以食，内无间言。直指吴公表曰"孝友"[六]。

祝丕传[七]。彭县诸生，贼变，负母至樊家场。贼追至，欲杀其母，求以己代，贼不许，并遇害。

国　朝

赵守诚[八]。邑举人，立身砥行，家庭敦穆。初，设教于家，游其门者如双流葛荃、成都赵洪殷，皆知名士。后为金坛令，作养人才，王罕

[一] 按，此人小传见雍正《四川通志》卷一〇上，《天启新修成都府志》卷二一所载则文字略异。

[二] 按，此人小传亦见雍正《四川通志》卷一〇上，《天启新修成都府志》卷二一所载文字更详。

[三]"间"，底本、抄配本皆漫漶，据雍正《四川通志》卷一〇上补。又，《天启新修成都府志》卷二一所载文字更详。

[四] 按，此人小传见雍正《四川通志》卷一〇上，《天启新修成都府志》卷二四所载文字略异。

[五] 按，此人小传见雍正《四川通志》卷一〇上，《天启新修成都府志》卷二一所载文字略异。

[六] 直指吴公：据《中国历代职官别名大辞典》，直指在明代指巡按御史。据雍正《四川通志》卷三〇，明代万历时（1573—1620）有吴之皞、吴礼嘉两位，更早则有景泰年间（1450—1457）的吴琛和永乐时期（1403—1424）的吴阁，不知此处所指为谁。从时间早晚来看，可能是最晚的吴之皞。

[七] 按，此人小传见雍正《四川通志》卷一〇上。

[八] 按，嘉庆《四川通志》卷一五三小传与此略异。

皆太史，亦游其门墙。以老告归，卒。

杨　瑄。邑举人，经明行修，乡党著有令闻。令湖南东安，调任龙山[一]，历官二十年，有循声。及归，惟载书数百卷。《宿武连驿》诗云："不烦旅舍传宵柝，行李萧条似去时。"

黄金相[二]**。**邑茶商黄文之子，与弟金玉、金印笃友爱。父早卒，勉事孀母。母病，金相割股以疗，玉与印则尝粪验吉凶，如黔娄故事[三]。及殁，庐墓三载。平日治家有法，相戒毋听妇言，以故一门雍睦，今经四世，人口多至百馀，尚未析产，人以为难。

张奇现[四]**。**邑民，事母孝。母病剧，割股和药以进，获痊。雍正四年（1726），知新繁县事王霖旌其门曰"苦心笃孝"。

胡之宁。性笃孝，母病痈，曾口吮其毒。及卒，庐墓不绝哭声。后领嘉庆甲子（1804）乡荐，人谓孝行所致。

毛世仪。邑贡生，弟世俊生甫六月，母卒，仪妻乳之。既婚，举一子，名元通。而世俊寻故，仪复抚之成立，以所置田三百馀亩子侄均分，乡党推其友爱。

侯　瑄。邑民，善事兄长，友于谊笃[五]，虽饮食不敢先尝，终其身如一日。兄弟俱寿八旬。

王于德。邑庠朝翰、庸弼之父。初，家贫，与兄于安析居几二十年。经营耕作，得置良田，而兄子贫如故，即以山田一百二十亩分侄昭为赀产[六]，并给手字，免己子异议。至今昭之子孙犹能守其成业云。

成天佑。邑诸生道南父也。年十五而孤，孝养孀母，抚四幼弟成立。

[一]"龙山"，嘉庆《四川通志》卷一五三小传误作"龙安"。又，此处所引诗歌，似仅见于本书。

[二] 按，此人小传亦载嘉庆《四川通志》卷一六二，文字略简。

[三] 黔娄故事：《梁书·孝行传·庾黔娄》云："庾黔娄字子贞，新野人也。父易，司徒主簿，征不至，有高名。黔娄少好学，多讲诵《孝经》，未尝失色于人……齐永元初（499?），除孱陵令。到县未旬，易在家遘疾，黔娄忽然心惊，举身流汗。即日弃官归家，家人悉惊其忽至。时易疾始二日，医云：'欲知差剧，但尝粪甜苦。'易泄痢，黔娄辄取尝之，味转甜滑，心逾忧苦。至夕，每稽颡北辰，求以身代。俄闻空中有声曰：'征君寿命尽，不复可延。汝诚祷既至，止得申至月末。'及晦而易亡，黔娄居丧过礼，庐于冢侧。"

[四] 按，此人小传亦见嘉庆《四川通志》卷一六二。

[五] 友于：兄弟友爱的情谊。《书·君陈》："惟孝友于兄弟。"《后汉书·史弼传》："陛下隆于友于，不忍遏绝。"

[六]"侄"，原误刻作"姪"，据光绪《重修彭县志》卷七及文义改。

母卒，丧葬尽礼。由勤俭起家，广置田亩，至老始析居，而以沃土与弟，自择其瘠者，舆论多之[一]。

李　素。嗜学能文，每试辄前列。与兄纯友爱綦笃，纯死，遂绝意进取。教其侄元书、元达及子元伯，皆入邑庠。平日好与人言忠孝节义事，遇构讼者，必劝止勿讼，乡邻化之。年八十馀卒。

陆文藻。邑民，笃于孝友。昆季九人，藻行二。仅有薄田数十亩，父临终，属以家事，藻遵遗命独任之。率诸弟力耕，崇节俭，俾兄卒儒业成名，一门雍睦，垂老不言析居。子慕濂，食饩本学。孙世儒，亦入邑庠。

[一] 多：称赞。《史记·管晏列传》："天下不多管仲之贤而多鲍叔能知人也。"

彭县志卷之三十三

列　女

孟母求仁[一]，共姜誓节[二]。后世闺襜[三]，希踪徽烈。事或遇暴，志甘溅血。有勤教养，甘旨无缺。劲草寒风，苍松白雪。扬芬彤管[四]，昭兹贤哲。作《列女志》。

宋

师　氏[五]。彭州永昌人。父骥，宣和中（1119—1125）右正言。女适范世雍子孝纯，建炎初（1127？）还蜀，至唐州方城县，会贼朱显终掠方城，孝纯被害，执师氏。师骂曰："我中朝言官女，岂为贼辱！吾夫已死，宜速杀我！"遂害之。

[一] 孟母求仁：孟子的母亲曾三次搬家，以便为孟子找到好的邻居；又曾断机杼，以警示孟子不能中道而废。事迹详《古列女传》卷一《邹孟轲母》。《晋书·皇甫谧传》云："任氏曰：'《孝经》云，三牲之养，犹为不孝。汝今年馀二十，目不存教，心不入道，无以慰我。'因叹曰：'昔孟母三徙以成仁，曾父烹豕以存教，岂我居不择邻，教有所阙？何尔鲁钝之甚也？'"

[二] 共（gōng）姜誓节：共姜，周时卫世子共伯之妻。共伯封共国（今河南辉县），故称。共伯早死，她誓不再嫁。《诗·鄘风·柏舟序》："柏舟，共姜自誓也。卫世子共伯早死，其妻守义。父母欲夺而嫁之，誓而弗许，故作是诗以绝之。"

[三] 闺襜（chān）：闺门与帷幕，借指深居闺中的女子。襜，本指车子上的帷幕，此处泛指帷幕。《后汉书·刘盆子传》："乘轩车大马，赤屏泥，绛襜络。"李贤注："襜，帷也；车上施帷以屏蔽者。"

[四] 彤管：杆身漆朱的笔，古代女史记事用。《诗·邶风·静女》："静女其娈，贻我彤管。"毛传："古者后夫人必有女史彤管之法，史不记过，其罪杀之。"郑玄笺："彤管，笔赤管也。"此处比喻专门为列女所作的传记。

[五] 按，此女传记见《宋史》卷四六〇。

喻氏二女[一]。邑人，喻舜俞女。舜俞客死京师，二女无所归，依其老姑以居，矢志荼苦。御史按行属部，甚为嘉叹，因择所宜婿归之。

杨　氏[二]。邑人，适黄冈尉虞汲。夫殁，归里。值宋末兵乱，携子集奔岭外，口授《春秋》九经[三]、古文。集以文名世，累官迁奎章阁学士，卒谥文靖。

明

彭　氏。邑人，庠生叶馨妻，年二十五守节，抚孤世蓁领正德丙子（1516）乡荐。蓁卒，又抚一孙成立[四]。训以《诗》《礼》，能世其家。直指使檄县，按月给米，年八十七而终。

柳　氏[五]。彭县人，叶瑞之妻，年十七守节。以祖姑彭氏为法，抚其孤，旋殇，茕茕二十年卒。

王　氏。邑人，庠生刘松茂妻，年十七孀居，抚子成立。子婚娶后旋卒，两世重孀，同安苦节，年六十卒。

黄　氏。邑人，刘时雨妻，携子避兵，为贼所获。欲胁之，不从，贼并杀之。

赵　氏。邑人，明经杨云鹏妻。贼至，夫遇害。氏奉姑避川南，备历艰险，晨昏惟谨，守节以终。

刘氏、祝氏。俱邑人，刘适邑贡生赵三畏妻，祝适邑庠生边一俊妻。二氏夫亡守节，皆历四十馀年。望衡对宇，交相砥砺，奉姑教子，闺门整肃，里中无间言。直指劳以粟帛，学使旌其闾。

[一] 按，此二女之小传本自雍正《四川通志》卷一一上，嘉靖《四川总志》卷五、万历九年《四川总志》卷八、《天启新修成都府志》卷二七、《蜀中广记》卷四二等亦有传，文字略异。

[二] 按，此人传记早见于《明一统志》卷七一、嘉靖《四川总志》卷一二、万历九年《四川总志》卷一五、《天启新修成都府志》卷二七、《蜀中广记》卷四二等。虽文字略异，但皆言此人乃眉州人，故此条实系误收，光绪《重修彭县志》卷八亦踵袭之。

[三] 九经：指《易》、《书》、《诗》、《春秋》三传、《周礼》、《礼记》、《仪礼》，这里乃泛指古文经典。

[四] “一孙”，与雍正《四川通志》卷一一上相同，《天启新修成都府志》卷二七小传则作“二孙”。

[五] 按，此人小传本自雍正《四川通志》卷一一上，《天启新修成都府志》卷二七所载更详。

官　氏[一]。威远人，适邑人赵姓。贼至，与诸女俱自缢。

国　朝

刘　氏[二]。邑诸生邹望臣妻，早寡。其子珏妻高氏亦早寡，刘历节五十年，高奉孀姑，抚弱息，茹荼三十馀载。雍正六年（1728），彭县并入新繁，繁令王霖详请旌表，建坊曰"一门双节"。

姜　氏。陈维复妻，年二十七守节，孝养孀姑，抚遗腹子奇瑞成立。乾隆二十二年（1757），县令朱次臻详请旌表建坊。

王　氏。胡宏祥妻。邻人伺其夫出，欲污之，不从，自戕。乾隆三十九年（1774），奉文旌表建坊。

张　氏。黄在职妻，年二十七守节，抚孤成立。子廷献，中乾隆戊子（1768）科举人。乾隆四十年（1775），奉文旌表建坊。

喻　氏。骆应联妻，年二十二守节，教子成立。乾隆四十四年（1779），奉文旌表建坊。

龙　女。龙亨耀女，嘉庆十三年（1808），因邻人王文太戏谑，羞忿自缢。邑令刘炯详请旌表建坊。

以上俱已入祠。

宁　氏。张爵茂妻，年二十四守节，孝事舅姑，抚子文清成立，今已五十六载。嘉庆十七年（1812），邑令王锺钫详请旌表。

卫　氏。郫邑解元道凝之姑母，适廪生竹全易。年二十六夫殁，甘贫守节，勉事舅姑，教子之湛入邑庠，寿七十馀终。

俞　氏。竹文沛妻，年二十三夫亡；遗一子，旋殇；翁姑老且病。乃抚侄孙承祧[三]，孝养勤劬，勉终妇职。今六十一。

王　氏。邑庠生作科次女，年十八适俞鹏翥。越两载，翥殁。氏矢志守节，铅华尽谢，事舅姑以孝闻，抚遗孤应选成立，教之业儒。今四

[一] 按，以上王氏、黄氏、赵氏、刘氏、祝氏及此处之官氏，小传皆见雍正《四川通志》卷一一上。

[二] 按，此人小传见雍正《四川通志》卷一一下。其后诸人之传，当即修志时采访得来。

[三] 承祧（tiāo）：承继奉祀祖先的宗庙，这里借指延续香火。《旧唐书·五行志》："陛下自登皇极，未建元良，非所以守器承祧、养德赞业。"

十五岁。

何　氏。张宏琠妻[一]，年二十夫亡，无子，抚侄承祧，孝事舅姑。今五十六岁。

彭　氏。胡世远妻，二十九岁而寡。家贫守节，仅有旱田五六亩，纺绩度日。抚育幼孩四子，俱得成立。勤俭持家，产业渐裕，及见孙、曾，年八十八卒。

梅　氏。繁邑举人、原任福建瓯宁县知县运昌侄女，适颜文粹，年二十六而寡。举遗腹子，抚之成立，孤苦万状。今七十一岁，历节四十馀载。

易　氏。萧先贵妻，年二十六先贵殁，遗孤进葱甫四月。氏抚之成立，励节三十载。今五十五。

孙　氏。幸际虞妻，年二十七，无子。守节，抚侄承祧，孝事翁姑。年七十一岁卒。

徐　氏。李以文妻，以文殁，氏年二十有三，仅遗一女。翁姑怜其少，令再适。徐誓志守节，抚侄承嗣，教之成人，事二亲以孝称。今五十七岁。

胡　氏。刘定芳妻，年二十。雇工周应龙乘间入室欲污之，氏骂走。周持刀赶戳，氏毙，一日夜乃苏。报案，置周于法。邑令张龄度表其门曰“节耀清霜”。

张　氏。邑诸生彭士溥妻，明诗说礼，孝事舅姑。姑病风痹，服事不稍懈。濒危，割股和药以进，姑病顿瘥。张氏年甫二十五而卒，其翁敦煌令悯其尽孝，为作哀辞，阅者伤之。

李　氏。张尔纲妻，孝翁姑，识大义。翁与叔翁同居，友爱綦笃。无何，叔翁疽发于背，翁忧之，无所为计，至废寝食。氏潜刲股和药以进，竟获痊。人谓其推爱慰亲，尤妇道之所难云。

汪　氏。成天位妻。位少孤，其母聘氏童养。既婚，事姑孝。姑病，刲股疗之，获痊。后姑殁，每忌日，必含哀荐食，不御酒肉，至老不衰。

杨　氏。彭长青妻，青病，氏曾刲股以救。及青殁，氏年二十二，抚孤成立，历节五十年而卒。

[一] 琠：有两个读音，一音 tiǎn，《广韵·铣韵》释为玉名；一音 tiàn，同“瑱”，见《集韵·霰韵》。此处不知取何音。

王　氏。吴秉泰妻，年十九夫殁。越六月乃举子，氏守节抚孤，奉祖姑及孀姑，养葬尽礼。今五十一岁。

范　氏。孟文明妻，年二十七夫殁。守节抚孤，事翁姑以孝闻，历四十载卒。

雷　氏。文运通妻，年二十七守节。抚孤成立，孝事孀姑。今七十二岁。

王　氏。江国谟妻，庆符训导江瑞次媳，年二十四孀居，甘贫矢节，教子成名。长子怀珠，中嘉庆戊午（1798）科举人；次子献珠，入邑庠。今年七十八。

刘　氏。周锈之妻，未嫁时，曾为其母刲股愈疾。及适锈[一]，恪事舅姑。姑病，刲股如前，姑亦愈，乡里贤之。年八十一卒。

程　氏。邑庠生程绅之女，以赘婿周学谟为嗣，孪生二男。甫数月，学谟病殁。氏时年二十三，以一身承两姓之宗祧，养亲育子，孝慈倍至。长子介玉，入太学；次子介石，捐营千总。氏年七十二卒。

江　氏。邑岁贡瑞之女，举人怀珠之姑母。年十九，适陈庄元为妻。越岁馀，庄元病殁，仅遗一女，茕茕孤寡，贫不聊生。依母家以度日，年八十四卒。

陈　氏。杨倩妻，年二十夫殁，遗孤未及周，舅姑老且病。氏矢志守节，孝慈兼挚。子继纉，援例入太学，恂恂谨饬[二]，恪遵母教。今七十一岁。

蒲　氏。何德美妻，年二十九守节，抚遗孤元成，娶妻，生子浚。元成亦故，媳罗氏，年二十五，励节一如其姑。蒲年六十八卒，罗今八十五岁。

王　氏。张凤俊妻，年二十七夫亡。家贫，纺绩度日，抚孤世禄成立。年八十馀卒。

郑　氏。谢廷喜妻，年二十三守节。家贫，灌园营生，抚二子成立。今六十九岁。

唐　氏。萧良瑚妻，年二十二而夫殁。家贫，遗孤甫四岁，夫兄迫

[一]“锈”，原误作“琇”，据前文改。按，周锈已见本书卷三一末条。

[二]恂恂（xún）：温顺恭谨貌。《论语·乡党》：“孔子于乡党，恂恂如也，似不能言者。”陆德明《释文》：“恂恂，温恭之貌。”

之嫁，遂与别居，勤女工以度日。今八十一岁。

钱　氏。捐职姚秉纶妻，年十九夫亡，生子克清甫逾月。苦节自励，抚孤成立。氏今五十七岁。

王　氏。监生姚秉琏妻，年二十一夫殁。誓志守节，孝事翁姑，抚育一岁孤儿成立。氏今五十一岁。

曾　氏。周济明妻，年二十一济明殁，生子文英甫三日。氏抚育遗息，孝事翁姑。今五十八岁。

窦　氏。文童彭朝源之母，年十九而寡，生朝源甫四月。家贫，依母家以居，闺仪端肃，母以兼师。源素孝，而久困童试，赋性迂拙，不善谋生，赖舅氏以时周恤。氏年七十三而卒。

萧　氏。吕文富妻，年十九而夫故，生子望朝甫及周。氏抚之成立，娶媳易氏，年十七，生一女，望朝亦卒。姑媳相依，针黹度日。萧今七十，易五十岁，重孀苦节，里党交钦。

李　氏。陈圣道妻，年十七适圣道，越五载而圣道卒。冰操自励，母训维严，教其子宗泰、宇隽及孙若平，俱游庠。今八十一岁。

张　氏。周彩玉妻，年二十四而寡。抚孤万忠成立，茹荼饮冰，历五十年如一日。

范　氏。邑岁贡王秉钧次子信之妻，归信年馀而寡。抚遗腹子成立，举三孙。子与媳相继殁，范复抚孙成立，年七十二终。

黄　氏。监生周邦直妻，年二十九守节。子国鼎、国典、国元，克遵母训，家业不替。年六十九卒。

苟　氏。阎凤鸣妻，年二十四夫亡，抚子永先成立。及举孙，永先复故，媳刘氏亦以二十四岁守节。苟寿终，刘今七十三岁。

宋　氏。邑拔贡、原任户部七品小京官陈师谔妻，乾隆四十六年（1781），谔卒于官。氏扶榇归里，抚孤成人。以二十九岁守节，今六十一岁。

刘　女。刘槐次女也，幼字赵世荣之子斌，斌年十二而殀[一]。女长斌二岁，哭请于槐，愿奉父母以终，誓不再字。守贞至六十岁卒。

陈　女。名疤疤娘，邑拔贡生、原任江西湖口县知县陈于揆女，因

[一]“殀”，原作“妖”，形近而误，据文义改。按，殀谓未成年而早亡，亦写作“夭”。

幼时面伤于火，有烧痕，故名。性敏慧，及长，知大义。自念妇容有损，誓不字人。父母知其志之坚也，听其守贞。今六十八岁。

陈　氏。邑少尹刘英之子宇润妻也。英罢官，家于彭。氏适宇润，生子元吉甫七月，而宇润殁。氏时二十一岁，上事舅姑，下抚孤子，历节六十年。后裔孙允中、用中俱入邑庠。

钱　氏。监生姚玑之妻，年二十八守节。孝事翁姑，抚孤成立。今九十一岁。

汪　氏。李金妻，姑病革[一]，汪祝于神，刲股疗之，姑寻愈。后汪病，其子青林如其母之救姑以愈之。咸谓其母子笃孝，尤难得云。

钱　氏。张镆妻，姑病剧，刲股以救，姑顿愈。后氏母病，亦如之，孝行尤著。

刘　氏。夹江训导王曰拔次子璘妻，年二十二璘殁，姑老子幼，刘截指自誓，孝慈兼挚。姑病，刲股以疗。抚子世栋，髫龄入泮[二]。卒年八十一岁。

杨　氏。王天贵妻，年二十六而寡。家极贫，奉姑育子，备历艰辛。氏今六十岁。

常　氏。高天荣妻，年二十七夫亡，守节，抚孤廷俊成立。卒年八十一岁。

顾　氏。文继华妻，家贫，种圃为业。无何，病殁。氏年二十七岁，生遗腹子，矢志抚孤。手营夫业，孝事舅姑，历治重丧，嫁女娶妇，一出于圃中赀积。苦节三十年，氏今五十七岁。

徐　氏。监生雷春辉妻，夫亡，氏年十八，矢志守节，子才数月。孝事翁姑，抚孤成立。氏今五十岁。

周　氏。沈全忠妻，年二十四夫亡，矢志守节。孝事翁姑，丧葬尽礼，教子三元游庠。氏今六十二岁。

周　氏。监生田文魁妻，年十九夫亡，守节，侍奉翁姑，恪尽妇道。抚二岁孤成立，援例入太学。氏今五十四岁。

[一] 革（jí）：通“亟”，危急。《礼记·檀弓上》：“夫子之病革矣，不可以变。”郑玄注：“革，急也。”

[二] 泮：泮宫，古代的学校。《诗·鲁颂·泮水》：“鲁侯戾止，在泮饮酒。”

王　氏。李卯妻，卯殁，氏年二十八岁，仅遗一女，翁姑既髦[一]。克尽妇职，抚女至嫁，孑然一身。氏今五十二岁。

周　氏。龚元魁妻，年二十五元魁殁，长子甫四岁，次生遗腹子澍。孝事其姑，教澍笃学游庠。氏今年六十岁。

陈　氏。李茂缙妻，生子甫晬[二]，缙殁，氏年十九。奉翁姑，抚弱息，历节四十二年。

陈　氏。周坤妻，年二十夫亡，守节，事翁姑以孝著。教子四俊成名，中乾隆戊申（1788）恩科武举。寿六十八岁终。

李　氏。鲁若恭妻，年二十二夫亡。奉翁姑，育幼子，苦节五十馀载卒。

李　氏。毛秉文妻，年二十九夫亡。抚六岁子成立，奉翁姑尽礼。历节三十年卒。

李　女。李朝相女。相子登魁甫生子，夫妇俱殁。女念二亲无依，孤侄莫抚，誓不字人，以仰事俯育为己任，盖贞、孝、义三者一身兼焉。年七十三卒。

陈　氏。监生李世相妻，年二十八夫亡，抚四岁子芃游庠。氏今七十二岁。

杨　女。绵竹县民杨辉珖之女，幼字彭邑蓝重明次子景瑶。未及笄，景瑶病故。女时年十五，闻讣哀临，不返。敬执妇道，抚夫兄景琼之次子宗鲁为嗣。举一孙，宗鲁夫妇旋殁，孙亦殇。更以侄宗虞第四子继焉，守贞抚嗣，矢节不渝。现年五十二岁。

钟　氏。监生徐太华妻，年二十四夫亡。氏誓志守节，事舅姑，抚孤稚，孝慈并著。现年六十一岁。

王　氏。李德兴妻，年二十夫亡，生子甫八月。家素贫，赖女红以食。无舅姑、娣姒可依，有怜其孤苦，劝令改适者。氏指襁中儿谢曰："如此李氏一线何？"卒抚子成立，娶媳生孙。守节三十七年而殁。

李　氏。邑民周锦文妻，年二十夫亡。氏抚遗孤成立，女红度日。历节四十载而殁。

[一] 髦（mào）：通"耄"，年老。

[二] 晬（zuì）：周岁。特指婴儿满周岁或满月、满百日。《韩昌黎文集校注》卷七《中大夫陕府左司马李公墓志铭》："岌为蜀州晋原尉，生公，未晬以卒。"

【补】杨　氏。舒君敬之妻，年二十三夫殁。无子，矢志守节，抚侄正文为嗣。教养成人，中嘉庆戊午（1798）科武举。氏今六十六岁[一]。

【补】王　氏。易绍礼之妻，年二十五守节。抚遗孤三详成立，恪遵母训，为人谨饬，考捐吏员。氏今六十八岁[二]。

[一] 按，此条据抄配本书末补，因其所叙时代最晚，故附于本卷之末。又据卷三八之末所补条目，提到了嘉庆十九年（1814）县令请旌、二十二年（1817）给帑建坊之事，则此处所谓“今六十六岁”，应指嘉庆二十二年而言也。

[二] 按，此条据抄配本书末补。

彭县志卷之三十四

隐　逸

《考盘》在《诗》[一]，肥遁系象[二]。事与世违，志希追往。枕石山深，漱流泉响。远志风疏，逸情云上。道就虚全，机无尺枉[三]。激贪止竞，高躅可想。作《隐逸志》。

汉

刘　敞。故州牧刘璋曾孙也。隐居白鹿山，高尚，皓首未尝屈志，亦不预世事。益州刺史罗尚信妖言杀之，杀之日，雷震，大雨，城中出水[四]。

【补】后汉

侯　祈。文父，杨序弟子，字升伯，笃爱高士[五]。

[一]《考盘》：《诗·卫风》之篇名，含义为成德乐道。《诗序》言此诗为刺庄公“不能继先公之业，使贤者退而穷处”，故后即以喻隐居。《晋书·隐逸传·张忠》：“先生考盘山林，研精道素。”

[二]“遁”，原作“逊”，形近而误，据文义改。按，肥遁，归隐也。《易·遁》：“上九，肥遁，无不利。”孔颖达疏：“子夏传曰：‘肥，饶裕也。’……上九最在外极，无应于内，心无疑顾，是遁之最优，故曰肥遁。”

[三] 尺枉：枉尺直寻之省，亦作“枉尺”。枉尺者，弯曲一尺；直寻者，挺直一寻，即八尺。言所屈者小，所获者大。语本《孟子·滕文公下》：“枉尺而直寻，宜若可为也。”此处借用字面意思，言天机不会有一点点的屈从，当是针对那些借归隐而求名，走终南捷径者也。

[四] 按，此小传本自《华阳国志》卷八。

[五] 按，此条据抄配本书末补，出《华阳国志》卷一二，据时代信息补于此。

五 代

多 岳。天彭人，蜀孟昶遣使征之，不就。潜入普州，寓居铁峰山，教授生徒。及卒，门人牟衮率诸子弟葬之凤凰山，立祠祀之，名曰普应[一]。

【补】《续释常谈》："伪蜀彭州刺史安思谦男守范，尝与宾客游天台禅院，联句为诗，纪僧壁而去。翌日，有贫子乞食见之，抚掌大笑[二]。

明

刘 詥[三]。彭县人，受《易》于其父浩，深得其奥旨。即邑中文昌祠为书院，聚乡里俊髦，与子士元朝夕讲诵。值岁荒，为粥赈饥。闾里凡戚属不能丧葬者，咸资之，一时交推其隐德。

国 朝

赵司鋐。字退公，彭县人，弱冠举于乡。制府李国英敬其品学[四]，多与商议政事，劝之仕，弗应。及殁，国英叹曰："赵司鋐可不愧称静正之士！"[五]

[一] 按，此条见嘉靖《潼川志》卷四、雍正《四川通志》卷三八之二等，与《天启新修成都府志》卷一八小传略异。《方舆胜览》卷六三《普州·祠庙》"普应庙"条称，多岳自孟蜀时即在普州教授生徒，门生牟衮端拱间（988—989）廷试第七，自后儒科相继。

[二] 按，此条据抄配本书末补，据时代信息补于此。称其出《续释常谈》者，见《御定佩文韵府》卷七六之三"禅院"条。更早的记载，则见《太平广记》卷一四五"安守范"条，原文云出《野人闲话》，所载内容较此更详。编者将本条收入"隐逸"，又不言条目之名，何草草也？实则据《太平广记》，所谓"隐逸"之人，正此乞食之贫子，他预言了联句诸人的结局。

[三] "詥"（xiè），原误作"玠"，据嘉靖《四川总志》卷五、万历九年《四川总志》卷八、雍正《四川通志》卷三八之一改。按，《集韵·怪韵》收此字，释为"言善"。

[四] 制府：总督。李国英，顺治十四年（1657）任四川总督，见雍正《四川通志》卷三一。

[五] 按，此人小传本自雍正《四川通志》卷三八之一。

彭县志卷之三十五

流　寓

蜀山之秀，丹景、天彭。远游羁迹，性淡宦情。晨烟暮霭，对宇望衡。听鸸雨笠，驱犊云耕。机声夜起，稚子门迎。此间安乐，迟迟吾行。作《流寓志》。

唐

侯　翮[一]。成都人也，风仪端秀，善文辞，尤工奏记表章。唐光启中（885—888），以拔萃出身，为邠宁从事。僖宗幸蜀，拜翰林学士。已而归隐导江卧龙馆，不出。王建镇西川时，辟为节度判官、掌书记。翮常上书王建云："翮可以行修笺表，坐了檄书。"其自负如此。

明

郑彦文[二]。本蔚州人，仕元，为万户。入蜀，居彭城，因家焉。

[一] 按，此人小传见《十国春秋》卷四四，事迹又载《北梦琐言》卷五"钘载、侯翮归隐"条。光绪《重修彭县志》因其居导江，不予收录。

[二] 按，此人小传见《明一统志》卷六七、雍正《四川通志》卷八、卷三八之二等，此处所叙略简。

国　朝

陈大常[一]。汉州人，顺治辛卯（1651）科举人。历官江南淮安同知，兼理河道事。解组，卜居彭县濛阳里。

张　维。温江县人，善书法，迁彭，居牛心山。

张　晛。成都人，康熙癸酉（1693）举人，入籍彭邑岚屏里。历官江西进贤令，迁刑部山西清吏司主政，有《四书文稿》。

彭　泽。汉州举人，任知县，改教回籍[二]，迁彭，家书经台左。

何　灏。汉州岁贡，任綦江教职，迁居彭东乡壁山庙侧。

余　鹏。汉中人，工画，寄居彭之治南，以军功授千总职。

赵廷栋[三]。直隶人，寄居彭邑。著有《地理五诀》《阳宅三要》。

程　炓[四]。原籍安徽太平县，祖立本，乾隆二十年（1755）由举人任梓潼令，卒于官。炓随父绪旭寄居彭治之北街，纂辑《天彭纪略》一卷。

余文泰。什邡县岁贡生，少时蜚声黉序，有倜傥风流之概。雅能安贫，虽爨火时虚，而吟啸不废。晚年家于彭鹿耳溪山口，教授生徒。后授南江训导。教匪冉天元肆逆[五]，窜入县城，至学署，文泰朝服衣冠，坐明伦堂上骂贼，死之，时年八十馀。次子廷楷，同时死节。

胡　钥[六]。以名山诸生馆于彭，遂家焉，卜居锦田里。性沉默少言，有实行，教授生徒，多所成就。后中乙酉（1765）科举人[七]，授冕宁教谕。部铨贵州玉屏县知县，改珙县教谕，卒于官。

王曰拔[八]。新繁人，夹江训导。

[一] 按，嘉庆《汉州志》卷三七《陈氏宗支序》对陈氏生平有详细介绍，嘉庆《四川通志》卷一五三亦有小传。

[二] 按，据光绪《兴文县志》卷二，此人乾隆三十四年（1769）任兴文教谕，后又升任山西宁乡县知县。

[三] 按，本书后文卷三七有此人详传。

[四] 炓（shì）：《广韵·职韵》释为火焰貌。按，据本书卷四二所收李调元为《天彭纪略》所作诗之序文，程炓号留村。

[五] 教匪：白莲教起义事件，详参魏源《圣武记》卷九《嘉庆川、湖、陕靖寇记》。

[六] “钥”，原误作“瀹”，据嘉庆《四川通志》卷一二九、光绪《珙县志》卷八、民国《名山县新志》卷一二等改。

[七] 按，此科分年代据嘉庆《四川通志》卷一二九。

[八] 按，据乾隆《茂州志》卷八，此人为康熙辛酉（1681）副榜。

彭县志卷之三十六

仙　释

阐道垂文，炼形存性。不测为神，不穷为圣。心空万象，法参上乘。白鹿之崖，丹景之磴。花散溪流，云飞竹净。仙真杳矣，长留名胜。作《仙释志》。

周

彭　祖[一]**。**仙。古陆终氏第三子篯铿也，自尧历夏，殷时封于天彭。周衰，始浮游四方。晚入蜀，抵武阳，家焉[二]。今彭山县有彭祖墓。

范　蠡[三]**。**仙。李膺《记》云："范蠡学道，升仙于漓沅山。"

汉

刘海蟾[四]**。**仙。修炼于丹景山。

张道陵。仙[五]。修炼于阳平化，为二十四化之一。

【补】**孙夫人。**仙。张道陵之妻，同隐龙虎山，道行甚高。汉冲帝永嘉

[一] 按，《订讹》以为此条当删。

[二] 按，此小传本自《明一统志》卷七一，《太平广记》卷二"彭祖"条对其神异事迹有详细描述。

[三] 按，《订讹》以为"范"当作"蕃"，谬矣。可参本书卷五"漓沅山"条。

[四] 按，《订讹》以为此条当删。既是传说之人，不必较真。可参本书卷一四"净水池"条。

[五]"仙"，原无，据前后文体例补。后两条原亦无此字，径补，不再出校。

元年（145）入蜀[一]，居阳平化。积年丹成，与道陵于云台山白日飞升[二]。

【补】**张　衡。**仙。道陵之子，字灵真。继志修炼，世号嗣师。灵帝光和二年（179）己未正月二十三日[三]，于阳平冲举[四]。

晋

邓　宝。仙。详《人物志》。

葛永璝。仙。详“葛仙山”。

梁

杨升贤。仙。于葛仙山得道[五]。

唐

罗公远[六]。仙。彭州九陇县人，修道于漓沅，常往来青城、罗川间[七]。开元中，因游鄂州刺史园亭，刺史问：“何来？”答云：“适见守江龙来此。”刺史未信，曰：“须令见其形。”曰：“请俟后日。”及期，刺史与郡

[一]“冲帝永嘉”，原误作“桓帝元嘉”，今据《岁时广记》《太平广记》等改。按，称元嘉元年（151）入蜀，不知所据为何。据《岁时广记》卷三六“炼金丹”条，孙夫人入蜀在永嘉元年，即《中国历代年号考》所载东汉冲帝之永熹元年。《太平广记》卷六〇“孙夫人”条作“汉桓帝永嘉元年乙酉”，据年号与干支，“桓帝”明系“冲帝”之误。

[二]按，此条据抄配本书末补，不知编者从何书抄录。关于孙夫人的记载，除见《岁时广记》《太平广记》外，还见于《历世真仙体道通鉴·后集》卷二，又称其于章帝元和二年（85）入蜀矣。

[三]“己未”，原误作“乙未”，据《太平广记》卷六〇“张玉兰”条改。查《中国历代年号考》，此年干支为己未。

[四]按，此条据抄配本书末补，相关记载除见《太平广记》外，亦见《历世真仙体道通鉴》卷一九“张衡”条。

[五]按，此说可参本书卷五“葛璝山”条。

[六]按，此处传记本自雍正《四川通志》卷三八之三，与嘉靖《四川总志》卷五、万历九年《四川总志》卷八、《天启新修成都府志》卷二九相较，略有删削。《蜀中广记》卷七三引《仙传拾遗》及《灵验记》，亦有相关记载，大同小异。《历世真仙体道通鉴》卷三九则综合多种记载为其列详传，皆可参看。

[七]罗川：所指甚多，《蜀中广记》则作“大霍”。而据《蜀中广记》卷九，罗江有大霍山，乃罗公远修真处，则所谓罗川，当即罗江县。

人皆至，见一白龙于江心，头与云齐，食顷方隐。刺史具闻，明皇召见，每问，无不称旨。尝召公远与叶法善、金刚三藏试法[一]，而公远尝胜。尤善自隐，上欲传其术，公远曰："陛下玉书金简已格九清[二]，岂可以四海之尊轻狥小术耶？若尽臣术，必怀玺入民间，困于鱼服也。"[三]上不悟，怒斩之。后有使自蜀还，公远谓使曰："吾晋成帝咸和年间（326—334）入蜀，栖修林泉，闻天子好道而来。"又谓："人间腑脏荤血充积，三田未虚[四]，六气未洁[五]，请以十年而授道。上如何遂杀我耶？然得道之人，形气混合，岂能以世俗兵刃为害？"因出一函，谓使曰："可以此达上，上必悟焉。"仍以蜀当归为赠，验不诬矣。及明皇幸蜀，公远迎于剑门[六]，至成都，拂衣而去。世传公远于蜀九仙台上升，邑人建庙祀之。

张　殖。仙。《仙传拾遗》云："大历中（766—779），西川节度使崔

[一]"三"，原误作"二"，据《酉阳杂俎》卷三、《唐诗纪事》卷六二等改。《酉阳杂俎》云："梵僧不空得总持门，能役百神，玄宗敬之。岁常旱，上令祈雨。不空言：'可过某日。今祈之，必暴雨。'上乃令金刚三藏设壇请雨，连日暴雨不止，坊市有漂弱者。"《唐诗纪事》云："禁庭术士多幻化，上前较胜纷相持。罗公如意夺颜色，三藏袈裟成散丝。"注云："上颇崇罗公远，杨妃尤信金刚三藏。上常幸功德院，将谒七圣殿，忽然背痒。公远折竹枝，化作七宝如意以进。上大喜，顾谓金刚曰：'上人能致此乎？'三藏曰：'此幻诳耳。僧为陛下取真物！'乃于袖中出七宝如意，炳耀而光，远所进即时复为竹枝耳。后一日，杨妃为二人定优劣。时禁中将创小殿，三藏乃举一鸿梁于空中，将中公远之首。公远不为动容，上连命止之。公远飞符于他处，窃三藏金栏袈裟于筺中，守者不之见。三藏怒，又咒取之，须臾而至。公远复噀水龙符于袈裟上，散为丝缕以尽也。"又按，《代宗朝赠司空大辨正广智三藏和上表制集》卷四有《大唐故大德、开府仪同三司、试鸿胪卿、肃国公、大兴善寺大广智三藏和上之碑》，详载其生平事迹，可参看。

[二] 玉书金简：皆为祥瑞的象征。《拾遗记》卷三："夫子未生时，有麟吐玉书于阙里人家。文云：'水精之子，继衰周而素王。'"《吴越春秋》卷四："圣人所记曰：'在于九山东南，天柱号曰宛委，赤帝在阙。其岩之巅，承以文玉，覆以盘石。其书金简，青玉为字，编以白银，皆瑑其文。'"此处言这些祥瑞之物已经到了皇宫之中，指玄宗已经贵为天子。

[三]"服"，原误作"腹"，据《蜀中广记》改。按，鱼服义即鱼皮，天子为龙，入于民间，比喻为龙变成鱼，因称困于鱼服。龙变成鱼，难免遭遇意外，故罗公远不教玄宗隐身术。《文选·潘岳〈西征赋〉》云："彼白龙之鱼服，挂豫且之密网。"注云："吴王欲从民饮，伍子胥曰：'昔白龙下清泠之渊，化为鱼，豫且射中目。白龙不化，豫且不射。君今弃万乘之位而从于臣，恐有豫且之患。'"

[四] 三田：人体穴位名称。道教称人体有三丹田：在两眉间者为上丹田，在心下者为中丹田，在脐下者为下丹田。《抱朴子内篇校释》卷一八云："或在脐下二寸四分下丹田中；或在心下绛宫金阙中丹田也；或在人两眉间，却行一寸，为明堂二寸，为洞房三寸，为上丹田也。"

[五] 六气：构成人身体的六种由气变化而来的成分。《灵枢经》卷六云："黄帝曰：'余闻人有精、气、津、液、血、脉，余意以为一气耳，今乃辨为六名，余不知其所以然。'"

[六]"迎"，《蜀中广记》误在"公远"前。按，《太平广记》卷二二"罗公远"条亦云："天宝末，玄宗幸蜀，又于剑门奉迎銮辂，卫至成都，拂衣而去。"

宁尝有密切之事，差人飞马入奏。已发三日，忽于案上文籍中见所奏正表尚在，所发乃草稿也，忧甚。忽忆彭州张殖有仙术，召而语之。殖乃炷香，将正表置于香烟上，忽然飞去。顷之，得所草稿坠于殖前。后使回，问之，并不觉，进表时封题印署如故。崔深异之，问其受道之由。殖云：'吾师姜玄辨[一]，至德中（756—758）于九陇县仙居观潜心修养，因拾得残阙经四五页，是太上役使六丁六甲法。咒术备足，乃选深山邃谷无人迹所到处，依法作坛行持。自此，日有六丁六甲侍之，凡所征求，无不立应。以术授殖，谓殖曰："术之与道，相辅而行。非术无以自致，非道无以延长。若得术而不得道，如适万里而足不行，虽隐见莫测，未除死箓。固当栖心妙域，注念丹华，立功以助其外，炼魂以存其内。内外齐一，然后可以适道，可以长存也。峨眉山中神仙万馀人，自皇人统之，置官府、分曹部以度人。吾与汝窥道之纤芥，未造玄微[二]。龙蛇之交，吾与汝入洞府朝真师，庶可以讲长生之旨耳。"后便隐去。'二十馀年，乃龙蛇之交，为大历十二年（777）丁巳，殖亦隐去，不复见。"

张守珪。仙。《蜀峨外编》[三]："阳平谪仙，不言姓氏。初，九陇人张守珪有茶园，每岁召采茶者百馀人，无论男女，佣工杂处。有一少年，自言无亲族，勤苦谨厚。守珪爱之，以为义男。又一女子年二十，亦云无亲，愿为义男之妻。两人孝义端恪，守珪甚喜。一日，山水泛涨，市井路隔，盐酪皆缺，守珪忧之。新妇云：'此可买耳。'出门数十步，置钱树下，以杖击树，得盐酪而归。或有所需，但令叩树取之，无不得者。后于堋口市与邻妇十数辈相遇，买酒一瓯，与群妇饮。群妇大醉，而瓯中酒不减，远近异之。守珪问其术，少年曰：'我辈居阳平洞中，以过暂谪人间耳。'珪曰：'洞府与人间相类否？'对曰：'阳平上应房宿，二十四化各有一大洞天，或方千里、五百里、三百里。其中皆有日月飞精，谓之伏神之根[四]，下照洞中，与世无异。亦有仙王、仙官、卿相、辅佐

[一]"玄"，原避讳作"元"，据《太平广记》卷二四"张殖"条改。

[二]"玄"，原避讳作"元"，据《太平广记》改。按，玄微者，玄妙幽微也。

[三]《蜀峨外编》：不知何书，亦不知编者及时代。此处所引故事，早见于《太平广记》卷三七引《仙传拾遗》，又见《云笈七签》卷二八、卷一一六、《蜀中广记》卷七二等，今以诸书参校。按，此条所言之仙，实为阳平谪仙之年轻夫妇，张守珪并未飞升成仙，故此条实不当收录。

[四]"神"，与《蜀中广记》《云笈七签》同，《太平广记》作"晨"。

职司。得道之人及积功迁神返生之士，皆居其内，以为庶民。每年三元大节[一]，诸天各有上真游洞天中，以观其所为，定升降焉。人世生死兴废、水旱风雨，预知之。龙神祠庙血食之司，皆为洞府所统。二十四化之外青城、峨眉、益登、慈母、繁阳、嶓冢皆亦有洞，不在十大洞天、三十六小洞天之数。洞中仙曹如人间郡县聚落，不可详记。’旬日间，忽失其夫妇矣。人谓守珪有仙缘云。”

明

杨汝真[二]。仙。扬州人，自幼刻苦修全真之道。后遇异人授以奥理，远游于彭，来往葛仙、阳平二观。蜀藩闻其道，尝致敬焉。寿一百二十一岁，于丹景山尸解。

张三丰。仙。洪武中（1368—1398）入蜀，永乐中（1403—1424）游内江，寓明玉道人家。玉善符咒，欲授三丰。丰笑曰：“我以道奉公，公乃以法授我耶？”乃作《道法会同疏》[三]。后来往峨眉山中。或曰天目人，名君实，字玄一[四]。按，丹景山有三丰书“老君殿”三字及对联遗迹。

晋

佛图澄[五]。释。澄姓帛氏，天竺国人，得道于白鹿山灵隐寺。腹旁有孔，夜静，霞光照室，明如白昼。每斋后，将肠从孔中拔出，向池内洗之。今白鹿寺尚有洗肠池存焉。后往陕西澄城县，大阐佛法，寿一百

[一] 三元大节：上元节、中元节、下元节，分别为正月十五、七月十五、十月十五。

[二] 按，此人小传见嘉靖《四川总志》卷五、万历九年《四川总志》卷八、雍正《四川通志》卷三八之三等。

[三]“会”，原误作“异”，据《天启新修成都府志》卷二九、雍正《四川通志》卷三八之三等改。按，此处所引较《四川通志》等有删改。

[四]“玄”，原作“鋐”，据《天启新修成都府志》改。雍正《四川通志》作“铉”，亦是避讳而改之字。

[五] 按，此僧小传来源颇为驳杂。佛图澄腹有孔及洗肠事，见《晋书》卷九五本传。寿一百七十岁之说，见《释氏稽古略》卷二、《佛祖纲目》卷四等，但往陕西澄城县之说暂未知所本。发冢见石事，亦出《晋书》。至于宝公见灵隐寺之事，则见《太平广记》卷九九“灵隐寺”条。

七十岁终。葬后，后赵王石勒使人访道至西安，途遇图澄与使者语。使者回告，勒疑之，令人发其冢，惟一石存。后又有宝公禅师[一]，云游至白鹿山，忽闻林杪钟声，寻响而进，见一寺，额曰“灵隐”。门外一胡僧从外来，同宝公入，见众比邱从空下，云斋后从天竺岭南来，盖呼吸千万里矣。言讫，庙宇、比邱俱不见[二]。宝师谛视，乃在柞林下。出问尚统法师，师曰：“此西晋佛图澄成道处，仙灵所居，非凡境也。”

唐

悟达国师。释。居彭州九陇山至德寺，作慈悲水忏，李商隐尝师事之。《神僧传》云[三]：“悟达国师知玄，常与一僧邂逅京师。时僧患迦摩罗疾[四]，人皆恶之，知玄侍候无稍倦色。后僧疾愈，将别，谓知玄曰：‘子后有难，可往西蜀彭州茶陇山相寻，有二松为志。’后知玄居安国寺，懿宗亲临法席[五]，赐沉香座，恩渥甚厚。忽膝生人面疮，眉目口齿俱备。每以饮食喂之，则开口吞啖，与人无异。求医罔效，因忆旧日僧言，乃入蜀。至堋口茶陇山，遥见二松于烟云间，即趋其处。佛寺焕然，前僧立山门外，接见甚欢。天晚止宿，知玄以苦告之。僧曰：‘无伤也。山有泉，濯之即愈。’天明，童子引至泉，方掬水，疮忽人语曰：“未可洗！

[一]“宝”，原误作“保”，据《太平广记》改，后文此字径改。按，《法苑珠林》卷九九“高齐沙门实公”条亦载此事，僧人名“实公”，然《高丽藏》本《法苑珠林》又作“宝公”。

[二]按，此处据《太平广记》摘录而删削过多，故致文义晦涩。原文云：“末后一僧，从空而下，诸人竞问来何太迟。答曰：‘今日相州城东彼岸寺鉴禅师讲会，各各居义，有一后生聪俊，难问词音锋起，殊为可观，不觉遂晚。’宝本事鉴为和尚，既闻此语，望得参话，因整衣而起，白诸僧曰：‘鉴是宝和尚。’诸僧直视宝，顷之，已失灵隐寺所在矣。”

[三]“《神僧传》”，原作“《高僧传》”，误题出处，今改。按，《高僧传》不载此事；《宋高僧传》卷六《唐彭州丹景山知玄传》则与此文字迥异，实则此处大致与《神僧传》卷八“知玄”条相合，当即据之改写而来。又，《慈悲水忏法》卷一所载序文亦有类似记载，较此处更详。

[四]迦摩罗疾：黄疸病，眼根损坏，见一切物皆为黄色。《翻译名义集》卷六云：“迦摩罗，或迦末罗。此云黄病，又云恶垢，亦云癞病。《智论》云：‘一者外因缘病，寒热饥渴，兵刃刀杖，坠落推压，如是等种种外患为恼。二者内因缘病，饮食不节，卧起无常，四百四病，名为内病。’”

[五]“懿宗”，《宋高僧传》作“僖宗”，从入蜀之事来看，当作僖宗。

公曾读《西汉书》否？公即袁盎，吾晁错也。腰斩东市[一]，其冤何如？吾累世求报，而公十世为僧，戒律精严[二]，不得其便。今公受赐过奢，利名心动，故吾为孽。蒙迦诺迦尊者[三]，洗我以三昧法水，自此不复为冤矣。”时知玄魂不住体，急掬水洗之，其痛彻骨。绝而复苏，疮旋愈。回视寺宇，杳不可得。因卓锡其处，遂成招提。知玄感其异，以积世之冤遇圣得释，因述《忏法》三卷。”

木庵禅师[四]。释。唐法真，梓潼人，游天台山中，见古银杏，围四丈馀，南有一孔，中空，不假斧斤，俨如静室，法真遂栖息焉。后道成，跏趺而逝，时人号为木庵禅师定光佛。

宋[五]

昭觉圆悟勤禅师。释。彭州骆氏子，得法五祖。示众云："通身是眼见不到，通身是耳闻不及，通身是口说不着，通身是心鉴不出，通身即且置。或若无眼，作么生见？无耳，作么生闻？无口，作么生说？无心，作么生鉴？若向这里拨得一线路，便与古佛同参。"[六]师卒于绍兴五年（1135），茶毗时[七]，舌齿不坏，并五色舍利无数。塔在昭觉寺后。国朝雍正十一年（1733），敕封明宗真觉禅师，致祭一次。

[一]"也腰"，底本漫漶，据抄配本补。

[二]"为僧戒"，底本漫漶，据抄配本补。

[三]迦诺迦尊者：若据《十六大罗汉因果识见颂》卷一，此尊者全名为迦诺迦伐瑳尊者；若据《五百罗汉尊号》，则住世十八罗汉中，排名第二的迦诺迦伐蹉尊者与排名第三的迦诺迦跋黎堕阇尊者，名字中皆有"迦诺迦"，则未知孰是。

[四]按，《古尊宿语录》卷三五《大随开山神照禅师行状》，详叙此僧事迹，可参看。

[五]"宋"，原作"五代"，因袭雍正《四川通志》卷三八之三对圆悟克勤的时间断代而误，今改。按，据《嘉泰普灯录》卷一一"东京天宁佛果克勤禅师"条，"绍兴五年（1135）八月己酉，示微恙，趺坐书偈遗众，投笔而逝。茶毗，舌齿不坏，设利五色无数，塔于昭觉之侧。寿七十有三，腊五十有四"，逆推生于1063年，乃宋仁宗嘉祐八年，非五代也。

[六]按，此语录见《佛果圆悟禅师碧岩录》卷九，文字略异。实则整条小传皆抄自雍正《四川通志》卷三八之三。

[七]茶毗：或写作荼毗，火化。《翻译名义集》卷五云："阇维，或耶旬，正名荼毗，此云焚烧。"

石头和尚[一]**。**释。号四祖师，合州人。自幼入景德寺为僧，有戒行。因凿石出火，遂大悟，作偈曰："石头和尚[二]，咬嚼不入。打破虚空，露些子迹。"复白州守，开钓鱼山，建护国寺。自甃石二十四片为龛，全身入门，自掩端居而逝。有《草庵歌》，其末曰："老僧不知轮甲子，一叶落知天下秋。"

智陀子。释。智陀子[三]，绵州人也。至大隋，闻石头和尚示众偈，倏然领悟，归隐土溪。悬崖绝壑间，有石若蹲异兽，师凿以为室，发异泉，了无涸，众讶之。居三十年，化风盛播。初，室成日，作偈曰："一击石庵全，纵横得自然。清凉无暑气，涓洁有甘泉[四]。宽廓含沙界，寂寥绝众缘。个中无限意，风月半床眠。"[五]

明

智中国师[六]**。**释。彭县人，生有异相。年十二，即礼月光禅师惠心，清修苦行，昼夜不息。后惠心授松潘都纲[七]，师随去，寻代其职。时番夷叛服不常，师居边抚化，番夷莫不投服。天顺间（1457—1464），累加封国师[八]，仍赐敕诰，降银印。师在边四十馀年，化行功著。成化二年（1466），年逾七十，诏归弥陀庵优老焉。

[一]"石头"前，原有"宋"字，因将圆悟克勤禅师当成五代时人而误，今前文已补"宋"字，故此处删除。

[二]"石头"前，原有"是"字，与雍正《四川通志》卷三八之三相同，乾隆《合州志》卷八亦因袭雍正《四川通志》，皆误。今据《补续高僧传》卷一六、《续灯正统》卷四等所载此僧小传删。

[三]"智陀子"前，原有"高僧传"，以为即本条出处，实则妄题，今删。按，《高僧传》与《宋高僧传》皆不载此人事迹，实则相关记载见《续传灯录》卷三〇、《嘉泰普灯录》卷一七、《续灯正统》卷四等。

[四]"有"，底本漫漶，据抄配本补。

[五]"月"，底本漫漶，据抄配本补。

[六]按，此僧小传见嘉靖《四川总志》卷五、万历九年《四川总志》卷八、雍正《四川通志》卷三八之三。

[七]都纲：僧官，明代洪武十五年（1382）置僧录司，各省府属置僧刚司，设都纲一人，副都纲一人，掌佛教诸事宜。详《明史·职官志四》。

[八]按，此说颇含混，智中禅师加封国师并不在天顺间，而在景泰七年（1456）。《明英宗实录》卷二七二云："（景泰七年十一月）壬辰，升禅师智中为国师，都纲远丹藏卜为禅师，以松潘镇守官罗绮等言其有化导番俗功也。"

无　遐[一]。释。不知何许人，居九峰山绝顶修行，时往来村落中。见村民马忠女甫周岁，有病，以破布繻饵之，立愈。又曰："此女当贵。"后适赵姓，果封恭人[二]。尝至县，诣边氏家，一徒羡其侈丽，曰："汝乐之，何不遂来此？"后三日，徒死，边氏举子。哭，不食乳。师往，探摩其顶，曰："既来，何须哭耶？"子遂辍哭。一日，语弟子治斋，邀诸僧作别，诸僧举斋，一笑而逝。

无量禅师。释。泸阳人，名宗慧。少投碧潭和尚，立志参修，得念佛法门。后叩京台遍融和尚[三]，受具足戒。至木禅古院，谒光相老人，上堂示众云："万松丛出栋梁材，撑天拄地圣凡该。浩浩辉腾盈世宙，堂堂优瑞满庭开。青山绿水真如画，翠竹黄花宝镜台。亘古灯传随照应，当轩雷震劈银腮。夫诸法实相，万物融含；众生诸佛，空有齐彰。斯则心水澄清，皎月顿现于其中；相法恬然，慧光表扬于格外。由是百年三昧不离方寸，河沙妙德总在心源。以心印心，名为正受。出没卷舒，应用活泼。把住放行，尽在这里。竿头丝线，具眼方知；格外之机，作者能辨。倘有密证潜符，请出头来试举看。"无量曰："明镜挂当台，森罗列宝阶。师宣我出头，昙花向此开。"光相老人曰："数常游法海，曾驾般若舟。今幸偶相逢，金鳞任我钩。空劫而今，彼此不异。圣也？凡也？悉是假名。汝念佛得来是个甚么？"师曰："念念无生念即休，堂堂金体免驰求。当机本妙原无欠，拨开眉相睹黄头。"光相云："未审汝将甚么为出世手眼？"师曰："鞭起须兴作舞歌，星飞雾卷空王殿。"光相云："速将见性偈来，吾把权柄付汝。"师曰："见来万法，本如虚空，文采画难摹。闻言吐出广长舌，建立微尘白玉都。"光相云："一锦织成袈裟偈，颂出人天许尔夸。"师曰："无相金襕付与阿，大千世界总包罗。仙师悲悯今垂指，灯焰联芳续祖柯。"光相曰："善哉！如是涅槃妙心，从上迦叶得来流传。达摩西来，付授到于我边。今嘱付汝，善自护持。"师嘱咐后，遁迹龙池，迁至大隋结茅住静，掘得铜观音像，复建招提。

[一] 按，此僧小传见雍正《四川通志》卷三八之三及《锦江禅灯》卷二〇。又，本书卷四二有边维垣《无瑕禅师塔铭》，二僧或即一人，尤其是都谈到了以布繻为人治病之事。

[二] 恭人：明清时期四品官员的妻子封恭人。《钦定续通志》卷一三七"命妇"条云："明外命妇之号有九，公曰某国夫人，侯曰某侯夫人，伯曰某伯夫人，一品曰夫人，后称一品夫人，二品曰夫人，三品曰淑人，四品曰恭人，五品曰宜人，六品曰安人，七品曰孺人。"

[三] 遍融：遍融真圆，小传见《锦江禅灯》卷九、《续灯正统》卷四一。

国　朝

铁叉和尚。释。幽蓟人，国初游方，来居普照寺。尝有虎夜宿山门外，师拍虎腰，曰："毋得在此恐吓人。"虎遂遁。后百岁坐脱，留偈云："我本北方人，来此西蜀坐。大道犹未了，一生幸无过。"

行密和尚。释。详见《艺文志》。

彭县志卷之三十七

艺　术

技虽小道，术亦通神。僧繇画龙[一]，破壁纵鳞。野人继起[二]，传写模真。艺苑之宝，西蜀之珍。占验风角，推步星辰。京、翼馀伎[三]，管、郭后尘[四]。作《艺术志》。

五　代

姜道隐[五]。彭州倅郑昭，请道隐画龙于城西泰山府君祠，为民致雨。于是道隐与二道童燃烛以画，使人挝鼓吹笛，顿足起舞。其夕三更，果风雨大至，以济农事。时蒋贻恭题诗云[六]："世人空解竞丹青，唯子通玄得墨灵[七]。应有鬼神看下笔[八]，岂无风雨助成形？威疑喷浪归沧海，势

[一] 僧繇画龙：《历代名画记》卷七云："张僧繇，吴中人也。天监中（502—519），为武陵王国侍郎、直秘阁，知画事，历右军将军、吴兴太守。武帝崇饰佛寺，多命僧繇画之。……又金陵安乐寺四白龙，不点眼睛，每云点睛即飞去。人以为妄诞，固请点之。须臾，雷电破壁，两龙乘云腾去上天，二龙未点眼者见在。"

[二] 野人：即本卷之姜道隐。

[三] 京、翼：京指京房（前77—前37），翼指翼奉，二人皆善律历、《周易》，精通占卜，传见《汉书》卷七五。

[四] 管、郭：管指管辂（209—256），三国时人，善占卜，诸多神异事迹见《三国志》卷二九本传。郭指郭璞（276—324），晋人，亦善阴阳卜筮之术，传见《晋书》卷七二。

[五] 按，《订讹》以为此人宜入《绵竹县志》，殆因《诗话总龟》等称此人常隐绵竹山中耳。我们认为，不必拘泥，似下一条之赵廷栋，只是养病暂居彭县，是否也该删去呢？

[六] "恭"，原误作"公"，据《诗话总龟》卷二一、《蜀中广记》卷一〇七引《野人闲话》改。按，《鉴诫录》卷四"蜀门讽"条，详细记载了蒋氏事迹及诸多讽刺诗作，可参看。

[七] "玄"，原避讳改作"元"，今据《诗话总龟》《蜀中广记》回改。

[八] "下"，原作"走"，据《蜀中广记》改。按，《诗话总龟》此句作"应有鬼神看笔下"，或误。

欲拏云上杳冥。静闭绿堂深夜后[一]，晓来帘幕似闻腥。”道隐不事谈论，不与人交接，不冠带，不拜跪。相国李昊为著其名。道隐平生嗜《老》《庄》书，好图龙，兴思忽至，即画百尺之状，任意挥写，飘飘然云阴雨气，似蜿蜒之势。掷笔抚掌，以此为适。撰进《龙证笔诀》三卷传于后。

国 朝

赵廷栋。字玉材，直隶磁州人，精堪舆之术。乾隆四十二年（1777）分发来川，会丁母忧，养疴避喧于彭。邑令谢生晋延请详阅县治，改修衙署，移南城门，开小北门。先是，彭邑数科无中式者，迨改造毕，顿见科第联翩。岂风水之说信欤？著有《阳宅三要》《地理五诀》二书。

[一]“堂”，原作“窗”，据《诗话总龟》《蜀中广记》改。按，姜道隐或作张道隐，未知孰是。

彭县志卷之三十八

祥　异

圣明郅治[一]，甘露降庭。时和年丰，霞紫云青。五芝曜彩[二]，九穗呈灵。人惟地杰，寿锡遐龄。恩流甘澍，瑞应弧星[三]。瞻兹坊表，铭德载馨。作《祥异志》。

宋

淳化四年（993）十月[四]，彭门芝草生。

咸平二年（999），濛阳县民杜挚、九陇县民杨太，牛生二犊[五]。

天禧五年（1021）七月[六]，导江县民赵元赏[七]，田禾一茎九穗。大中祥符七年（1014）十二月[八]，彭州天庆观甘露降。

[一] 郅（zhì）：大，盛。《史记·司马相如列传》："文王改制，爰周郅隆，大行越成。"司马贞《索隐》："郅，大也。隆，盛也……以言文王改制，及周而大盛也。"

[二] 五芝：五种芝草，传说中生于五岳，各备一色。《抱朴子内篇》卷一一云："五芝者，有石芝，有木芝，有草芝，有肉芝，有菌芝，各有百许种也。"《尔雅翼》卷三云："芝乃多种，故方术家有六芝。其五芝备五色、五味，分生五岳。"

[三] 弧星：弧矢星。又名天弓，属井宿。共九星，在天狼星东南，八星如弓形，外一星象矢，分属于大犬、南船两星座。古人认为大将感应此星而生。《刘子校释》卷王《命相》云："微子感牵牛星，颜渊感中台星，张良感弧星，樊哙感狼星，老子感火星。若此之类，皆圣贤受天瑞相而生者也。"

[四]"淳化四年"，原误作"建德三年"，据《宋史·五行志二上》改。按，宋代无建德年号，显误。

[五] 按，此事载《宋史·五行志五》。

[六]"天禧"，原误作"乾德"，据《宋史·五行志二上》改。《订讹》已指出此误。

[七]"赏"，原脱，据《宋史·五行志二上》补。《订讹》虽然指出此脱文，却误"赏"为"贵"。又，《订讹》认为此条宜入《灌县志》。

[八]"大中祥符"，原脱，据《宋史·五行志三》补。《订讹》已指出此脱误。

明

嘉靖十九年（1540）夏六月，大水[一]。

崇祯十七年（1644）[二]，白鹿山裂。

国　朝

乾隆庚子（1780）夏，大水。丙午（1786）五月，地震。戊子、己丑间（1768—1769），县北龙兴塔每早晚有烟雾自顶出，层叠入空，日中乃灭。每出，常经十馀日不散。庚午（1810）岁[三]，复见者数日。

嘉庆丙寅（1806）年四月，附郭居民献瑞麦，一本两岐。己巳（1809）三月，县西崂山灵寿废寺古柏上[四]，有白鸟来集。色纯白，似燕，大如鹊雏。群鸟飞鸣环护，观者如堵。

城南老人坊，额书“升平人瑞”，其建修年月、姓名漫灭，不可复识。

老人坊，县东四十里，额书“庆衍期颐、五世同堂”，乾隆辛亥（1791）岁建，为江安教谕戴国相立。

邑西乡禾川里民祝文亮，现年一百二岁，子四，孙四，曾孙四，玄孙一，五世同堂。嘉庆十七年（1812）四月，邑令王详请旌奖。十一月，奉文给帑建坊，并恩赏紫缎一匹、红缎一匹、银二十两。

【补】邑东乡新香里寿妇周氏，故处士萧士贵之妻，贡生萧启和之母，文生萧际亨之祖母，现年百岁。嘉庆十九年（1814）十二月，邑令王详情旌奖。二十二年（1817）二月，奉文给帑建坊，并恩赏银绥[五]。

[一] 按，此说见雍正《四川通志》卷三八之四。

[二]“十七”，原误作“十六”，据雍正《四川通志》卷三八之四改。

[三] 按，此庚午指嘉庆庚午，乾隆庚午为1750年，不当先叙1768年之事，再称1750年之事为“复见”。

[四]“崂”，字书不载，疑误。按，本书卷五“山川”下亦不载此山，暂未见其他著作记载此事，俟考。又，光绪《重修彭县志》卷三“清白江”条提到了“涌山子”，未知即此山否。

[五] 按，此条据抄配本书末补。

彭县志卷之三十九

风　俗

輶轩出使，省方问俗。子云、仲远[一]，登之著录。彭邑多山，灵气涵育。地称小郫，民安质朴。农力耕田，女劳机轴。击壤歌《豳》[二]，比闾雍睦。作《风俗志》。

士习。《四川通志》[三]：“士敏慧。”按，彭邑士多散处，户皆弦诵。虽地居山僻，见闻未广，而父师端严，子弟循谨，有恂恂之风。

民风。《四川通志》[四]：“民质朴。”按，彭邑俗尚勤俭，好义急公，悫信谨守[五]，不染习俗。

农事。邑境半山半田，山地种植杂粮，间栽蓝靛；平畴以禾稻为主，收获后随植豆麦。民无游惰，农乐丰盈。

女功。邑多桑柘，务蚕事。其针黹鲜尚精巧，缝裳作屦，户尽娴之。其贫者与人佣种，或负运煤炭为生。

工役。百工咸备。县东门外多织麻布，濛阳场多织棉布。山多石工，及作木器于其间。

商贾。彭自献贼蹂躏，居民鲜少，贸易罕稀。国朝重熙累洽，煦育

[一] 子云：扬雄之字，扬雄曾撰《輶轩使者绝代语释别国方言》，以介绍不同地区的语言与风俗。◎仲远：应劭之字。应劭曾撰《风俗通》，《后汉书·应奉传附应劭〉云：“撰《风俗通》以辩物类名号，释时俗嫌疑，文虽不典，后世服其洽闻。”

[二] 歌《豳》：指《诗·豳风·七月》，乃农事诗，详叙农人一年之劳作情形。

[三]“四川通志”，原误作“一统志”，今据此说载雍正《四川通志》卷三八之五改。按，《明一统志》、乾隆《大清一统志》皆无相同记载。

[四]“四川通志”，原误作“一统志”，据此说载雍正《四川通志》卷三八之五改。

[五] 悫信：恭谨而诚信。悫，诚也。《淮南子·主术训》：“其民朴重端悫。”高诱注：“悫，诚也。”

涵濡，生齿日繁，商贾辐辏。凡有关于民生者，远近贸迁，贩鬻杂沓，难以悉数。而西北诸山产煤炭甚伙，商人雇夫开挖[一]，妇孺负运至山口新兴场，转运四出，为利尤溥。

饮食。食以米为主，山中多食御麦、杂粮，或以菜蔬等杂和而食。酒则随地能酿，烹调不尚精美，大率俗甘淡泊。

衣服。俗以布为主，不尚华丽。冬日多围炉，山中尤甚。或得野兽皮为袭裘，盖地处山僻，民有古风。

嗜好。彭自雍正八年（1730）复设之初，尚属土广人稀，黾勉营生，别无祈响。后虽生齿日繁，而食淡衣粗，不惑奇邪，不耽甘脆，浑浑噩噩，淳朴成风。

婚礼。俗二姓合好，男家倩媒向女家请庚，与男庚合。占叶吉[二]，则请媒携榼酒，告女家祖先，聘以首饰、币帛，互换庚帖为定。比娶，择吉，因媒请于女家。及期，度礼用发，取结发意。以鹅代雁，备花轿，鼓吹以迎。女家姻族、臧获随妆奁送至婿家[三]。婿迎，交拜，行合卺礼。次日庙见，谒见舅姑、族姻。三日下厨。其遣嫁丰啬，视家之贫富。

丧礼。凡有丧之家，请堪舆卜吉，开咽喉[四]，具衣衾，入棺，谓之小敛。三日盖棺，谓之大敛。是日成服，讣告亲友。比葬，倩僧道诵经，行朝暮奠礼。礼生引赞，讲问孝及送死等书。亲友来吊，散布帛，设酒肴，谓之开奠。葬后三日，加土以祭，谓之复山。其墓铭碑碣，必显达之家方能建立。

[一]“挖”，原作“㧻”，字书不载，据文义看，应是“挖”字之讹，今臆改。按，有诸多文献用例，可证明此字即“挖”字。如万历《贵州通志》卷一四“石屏关”条：“近年㧻冢劫城，路皆由此。”万历《嘉定州志》卷六：“苟侵㧻尺地寸土，私窃一石一树者，民非良民，士非良士。”康熙《永州府志》卷一四“东冈营”条：“地产铅、锡，流民相聚开㧻，为害地方。”乾隆《永兴县志》卷一一《学宫土墙碑记》：“继自今侵占掘㧻者，庶其有豸乎？”

[二]叶（xié）吉：和谐吉祥。《欧阳修全集》卷五〇《英宗皇帝灵驾发引祭文》：“今者因山为陵，卜万世而叶吉。”

[三]臧获：古代对奴婢的贱称。《荀子·王霸》：“大有天下，小有一国，必自为之然后可，则劳苦耗悴莫甚焉；如是，则虽臧获不肯与天子易势业。”杨倞注云：“臧获，奴婢也。《方言》谓荆、淮、海、岱之间骂奴曰臧，骂婢曰获。燕、齐亡奴谓之臧，亡婢谓之获。或曰取货谓之臧，擒得谓之获，皆谓有罪为奴婢者。”

[四]开咽喉：各地风俗略异，称谓亦不同。四川地区一般没有这个说法，但据同治《南城县志》卷一，巫师摇铃诵咒，谓之开咽喉；民国《顺宁县志初稿》卷一四，“请僧道作法事，俗呼开咽喉”。则所谓开咽喉，当是请巫师、道士、和尚等做法事。

祭礼。每岁七月十五及除夕，备酒馔祭献，封纸钱，书“某祖、父考妣收用，某日焚献”，俗谓之包袱。清明节以黄白纸钱搕挂坟土，谓之坟标。具酒食，合族祭毕，席地以享馂馀[一]。其家忌、冥诞，各以日祭，或但焚香纸。元旦、端阳、中秋，随时备物祭献。

音乐。民间婚丧用鼓吹，所以宣礼节也。

祈禳。乡民或三月，或六月，多祀青苗神，盖社公也。城市、乡场遇岁时伏腊，或因事延僧道，设坛讽经，有平安、清醮等名。至俗素尚巫觋，近因禁革，渐少。

赛会。每值各神诞，民间集钱致祭，亦有演剧者。至中元节，各寺观中设盂兰会，忏度甚虔。

[一] 馂（jùn）馀：本指吃剩馀的食物。《礼记·郊特牲》：“厥明，妇盥馈，舅姑卒食，妇馂馀，私之也。”孔颖达疏：“食馀曰馂。妇馂馀，谓舅姑食竟，以馀食與之也。”这里指祭祀之后的祭品。《武林旧事》卷三“祭扫”条云：“妇人泪妆素衣，提携儿女，酒壶肴罍。村店山家，分馂游息。”

彭县志卷之四十

物　产

蜀土膏腴，俗尚华侈。既富盐铁，复饶锦绮。彭门沃野，原田茂美。仓足黍稌[一]，农勤耒耜。郁郁桑柘，累累桃李。何必蹲鸱[二]，饥年足恃。作《物产志》。

金之属

麸金。《太平寰宇记》："彭州土产麸金。"[三]《宋史·本纪》："仁宗天圣元年（1023）闰九月丁未[四]，禁彭州九陇县采金。"

谷之属

白稻。夏种秋获，有早有晚，播植繁衍。

[一] 稌（tú）：稻。《诗·周颂·丰年》："丰年多黍多稌，亦有高廪，万亿及秭。"毛传："稌，稻也。"

[二] 蹲鸱：大芋头，足以充饥。《史记·货殖列传》："吾闻汶山之下，沃野，下有蹲鸱，至死不饥。"张守节《正义》云："蹲鸱，芋也。言邛州临邛县，其地肥又沃，平野有大芋等也。"

[三]"太平寰宇记彭州土产麸金"，原作"唐地理志彭州职贡"，今改。按，《旧唐书》《新唐书》之《地理志》皆不记载彭州贡麸金之事，《新唐书·地理志六》记载彭州贡段罗、交梭，《旧唐书》则根本不记载上贡之事，不知此处据何而来？今据较早谈及彭州贡麸金之事者改补。《订讹》亦云当作《寰宇记》。

[四]"天圣元年闰九月"，原无，据《宋史·仁宗纪一》补。按，《订讹》不知此处有脱，遂认为仁宗无丁未年，当改作"天圣元年正月乙酉"，失察。

香稻。贾逵曰："粱米，出于蜀，香美逾于诸粱，名竹根黄。"[一]

糯稻。有辉糯，有黄丝糯，色红者名矮子糯，俱可酿酒。

旱稻。其性耐旱，山阜为宜。宋真宗时大旱，命于占城取旱稻谷种三万斛散之，传布至广[二]。

麦之属

大麦。古名牟，《诗》云："贻我来牟。"[三]牟即大麦也。

小麦。古名来麦，夏穑秋稼，气备四时。

御麦。一名玉麦，山居广植以养生，今俗名包谷。

莜麦[四]。

粟之属

粟米。

黍。

膏粱。俗名稗粱[五]。

薏苡仁。汉马援自南中回，载薏苡十斛，以此被谗[六]。蜀中产者为最佳。

菽之属

黄豆。

蚕豆。

豌豆。

绿豆。

[一] 按，此说本自《升庵集》卷六一"小粱州"条。

[二] 按，此事见《宋史·食货志上一》，在大中祥符五年（1012）。

[三] 按，"牟"通"麰"，所引诗见《诗·周颂·思文》。

[四] 莜麦：同"荞麦"。

[五] 按，今多写作"高粱"。

[六] 按，此说见《后汉书·马援传》。原文云："南方薏苡实大，援欲以为种，军还，载之一车。时人以为南土珍怪，权贵皆望之。援时方有宠，故莫以闻。及卒后，有上书谮之者，以为前所载还皆明珠、文犀。"

赤豆。

黑豆。

枲之属[一]。

种者较少。

蔬之属

姜。

韭。

萝卜[二]**。**

苋菜。

甘薯。

白菜。一名菘，秋末晚菘最为佳品。

油菜。一名芸苔，子可作油。

豇豆。

黄瓜。

椒。

巢菜[三]**。**叶似槐而小，夏时种。

胡荽。一名芫荽，张骞自西域得来，故名[四]。

茄。一名昆仑紫。

蓏之属[五]

荸荠[六]**。**邑南乡多种之。

甘蔗。

[一] 枲（xǐ）：麻，茎秆之皮可作麻布、麻绳。

[二] “卜”，原误作“葡”，盖因与“蔔”形近而误，今改。

[三] “菜”，原误作“采”，今改。按，巢菜，俗称野豌豆苗，春夏之交原野多见。

[四] 按，此说见《本草纲目》卷二六。此菜又俗称香菜。

[五] 蓏（luǒ）：瓜类植物的果实。《汉书·食货志上》：“还庐树桑，菜茹有畦，瓜瓠果蓏，殖于疆易。”颜师古注：“应劭曰：‘木实曰果，草实曰蓏。’张晏曰：‘有核曰果，无核曰蓏。’臣瓒曰：‘案：木上曰果，地上曰蓏也。’”

[六] 荸荠（bíqí）：今俗称马蹄。

芋。

长生果。

瓜子。

果之属

银杏。邑中银杏古树极多，西禅寺内数枝，其一高约七八丈，围三尺许。中枝可容一座[一]，而枝叶仍茂，垂荫亩馀，结实甚繁。

梅。

梨。

桃。

李。

枣。

石榴。

橘。

栗。

核桃。

木之属

楠木。山中处处有之。永定场河边有古树八株，围三丈馀，有香楠二株，最茂。

柏。

杉。

桤。

麻柳。

棕榈。

芭蕉。

[一] 按，此句费解，疑有误字。

皂荚。以上各种，民间多植之。其深山大木在水陆不通之处，谓之老林，难以详纪。

竹之属

慈竹。

斑竹。

金竹。

龙头竹。

紫竹。

花之属

牡丹。邑西北最盛，载陆放翁《牡丹谱》。

月季花。

海棠。《寰宇记》："海棠花，此树尤多繁艳，未开时如硃砂烂熳，稍白半落如雪，天下所无也。"[一]

紫荆。

山茶。

栀子。

葵花。

兰。

菊。

凤仙。

鸡冠。

添色拒霜花。《益部方物略记》[二]："出彭州。"

[一] 按，此文见《太平寰宇记》卷七二。

[二]"记"，原脱，据此书准确题名补，后文引此书亦多脱此字，径补，不再说明。按，添色拒霜花，即木芙蓉。

锦被堆。《益部方物略记》："出彭州。"[一]

草之属

菖蒲。
老少年[二]。
芦。
蓼。

药之属

何首乌。
升麻。
续断。《寰宇记》："彭州土产。"[三]
黄精。
川芎。
黄连。
牛膝。
木通。
益母草。
金银花。
三七。出中隋山中。

[一]"出彭州"下，原有"《楚辞》谓之露甲，又名锦薰笼"一句，今删。按，《益部方物略记》中的锦被堆，乃蔷薇花。后文所谓《楚辞》中的露甲、锦薰笼，乃瑞香花，别名锦被堆，偶与蔷薇之俗名相同，实为二物。《升庵集》卷五九"瑞香花诗"条："瑞香花即《楚辞》所谓露甲也，一名锦薰笼，又名锦被堆。"此处不察，误混为一。

[二] 老少年：又名雁来红。《本草纲目》卷一五云："茎叶穗子并与鸡冠同。其叶九月鲜红，望之如花，故名。吴人呼为'老少年'。一种六月叶红者名'十样锦'。"

[三] 按，此说见《太平寰宇记》卷七三。◎"土产"下，原有"唐地理志土贡"，今删。按，《旧唐书·地理志》不载土产与上贡之物，《新唐书·地理志六》论及彭州时，不言上贡续断。

车前子。

小茴香。春种秋收，苗萎而根不腐。次年复发，至五六年本大盈尺，每丛可收子升许。

毛之属

虎。

豹

獐。

鹿。

熊。

豺狼。

果子狸。

羽之属

桐花凤。《寰宇记》："桐花色白，至大，有小鸟燋红翠碧相间，毛羽可爱，生于花中。唯饮其汁，不食他物，花落遂死。人以蜜水饮之[一]，或得三四日。性乱跳踯，多抵触死。土人画桐花凤扇，即此类也。"按，桐花凤身不盈寸，体备五色，翠尾朱嘴，文彩相宣，细鸣嘤嘤，其声清越。浓春花放，翔集如期，栖息花苞，嚼蕊含露。迨一旬之后，桐花落尽，凤子杳然。仙乎？仙乎？琼树瑶葩，不知其翱翔何处也。凤凰非梧桐不栖，非竹实不食，得称灵鸟。唯彼么凤[二]，性爱餐花，暂炫尘寰，非同凡羽。赋咏之者，载见《艺文》。

翡翠[三]。

鹌鹑。

[一]"蜜"，原误作"密"，据《太平寰宇记》卷七二改。

[二]么（yāo）凤：桐花凤别称绿毛么凤，又名烧香倒挂，详参《升庵集》卷八一"桐花凤画扇"条。

[三]翡翠：翠鸟。《楚辞补注》卷九《招魂》："翡翠珠被，烂齐光些。"王逸注："雄曰翡，雌曰翠。"洪兴祖补注："翡，赤羽雀；翠，青羽雀。《异物志》云：'翠鸟形如燕，赤而雄曰翡，青而雌曰翠。'"

画眉。

水鸭。

鳞之属

嘉鱼。《寰宇记》："细鳞如鳟，蜀人谓之拙鱼，蜀都山中处处有之。每岁春间从石穴出，彭邑小鱼洞所产，最为肥美。"

介之属

鲮鲤[一]。

螺。

蚌。

虫之属

蜡虫。

蜜蜂[二]。

石之属

皂矾。

空青石。出大明寺山中，最难采得。

磨礞石。

踩布石。

水漱石。出滴水岩，石乳年久结成者。

石炭。老君山最盛，黄杨坡、曹家山亦出。

蓝炭。出磁坪峰。初掘出时，尽为细末。工人以入大陶火煅三四昼夜，以烟尽为度，遂结成块，性最坚，火最烈。今乾溪岩亦有之。

木炭。

[一] 鲮（líng）鲤：穿山甲。《本草纲目》卷四一："其形肖鲤，穴陵而居，故曰鲮鲤，而俗称为穿山甲。郭璞赋谓之龙鲤。《临海水土记》云：'尾刺如三角菱，故谓石鲮。'"

[二] "蜜"，原误作"密"，据文义改。

铁炭。

石灰。

货之属

交丝罗。《唐书·地理志》："职贡。"[一]《宋·地理志》："贡罗。"[二]《元丰九域志》[三]："贡罗十匹。"

丝。彭邑有两种，西北山地多高燥，故所出者为火丝，视东境较逊。

棉布。

麻布。

纸。天台、慈坪、五龙山中多竹，笋出林时，匠者采以作纸。细者名化连，粗者名土连，充用至广。

冻绿布。冬日采焦梨木皮熬熟，入明矾，染之，冻数夕，葱翠可爱，他处所不及。

蓝靛。

[一] 按，此处所言，即《新唐书·地理志六》中之"交梭"。《订讹》认为"当作《唐书·地理志》彭州土贡段罗、交梭"。交梭，当是一种编织方式。《太平寰宇记》卷七二，益州所产有交梭纱；卷七三，永康军贡交梭布；卷九六，越州贡交梭白纱；卷一二六，庐州贡交梭丝布，可为证。

[二] 按，此说见《宋史·地理志五》。《订讹》认为当作"《元和志》开元贡交梭罗"，误。

[三]"元丰九域志"，原作"寰宇记"，《太平寰宇记》卷七三并无相关记载，据《元丰九域志》卷七载"土贡罗一十匹"改出处。按，《订讹》已论及此条之误。

彭县志卷之四十一

金　石

天彭井络，人躭古癖。吉金乐石[一]，繁星森列。牧敲牛砺[二]，藤缠藓蚀。考镜无征，搜扬载切。间有一一，零金断壁。什袭可珍[三]，摩挲陈迹。作《金石志》[四]。

《誓水碑》。"《集古录》载：秦李冰为蜀守，凿川导江以去水患。其神怒，化为牛，出波上。君操刀入水杀之，因刻石以为五犀，立之水旁。与江誓曰：'后世浅无至足，深无至肩。'谓之《誓水碑》，立在彭州。"[五]

宋彭州帖。赵希鹄《洞天清录》："彭州刻历代法帖十卷，不甚精采[六]，色类北纸，人多以为北帖。"

明杨慎游丹景山题诗勒石。今存。

铁狮。明嘉靖间（1522—1566）铸。以上二物，俱在县西北丹景山东岳庙中。

[一] 吉金：古者以祭祀为吉礼，故祭祀时所用之钟鼎彝器称为吉金。《欧阳修全集》卷一三四《韩城鼎铭》："坚久吉金，用作宝尊鼎。"◎乐（yuè）石：精美的石头堪作乐器，故称。后以之代指刻有文字的石碑。《古文苑》卷一《峄山刻石文》："刻此乐石，以著经纪。"章樵注云："石之精坚，堪为乐器者，如泗滨浮磬之类。"

[二] 牧敲牛砺：牧童以石块敲击石碑，发出火花；牛在石碑上磨砺犄角。《韩昌黎诗系年集释》卷七《石鼓歌》云："牧童敲火牛砺角，谁复着手为摩挲？"

[三] 什袭：同"十袭"，用十层布重重包裹，以示珍贵。《欧阳修全集》卷九四《谢赐〈汉书〉表》："十袭珍藏，但示传家而永宝。"

[四] 按，《订讹》评此卷云："此篇直不知金石为何物，概从删削。"按，此评语虽过激，但言之在理。所谓金石者，专指刻勒文字的钟鼎彝器与石碑，本篇载所谓铁佛、石剑、铁像等，以今日观之，当归入文物类；古代方志则一般归入古迹类，可见此卷收录不当。

[五] 按，此说本自《蜀中广记》卷五，而《蜀中广记》又是因袭《方舆胜览》卷五四而来，今本《集古录》无此文。《订讹》亦云："《集古录》无此碑目。"

[六]"甚"，原误作"胜"，据《洞天清录》"古今石刻辨"改。

铁牛。在县东十里壁山庙中，相传中夜出没，有铁索系项上。

铁佛。在县西北三十里牛心山右，两岸庙宇各铸古佛像以镇水口。

石砚。在县东二十里书经台侧。

石剑。在县西六十里白鹿寺中，有石倒插如剑，号飞来剑。

蝌蚪石。在文昌宫，邑令谢生晋有碑记，见《艺文》。

石佛。在县西三十里关口后，溪谷幽深，岩上遍镌古佛像，名千佛岩。又石佛寺在县西北四十里，明时居民掘土得石佛，因立庙祀之，今存。

铁像。明成化间蜀府丞宋璟铸[一]。

[一] 按，据本书卷一四“古唐胜迹坊”条，此铁像为成化七年（1471）所铸。

彭县志卷之四十二

艺　文

英才间出，宦辙游踪。江山助思，艺苑称雄。撑霆裂月，烁电舒虹。彩禽饮露，红药翻风。摛词作谱，肖物推工。辉流缃素，敢薄雕虫。作《艺文志》。

赋

唐

王勃《春思赋并序》[一]

咸亨二年（671），余春秋二十有二，旅寓巴蜀，浮游岁序[二]。殷忧明时[三]，坎壈圣代[四]。九陇县令河东柳太易[五]，英达君子也[六]，仆从游焉。高谈胸怀，颇泄愤懑。于时春也，风光依然。古人云："风景不殊，举目

[一] 按，此文载《王子安集注》卷一，以之参校，并参考其注释。

[二] 浮游：漫游。《楚辞补注》卷一《离骚》："和调度以自娱兮，聊浮游而求女。"◎岁序：岁时的次序，也借指岁月。《文选·王僧达〈答颜延年〉》："聿来岁序暄，轻云出东岑。"

[三] 殷忧：忧伤。《文选·谢宣远〈答谢灵运〉》："伊余虽寡慰，殷忧暂为轻。"

[四] 坎壈（lǎn）：又写作"坎廪"，困顿，不得志。《楚辞补注》卷八《九辩》："坎廪兮，贫士失职而志不平。"

[五] 柳太易：《王子安集注》卷一五《益州夫子庙碑》云柳明字太易。

[六] 英达：英明通达。《后汉纪·灵帝纪上》："吾尝与杜周甫论林宗之德也，清高明雅，英达瑰玮，学问渊深，妙有俊才。"

有山河之异。”[一]不其悲乎？仆不才，耿介之士也[二]。窃禀宇宙独用之心，受天地不平之气，虽弱植一介[三]，穷途千里，未尝下情于公侯，屈色于流俗，凛然以金石自匹[四]，犹不能忘情于春[五]。则知春之所及远矣，春之所感深矣。此仆所以抚穷贱而惜光阴[六]，怀功名而悲岁月也。岂徒幽宫狭路[七]、陌上桑间而已哉[八]！屈平有言：“目极千里伤春心。”[九]因作《春思赋》，庶几乎以极春之所至，析心之去就云尔。

若夫年临九域[十]，韶光四极[十一]。解宇宙之严气[十二]，起亭皋之春色[十三]。况风景兮同序，复江山之异国[十四]。感大运之盈虚[十五]，见长河之纡直。

[一] 按，《世说新语·言语》云：“过江诸人，每至美日，辄相邀新亭，藉卉饮宴。周侯中坐而叹曰：‘风景不殊，正自有山河之异。’皆相视流泪。”

[二] 耿介：正直不阿，廉洁自持。《楚辞补注》卷八《九辩》：“独耿介而不随兮，愿慕先圣之遗教。”

[三] 弱植：《汉语大词典》释为身世寒微、势孤力单者。

[四] 以金石自匹：自比为金石。《荀子·大略》：“其诚可比于金石。”

[五] 忘情：无喜怒哀乐的情感。《晋书·王衍传》：“圣人忘情。”

[六] 抚穷贱而惜光阴：顺应贫穷下贱的处境但仍然珍惜光阴。《文选·古诗十九首·今日良宴会》：“无为守穷贱，轗轲长苦辛。”《文选·傅玄〈杂诗〉》：“志士惜日短，愁人知夜长。”

[七] 幽宫狭路：幽深的宫闱与狭窄的道路，这里皆借指处于深宫与狭路的妇人和女子。《诗·鄘风·桑中》序云：“至于世族在位，相窃妻妾，期于幽远。”《乐府诗集》卷三四《相逢行》：“相逢狭路间，道隘不容车。不知何年少，夹毂问君家。”

[八] 陌上桑间：田野上与桑树间，亦代指处于其间的年轻女子。《乐府诗集》卷二八《陌上桑》：“日出东南隅，照我秦氏楼。秦氏有好女，自名为罗敷。罗敷喜蚕桑，采桑城南隅。”《诗·鄘风·桑中》：“云谁之思，美孟姜矣。期我乎桑中，要我乎上宫。”

[九] 按，此语实出宋玉。《文选·宋玉〈招魂〉》：“目极千里兮伤春心，魂兮归来哀江南。”称屈平者，殆因楚辞皆本于屈原也。

[十] 九域：九州。《文选·潘勖〈册魏公九锡文〉》：“绥爰九域，罔不率俾。”李善注：“薛君曰：九域，九州岛也。”

[十一] 四极：四方极远之地。《尔雅·释地》：“东至于泰远，西至于邠国，南至于濮铅，北至于祝栗，谓之四极。”注：“皆四方极远之国。”《北堂书钞》卷一四九引《尚书考灵曜》：“日有九光，光照四极。”按，此二句言季节来临，春光遍及中国，照耀四极。

[十二] 严气：严寒之气。《文选·谢惠连〈雪赋〉》：“玄律穷，严气升，焦溪涸，汤谷凝。”吕延济注：“严气，寒气也。”

[十三] 亭皋：水边的平地。《文选·司马相如〈上林赋〉》：“亭皋千里，靡不被筑。”李善注引服虔曰：“皋，泽也；堤上十里一亭。”

[十四] 异国：本指不同的国家，这里指不同的地区。《左传·庄公二十二年》：“不在此，其在异国。”

[十五] 大运：天体的运行。《李太白全集》卷二《古风》之三十二：“良辰竟何许，大运有沦忽。”王琦注：“大运，天运也。”◎盈虚：充盈与空虚。《易·丰》：“天地盈虚，与时消息。”

蜀川风候隔秦川[一]，今年节物异常年。霜前柳叶衔霜翠，雪里梅花犯雪妍。霜前雪里知春早，看柳看梅觉春好。思万里之佳期，忆三秦之远道[二]。澹荡春色，悠扬怀抱。野何树而无花，水何堤而无草？于是仆本浪人，平生自沦，怀书去洛[三]，抱剑辞秦。惜良会之遒迈[四]，厌他乡之苦辛。

忽逢边候改，遥忆帝乡春[五]。帝乡迢递关河里，神皋欲暮风烟起[六]。黄山半入上林园[七]，玄灞斜分曲江水[八]。玉台金阙纷相望[九]，千门万户遥相似[十]。昭阳殿里报春归[十一]，未央台上看春晖[十二]。水精却挂鸳鸯幔[十三]，云母斜开翡翠帏[十四]。竟道西园梅色浅，争知北阙柳阴稀？敛态调歌扇，回身整舞衣。银蚕吐丝犹未暖，金燕衔泥试学飞。妾本幽闺学歌舞，

[一] 秦川：秦岭以北的平地。《三国志·蜀志·诸葛亮传》："天下有变，则命一上将将荆州之军以向宛、洛，将军身率益州之众出于秦川，百姓孰敢不箪食壶浆以迎将军者乎？"

[二] 三秦：泛指陕西地区。《史记·秦始皇本纪》："灭秦之后，各分其地为三，名曰雍王、塞王、翟王，号曰三秦。"

[三] 怀书去洛：《战国策·赵策一》："苏秦说李兑曰：'雒阳乘轩车苏秦，家贫亲老，无罢车驽马，桑轮蓬箧赢縢，负书担橐，触尘埃，蒙霜露，越漳河，足重茧，日百而舍，造外阙，愿见于前，口道天下之事。'"

[四] 遒迈：《宋本玉篇·辵部》："遒，忽也。""迈，往也。"故二者连用指很快消逝。

[五] 帝乡：皇帝居住的地方，这里指唐代长安，今西安。

[六] 神皋：接神之皋，亦喻指长安。《文选·张衡〈西京赋〉》："实惟地之奥区神皋。"李善注："自古以雍州积高，神明之奥，故立畤郊上帝，诸神祠皆聚之。"

[七] 黄山：宫殿名。《汉书·地理志上》"右扶风，槐里"注云："周曰犬丘，懿王都之。秦更名废丘，高祖三年（前 204）更名。有黄山宫，孝惠二年（前 193）起。"◎上林园：汉代园囿。《汉书·扬雄传上》："武帝广开上林，南至宜春、鼎胡、御宿、昆吾，旁南山而西至长杨、五柞，北绕黄山，濒渭而东，周袤数百里。"

[八]"玄"，原作"元"，避讳而改者，今改回。玄灞者，灞水也，又写作霸水。《文选·潘岳〈西征赋〉》："南有玄灞素浐。"《汉书·地理志上》"京兆尹，南霸"注云："霸水亦出蓝田谷，北入渭。"◎曲江：曲江池。《太平寰宇记》卷二五："曲江池，汉武帝所造，名为宜春苑，其水曲折，有似广陵之江，故名之。"

[九] 玉台金阙：泛指宫殿亭台。《文选·张衡〈西京赋〉》："西有玉台，联以昆德。"薛综注："皆殿与台名。"

[十]《文选·王延寿〈鲁灵光殿赋〉》："千门相似，万户如一。"

[十一] 昭阳殿：汉代宫阙名，在未央宫内。《三辅黄图》卷二引《庙记》云："未央宫有增城、昭阳殿。"

[十二] 未央：汉代宫殿名，唐代亦有此宫，在禁苑中。《三辅黄图》卷二云："未央宫，《汉书》曰高祖七年（前 200）萧何造未央宫，立东阙、北阙。"

[十三] 水精：同"水晶"。◎鸳鸯幔：绘有鸳鸯图样的帷幕。

[十四] 云母：这里指用云母石装饰的屏风。《后汉书·郑弘传》："遂听置云母屏风，分隔其间。"注云："以云母饰屏风也。"◎翡翠：翠鸟，这里指翠鸟的羽毛，用来装饰帷幕。《楚辞补注》卷九《招魂》："翡帷翠帐，饰高堂些。"

宁知汉代多巡抚？前年斋祭谒甘泉[一]，今岁笙箫祠后土[二]。桃花万骑喧长薄[三]，兰叶千旗照平浦[四]。见原野之秀芳，忆山河之邃古[五]。

长安路狭绕长安，公子春来不厌看。杏叶装金辔，葡萄镂玉鞍。耸盖临平乐[六]，回笳出上兰[七]。上兰经鄠、杜[八]，挥鞭日将暮。白马新临御沟道[九]，青牛近出章台路[十]。章台接建章[十一]，垂柳复垂杨[十二]。草开驰马埒[十三]，花满斗鸡场。南邻少妇多妖婉[十四]，北里王孙驻行幰[十五]。

乍怪前春节候迟，预道今年寒食晚。伤紫陌之春度[十六]，惜青楼之望

[一] 甘泉：甘泉宫。《三辅黄图》卷二："甘泉宫，一曰云阳宫。《史记》秦始皇二十七年（前220）作甘泉宫及前殿，筑甬道，自咸阳属之。《关辅记》曰：'林光宫一曰甘泉宫，秦所造，在今池阳县西。故甘泉山宫，以山为名，宫周匝十馀里。汉武帝建元中（前140—前135）增广之，周十九里，去长安三百里，望见长安城。黄帝以来圜丘祭天处。"

[二] 后土：后土祠。《史记·孝武本纪》："于是天子遂东，始立后土祠汾阴脽上。"

[三] 桃花：桃花马。《尔雅·释畜》："黄白杂色，駓。"郭璞注云："今之桃花马。"◎长薄：绵延的草木丛。《文选·陆机〈挽歌〉》："按辔遵长薄，送子长夜台。"李周翰注："草木丛生曰薄。"

[四] 兰叶：似兰叶之旌旗。《楚辞补注》卷二《九歌·湘君》："荪桡兮兰旌。"

[五] 邃古：远古。《后汉书·班固传下》："伊考自邃古，乃降戾爰兹，作者七十有四人。"

[六] 平乐：《三辅黄图》卷四云："上林苑有平乐观。"《文选·张衡〈西京赋〉》："大驾幸乎平乐之馆。"薛综注："平乐馆，大作乐处也。"

[七] 笳：胡笳，古代的一种管乐器。《宋书·乐志一》云："杜挚《笳赋》云：'李伯阳入西戎所造。'"◎"兰"，原误作"阑"，据《王子安集注》改，后文此字之误径改。《文选·扬雄〈羽猎赋〉》："翼乎至于上兰。"李善注引晋灼曰："上兰观，在上林中也。"

[八] 鄠（hù）、杜：地名，鄠在今陕西户县，杜为杜县，在今西安东南。《汉书·宣帝纪》："尤乐鄠、杜之间。"颜师古注云："二县之间也，杜属京兆，鄠属扶风。"

[九] 御沟：《三辅黄图》卷六："长安御沟谓之杨沟，谓植高杨于其上也。"

[十] 章台路：在长安章台下街。《汉书·张敞传》："时罢朝会，过走马章台街。"颜师古注云："孟康曰：'在长安中。'臣瓒曰：'在章台下街也。'"

[十一] 建章：宫殿名。《汉书·武帝纪》："太初元年（前104）二月，起建章宫。"颜师古注云："在未央宫西。今长安故城西，俗呼贞女楼者，即建章宫之阙也。"

[十二] 垂杨：《三辅黄图》卷一："长杨宫中有垂杨数亩，因为宫名。"又，《艺文类聚》卷八九引梁元帝《折杨柳》曰："巫山巫峡长，垂柳复垂杨。"

[十三] 驰马埒：跑马场，因周围有矮墙，故名。《世说新语·汰侈》："济好马射，买地作埒，编钱匝地竟埒，时人号曰金沟。"

[十四] 妖婉：妖冶而美好，谓女子姿容秀美。《诗·郑风·野有蔓草》："有美一人，清扬婉兮。"

[十五] 幰（xiǎn）：车帷，这里代指有车帷的马车。《文选·潘岳〈藉田赋〉》："微风生于轻幰兮，纤埃起于朱轮。"

[十六] 紫陌：京师郊野的道路。《古文苑》卷七王粲《羽猎赋》："济清漳而开阵，倚紫陌而并征。"

远。紫陌青楼照月华，珠帷黼帐七香车[一]。蛾眉画来应几样，蝉鬓梳时半欲斜[二]。恨雕鞍之届晚[三]，痛银箭之更赊[四]。行行避叶，步步看花。因狂夫之荡子，成贱妾之倡家[五]。狂夫去去无穷已，贱妾春眠春未起。自有兰闺数十重[六]，安知榆塞三千里[七]？榆塞连延玉关侧[八]，云间沉沉不可识。葱山隐隐金河北[九]，雾里苍苍几重色[十]。忽有驿骑出幽、并[十一]，传道春衣万里程。龙沙春草遍[十二]，瀚海春云生。疏勒井泉寒尚竭[十三]，燕山烽火夜应明[十四]。闻道河源路远远[十五]，谁教夫婿苦行

[一] 珠帷：用珍珠织成的帘子。《西京杂记》卷二："昭阳殿织珠为帘，风至则鸣，如珩佩之声。"◎黼帐：华帐。《艺文类聚》卷一八引司马相如《美人赋》："芳香芬烈，黼帐高张。有女独处，婉然在床。"◎七香车：用多种香木制成的华美的车子。《古文苑》卷一〇曹操《与杨太尉书论刑杨修》："谨赠足下锦裘二领，八节角桃杖一枝，官绢五百匹，钱六十万，四望通幰七香车一乘。"注云："以七种香木为车。"

[二] 蝉鬓：两鬓头发薄如蝉翼。《古今注》卷下："魏文帝宫人绝所爱者，有莫琼树、薛夜来、田尚衣、段巧笑四人，日夕在侧。琼树乃制蝉鬓，缥缈如蝉，故曰蝉鬓。"

[三] 雕鞍：雕镂玉石而成的珍贵马鞍。《西京杂记》卷二："武帝时，身毒国献连环羁，皆以白玉作之，玛瑙石为勒，白光琉璃为鞍。自是长安始盛饰鞍马，竞加雕镂。"

[四] 银箭：银饰的刻有计时标记的漏箭。《后汉书·律历志》："孔壶为漏，浮箭为刻，下漏数刻，以考中星，昏明生焉。"此处代指铜壶滴漏，遂引申为时间。

[五] 荡子：在外游荡、闯荡而不归的男人；倡家：作妓者。《文选·古诗十九首·青青河畔草》："昔为倡家女，今为荡子妇。荡子行不归，空床难独守。"李善注云："《史记》曰：'赵王迁，母倡也。'《说文》曰：'倡，乐也，谓作妓者。'""《列子》曰：'有人去乡土，游于四方而不归者，世谓之为狂荡之人也。'"

[六] 兰闺：本指后妃的宫殿，这里泛指女子的闺房。《文选·班固〈西都赋〉》："后宫则有掖庭椒房，后妃之室。合欢增城，安处常宁。茝若椒风，披香发越，兰林蕙草。"

[七] 榆塞：泛指边塞。《汉书·韩安国传》："及后蒙恬为秦侵胡，辟数千里，以河为竟，累石为城，树榆为塞。"

[八] 玉关：玉门关之省。《庾子山集注》卷一《竹杖赋》："玉关寄书，章台留钏。"

[九] 葱山：葱岭。《汉书·西域传上》："西则限以葱岭。"颜师古注云："《西河旧事》云：'葱岭，其山高大，上悉生葱，故以名焉。'"◎金河：《隋书·地理志上》"榆林郡，金河"注云："开皇三年（583）置，曰阳寿。及置油云县，又置榆关总管。五年（585）改置云州总管。十八年（598）改阳寿曰金河。"

[十]"色"，原作"艴"，据《王子安集注》改。按，艴音 yù，于此不押韵。

[十一] 幽、并：幽州与并州。《周礼·职方氏》："东北曰幽州，正北曰并州。"

[十二] 龙沙：地名，在敦煌。《汉书·地理志下》"敦煌郡"注云："正西关外有白龙堆沙，有蒲昌海。"

[十三] 疏勒：今有疏勒县。《旧唐书·西戎传·疏勒》："疏勒国，即汉时旧地也，西带葱岭，在京师西九千三百里。"《后汉书·耿恭传》："恭以疏勒城傍有涧水可固，五月乃引兵据之。七月，匈奴复来攻恭。恭募先登数千人直驰之，胡骑散走。匈奴遂于城下拥绝涧水。恭于城中穿井十五丈，不得水，吏士渴乏，笮马粪汁而饮之。"

[十四] 燕山：又称燕然山，今蒙古国境内之杭爱山。

[十五] 河源：黄河的源头。《隋书·地理志上》："河源郡，置在古赤水城，有曼头城、积石山，河所出，有七乌海。"

行。君行塞外多霜露，为想春台起烟雾。游丝空罥合欢枝[一]，落花自绕相思树[二]。春望年年绝，幽闺离绪切。春色朝朝异，边庭羽书至[三]。都护新封万里侯[四]，将军稍定三边地[五]。长旆犹衔扫云色，宝刀尚拥干星气[六]。昨夜祁连驿使还，征夫犹在雁门关。君度山川成白首，应知岁序歇红颜。红颜一别成胡越[七]，夫婿连延限城阙。羌笛横吹陇路风[八]，戎

[一] 合欢：《古今注校笺》卷下："合欢树似梧桐，枝弱叶繁，互相交结，每一风来辄自相解，了不相牵缀。树之阶庭，使人不忿。"

[二] 相思树：《新辑搜神记》卷二五"韩冯夫妇"条云："宋时大夫韩冯，娶妻而美，康王夺之。冯怨，王囚之，论为城旦。妻密遗冯书，缪其辞曰：'其雨淫淫，河大水深，日出当心。'既而王得其书，以示左右，左右莫解其意。臣苏贺对曰：'其雨淫淫，言愁且思也；河大水深，不得往来也；日出当心，心有死志也。'俄而冯乃自杀，其妻乃阴腐其衣。王与之登台，妻遂自投台下，左右揽之，衣不中手而死。遗书于带，曰：'王利其生，妾利其死，愿以尸骨，赐冯合葬。'王怒，弗听，使里人埋之，冢相望也。曰：'尔夫妇相爱不已，若能使冢合，则吾弗阻也。'宿昔之间，便有梓木生于二冢之端，旬日而大盈抱，屈体以相就，根交于下，枝错于上。又有鸳鸯，雌雄各一，恒栖树上，晨夜不去，交颈悲鸣，音声感人。宋人哀之，遂号其木曰相思树。相思之名，起于此也。"

[三] 边庭：本指边塞地区匈奴单于的王庭，这里代指边地。《史记·匈奴列传》："而单于之庭，直代、云中。"《索隐》："谓匈奴所都处为庭。乐彦云：'单于无城郭，不知何以国之。穹庐前地若庭，故云庭。'"◎羽书：加急的书信。《汉书·高帝纪》："吾以羽檄征天下兵。"颜师古注云："檄者，以木简为书，长尺二寸，用征召也。其有急事，则加鸟羽插之，示速疾。"

[四] 都护：官名，始置于汉代，唐代有安西都护府、北庭都护府，长官皆称都护。《汉书·郑吉传》："吉攻破车师，迁卫司马，使护鄯善以西南道。神爵中，匈奴乖乱，日逐王先贤掸欲降汉，使人与吉相闻。吉发渠黎、龟兹诸国五万人迎日逐王口万二千人，小王将十二人随吉至河曲，颇有亡者。吉追斩之，遂将诣京师，汉封日逐王为归德侯。吉既破车师，降日逐，威震西域，遂并护车师以西北道，故号都护。都护之置，自吉始焉。"颜师古注："并护南北二道，故谓之都，都犹大也，总也。"◎万里侯：封侯于万里之外，言在边庭立功而得封侯。《后汉书·班超传》："祭酒布衣诸生耳，而当封侯万里之外。"

[五] 三边：本指幽州、并州、凉州，这里泛指边塞。《小学绀珠》卷二："三边：幽、并、凉。"

[六] 干星气：上射星斗的剑气。《晋书·张华传》："初，吴之未灭也，斗、牛之间常有紫气。道术者皆以吴方强盛，未可图也，惟华以为不然。及吴平之后，紫气愈明。华闻豫章人雷焕妙达纬象，乃要焕宿，屏人曰：'可共寻天文，知将来吉凶。'因登楼仰观。焕曰：'仆察之久矣，惟斗、牛之间颇有异气。'华曰：'是何祥也？'焕曰：'宝剑之精上彻于天耳。'华曰：'君言得之。吾少时，有相者言吾出六十位登三事，当得宝剑佩之。斯言岂效与？'因问曰：'在何郡？'焕曰：'在豫章丰城。'华曰：'欲屈君为宰，密共寻之，可乎？'焕许之。华大喜，即补焕为丰城令。焕到县，掘狱屋基，入地四丈馀，得一石函，光气非常。中有双剑并刻题，一曰龙泉，一曰太阿。其夕，斗、牛间气不复见焉。"

[七] 胡越：西北胡地与江南越地，相隔辽远。《淮南子·俶真训》："自其异者视之，肝胆胡越。"

[八] 陇：《说文·阜部》："陇，天水大阪也。"今指甘肃地区的陇山。

衣直照关山月。春色徒盈望，春悲殊未歇。

复闻天子幸关东[一]，驰道烟尘万里红[二]。析羽摇初日[三]，繁笳思晓风。后骑犹分长乐馆[四]，前旌已映洛阳宫[五]。洛阳宫城纷合沓[六]，离房别殿花周匝。河阳别舍抵长河[七]，丹轮绀幰相经过[八]。戚里繁珠翠[九]，中闺盛绮罗。风移金谷舞[十]，莺引《石城》歌[十一]。向夕天津洛桥暮[十二]，争驱紫燕黄牛度[十三]。闲居伊水园[十四]，旧宅邙山路[十五]。武子新布金钱埒[十六]，

[一]“天”，原误作“夫”，据《王子安集注》改。◎关东：函谷关、潼关以东。唐代都城西安在关内，故指东都洛阳为关东。

[二] 驰道：天子车驾所行的大道。《史记·秦始皇本纪》：“治驰道。”《集解》引应劭曰：“驰道，天子道也，道若今之中道然。”

[三] 析羽：古代用来装饰旗帜的穗状鸟羽。《周礼·春官·司常》：“全羽为旞，析羽为旌。”郑玄注：“全羽、析羽，皆五采，系之于旞旌之上。”

[四] 长乐馆：即长乐宫，汉代宫殿名。《三辅黄图》卷二：“长乐宫，本秦之兴乐宫也。高皇帝始居栎阳，七年（前200），长乐宫成，徙居长安城。《三辅旧事》《宫殿疏》皆曰：‘兴乐宫，秦始皇造，汉修饰之。周回二十里。’”

[五] 洛阳宫：《元和郡县图志》卷五：“仁寿四年（604），炀帝诏杨素营东京，大业二年（606），新都成，遂徙居，今洛阳宫是也。其宫北据邙山，南直伊阙之口，洛水贯都，有河汉之象，东去故城一十八里。”

[六]“沓”，原误作“踏”，据《王子安集注》改。《文选·王褒〈洞箫赋〉》：“薄索合沓，罔象相求。”李善注：“合沓，重沓也。”

[七] 河阳别舍：《晋书·石崇传》：“崇有别馆在河阳之金谷，一名梓泽。”

[八] 丹轮：车轮漆为红色，身份与地位的象征。《后汉书·舆服志上》：“卿朱两轮，五斿降龙。”

[九] 戚里：与皇帝有姻亲关系的贵族所居之地。《汉书·万石君奋传》：“徙其家长安中戚里。”颜师古注：“于上有姻戚者，则皆居之，故名其里为戚里。”

[十] 金谷舞：石崇金谷园中舞姬的舞蹈。《玉台新咏》卷一〇庾肩吾《石崇金谷妓》：“自作明君辞，还教绿珠舞。”

[十一]《石城》歌：乐曲名。《旧唐书·音乐志二》：“《石城》，宋臧质所作也。石城在竟陵，质尝为竟陵郡。于城上眺瞩，见群少年，歌谣通畅，因作此曲。”

[十二] 天津：桥名，在洛阳。《元和郡县图志》卷五：“天津桥，在县北四里。隋炀帝大业元年（605）初造此桥，以架洛水，用大缆维舟，皆以铁锁钩连之。南北夹路对起四楼，其楼为日月表胜之象。然洛水溢浮，桥辄坏。贞观十四年（640），更令石上累方石为脚。《尔雅》‘斗、牛之间为天汉之津’，故取名焉。”

[十三] 紫燕：良马名。《文选·颜延之〈赭白马赋〉》李善注引《尸子》云：“我德而民治，则马有紫燕、兰池。”◎黄牛：用黄牛拉的车。《汉书·外戚传》：“王媪随使者诣阙，时乘黄牛车。”

[十四] 伊水：据《元和郡县图志》卷五，此河在旧河南县东南十八里。

[十五] 邙山：据《元和郡县图志》卷五，北邙山在偃师县北二里，西起洛阳县界，东入巩县界。

[十六] 武子：王济字武子。《世说新语·汰侈》：“王武子被责，移第北邙下。于时人多地贵，济好马射，买地作埒，编钱匝地竟埒，时人号曰金沟。”

季伦欲碎珊瑚树[一]。复道西墉春雾寡[二]，更值南津春望写。入金市而乘羊[三]，出铜街而试马[四]。叶犯露而争密[五]，花牵风而乱下。锦障萦山，罗帏照野。司空、令尹之博物[六]，二陆、三张之文雅[七]。新年柏叶之樽[八]，上巳兰英之斝[九]。春来并是春，何啻两违秦？

忽逢江外客，复忆江南春。罗衣乘北渚[十]，锦袖出东邻[十一]。江边小

[一] 季伦：石崇之字。《世说新语·汰侈》："石崇与王恺争豪，并穷绮丽以饰舆服。武帝，恺之甥也，每助恺。尝以一珊瑚树高二尺许赐恺，枝柯扶疏，世罕其比。恺以示崇，崇视讫，以铁如意击之，应手而碎。恺既惋惜，又以为疾己之宝，声色甚厉。崇曰：'不足恨。今还卿。'乃命左右，悉取珊瑚树，有三尺四尺、条干绝世、光彩溢目者六七枚，如恺许比甚众，恺惘然自失。"

[二] 西墉：西城。《文选·班固〈西都赋〉》："凌澄道而超西墉。"李善注引毛苌《诗传》云："墉，城也。"

[三] 金市：洛阳城中比较大的市场。《文选·潘岳〈闲居赋〉》李善注引《洛阳记》云："洛阳凡三市，大市名曰金市，公观之西城中。"◎乘羊：乘白羊拉的车子。《世说新语·容止》刘峻注引《卫玠别传》曰："齠龀时，乘白羊车于洛阳市上，咸曰：'谁家璧人？'"

[四] 铜街：在洛阳，因街两边有两只铜驼而得名。《初学记》卷八引《洛阳记》："两铜驼在宫之南街，东西相向，高九尺。"◎试马：试乘骏马。《世说新语·赏誉》刘峻注引《晋记》："济性好马，而所乘马骏驶，意湛爱之。湛曰：'此虽小驶，然力薄不堪苦。近见督邮马当胜此，但养之不至耳。'济取督邮马，谷食十数日，与湛试之。湛未尝乘马，卒然便驰骋，步骤不异于济。"

[五] "犯"，原误作"抱"，据《王子安集注》改。

[六] 司空：《晋书·张华传》："张华字茂先，范阳方城人也……华强记，默识四海之内若指诸掌。武帝常问汉宫室制度及建章千门万户，华应对如流，听者忘倦。画地成图，左右属目，帝甚异之，时人比之子产……数年，代下邳王晃为司空。"◎令尹：《王子安集注》以为当为河南令尹，然不知为谁。按，可能指函谷关令尹喜，望见紫气东来而知有异人至，遂遇老子而传《道德经》也。

[七] 二陆、三张：《晋书·张亢传》："亢字季阳，才藻不逮二昆，亦有属缀，又解音乐伎术，时人谓载、协、亢，陆机、云曰二陆、三张。"

[八] 柏叶之樽：谓喝椒柏酒。《荆楚岁时记》："正月一日是三元之日也，谓之端月……于是长幼悉正衣冠，以次拜贺，进椒柏酒，饮桃汤，进屠苏酒、胶牙糖。"

[九] 上巳兰英：上巳节曲水流觞。《宋书·礼志二》："旧说后汉有郭虞者，有三女，以三月上辰产二女，上巳产一女，二日之中而三女并亡，俗以为大忌。至此月此日，不敢止家，皆于东流水上为祈禳，自洁濯，谓之禊祠，分流行觞，遂成曲水。史臣案，《周礼》女巫掌岁时祓除衅浴，如今三月上巳如水上之类也。衅浴谓以香熏草药沐浴也。《韩诗》曰：'郑国之俗，三月上巳之溱、洧两水之上，招魂续魄，秉兰草，拂不祥。'此则其来甚久，非起郭虞之遗风、今世之度水也。"

[十] 北渚：北边水中的小洲。《楚辞补注》卷二《九歌·湘夫人》："帝子降兮北渚，目眇眇兮愁予。"

[十一] 东邻：东边的邻居。《古文苑》卷三司马相如《美人赋》："臣之东邻，有一女子，云发丰艳，蛾眉皓齿，颜盛色茂，景曜光起。"

妇无形迹，特怨狂夫事行役。凤凰山上花无数[一]，鹦鹉洲中草如积[二]。春江澹容与[三]，春期无处所。春水春鱼乐，春汀春雁举。君道玉门关，何如金陵渚？为问逐春人，年光几处新？何年春不至，何地不宜春？亦有当春逢远客，亦有当春别故人。风物虽同候，悲欢各异伦。归去春山逖闲放，蕙畹兰皋行可望[四]，何为悠悠坐惆怅？

比来作客住临邛[五]，春风春日自相逢。石镜岩前花屡密[六]，玉轮江上叶频浓[七]。高平灞岸三千里，少道梁山一万重[八]。自有春花煎别思，无劳春镜照愁容。盛年耿耿辞乡国[九]，长路遥遥不可极。形随朗月骤东西，思逐浮云几南北[十]。春蝶参差命俦侣[十一]，春莺绵蛮思羽翼[十二]。余复何为此，方春长叹息。会当一举绝风尘[十三]，翠盖朱轩临上春[十四]。朝

[一] 凤凰山：《太平御览》卷四八“凤栖山”条：“《江夏图经》曰：‘凤栖山，西北陆路去州二百二十五里。吴建兴年中（252—253），凤凰降此山，因以为名。山有石鼓，鼓鸣则雨。’”

[二] 鹦鹉洲：《太平寰宇记》卷一一二：“鹦鹉洲，在大江东，县西南二里。西过此洲，从北七十步，大江中流与汉阳县分界。《后汉书》云：‘黄祖为江夏太守时，黄祖长子射，大会宾客，有献鹦鹉于此洲，故为名。’”

[三] 容与：随水波起伏而荡漾貌。《楚辞补注》卷四《九章·涉江》：“船容与而不进兮，淹回水而凝滞。”这里形容水波荡漾。

[四] 蕙畹兰皋：种着蕙草与兰花的地方。《楚辞补注》卷一《离骚》：“余既滋兰之九畹兮，又树蕙之百亩。”

[五] 临邛：今四川邛崃市。

[六] 石镜岩：《华阳国志》卷三：“武都有一丈夫，化为女子，美而艳，盖山精也。蜀王纳为妃，不习水土，欲去。王必留之，乃为《东平》之歌以乐之。无几物故，蜀王哀之，乃遣五丁之武都担土为妃作冢。盖地数亩，高七丈，上有石镜，今成都北角武担是也。”

[七] 玉轮江：岷江。《水经注·江水一》：“江水又径汶江道。汶出徼外岷山西玉轮阪下而南行，又东注于大江。”

[八] 梁山：大剑山的别称，在广元剑门关。《太平寰宇记》卷八四：“大剑山亦曰梁山。”

[九] 耿耿：不安之貌。《诗·邶风·柏舟》：“耿耿不寐，如有隐忧。”

[十] 《文苑英华》卷二六六沈约《送别友人》：“君东我亦西，衔悲涕如霰。浮云一南北，何由展言宴？”

[十一] 命俦侣：犹呼朋引伴。《曹植集校注》卷二《洛神赋》：“命俦啸侣。”

[十二] 绵蛮：小鸟一样。《诗·小雅·绵蛮》：“绵蛮黄鸟，止于丘阿。”毛传：“绵蛮，小鸟貌。”

[十三] 一举绝风尘：《史记·留侯世家》：“鸿鹄高飞，一举千里。羽翮已就，横绝四海。”

[十四] 翠盖朱轩：用翠羽装饰车盖的红色车子。《文选·宋玉〈高唐赋〉》：“翠为盖。”李善注：“翠，翡翠也。以羽饰盖。”

升玉署调天纪[一]，夕憩金闺奉帝纶[二]。长卿未达终希达[三]，曲逆长贫岂剩贫[四]？年年送春应未尽，一旦逢春自有人。

李德裕《画桐花凤扇赋并序》[五]

成都夹岷江[六]，矶岸多植紫桐[七]。每至春暮，有灵禽五色，小于玄鸟[八]，来集桐花，以饮朝露。及华落，则烟飞雨散，不知其所往。有名工缋于素扇[九]，以偿稚子。余因作小赋，书于扇上。

[一] 玉署：玉堂殿。《汉书·李寻传》："久污玉堂之署。"颜师古注："玉堂殿在未央宫。"◎天纪：天时。《书·胤征》："俶扰天纪。"孔传："纪，谓时日。"此处比喻身居高堂，为帝王出谋划策，调整时运。

[二] 金闺：金门。《文选·谢朓〈始出尚书省诗〉》："既通金闺籍。"李善注："金闺，即金门也。《解嘲》曰：'历金门，上玉堂。'"按，此处亦指出仕为官，实现人生抱负。

[三] 长卿：司马相如之字。《水经注·江水一》："城北十里曰升仙桥，有送客观。司马相如将入长安，题其门曰：'不乘高车驷马，不过汝下也。'后入邛、蜀，果如志焉。"

[四] 曲逆：曲逆侯陈平。《史记·陈丞相世家》："陈丞相平者，阳武户牖乡人也。……少时家贫，好读书。……及平长，可娶妻，富人莫肯与者；贫者，平亦耻之。久之，户牖富人有张负，张负女孙五嫁而夫辄死，人莫敢娶，平欲得之。邑中有丧，平贫，侍丧以先往后罢为助。张负既见之丧，所独视伟平，平亦以故后去。负随平至其家，家乃负郭穷巷，以弊席为门，然门外多有长者车辙。张负归，谓其子仲曰：'吾欲以女孙予陈平。'张仲曰：'平贫不事事，一县中尽笑其所为，独奈何予女乎？'负曰：'人固有好美如陈平而长贫贱者乎？'卒与女。为平贫，乃假贷币以聘，予酒肉之资以内妇。……还至雒阳，赦信以为淮阴侯，而与功臣剖符定封，于是与平剖符，世世勿绝，为户牖侯。……高帝南过曲逆，上其城，望见其屋室甚大，曰：'壮哉县！吾行天下，独见洛阳与是耳。'顾问御史曰：'曲逆户口几何？'对曰：'始秦时三万馀户，间者兵数起，多亡匿，今见五千户。'于是乃诏御史更以陈平为曲逆侯，尽食之。"

[五] 按，此文载《李德裕文集校笺·别集》卷一，以之参校，省称别集。

[六]"成都"，原作"蜀"，据别集改。

[七] 紫桐：梧桐树的一种，开花为紫色，如百合。《陆氏诗疏广要》卷上之下"梓椅梧桐"条："又有紫桐，花如百合。"按，今四五月有开花紫白相间者，名泡桐树，或即此。

[八]"玄"，原作"元"，避讳而改者，今据别集回改。按，玄鸟即燕子。《诗·商颂·玄鸟》："天命玄鸟，降而生商。"

[九] 缋：绘画。《周礼·考工记·画缋》："画缋之事，杂五色。"

桐始华兮绿江曙[一]，粲鲜葩兮泫朝露[二]。树韡韡兮霞舒[三]，鸟烂烂兮星布[四]。彼嘉桐兮贞且猗[五]，当春暮兮发英蕤[六]。岂鹓雏兮珍族[七]，久栖托乎琼枝[八]。彼零露兮甘且白[九]，涵晓月兮洒鲜泽。岂青鸟之灵俦[十]，常饮吮乎玉液[十一]。有嘉谷而不啄[十二]，有乔松而不适。独美露而爱桐，非人间之羽翮。逮华落而春归，忽雨散而川寂。怅丹穴之何远[十三]，想瑶池而已隔[十四]。爰有妙工，图其丽容。宛宛兮若餐珠于芳蕊[十五]，飘飘兮疑振翠于光风[十六]。感班姬之素扇[十七]，空皎洁兮如霰。亦有美人，增华

[一]“绿”，原作“缘”，形近而误，据别集改。◎曙：本指天明，这里引申为明艳、明朗，言沿江的桐树开花了，让碧绿的江水显得更加明艳。

[二] 泫：露水滴落。《文选·谢灵运〈从斤竹涧越岭溪行〉》：“岩下云方合，花上露犹泫。”◎“朝”，原作“清”，据别集改。

[三] 韡韡（wěi）：光明华美貌。《诗·小雅·常棣》：“常棣之华，鄂不韡韡。”毛传：“韡韡，光明也。”◎霞舒：如舒展开来的云霞，此处比喻树上盛开的紫色花朵。《晋书·许迈传》：“或有所疑，至于布纤浓，分疏密，霞舒云卷，无所间然。”

[四] 烂烂：色彩鲜艳貌。《白居易集笺校》卷四《牡丹芳》：“千片赤英霞烂烂，百枝绛艳灯煌煌。”◎星布：犹星罗棋布，言诸多桐花凤分散于花间，如明星点缀天空一般。

[五] 猗：美盛貌。《陆云集》卷三《赠郑曼季往返八首·高冈》：“瞻彼高冈，有猗其桐。”

[六]“发英”，原作“英威”，据别集改。◎英蕤：艳丽的花。《文选·嵇康〈琴赋〉》：“郁纷纭以独茂兮，飞英蕤于昊苍。”

[七] 鹓（yuān）雏：传说中与鸾凤同类的鸟。《庄子·秋水》：“夫鹓雏，发于南海而飞于北海，非梧桐不止，非练实不食，非醴泉不饮。”

[八] 琼枝：传说中的玉树。《楚辞补注》卷一《离骚》：“溘吾游此春宫兮，折琼枝以继佩。”洪兴祖补注：“琼，玉之美者。《传》曰：‘南方有鸟，其名为凤；天为生树，名曰琼枝。高百二十仞，大三十围，以琳琅为实。’”

[九] 零露：滴落的露水。《诗·郑风·野有蔓草》：“野有蔓草，零露漙兮。”郑玄笺：“零，落也。”

[十] 青鸟：传说中为西王母取食、传信的神鸟。《山海经》卷二：“又西二百二十里曰三危之山，三青鸟居之。”郭璞注：“三青鸟，主为西王母取食者，别自栖息于此山也。”

[十一]“玉”，原误作“至”，据别集改。

[十二]“啄”，别集作“喙”，或误。按，《文苑英华》卷一〇八、《全蜀艺文志》卷一皆作“啄”。

[十三] 丹穴：传说中凤凰栖息的神山，这里比喻桐花凤归去之处。《山海经》卷一：“又东五百里曰丹穴之山，其上多金玉，丹水出焉，而南流注于渤海。有鸟焉，其状如鸡，五采而文，名曰凤皇。”

[十四] 瑶池：西王母所居之地，因前文比喻桐花凤为青鸟，故言及之。《穆天子传》卷三：“乙丑，天子觞西王母于瑶池之上。”

[十五] 宛宛：盘旋屈曲貌。《文选·司马相如〈封禅文〉》：“宛宛黄龙，兴德而升。”李善注：“《楚辞》曰：‘驾八龙之宛宛。’”按，此处形容桐花凤在花丛中翻飞的样子。

[十六] 光风：雨止日出时的和风。《楚辞补注》卷九《招魂》：“光风转蕙，氾崇兰些。”注云：“光风，谓雨已日出而风，草木有光也。”

[十七] 班姬：班婕妤。左曹越骑班况之女，汉孝成皇帝之婕妤，传记见《古列女传》卷八。《文选·班婕妤〈怨歌行〉》：“新裂齐纨素，皎洁如霜雪。裁为合欢扇，团团似明月。”此处借诗中之素扇代指没有描绘图画的扇子，以与绘有桐花凤的扇子形式对比。

点绚。雀伺蝉而轻鹜[一]，女乘鸾而微眄。未若缋兹鸟于珍箑[二]，动凉风于罗荐[三]。非欲发长袂之清香，掩高歌之孤啭[四]。庶玉女之提携，列昆墟之瑶宴[五]。乃为歌曰：东风晚兮芳节阑，敷紫华兮荫碧湍。美斯鸟兮类鹓鸾，具体微兮容色丹。彼飞翔于宵汉，此藻绘于冰纨[六]。虽清秋之已至，常爱玩而忘餐。

诗

唐　卢照邻

《于时春也，慨然有江湖之思，寄此赠柳九陇》[七]

提琴一万里，负书三十年[八]。晨攀偃蹇树，暮宿清泠泉[九]。
翔禽鸣我侧，旅兽过我前。无人且无事，独酌还独眠。
遥闻彭泽宰[十]，高弄武城弦[十一]。形骸寄文墨，意气托神仙。

[一] 鹜：本指鸭子，这里用为动词，形容雀鸟追逐鸣蝉时的飞动之貌。别集在此句下有自注云："南朝画扇尤重蝉雀。"

[二] 箑（shà）：扇子。《淮南子·精神训》："知冬日之箑，夏日之裘，无用于己。"高诱注："箑，扇也。楚人谓扇为箑。"

[三] 罗荐：丝织的席褥。《刘禹锡集笺证》卷二七《秦娘歌》："长鬟如云衣似雾，锦茵罗荐承轻步。"

[四]"高"，原作"短"，据别集改。

[五]"瑶宴"，原作"女宴"，据别集改。按，此二句言画有仙禽桐花凤的扇子，不会让一般的歌女拿着唱歌伴舞，而应该由神女带着参加瑶池盛宴。

[六] 冰纨：本指洁白的丝绢。《汉书·地理志下》："后十四世，桓公用管仲，设轻重以富国，合诸侯成伯功，身在陪臣而取三归。故其俗弥侈，织作冰纨绮绣纯丽之物。"颜师古注："冰谓布帛之细，其色鲜洁如冰者也。纨，素也。"这里代指用之做成的扇子。

[七]"于时春也，慨然有江湖之思，寄此"，原无，据《卢照邻集校注》卷一补。按，柳九陇，即王勃赋中提到的柳知县，名明，字太易。

[八] 三十年：卢照邻自指也。按，卢照邻约生于贞观九年（635），至作此诗之咸亨元年（670）为三十五岁，称三十年者，约举整数。

[九]"泠"，原作"冷"，据别集改。按，虽然"冷"可通"泠"，然有本可据，仍改之。清泠谓清凉寒冷。

[十] 彭泽宰：本指陶渊明，《晋书·隐逸传·陶潜》云："执事者闻之，以为彭泽令。"此处代指柳明。

[十一] 武城：《论语·阳货》："子之武城，闻弦歌之声。夫子莞尔而笑，曰：'割鸡焉用牛刀？'"按，子游为武城宰，以弦歌为教民之具，故后多用武城弦指代县令。

我有壶中要[一]，题为物外篇[二]。将以贻好道，道远莫致旃[三]。
相思劳日夜，相望助风烟。坐惜春华晚，徒令客思悬。
水去东南地，气凝西北天[四]。关山悲蜀道，花鸟忆秦川。
天子何时问，公卿本亦怜。自哀还自乐，归薮复归田。
海屋银为柱[五]，云车电作鞭[六]。倘遇鸾将鹤[七]，谁论貂与蝉[八]？

莱洲频度浅[九]，桃实几成圆[十]？寄言飞凫舄[十一]，岁晏同联翩[十二]。

[一] 壶中要：学道成仙的奥妙。《后汉书·方术传下·费长房》云“费长房者，汝南人也。曾为市掾，市中有老翁卖药，悬一壶于肆头，及市罢，辄跳入壶中。市人莫之见，唯长房于楼上睹之，异焉。因往再拜，奉酒脯。翁知长房之意其神也，谓之曰：‘子明日可更来。’长房旦日复诣翁，翁乃与俱入壶中，唯见玉堂严丽，旨酒甘肴盈衍其中，共饮毕而出。”

[二] 物外篇：谓道家神仙一类的著作。因道家主张无为，超然物外故也。《晋书·毕道开传》：“后至南海，入罗浮山，独处茅茨，萧然物外。”

[三] 旃：“之焉”的合音。《诗·唐风·采苓》：“舍旃舍旃。”郑笺云：“旃之言焉也，舍之焉，舍之焉。”又，此二句本自《文选·古诗十九首·庭中有奇树》：“攀条折其荣，将以遗所思。馨香盈怀袖，路远莫致之。”

[四] 《淮南子·天文训》：“昔者共工与颛顼争为帝，怒而触不周之山，天柱折，地维绝。天倾西北，故日月星辰移焉。地不满东南，故水潦尘埃归焉。”

[五] 海屋：海上仙山中神仙所居的宫殿。《汉书·郊祀志下》：“自威、宣、燕昭使人入海求蓬莱、方丈、瀛洲。此三神山者，其传在勃海中，去人不远，盖尝有至者。诸仙人及不死之药皆在焉。其物禽兽尽白，而黄金、银为宫阙。”

[六] 云车：神仙所驾乘之车。《文选·曹植〈洛神赋〉》：“六龙俨其齐首，载云车之容裔。”李善注引《博物志》云：“汉武帝好道，西王母七月七日漏七刻王母乘紫云车来。”◎电作鞭：以闪电为鞭子。《淮南子·原道训》：“电以为鞭策。”

[七] 鸾将鹤：鸾鸟与仙鹤，比喻神仙的车驾。《古诗纪》卷六四汤惠休《楚明妃曲》：“骖驾鸾鹤，往来仙灵。”

[八] 貂与蝉：官帽上的装饰品，此处比喻世俗的荣华富贵。《后汉书·舆服志下》“武冠，一曰武弁大冠，诸武官冠之。侍中、中常侍加黄金珰，附蝉为文，貂尾为饰，谓之赵惠文冠。”

[九] 频度浅：东海之水多次变浅，化为桑田。《太平广记》卷六〇“麻姑”条云：‘麻姑自说云：‘接侍以来，已见东海三为桑田。向到蓬莱，水又浅于往者。会时略半也，岂将复还为陵陆乎？’”

[十] 桃实几成圆：谓仙桃成熟了多次，言时间过得快。《汉武帝内传》云：“须臾，以玉盘盛仙桃七颗，大如鸭卵，形圆青色，以呈王母。母以四颗与帝，三颗自食。桃味甘美，口有盈味，帝食辄收其核。王母问帝，帝曰：‘欲种之。’母曰：‘此桃三千年一生实，中夏地薄，种之不生。’帝乃止。”

[十一] 飞凫舄（xì）：飞行的凫鸟乃鞋子所变。《后汉书·方术传上·王乔》：“王乔者，河东人也，显宗世为叶令。乔有神术，每月朔望常自县诣台朝。帝怪其来数而不见车骑，密令太史伺望之。言其临至，辄有双凫从东南飞来。于是候凫至，举罗张之，但得一只舄焉。”

[十二]“翩”，原误作“篇”，据别集改。按，联翩谓飞翔貌，言希望能和柳县令一起羽化飞升。

※苏颋《赠彭州权别驾》[一]

双流脉脉锦城开[二]，追饯年年往复回[三]。
只道歌谣迎半刺[四]，徒闻礼数揖中台[五]。
黄莺急啭春风尽，班马长嘶落景催[六]。
莫怆分飞岐路别，还当奏最掖垣来[七]。

[一] 苏颋（670—727）：唐代京兆武功（今陕西武功县）人，字廷硕，苏瑰子。武则天时进士，累迁中书舍人，袭封许国公。玄宗时进同紫微黄门平章事，与宋璟同理政事。《旧唐书》卷八八、《新唐书》卷一二五皆有传。◎权别驾：权若讷，生卒年不详。别驾为官名，据《新唐书·百官志四下》，下州，州史一人，正四品下；别驾一人，从五品上。盖刺史之佐官也。《权载之文集》卷三四《唐故通议大夫、梓州诸军事、梓州刺史、上柱国权公文集序》："公讳若讷，字某，天水略阳人。……由右补阙拜起居郎……出为蜀州司马，改梓州长史、彭州别驾。吾道一贯，虚舟其心。士师之退绌恬然，海沂之咏歌日茂。拜歙州刺史，迁桂州都督、梓州刺史。……公自布衣时，与许国苏公友善。自彭原上计至京师，而许国当轴，道旧欢甚，歌诗祖。"正可证明此人与苏颋交情很深，所谓"歌诗祖"者，此篇当为其一也。又按，此诗载《文苑英华》卷二五〇、《唐诗品汇》卷一〇等，以此二者参校。

[二] 双流：流经成都的岷江（今府河）与郫江（今柏条河）。《蜀中广记》卷二引《括地志》云："大江一名汶江，西南自温江县来；郫江一名永平江，西北自新繁县来。昔李冰穿二江城中，皆可行舟，合于城之东南。"

[三]"饯"，原作"践"，与《文苑英华》同，据《唐诗品汇》改。按，饯谓饯别，然此句有"复回"，则亦可指接风。

[四] 歌谣：这里指老百姓赞颂所唱的民歌，即《权载之文集》所谓"海沂之咏歌日茂"者。《晋书·王祥传》云："徐州刺史吕虔檄为别驾，祥年垂耳顺，固辞不受。（王）览劝之，为具车牛，祥乃应召。虔委以州事，于时寇盗充斥，祥率励兵士，频讨破之，州界清静，政化大行。时人歌之曰：'海沂之康，实赖王祥。邦国不空，别驾之功。'"

[五] 中台：唐代指尚书省。《初学记》卷一一云："汉因秦置之，故尚书为中台，谒者为外台，御史为宪台，谓之三台。"

[六]"班"，原作"斑"，与《文苑英华》同，据《唐诗品汇》改。按，班马，本指离群的马，这里指分别的马。《左传·襄公十八年》："邢伯告中行伯曰：'有班马之声，齐师其遁。'"杜预注："夜遁，马不相见，故鸣。班，别也。"

[七] 奏最：古代官员三年一考核，按照业绩分等级，最优为最，最差为殿。《汉书·宣帝纪》："其令郡国岁上系囚以掠笞若瘐死者所坐名、县、爵、里，丞相、御史课殿最以闻。"颜师古注："凡言殿最者：殿，后也，课居后也；最，凡要之首也，课居先也。"◎掖垣：唐代指门下省和中书省，因其在禁中左右掖。《新唐书·权德舆传》："左右掖垣，承天子诰命，奉行详覆，各有攸司。"此处代指京师，言权别驾虽然现在和我分别了，但他日叙职，名列优等，还会再回来与我相聚。

杜甫《酬高使君相赠》[一]

鹤注："少陵初到成都，寓浣花溪寺。时高适为彭州刺史，以诗寄赠，公酬此作。"

古寺僧牢落[二]，空房客寓居。故人供禄米，邻舍与园蔬。
双树容听法[三]，三车肯载书[四]。草《玄》吾岂敢[五]，赋或似相如[六]。

※又《寄彭州高三十五使君适、虢州岑二十七长史参三十韵》[七]

故人何寂寞，今我独凄凉。老去才虽尽[八]，秋来兴甚长。
物情犹可见，词客未能忘。海内知名士，云端各异方。
高、岑殊缓步，沈、鲍得同行[九]。意惬关飞动，篇终接混茫[十]。

[一] 按，此诗载《杜诗详注》卷九。

[二] 牢落：犹寥落，零落荒芜貌。《文选·司马相如〈上林赋〉》："牢落陆离，烂熳远迁。"李善注："牢落陆离，群奔走也。牢落，犹辽落也。"

[三] 双树：娑罗树。《翻译名义集》卷三云："娑罗，此云坚固。……娑罗林间，纵广十二由旬。天人大众，皆悉遍满尖头针峰，受无边众，间无空缺，不相障蔽。《大经》云：'东方双者喻常无常，南方双者喻乐无乐，西方双者喻我无我，北方双者喻净不净。四方各双，故名双树。方面皆悉一枯一荣。'《后分》云：'东方一双，在于佛后；西方一双，在于佛前；南方一双，在于佛足；北方一双，在于佛首。入涅槃已，东西二双合为一树，南北二双亦合为一。二合皆悉垂覆如来，其树惨然，皆悉变白。'"

[四] 三车：唐窥基博通释典，尝至太原传法，以三车自随，前车载释典，中车自乘，后车载妓仆食馔。路遇一老父点化，顿悔前非，只身前往。后成为法相宗大师。见《宋高僧传》卷四《唐京兆大慈恩寺窥基传》。钱谦益笺："此诗正用慈恩事也。言如容我双树听法，亦应许我如慈恩三车自随，但我只办用以载书耳。"

[五] 草《玄》：《汉书·扬雄传赞》："经莫大于《易》，故作《太玄》。"

[六] 似相如：《汉书·扬雄传上》："孝成帝时，客有荐雄文似相如者。上方郊祠甘泉、泰畤、汾阴、后土以求继嗣，召雄待诏承明之庭。"

[七] 按，此诗载《杜诗详注》卷八。

[八]"虽"，原作"难"，据别集改。按，别集虽言有他本此字作"难"，但从文义来看，应该作"虽"。此处乃杜甫自谦，谓年老而才尽。《南史·江淹传》："又尝宿于冶亭，梦一丈夫，自称郭璞，谓淹曰：'吾有笔在卿处多年，可以见还。'淹乃探怀中，得五色笔一以授之。尔后为诗，绝无美句，时人谓之才尽。"

[九] 沈、鲍：南朝时期的著名作家沈约与鲍照。沈约，《梁书》卷一三有传；鲍照，《南史》卷一三《临川烈武王道规传》有附传，其别集今存。

[十] 混茫：渺无边际之处。杜甫《滟滪堆》亦云："天意存倾覆，神功接混茫。"

举天悲富、骆，近代惜卢、王[一]。似尔官仍贵，前贤命可伤。

诸侯非弃掷[二]，半刺已翱翔[三]。诗好几时见，书成无信将。

男儿行处是，客子斗身强。羁旅推贤圣[四]，沉绵抵咎殃。

三年犹疟疾，一鬼不销亡[五]。隔日搜脂髓，增寒抱雪霜。

徒然潜隙地，有腼屡鲜妆[六]。何太龙钟极，于今出处妨。

无钱居帝里[七]，尽室在边疆。刘表虽遗恨，庞公至死藏[八]。

心微傍鱼鸟，肉瘦怯豺狼。陇草萧萧白，洮云片片黄。

天彭剑阁外，虢略鼎湖旁[九]。荆玉簪头冷[十]，巴笺染翰光[十一]。

[一] 富、骆、卢、王：富指富嘉谟，唐代武功人，举进士，有才名，官监察御史而卒，《旧唐书·文苑传中》有传。骆指骆宾王，武后时除临海丞，因代徐敬业草檄文，亡命不知所终，《旧唐书·文苑传上》有传。卢指卢照邻，调新都尉，因病去官，自沉颍水而死，《旧唐书·文苑传上》有传。王指王勃，官虢州参军，渡海溺水，悸而卒。此四人皆有才名，然仕宦不高，命途多舛。

[二] 诸侯：为官一方者，此处指刺史高适。

[三] 半刺：刺史的佐官，此处指长史岑参。

[四] 推贤圣：仇兆鳌注云："王弼《易注》：仲尼为旅人，即推贤圣意。"按，《易变体义》卷一〇云："孔子所以为旅人者，无上下之交，而一君无所钩用，虽有圣人之才，终为旅人而已矣。"

[五] 一鬼：瘧鬼。《古微书》卷一九："颛顼有三子，生而亡去为疫鬼，一居江水，是为疟鬼；一居若水，为魍魉鬼；一居人宫室区隅，善惊人小儿，为小鬼。"

[六] 有腼（tiǎn）：面目貌。《诗·小雅·何人斯》："为鬼为蜮，则不可得，有腼面目，视人罔极。"

[七] 帝里：都城。《晋书·王导传》："建康，古之金陵，旧为帝里。"这里指长安。

[八] 庞公：东汉末隐士庞德公。刘表希望他为己所用，而终不得。《后汉书·逸民传·庞公》云："庞公者，南郡襄阳人也。居岘山之南，未尝入城府，夫妻相敬如宾。荆州刺史刘表数延请，不能屈，乃就候之，曰：'夫保全一身，孰若保全天下乎？'庞公笑曰：'鸿鹄巢于高林之上，暮而得所栖；鼋鼍穴于深渊之下，夕而得所宿。夫趣舍行止，亦人之巢穴也。且各得其栖宿而已，天下非所保也。'因释耕于垄上，而妻子耘于前。表指而问曰：'先生苦居畎亩而不肯官禄，后世何以遗子孙乎？'庞公曰：'世人皆遗之以危，今独遗之以安，虽所遗不同，未为无所遗也。'表叹息而去。后遂携其妻子登鹿门山，因采药不反。"

[九] 虢略：虢州。《新唐书·地理志二》"虢州弘农郡"注云："武德元年曰鼎州，因鼎湖为名。"

[十] 荆玉：《太平寰宇记》卷六："荆山在（湖城）县南，出美玉，即黄帝铸鼎之所，故有鼎湖之称，即此城。"

[十一] 巴笺：《全蜀艺文志》卷五六《笺纸谱》云："今天下皆以木肤为纸，而蜀中乃尽用蔡伦法。笺纸有玉板，有贡馀，有经屑，有表光。玉板、贡馀杂以旧布、破履、乱麻为之，惟经屑、表光非乱麻不用，于是造纸者庙以祀蔡伦矣。"

乌麻蒸续晒[一]，丹橘露应尝[二]。岂异神仙宅，俱兼山水乡。
竹斋烧药灶，花屿读书床。更得清新否，遥知对属忙[三]。
旧官宁改汉，淳俗本归唐。济世宜公等，安贫亦士常[四]。
蚩尤终戮辱[五]，胡羯漫猖狂。会待妖氛静，论文暂裹粮[六]。

又《王竟携酒[七]，高亦同过》

王，彭州刺史；高，原彭州刺史，今摄尹成都。
卧病荒郊远[八]，通行小径难。故人能领客，携酒重相看。
自愧无鲑菜[九]，空烦卸马鞍。移樽劝山简[十]，头白恐风寒。

※又《哭王彭州抡》[十一]

执友惊沦没[十二]，斯人已寂寥。新文生沈、谢[十三]，异骨降松、乔[十四]。

[一] 乌麻：上等胡麻。《本草纲目》卷二二引苏恭曰："其角作八棱者为巨胜，四棱者为胡麻，都以乌者为良，白者为劣。"又引陶弘景云："服食胡麻，取乌色者，当九蒸九暴，熬捣饵之，断谷长生。充饥虽易得，而学者未能常服，况馀药耶？"此处言虢州之特产。

[二] 按，《文选·左思〈蜀都赋〉》："家有盐泉之井，户有橘柚之园。"此处言蜀地特产。

[三]"知"，原作"怜"，据别集改。按，此二句言不知二位官事忙碌之馀，又写了清新的诗句没有？

[四] 士常：《列子·天瑞》："贫者，士之常也。"此处谓自己将安于贫困。

[五] 蚩尤：这里代指兴妖作乱的安禄山辈。《史记·五帝本纪》："蚩尤作乱，不用帝命。于是黄帝乃征师诸侯，与蚩尤战于涿鹿之野，遂禽杀蚩尤。"

[六] 裹粮：带上干粮。此句谓暴乱平定之后，杜甫将带着干粮前往河南，与岑参等商讨文艺。

[七]"竟"，原作"侍御抡"，据《杜诗详注》卷一〇改。

[八]"病"，原作"疾"，据别集改。

[九] 鲑（xié）菜：鱼类菜肴的总称。《司马光全集》卷五《九月十一日夜雨宿南园，韩秉国寄酒兼见招，以诗谢之》云："沼中数寸鱼，烹煎足为鲑。"原注："吴人谓鱼肉为鲑。"

[十] 山简（253—312）：西晋河内怀县（今属河南焦作市武陟县）人，山涛之子。初为太子舍人，累迁侍中，转尚书。嗜酒，《晋书·山涛传附山简》云："简优游卒岁，唯酒是耽。诸习氏荆土豪族，有佳园池。简每出游嬉，多之池上，置酒辄醉，名之曰高阳池。时有童儿歌曰：'山公出何许，往至高阳池。日夕倒载归，酩酊无所知。'"此处以山简比喻高适。

[十一]"王"下，原有"侍御"二字，据《杜诗详注》卷一七删。

[十二] 执友：志向相同的朋友。《礼记·曲礼上》："执友，称其仁也。"注云："执友，志同者。"

[十三] 沈、谢：沈约与谢灵运，皆南朝著名文学家。

[十四] 松、乔：赤松子与王子乔，皆神仙名。传记并见《列仙传》卷上。按，此二句夸赞王抡相貌奇伟，文采斐然。

北部初高选[一]，东床早见招[二]。蛟龙缠倚剑[三]，鸾凤夹吹箫[四]。
历职汉庭久，中年胡马骄。兵戈暗两观[五]，宠辱自三朝[六]。
蜀路江干窄，彭门地里遥。解龟生碧草[七]，谏猎阻青霄[八]。
顷壮戎麾出，叨陪幕府要[九]。将军临气候，猛士塞风飚。
井渫泉谁汲[十]，烽疏火不烧。前筹自多暇，隐几接终朝[十一]。
翠石俄双表，寒松竟后凋。赠诗焉敢坠，染翰欲无聊。
再哭经过罢，离魂去住消。之官方玉折[十二]，寄葬与萍漂。
旷望渥洼道[十三]，霏微河汉桥[十四]。夫人先即世[十五]，令子各青标。

[一] 北部：指北部都尉，盖王抡曾为武官也。

[二]“床”，原作“堂”，据别集改。按，东床用王逸少事。《世说新语·雅量》：“郗太傅在京口，遣门生与王丞相书，求女婿。丞相语郗信：‘君往东厢，任意选之。’门生归白郗曰：‘王家诸郎亦皆可嘉。闻来觅婿，咸自矜持；唯有一郎在东床上坦腹卧，如不闻。’郗公云：‘正此好！’访之，乃是逸少，因嫁女与焉。”

[三] 蛟龙：《越绝书》卷一一：“薛烛对曰：‘不可。当造此剑之时，赤堇之山破而出锡，若耶之溪涸而出铜，雨师扫洒，雷公击橐，蛟龙捧炉，天帝装炭。’”按，此句形容王抡武艺高超。

[四] 吹箫：《列仙传》卷上“萧史”条：“萧史者，秦穆公时人也，善吹箫，能致孔雀、白鹤于庭。穆公有女，字弄玉，好之，公遂以女妻焉。日教弄玉作凤鸣，居数年，吹似凤声，凤凰来止其屋。”按，此句言王抡的妻子或为皇室贵胄之女。

[五] 两观：宫门前两边的望楼。《左传·定公二年》：“夏五月壬辰，雉门及两观灾。”按，这里代指都城长安。

[六] 三朝：按，杜甫此诗作于大历元年（766），则所谓三朝，当指玄宗、肃宗、代宗三朝。

[七] 解龟：解去佩带的龟形印章，言贬职去官。《文选·谢灵运〈初去郡〉》：“牵丝及元兴，解龟在景平。”李善注云：“解龟，去官也。”

[八] 谏猎：上疏劝谏君王不要痴迷田猎。《史记·司马相如列传》：“是时天子方好自击熊彘、驰逐野兽，相如上疏谏之。”

[九] 按，此二句言王抡被严武聘为幕府官员。

[十] 井渫（xiè）：清除井水中的污秽。《易·井》：“九三，井渫不食，为我心恻。”孔颖达疏：“渫，治去秽污之名也。”按，行军打仗，必靠近水源，以供军需；有警备，则举烽火。此二句盖言西川安宁，无军情，当即王抡佐幕府之功。

[十一] 隐几：靠着几案，无所事事的样子。《庄子·齐物论》：“南郭子綦隐几而坐，仰天而嘘。”成玄英疏：“隐，凭也。子綦凭几坐忘，凝神遐想。”

[十二]“方玉折”，原作“分玉折”，据别集改。按，玉折比喻斯人已逝。《文选·颜延年〈祭屈原文〉》：“兰熏而摧，玉缜则折。”

[十三] 渥洼道：产天马之处。《史记·乐书》：“又尝得神马渥洼水中。”按，后文言王抡之子，故此处以天马喻之。

[十四] 河汉桥：鹊桥。《白孔六帖》卷九引《淮南子》：“乌鹊填河成桥而渡织女。”按，后文言及王抡之夫人，故以此句张本。

[十五] 即世：离世。《左传·昭公二十六年》：“穆后及太子寿早夭即世。”

巫峡长云雨，秦城近斗杓[一]。冯唐毛发白[二]，归兴日萧萧。

※又《野望》[三]

西山白雪三奇戍[1][四]，南浦清江万里桥。
海内风尘诸弟隔[五]，天涯涕泪一身遥。
唯将迟暮供多病，未有涓埃答圣朝。
跨马出郊时极目，不堪人事日萧条[六]。

【1】《困学纪闻》云[七]："按《唐·地理志》[八]，彭州导江县有三奇戍。《韦皋传》：'遣大将陈洎等出三奇。'《西南备边录》所谓'三奇营'也[九]。一本作'三城'，当从旧本为是。潏水李氏云[十]：'老杜读书破万卷，不曾尽见所读之书，则不能尽注。其间又用方言，如"岸溉""土锉"，乃西蜀人语，须是博文多识。'"

高适《赠杜二拾遗》[十一]

传道招提客[十二]，诗书自讨论。佛香时入院，僧饭屡过门。

[一] 按，此二句言杜甫滞留夔州，而王抡的灵柩返回秦中。

[二] 冯唐：西汉时扶风安陵（今陕西扶风县）人。汉文帝时为郎中署长，敢于直谏。景帝时，任楚国相。武帝时，求贤良，举唐，则老矣，故王勃《滕王阁序》云"冯唐易老"。传见《汉书》卷五〇。

[三] 按，此诗载《杜诗详注》卷一〇。

[四]"三奇戍"，别集作"三城戍"，据校勘记，他本有作"三奇戍"者。仇兆鳌引钱谦益云："西山三城，界于吐蕃，为蜀边要害，屡见杜诗，正不必作三奇也。"按，所谓三城，指松州、维州、保州。

[五] 风尘：战乱。《汉书·终军传》："边境时有风尘之警。"

[六] 按，《杜诗详注》引朱鹤龄曰："按史，是时分剑南为两节度，而西山三城列戍，百姓疲于调役，高适尝上疏论之，不纳。公诗当为此作，故有人事萧条之叹。"

[七]"纪闻"，原误作"记"，据王应麟书名改。按，所引出《困学纪闻》卷一八。

[八] 按，此指《新唐书·地理志六》。

[九]《西南备边录》：唐人李德裕撰，《新唐书·艺文志三》著录为十三卷，已佚。

[十] 潏（jué）水李氏：潏水发源于终南山，流经西安，入渭河。此处指宋代长安李复，其有《潏水集》传世，所引即其书卷五《与侯谟秀才》之二。

[十一] 杜二拾遗：杜甫。《新唐书·杜甫传》："至德二年（757），亡走凤翔，上谒，拜右拾遗。"今按，据杜甫《为补遗荐岑参状》之署款"左拾遗内供奉臣杜甫"，则《新唐书》之右拾遗或误。又按，此诗除见《高常侍集》外，还见《文苑英华》卷二五〇。今以《高适诗集编年笺注》及《文苑英华》参校。

[十二] 招提：梵语音译，又作柘提，义为四方，后指寺院及僧人。《靖康缃素杂记》卷四"招提"条云："余案《会要》云，大历二年（767）薛平奏请赐中条山兰若额为大和寺，盖官赐额者为寺，私造者为招提、兰若。"

听法还应难[一]，寻经剩欲翻[二]。草《玄》今已毕，此后更何言[三]？

又《人日寄杜二拾遗》[四]

人日题诗寄草堂，遥怜故人思故乡[五]。
柳条弄色不忍见，梅花满枝堪断肠[六]。
身在远藩无所预[七]，心怀百忧复千虑[八]。
今年人日空相忆，明年此日知何处[九]？
一卧东山三十春[十]，定知书剑老风尘。
龙钟还忝二千石[十一]，愧尔东西南北人[十二]。

※又《赴彭州山行之作》[十三]

峭壁连崆洞，攒峰叠翠微[十四]。鸟声堪驻马，林色可忘机[十五]。

[一] 应难：回应说法过程中听众提出的论难。《高僧传》卷四《支遁传》："晚出山阴讲《维摩经》。遁为法师，许询为都讲。遁通一义，众人咸谓询无以厝难。询设一难，亦谓遁不复能通。"

[二] 翻：委曲敷衍。《杜诗详注》卷九附录此诗，仇兆鳌注引《卢山记》："谢灵运即远公寺翻《涅槃经》，名其台曰翻经台。翻者，委曲敷衍之意，非翻译也。"

[三]"后更"，与《文苑英华》同，别集作"外复"。按，此二句谓杜甫还有什么其他作品没有。故本卷前文杜甫《酬高使君相赠》云："草《玄》吾岂敢，赋或似相如。"

[四]"杜二拾遗"，原作"杜公部"，据别集改。按，杜甫曾官工部员外郎，不作"公部"。◎人日：正月初七。《靖康缃素杂记》卷四"人日"条云："岁后八日：一日鸡，二日犬，三日豕，四日羊，五日牛，六日马，七日人，八日谷。"

[五]《乐府诗集》卷二二梁元帝《折杨柳》："同心且同折，故人怀故乡。"

[六]"堪"，与《文苑英华》卷一五七同，别集作"空"。

[七]"远藩"，与《文苑英华》同，别集作"南蕃"。按，蜀地为西南屏障，故称南藩。

[八] 怀百忧：《文选·曹植〈赠王粲〉》："谁令君多念，自使怀百忧。"李善注引《诗·王风·兔爰》："我生之后，逢此百忧。"

[九]"此日"，与《文苑英华》同，别集作"人日"。

[十] 一卧东山：《晋书·谢安传》："征西大将军桓温请为司马，将发新亭，朝士咸送。中丞高崧戏之曰：'卿累违朝旨，高卧东山，诸人每相与言："安石不肯出，将如苍生何？"苍生今亦将如卿何？'安甚有愧色。"此处喻指杜甫不为时用。

[十一] 二千石：高适自指，言其官刺史，食俸禄二千石，但却老态龙钟，不能为朝廷出力。

[十二] 东西南北人：漂泊之人。《礼记·檀弓上》："今丘也，东西南北之人也，不可以弗识也。"此处喻指杜甫，杜甫《谒文公上方》亦自云"甫也南北人"。

[十三]"赴、之作"，原无，据别集补。按，此诗作于高适任彭州刺史之途中，在乾元二年（759）。

[十四] 翠微：《尔雅·释山》："未及上翠微。"疏云："谓未及顶上，在旁陂陀之处。一说山气青缥色，故曰翠微也。"

[十五]"机"，原作"饥"，与《蜀中广记》卷五所引同，据别集改。按，忘机，忘掉机巧之心。

怪石时侵径，轻萝乍拂衣。路长愁作客，年老更思归。
且悦岩峦胜，宁嗟意绪违？山行应未尽，谁与玩芳菲？

※薛能《彭门道中》[一]

呜呜吹角贰师营，日落身闲笑傲行。
尽觉文章尊万事，却嫌官职剩双旌。
终休未拟降低屈，遇便还须致太平。
频向水楼谁会我，泗滨浮磬好同声。

※李商隐《井络》[二]

井络天彭一掌中，谩夸天险剑为峰[三]。
阵图东聚夔江口[四]，边柝西悬雪岭松[五]。
堪叹故君成杜宇[六]，可能先主是真龙[七]。

[一] 按，此诗乃薛能在徐州作，不当收。今略辨如下。首先，所谓彭门，看似因天彭阙而可指彭州，但徐州亦称彭门。徐州古称彭城，所以《宋史·艺文志二》著录有《彭门纪乱》，《艺文志三》著录有《彭门古今集志》，皆为记徐州之事者。其次，古彭城县，属泗水郡，故徐州有泗水亭，本诗末联"频向水楼谁会我，泗滨浮磬好同声"，正咏此，与彭州无关。第三，薛能虽然也在四川做官，当过嘉州刺史，但不曾任职彭州。而据《唐才子传校笺》卷七，薛能曾官徐州刺史，此诗作于徐州，宜也。第四，此诗为组诗《彭门解嘲二首》之一，《全唐诗》卷五五九收其二，末联云："秦客莫嘲瓜戍远，水风潇洒是彭城。"明言地点为彭城，非彭州。第五，利用相关数据库可以发现，明清以来四川地区的旧方志皆未收此诗，仅本书及光绪《重修彭县志》收录，亦可证明前人不收为是。今作存目处理，不加详注。

[二] 按，此诗载《李商隐诗集疏注》卷二，作于大中五年（851）。

[三]"谩"，原作"漫"，据别集改。◎剑为峰：四川有大剑山、小剑山，大剑山有剑门关，在广元。

[四] 阵图：诸葛武侯八阵图，在夔州江边。《蜀中广记》卷二五引《荆州图副》云："永安宫南一里渚下平碛，上周回四百一十八丈，中有诸葛孔明八阵图，聚细石为之，各高五尺，广十围，历然棋布，纵横相当。中间相去九尺，正中间南北巷悉广五尺，凡六十四聚，或为人散乱，及为夏水所没，冬水退，复依然如故。"

[五] 雪岭：大雪山，旧注引《元和郡县图志》，认为在松州（今松潘）境内。

[六] 杜宇：古蜀国君主，传说中他让位于其相开明，而化为杜鹃鸟。《华阳国志》卷三云："后有王曰杜宇，教民务农，一号杜主。时朱提有梁氏女利游江源，宇悦之，纳以为妃。移治郫邑，或治瞿上。七国称王，杜宇称帝，号曰望帝，更名蒲卑。自以功德高诸王，乃以褒斜为前门，熊耳、灵关为后户，玉垒、峨眉为城郭，江、潜、绵、洛为池泽，以汶山为畜牧，南中为园苑。会有水灾，其相开明决玉垒山以除水害，帝遂委以政事，法尧、舜禅授之义，遂禅位于开明。帝升西山隐焉。时适二月子鹃鸟鸣，故蜀人悲子鹃鸟鸣也。"

[七] 真龙：《三国志·吴志·周瑜传》："瑜上疏曰：'刘备以枭雄之姿，而有关羽、张飞熊虎之将，必非久屈为人用者。愚谓大计宜徙备置吴，盛为筑宫室，多其美女玩好，以娱其耳目，分此二人，各置一方。使如瑜者得挟与攻战，大事可定也。今猥割土地以资业之聚，此三人俱在疆埸，恐蛟龙得云雨，终非池中物也。'"

竭来为报奸雄辈[一]，莫向金牛访旧踪[二]。

※羊士谔《酬彭州萧使君秋中言怀》[三]

右职移青绶[四]，雄藩拜紫泥[五]。江回玉垒下[六]，气爽锦城西。
皋鹤惊秋律[七]，琴乌怨夜啼[八]。离居同舍念[九]，宿昔奉金闺。

[一] 奸雄：《三国志·魏志·武帝传》裴松之注引孙盛《异同杂语》："尝问许子将：'我何如人？'子将不答，固问之，子将曰：'子治世之能臣，乱世之奸雄。'太祖大笑。"此处喻指想要窃据蜀地而称王者。

[二] 金牛：金牛道，秦通蜀之重要路线。《华阳国志》卷三："周显王之世，蜀王有褒、汉之地，因猎谷中，与秦惠王遇。惠王以金一笥遗蜀王，王报珍玩之物，物化为土。惠王怒，群臣贺曰：'天奉我矣，王将得蜀土地。'惠王喜，乃作石牛五头，朝泻金其后，曰牛便金，有养卒百人。蜀人悦之，使使请石牛，惠王许之。乃遣五丁迎石牛，既不便金，怒遣还之。乃嘲秦人曰东方牧犊儿，秦人笑之曰：'吾虽牧犊，当得蜀也。'"

[三] 羊士谔：贞元元年（785）进士，字谅卿，元和初（806?）任监察御史，后出为资州刺史。详《唐才子传校笺》卷五。◎萧使君：元和时官彭州刺史之萧祐。按，此诗载《全唐诗》卷三三二。

[四] 右职：重要的职位。《汉书·循吏传·文翁》："数岁，蜀生皆成就还归，文翁以为右职，用次察举，官有至郡守刺史者。"颜师古注："郡中高职也。"◎青绶：佩系官印的青色丝带，亦借指官印。《汉书·百官公卿表上》："御史大夫，秦官，位上卿，银印青绶，掌副丞相。"《后汉书·舆服志下》："九卿、中二千石、二千石青绶。"据诗题称此人为使君，即刺史之位，以汉代食禄来看，正当二千石，政绩突出者，则升中二千石。如《汉书·宣帝纪》云："夏四月，颍川太守黄霸以治行尤异，秩中二千石。"

[五] 雄藩：地位重要、实力雄厚的藩镇，此处指彭州。《旧唐书·严绶传》："前后统临三镇，皆号雄藩。"◎紫泥：皇帝诏书所用封泥，此处借指皇帝的诏令。《后汉书·光武帝纪上》"奉高皇帝玺绶"李贤注引蔡邕《独断》："皇帝六玺，皆玉螭虎纽……皆以武都紫泥封之。"

[六] 玉垒：山名，在今四川理县东南。《太平寰宇记》卷七三："玉垒山，湔水所出。郭璞《江赋》云'玉垒作东别之标'是也。李膺《益州记》云：'在沉黎郡，去蜀城南八百里，在县西北二十九里。'"

[七] 皋鹤：隐藏在曲折深沼中的鹤。《诗·小雅·鹤鸣》："鹤鸣于九皋，声闻于野。"毛传："皋，泽也。言身隐而名著也。"郑玄笺："皋，泽中水溢出所为坎，自外数至九，喻深远也。鹤在中鸣焉，而野闻其鸣声……喻贤者虽隐居，人咸知之。"陆德明《释文》："《韩诗》云：九皋，九折之泽。"◎秋律：即秋天。古人以十二律配四季，故称。《礼记·月令》云："孟秋之月……律中夷则。""仲秋之月……律中南吕。""季秋之月……律中无射。"

[八] 琴乌怨夜啼：琴曲有《乌夜啼》。《杜诗详注》卷二一《秋日荆南述怀三十韵》"琴乌曲怨愤，庭鹤舞摧颓"，注云："《琴录》：'琴曲有《乌夜啼》。吴竞解题：《乌夜啼》，宋临川王义庆造也。义庆为江州刺史，文帝征之。家人大惧，妓妾夜闻乌啼，忧思而成曲。'"

[九] 离居同舍念："离居念同舍"之倒文，言在此异地分别之时，念及以前在京师相会的时光。

罗隐《堋口逢人》[一]

艰难别离久，中外往还深。已改当时发，空馀旧日心。

五　代

杜光庭《仙居观》[二]

往岁真人朝玉皇，四真三代驻繁阳[三]。
初开九鼎丹华熟[四]，继蹑五云天路长[五]。
烟锁翠岚迷旧隐，池凝寒镜贮秋光。
时从白鹿岩前往，应许潜通不夜乡[六]。

又《鸿都观》[七]

亡吴霸越已功全，深隐云林始学仙[八]。

[一]“堋口逢人”，原作“彭州堋口县逢故人”，据《罗隐集·甲乙集》改。

[二] 按，此诗及下一首，皆载《全蜀艺文志》卷一四、《全唐诗》卷八五四等。

[三] 四真三代：当是指张道陵、其妻孙夫人、二人之子张衡、张衡之子张鲁，诸人皆于阳平山升仙。详《太平广记》卷六〇“孙夫人”条。

[四] 丹华：道家所炼金丹名。《抱朴子内篇校释》卷四：“第一之丹名曰丹华，当先作玄黄，用雄黄水、矾石水、戎盐、卤醎、礜石、牡蛎、赤石脂、滑石、胡粉各数十斤，以六一泥，火之三十六日成，服之七日仙。”

[五] 五云：青、白、赤、黑、黄五种云色，古人视云色占吉凶丰歉。《周礼·春官·保章氏》：“以五云之物，辨吉凶、水旱降、丰荒之祲象。”郑玄注引郑司农云：“以二至二分观云色，青为虫，白为丧，赤为兵荒，黑为水，黄为丰。”这里泛指云气。

[六] 不夜乡：没有黑夜的仙乡洞府。《李德裕集校笺·别集》卷四《尊师是桃源黄先生传法弟子，常见尊师称先师灵迹，今重赋此诗，兼寄题黄先生旧馆》：“洞天应不夜，源树只如春。”

[七] 按，据本书卷五“漓沅山”条，鸿都观为范蠡隐居之地，故诗中言及“亡吴霸越”之事。

[八] 按，此二句用范蠡事。《史记·货殖列传·范蠡》云：“范蠡既雪会稽之耻，乃喟然而叹曰：‘计然之策七，越用其五而得意，既已施于国，吾欲用之家。’乃乘扁舟，浮于江湖，变名易姓，适齐为鸱夷子皮，之陶为朱公。”《订讹》以为此诗“误以蕃蠡为范蠡”，其说不确。

鸾鹤自飘三蜀驾[一]，波涛犹忆五湖船。
双溪夜月鸣寒玉，众岭秋空敛翠烟。
也有扁舟归去兴，故乡东望思悠然。

前　蜀

※徐后《题丹景山金华宫》[二]

碧烟红雾扑人衣，宿露苍苔石径危。
风巧解吹松上曲，蝶娇频采脸边脂。
同寻僻境思携手，暗指遥山俗画眉。
好把身心清静处，角冠霞帔事希夷[三]。

※又《丹景山至德寺》

周围云水游丹景，因与真妃眺上方。
晴日晓升金晃曜，寒泉夜落玉丁当[四]。
松梢月转禽栖影，柏径风牵麝食香[五]。

[一] 三蜀：汉初分蜀郡置广汉郡，武帝时又分置犍为郡，合称三蜀。《文选·左思〈蜀都赋〉》："三蜀之豪，时来时往。"刘逵注："三蜀，蜀郡、广汉、犍为也。本一蜀国，汉高祖分置广汉，汉武帝分置犍为。"

[二] 按，本卷所引徐后及徐妃诗，皆见《鉴诫录》卷五、《全唐诗》卷九。《鉴诫录》云："前蜀徐公耕，二女美而奇艳。初，太祖搜求闺色，亦不知徐公有女焉。徐写其女真以惑太祖，太祖遂纳之，各有子焉。长曰翊圣太妃，生彭王；次曰顺圣太后，生后主。"

[三] 角冠：道冠。《王建诗集校注》卷七《赠王屋道士赴诏》："玉皇符到下天坛，玳瑁头簪白角冠。"◎霞帔：道服。《新唐书·隐逸传·司马承祯》："对曰：'国犹身也，故游心于淡，合气于漠，与物自然而无私焉，而天下治。'帝嗟味曰：'广成之言也！'锡宝琴、霞纹帔，还之。"◎希夷：《老子》第十四章："视之不见名曰夷，听之不闻名曰希。"后遂借指道教虚寂玄妙的境界和道法。

[四] "丁当"，与《全唐诗》同，《鉴诫录》作"玎珰"。按，此处形容泉水流动的清脆声。

[五] 麝食香：麝食柏叶，故能产麝香。《尔雅翼》卷二〇"麝"条云："冬食柏叶，夏食诸虫，尤啖蛇，至寒则香满。"

虔揲六铢冥祷祝[一]，惟祈圣祚保遐昌[二]。

※又《题彭州阳平化》[三]

寻真游胜境，巡礼到阳平。水远波澜碧，山高气象清。
殿严孙氏貌[四]，碑暗系师名[五]。夜月登坛醮[六]，松风森磬声。

※又《题金华宫》[七]

再到金华顶，玄都访道回[八]。云披分景象，黛敛显楼台[九]。
雨涤前山净，风吹去路开。翠屏夹流水，何必羡蓬莱。

※徐妃《和题金华宫》

丹景山头宿梵宫，玉轮金辂驻虚空[十]。
军持无水注寒碧[十一]，兰若有花开晚红。

[一]“揲”，原误作“爍”，与《全唐诗》同，据《鉴诫录》改。◎“冥”，原误作“宜”，与《全唐诗》同，据《鉴诫录》改。按，此句谓折叠纸钱在神像前焚烧。

[二]遐昌：久盛不衰。《文苑英华》卷八四三陈子良《隋新城郡东曹掾萧平仲诔》：“赤眉作梗，黄屋云亡，有妫之后，应运遐昌。”此处谓希望王氏国运昌隆，一直绵延下去。

[三]“化”，原脱，据《全唐诗》补，《鉴诫录》作“观”。

[四]“貌”，与《全唐诗》同，《鉴诫录》作“旬”，或误。按，此处指阳平观有孙夫人之画像，殆其于此升仙也，传记见《太平广记》卷六〇。

[五]系师：张鲁。《广弘明集》卷一一云：“张鲁字公旗，祖父陵，客蜀学道，在鹤鸣山造作道书，以惑百姓。从受道者出米五斗，世号米贼。陵死，子衡传业；衡死，鲁复传之。陵为天师，衡为嗣师，鲁为系师，自号三师也。”《云笈七签》卷二八亦云：“系师者，嗣师子也。讳鲁，于阳平山得尸解仙道。”

[六]“夜月登坛醮”，与《全唐诗》同，《鉴诫录》作“夜醮古坛月”。

[七]金华宫：据《蜀中广记》卷五、卷六，丹景山、青城山皆有金华宫，此处所指当是丹景山金华宫，可参徐妃之和诗。

[八]“玄”，原作“元”，避讳而改者，今据《鉴诫录》回改。

[九]“敛”，原作“锁”，与《全唐诗》同，据《鉴诫录》改。按，黛指青黑色的云雾，云雾收敛，故显现出楼台来，于文义更畅。

[十]玉轮金辂：以金玉装饰的豪华车子，此处指王衍等人的车驾。《释名·释车》云：“天子所乘曰玉辂，以玉饰车也。辂亦车也，谓之辂者，言行于道路也。象辂、金辂、木辂，各随所以为饰名之也。”

[十一]军持：梵语音译，又作君持、君迟、军迟、军挺、捃稚迦等。意译为瓶、澡瓶、水瓶。多用于僧人游方时盛水，也有菩萨以之为法器。其形制与用途等，详《南海寄归内法传》卷一。

武士尽排青嶂下，内人皆在讲筵中。
我家帝子传王业，积善终期四海同[一]。

※又《和题阳平化》[二]

云浮翠辇届阳平，直似骖鸾到上清[三]。
风起半崖闻虎啸，雨来当面见龙行。
晚寻水涧听松韵，夜上星坛看月明。
长恐前身居此境，玉皇教向锦城生。

后　蜀

僧可朋《桐花凤》[四]

五色毛衣比凤雏，深花丛里只如无。
美人买得偏怜惜[五]，移向金钗重几铢？

宋

王益《新繁县东湖瑞莲歌》[六]

火云烁尽天幕醒[七]，水光弄碧凉无声。

[一] 积善：《易·坤·文言》："积善之家，必有馀庆。"

[二]"和"，《全唐诗》无。◎"化"，原脱，据《全唐诗》补。

[三] 上清：道家三境之一。《云笈七签》卷三："其三清境者，玉清、上清、太清是也。亦名三天，其三天者，清微天、禹馀天、大赤天是也……灵宝君治在上清境，即禹馀天也。"

[四] 僧可朋：丹棱人，诗僧，与方干、欧阳炯等相善，欧阳炯比之为贾岛。传见《十国春秋》卷五七。按，此诗见《古今禅藻集》卷七、《全唐诗》卷八四九等，今以二者参校。

[五]"惜"，原作"恤"，据《古今禅藻集》《全唐诗》改。

[六]"新繁县、歌"，原无，或编者有意删之，今据《成都文类》卷一一、《全蜀艺文志》卷一九补。◎王益：雍正《四川通志》卷六云："王益，荆公之父。祥符间（1008—1016）任新繁，修学校，礼师儒，与梅挚等唱和诗赋最多。"又，《订讹》认为王益此诗及后文梅挚和诗皆当入《新繁县志》。

[七]"醒"，原误作"腥"，据《成都文类》《全蜀艺文志》改。按，醒指酒醉消除，恢复常态。《左传·僖公二十三年》："姜与子犯谋，醉而遣之。醒，以戈逐子犯。"此处言傍晚时候的火烧云退去，天空恢复了青蓝色。

荷华千柄拂烟际，杰然秀干骈双英。
天敕少昊偏滋荣[一]，宵零仙露饶金茎[二]。
袅袅飘风起天末[三]，绿华珰珮来琤琤[四]。
觥觞式宴资击赏，何人掞藻飞笔精[五]？
越国亭亭八百里[六]，木兰泛咏称明媚[七]。
争如锦水派繁江[八]，孤根擢翠葩分腻。
紫清合曜流霞晖[九]，楚台无梦朝云飞[十]。
韩虢佳人新侍宠[十一]，温泉宫里赐霞衣。
赫赫曦阳在东井，珍房萃作皇家庆。

[一] 少昊：又写作“少皞”，黄帝之子，死后为西方之神。《左传·昭公十七年》：“郯子曰：‘我高祖少皞挚之立也，凤鸟适至，故纪于鸟，为鸟师而鸟名。’”《吕氏春秋·孟秋》：“孟秋之月，日在翼，昏斗中，旦毕中，其日庚辛，其帝少皞。”高诱注：“庚辛，金日也。少皞……以金德王天下，号为金天氏，死配金，为西方金德之帝，为金神。”

[二] 金茎：本指用以擎举承露盘的铜柱，这里比喻荷叶的杆，遂引申为荷叶。《文选·班固〈西都赋〉》：“抗仙掌以承露，擢双立之金茎。”李善注：“金茎，铜柱也。”

[三] 天末：天的边际、尽头。《杜诗详注》卷七《天末怀李白》：“凉风起天末，君子意如何？”

[四] 绿华：传说中的仙女萼绿华之省称。《太平广记》卷五七“萼绿华”条云：“萼绿华者，女仙也，年可二十许，上下青衣，颜色绝整。以晋穆帝升平三年（359）己未十一月十日夜降于羊权家，自云是南山人，不知何仙也。”此处比喻荷花仙子。

[五] 掞（shàn）藻：铺张辞藻。《萧茂挺文集》之《赠韦司业书》云：“今朝野之际，文场至广，掞藻飞声，森然林植。”◎笔精：笔墨神妙。《江文通集汇注》卷一《别赋》：“虽渊、云之墨妙，严、乐之笔精，金闺之诸彦，兰台之群英，赋有凌云之称，辨有雕龙之声，谁能摹暂离之状，写永诀之情者乎？”

[六] 八百里：夸饰越国荷花之多。《会稽掇英总集》卷一三钱昭度《怀会稽》：“越国荷花八百里，别来谁是采莲人？”

[七] 木兰：用兰木做的华美的船桨。《苏轼全集校注·文集》卷一《赤壁赋》：“桂棹兮兰桨，击空明兮溯流光。”按，若讲成以兰木做成的小船，也可。如《李清照集笺注》卷一《一剪梅》：“红藕香残玉簟秋，轻解罗裳，独上兰舟。”

[八] 争：同“怎”。《白居易集笺校》卷一七《题峡中石上》：“诚知老去风情少，见此争无一句诗？”

[九]“清”，原作“青”，据《成都文类》《全蜀艺文志》改。按，紫清为神仙所居。《李太白全集》卷三《春日行》：“深宫高楼入紫清，金作蛟龙盘绣楹。”

[十] 楚台：巫山阳台。《文选·宋玉〈高唐赋〉》：“昔者楚襄王与宋玉游于云梦之台，望高唐之观，其上独有云气，崪兮直上，忽兮改容，须臾之间，变化无穷。王问玉曰：‘此何气也？’玉对曰：‘所谓朝云者也。’王曰：‘何谓朝云？’玉曰：‘昔者先王尝游高唐，怠而昼寝，梦见一妇人，曰：“妾巫山之女也，为高唐之客。闻君游高唐，愿荐枕席。”王因幸之。去而辞曰：“妾在巫山之阳，高丘之阻。旦为朝云，暮为行雨。朝朝暮暮，阳台之下。”’”

[十一] 韩虢：唐代玄宗两个妃子的封号。《旧唐书·后妃传上·玄宗杨贵妃》：“有姊三人，皆有才貌，玄宗并封国夫人之号。长曰大姨，封韩国；三姨封虢国；八姨封秦国。并承恩泽，出入宫掖，势倾天下。”

流火初晨复毓灵[一]，连璧更疑唐杰盛[二]。
盻观熙政集元和[三]，嘉谷重荣田野歌。
高宗昔庆刘仁表[四]，五色卿云世甚少[五]。
我今取喻进德流[六]，优哉祥莲出池沼。
草莱泥滓俱弃捐[七]，致君事业殊商皓[八]。
归作皋、夔、稷、离臣[九]，同心一德翊华勋[十]。

梅挚《和诗》[十一]

东湖七月湖水平，鳞波暗织箫籁声。

[一] 流火：农历七月的代称，本因大火星向西运行而得名。《诗·豳风·七月》："七月流火，八月授衣。"

[二]"璧"，原误作"壁"，据《成都文类》《全蜀艺文志》改。◎疑：此处通"拟"，言并蒂莲可比唐代三位贵妃之美。《易·坤》："阴疑于阳必战。"即其例也。

[三] 熙政：修明的政治。《宋史·窦俨传》："历代致理，六纲为首……三曰熙政，政不熙则群务不整。"◎"集"，原作"接"，据《成都文类》《全蜀艺文志》改。◎元和：唐宪宗年号（806—820）。宪宗初年，剑南刘辟为乱，遣高崇文讨平之。二年，朝献太清宫、太庙，祀昊天上帝，政治英明，韩愈作有《元和圣德诗》。此处用以夸赞宋真宗之德政。

[四] 高宗：当是指唐高宗。◎刘仁：未详。按，此处当是指刘仁上表，奏某地某时见卿云，然暂未见相关记载。

[五] 卿云：祥云。《史记·天官书》："若烟非烟，若云非云，郁郁纷纷，萧索轮囷，是谓卿云。卿云见，喜气也。"

[六] 按，"流"字于义未安，据上一句谈及"表"，此"流"字或为"疏"之误。言将以此诗为劝进修德的奏疏。

[七] 草莱：杂草。《南史·孔珪传》："门庭之内，草莱不剪。"

[八] 商皓：商山四皓之省。《史记·留侯世家》："留侯曰：'此难以口舌争也。顾上有不能致者，天下有四人。四人者，年老矣，皆以为上慢侮人，故逃匿山中，义不为汉臣。然上高此四人。今公诚能无爱金玉璧帛，令太子为书，卑辞安车，因使辩士固请，宜来。来以为客，时时从入朝，令上见之，则必异而问之。问之，上知此四人贤，则一助也。"《索隐》云："四人，四皓也。谓东园公、绮里季、夏黄公、甪里先生。"

[九] 皋、夔、稷、离：皆上古仁臣。皋谓皋陶，舜时之司法官。《论语·颜渊》："舜有天下，选于众，举皋陶，不仁者远矣。"夔为舜时乐官。《礼记·乐记》："昔者舜作五弦之琴，以歌《南风》。夔始制乐，以赏诸侯。"郑玄注："夔，舜时典乐者也。"稷为后稷，舜时农官。《诗·大雅·生民》："厥初生民，时维姜嫄……载生载育，时维后稷。"离为商之始祖，舜时佐禹治水。《史记·五帝本纪》："天下归舜，而禹、皋陶、契、后稷、伯夷、夔龙、垂益、彭祖，自尧时而皆举用。"

[十] 华勋：尧舜的并称。《书·尧典》："曰若稽古帝尧，曰放勋。"又《舜典》："曰若稽古帝舜，曰重华。"这里代指当朝皇帝宋真宗。

[十一] 梅挚：字公仪，成都新繁人，进士，起家大理评事，历通判苏州、知杭州等职，《宋史》卷二九八有传。

中有植莲一万本，红漪相照摛繁英。
地灵气粹不我测，双葩倏如同一茎。
黄姑织女渡银汉[一]，蜺旗凤葆罗空青[二]。
又认英皇立湘渚[三]，翠华不返凝怨慕[四]。
五十哀弦顿晓声[五]，骈首低昂泣珠露。
是时主人集宴喜，湖光浸延霞脚腻[六]。
朋簪峨峨尽才子[七]，椽笔交辉云藻丽[八]。
酒酣倚栏惜红晖，烟素徘徊萦不飞。
魏宫甄后昼方寝[九]，仿佛有人持玉衣[十]。
此邑古来无异政，室家疮痏何由庆[十一]？
三年鼠窃例皆然[十二]，以薪救火火弥盛[十三]。

[一] 黄姑织女：牵牛星与织女星，此处比喻并蒂莲的两朵花。《玉台新咏》卷九《梁武帝歌辞》："东飞伯劳西飞燕，黄姑织女时相见。"

[二] 蜺旗：犹蜺旌，画有蜺虹的彩旗。《文选·张衡〈西京赋〉》："弧旌枉矢，虹旃蜺旄。"吕延济注："旃、旄，亦旗类，画虹蜺于上，因名之。"◎凤葆：用鸟羽装饰的车盖，葆谓车盖。《礼记·杂记下》："匠人执羽葆御柩。"孔颖达疏："羽葆者以鸟羽注于柄头，如盖，谓之羽葆。葆谓盖也。"

[三] 英皇：女英与娥皇，舜的二位妃子。《古列女传》卷一"有虞二妃"条云："有虞二妃者，帝尧之二女也。长娥皇，次女英。……舜陟方，死于苍梧，号曰重华。二妃死于江湘之间，俗谓之湘君。"此处亦以之比喻并蒂莲。

[四] 翠华：以翠玉装饰的车盖，这里代指舜的车驾。《文选·司马相如〈上林赋〉》："建翠华之旗，树灵鼍之鼓。"李善注："翠华，以翠羽为葆也。"

[五] 五十弦：传说中善弦歌的女神素女所鼓之瑟为五十弦。《史记·封禅书》："太帝使素女鼓五十弦瑟，悲，帝禁不止，故破其瑟为二十五弦。"◎晓声：晨鼓之声。《李贺诗歌集注》卷四《官街鼓》："晓声隆隆催转日，暮声隆隆呼月出。"按，此处以莲花带露而联想到舜的二位妃子哭泣、奏哀弦的情景，为后文转悲为喜作铺垫。

[六]"宴喜湖"，底本漫漶，据抄配本及《成都文类》等补。

[七] 朋簪：朋辈。《易·豫》："大有得，勿疑，朋盍簪。"孔颖达疏："盍，合也。簪，疾也。若有不疑于物以信待之，则众阴群朋合聚而疾来也。"◎峨峨：高貌。《文选·楚辞·招魂》："增冰峨峨，飞雪千里些。"吕向注："峨峨，高貌。"

[八] 椽笔：如椽子一样的巨笔，比喻为大手笔，有文采者。《晋书·王珣传》："珣梦人以大笔如椽与之，既觉，语人云：'此当有大手笔事。'俄而帝崩，哀册谥议，皆珣所草。"

[九] 甄后：传说中的洛水女神，曹植感甄妃之灵而作《洛神赋》，故称。此处比喻荷花。

[十] 玉衣：即上文之烟素，烟云之气也。此处将荷花比为洛神，将傍晚的雾气比为玉衣。

[十一] 疮痏：疮疡与伤痕，比喻民生凋敝。《颜氏家训·省事》："坑穽殊深，疮痏未复，纵得免死，莫不破家。"

[十二] 三年鼠窃：比喻贪官如硕鼠一般在任三年，窃食民脂民膏。《诗·魏风·硕鼠》："硕鼠硕鼠，无食我黍。三岁贯女，莫我肯顾。"

[十三] 以薪救火：抱着柴火去救火，比喻方法不当，让事情恶化。《战国策·魏策三》："以地事秦，譬犹抱薪而救火也，薪不尽，火不灭。"

自公柅车政克和[一]，载途鼓腹腾讴歌[二]。
歌公用心同日皎，不独于今古应少。
因感珍芳两两开，玉贯珠连当县沼。
况我与公高适道[三]，芝歌肯迹商山皓[四]？
嘉谋嘉猷思大陈[五]，愿将此美归华勋。

※苏轼《送宋朝散出知彭州迎侍二亲》[六]

朝散名构，字成之[七]。

东来谁迎使君车，知是丈人屋上乌[八]。
丈人今年二毛初[九]，登楼上马不用扶。
使君负弩为前驱，蜀人不复谈相如[十]。
老幼化服一事无，有鞭不施安用蒲[十一]？

[一] 柅（nǐ）：塞于车轮下的制动之木。《易·姤》："系于金柅。"王弼注："柅者，制动之主。"孔颖达疏引马融曰："柅者，在车之下，所以止轮，令不动者也。"此处用为动词，言使车停下来，即官员下车莅任之义。

[二] 鼓腹：拍打着肚皮以为节拍。《柳宗元集》卷四《终南山祠堂碑》："人赖蓄给，鼓腹而歌，以乐其生。"按，若理解为能吃饱肚子，所以高歌，亦可。

[三] 高适道：言与高适同道，愿意为民请命。所以下句说不会学商山四皓隐居。

[四] 芝歌：商山四皓隐居时作《紫芝歌》。《太平御览》卷五七三："崔琦《四皓颂》曰：昔商山四皓者，盖甪里先生、绮里季、夏黄公、东园公是也。秦之博士，遭世暗昧，道灭德消，坑黜儒术，《诗》《书》是焚。于是四公退而作歌曰：'漠漠高山，深谷逶迤，晔晔紫芝，可以疗饥。唐虞世远，吾将何归？驷马高盖，其忧甚大。富贵畏人兮，不如贫贱之肆志。'"

[五]"思大"，原作"忠入"，据《成都文类》《全蜀艺文志》改。按，此句言将向皇帝上呈睿智的谋略，以便实现天下大治的理想。

[六]"宋"，原脱，据《苏轼全集校注·诗集》卷二八补。按，宋构，字成之，成都双流人，元丰七年（1084）官夔州路转运判官，绍圣三年（1096）提举川茶事。◎朝散：隋代所置散官朝散大夫的简称，从五品上，详《宋史·职官志九》。

[七]"成"，《苏轼诗集校注》作"承"，误。按，《苏诗补注》卷二八作"成"，从名字相生来看，作"成"是。

[八] 屋上乌：《说苑》卷五："爱其人者，兼屋上之乌。"

[九] 二毛：两鬓斑白。《左传·僖公二十二年》："君子不重伤，不禽二毛。"

[十] 不复谈相如：不再谈论汉代司马相如回蜀的盛况，只论眼前使君迎接双亲的豪华气派场景。《汉书·司马相如传》："乃拜相如为中郎将，建节往使。……至蜀，太守以下郊迎，县令负弩矢先驱，蜀人以为宠。"

[十一] 蒲：蒲鞭。《后汉书·刘宽传》："迁南阳太守，典历三郡，温仁多恕。……吏人有过，但用蒲鞭罚之，示辱而已，终不加苦。"《太平御览》卷二六一引《齐春秋》："（崔景真）为昌平太守，有惠政，常悬一蒲鞭而未尝用。"

春波如水涨平湖，鞓红照坐香生肤[一]。
卷鞲上寿白玉壶[二]，公堂登歌《凤将雏》[三]。
诸孙欢笑争挽须，蜀人画作《西湖图》。

※文同《彭州南楼》[四]

百尺压城端[五]，飞檐欲上抟。湖光摇埤堄，山影转阑干[六]。
秀野含春煦，乔林拥暮寒。回头大岷雪，千仞玉巑岏[七]。

范成大《入崇宁界》[八]

桑间三宿尚回头，何况三年濯锦游[九]。
草草郫筒中酒处[十]，不知身已在彭州。

[一] 鞓（tīng）红：牡丹的一种。《欧阳修全集》卷二五《洛阳牡丹记·花释名》："鞓红者，单叶深红花，出青州，亦曰青州红……其色类腰带鞓，故谓之鞓红。"按，此处指彭州所产之牡丹。

[二] 卷鞲（juǎngōu）：戴上皮制的臂套，其实相当于今天人们戴上袖套，把袖子束起来，表示亲自参加劳作。《史记·滑稽列传》："若亲有严客，髡卷鞲鞠跽，侍酒于前，时赐馀沥，奉觞上寿，数起，饮不过二斗，径醉矣。"

[三] 登歌：在堂上高歌。《周礼·春官·大师》："大祭祀，帅瞽登歌，令奏击拊。'郑玄注引郑司农曰："登歌，歌者在堂也。"◎《凤将雏》：乐曲名。《宋书·乐志一》："《凤将雏歌》者，旧曲也。"按，此处将老凤带着雏鸟的状态比喻为老爷爷带着孙子辈，故后文有"诸孙欢笑"之语。

[四] 按，此诗见《文同全集编年校注》卷三，作于熙宁六年（1073）。

[五]"城"，原作"云"，据别集改。按，此句言南楼之高，高耸于城端。

[六]"阑干"，别集作"栏杆"，义同。

[七]"玉"，原作"比"，据别集改。◎巑岏（cuánwán）：高耸的山峰。《楚辞补注》卷一六《九叹·忧苦》："登巑岏以长企兮，望南郢而窥之。"王逸注："巑岏，锐山也。"按，此处形容岷山之高且终年积雪貌。

[八]"入崇宁界"，原作"望彭门"，据《范石湖集》卷一八改。

[九] 濯锦：濯锦江，又名锦江。传言于此中濯锦则锦色鲜好。《太平寰宇记》卷七二："濯锦江，即蜀江。水至此，濯锦，锦彩鲜润于他水，故曰濯锦江。"

[十] 郫筒：郫县所产的一种酒。《杜诗详注》卷一三《将赴成都草堂途中有作先寄严郑公五首》之一："鱼知丙穴由来美，酒忆郫筒不用酤。"注云："《成都记》：'成都府西五十里，因水标名曰郫县。以竹筒盛美酒，号为郫筒。'《华阳风俗录》：'郫县有郫筒池，池旁有大竹，郫人刳其节，倾春酿于筒，苞以藕丝，蔽以蕉叶，信宿香达于林外，然后断之以献，俗号郫筒酒。'"◎中（zhòng）酒：醉酒。《博物志》卷九："人中酒不解，治之以汤，自渍即愈。"

※陆游《忆天彭牡丹之盛有感》

常记彭州送牡丹[一]，祥云径尺照金盘[二]。
岂知身老农桑野，一朵妖红梦里看[三]。

※郭印《游大隋山》[四]

我闻大隋名，梦寐犹记录。得檄天彭道[五]，喜气知可掬。
出城六十里，崎岖转江曲[六]。山门忽斗上，危步依筇竹[七]。
崩石带烟云，异草罗涧谷。寂鸟下窥人，累猿时挂木。
路穷才见寺，金碧焕双目。祖师古定光[八]，灯冷无人续。
闻公生异世，大事如付嘱。僧言山长阴，朝暮云容蹙[九]。
兹辰为我晴，叠岫堆浓绿。虚阁倚秋风，一洗尘土俗。
举手揖丹景，横身跨白鹿[十]。十年劳问讯，亲到心始足。
坐久烛渐微，借榻云间宿。山寒寐不成，窗外泉鸣玉。

[一]“彭州”，原作“天彭”，据《剑南诗稿校注》卷三四改。

[二]祥云：牡丹花之名品。《渭南文集》卷四二《天彭牡丹谱》云：“祥云者，千叶浅红花，妖艳多态，而花叶最多。花户王氏谓此花如云朵状，故谓之祥云。”◎径尺：言花朵尺寸之大。《天彭牡丹谱》云：“淳熙丁酉（1177）岁，成都帅以善价私售于花户，得数百苞，驰骑取之，至成都，露犹未晞，其大径尺。夜宴西楼下，烛焰与花相映发，影摇酒中，繁丽动人。”

[三]妖红：形容牡丹花妖冶艳丽的红色。《苏轼全集校注·诗集》卷一一《和述古冬日牡丹四首》之一：“一朵妖红翠欲流，春光回照雪霜羞。”

[四]按，此诗载《云溪集》卷四、《全蜀艺文志》卷八，《云溪集》系四库馆臣从《永乐大典》辑出，此诗乃据《全蜀艺文志》收录，故以《全蜀艺文志》参校。

[五]得檄：得到征召。按，据此则郭印曾在彭州任职，惜不知具体职务与任职之时。

[六]“江”，原作“山”，据《全蜀艺文志》改。

[七]筇竹：又写作“邛竹”，指用筇竹所做的手杖。《史记·大宛列传》：“臣在大夏时，见邛竹杖、蜀布。”

[八]定光：唐代释法真，号木庵禅师，详本书卷三六。

[九]蹙：聚拢。《管子·水地》：“夫玉温润以泽，仁也……坚而不蹙，义也。”尹知章注：“蹙，屈聚也。”

[十]白鹿：山名，非动物之白鹿，可参本书卷五。

※顿起《赠广都寓舍贤妇二喻诗》[一]

尝闻赵清献，恤孤慰亡友[二]。至今西蜀人，谈笑不容口。
二喻出儒家，清贫一无有。零丁依老姑，破屋僧堂后。
相对诵诗书，未尝窥户牖。圭折玉弥方[三]，山寒松更茂。
县宰初闻名，咨嗟为之久。从容语其配[四]，夫人曾见否？
长者二十三，次亦十八九。青裾长蔽膝，荆簪短在首[五]。
我欲效清献，言不为人取。直于吾邑中，选婿得豪右。
夫人相宰意，鱼蔬荐罇酒。屈致二喻来，呼名老与寿[1]。
女子当有行，《诗》称远父母[六]。饥寒日月长，蓬荜风雨漏。
大喻前致词，洒泪湿衣袖。荷德固已深，缄情亦须剖。
上言亲未葬，心欲土自负[七]。下述妹未笄，悍悍无傅姆[八]。
还家复献书，自叙贫且陋。铅华世所悦，铜臭非吾偶。

[一] 顿起：《宋诗纪事》卷四六云："汝南人，绍兴中（1131—1162）提点西川刑狱。"《苏轼全集校注·诗集》卷一三《和顿教授见寄》注云："顿教授名起，字敦诗，郓州（今山东郓城）人。熙宁三年（1070）进士及第。熙宁五年（1072）八月与苏辙同为考官，在洛阳考试举人。后又同登嵩山，苏辙有《和顿主簿起见赠》《和青州教授顿起九日见寄》等诗，知顿曾任主簿、青州教授。后来在元丰六年（1083）任监察御史（见《续资治通鉴长编》卷三三四）。"又按，此诗载《成都文类》卷一三、《全蜀艺文志》卷二一，以之参校。

[二] 按，赵抃谥清献，恤孤之事甚多，此处后文云"至今西蜀人，谈笑不容口"，盖指在蜀地为官时之事，唯不知具体指何事耳。《宋史》卷三一六本传称"岭外仕者死，多无以为归。抃造舟百艘，移告诸郡，曰：'仕宦之家有不能归者，皆于我乎出。'于是至者相继，悉授以舟，并给其道里费。……嫁兄弟之女十数，他孤女二十馀人，施德惸贫，盖不可胜数。"

[三] 方：方直刚正。此句谓圭玉折断之后更能看出其品质。

[四] 从容：闲聊。《世说新语·惑溺》："既出，帝独留秀从容，谓曰：'天下旷荡，蒯夫人可得从其例不？'"

[五] 荆簪：用荆条制成的簪子，比喻朴素的饰品。《唐诗纪事》卷七〇李山甫《贫女》："平生不织绮罗裳，闲把荆簪益自伤。"

[六] 按，《诗·邶风·泉水》云："女子有行，远父母兄弟。"《鄘风·蝃蝀》亦有此句，言女子出嫁，将会远离父母兄弟。

[七] 土自负：亲自负土成坟。古代贫家有丧，多无力安葬，故亲自担土；也有表示孝心极大者。《南齐书·袁彖传》："宋明帝投顗尸江中，不听敛葬。彖与旧奴一人，微服潜行，求尸四十馀日乃得。密瘗石头后岗，身自负土。"

[八] 傅姆：保傅、保姆之类，古代辅导、保育贵族子女的老年妇人。《睽车志》卷五："女闻之，窃谓傅姆曰：'女子托身，惟择所归。'"

肯效闾闬间[一]，碌碌逐鸡狗。世无梁伯鸾，应嫌孟光丑[二]。
孔明若再生，承女甘箕帚[三]。陈义亦何高，夫人惊拊手。
至今书稿在，光辉射星斗[四]。董子慕高风，喜曰真吾妇。
吾亲双白发，吾弟室未授。睠言姊妹贤[五]，可以相先后。
五两币虽轻，意则千金厚。辎轩双造门，观者竞奔走。
女子尚能尔，男儿宜自守。重聘或不来[六]，岂欲终畎亩？
畜德尚未充，高位亦虚受。寄语事君者，慎勿轻去就。

【1】长曰安寿，次曰安老。

明

※杨慎《两游丹景山》[七]

丹景楼台隐翠微，钟声杳杳出林扉。
四时谷响通僧梵，万里天风吹客衣。
对面云山开罨画[八]，向人花鸟报芳菲。
苍苔绿字留千古，未觉重来太白稀。

[一] 闾闬（lǘhàn）：古代闾巷的大门，这里借指为街坊、闾巷。《管子·八观》：“大城不可以不完，郭周不可以外通，里域不可以横通，闾闬不可以毋阖。”

[二] 梁伯鸾：梁鸿字伯鸾，取丑妻孟光，相敬如宾。《后汉书·逸民传》本传云：“同县孟氏有女，状肥丑而黑，力举石臼，择对不嫁，至年三十。父母问其故，女曰：‘欲得贤如梁伯鸾者。’鸿闻而聘之。女求作布衣、麻屦，织作筐缉绩之具。及嫁，始以装饰入门。七日，而鸿不答，妻乃跪床下请曰：‘窃闻夫子高义，简斥数妇；妾亦偃蹇数夫矣。今而见择，敢不请罪。’鸿曰：‘吾欲裘褐之人，可与俱隐深山者尔。今乃衣绮缟，傅粉墨，岂鸿所愿哉？’妻曰：‘以观夫子之志耳。妾自有隐居之服。’乃更为椎髻，着布衣，操作而前。鸿大喜，曰：‘此真梁鸿妻也，能奉我矣。’字之曰德曜，名孟光。”

[三] 承女：黄承彦之女。《三国志·蜀志·诸葛亮传》裴松之注引《襄阳记》云：“黄承彦者，高爽开列，为沔南名士。谓诸葛孔明曰：‘闻君择妇，身有丑女，黄头黑色，而才堪相配。’孔明许，即载送之。时人以为笑乐，乡里为之谚曰：‘莫作孔明择妇，止得阿承丑女。’”

[四] 射星斗：本指龙泉、太阿宝剑的光辉上射牛、斗之间，见《晋书·张华传》；此处比喻文章光辉四射。

[五] 睠言：回顾貌。《诗·小雅·大东》：“睠言顾之，潸焉出涕。”

[六] 重聘：厚礼延聘。《后汉书·崔骃传》：“或重聘而不来，或屡黜而不去。”这里指带着厚礼来聘请贤士的人。

[七] 按，此诗当是首见于本书，《杨升庵丛书·升庵诗文补遗》卷三据光绪《重修彭县志》卷一〇辑录。

[八] 罨（yǎn）画：色彩鲜明的绘画。《丹铅总录》卷一三“罨画”条云：“画家有罨画，杂彩色画也。”

※又[一]

苔壁萝龛大士家[二]，连层兰若愿王车[三]。
招提仿佛梁同泰[四]，景物依稀晋永嘉[五]。
鸭绿桥头歌绿水，牡丹坪上眺丹霞。
环峰霁雪参差见，石径穿云窈窕斜。
棋局移时敲涧竹[六]，壶觞昨夜醉檐花[七]。
投林偶别聊随喜，金薤银钩墨似鸦[八]。

※《叠同前韵》[九]

春日携壶上翠微，诗怀浩荡入林扉。

[一] 按，此诗仅见于本书，《杨升庵丛书·升庵诗文补遗》卷三漏辑。

[二] 大士：佛教对菩萨的尊称。《释氏要览》卷一“上士”条云：“《瑜伽论》云：‘无自利利他行者，名下士；有自利，无利他者名中士；有二利，名上士。’”自注云：“上士具二利，有大心大行，亦名大士。”

[三] 愿王：发大誓愿的佛与菩萨，一般以普贤菩萨较著名，《大方广佛华严经》卷四〇《入不思议解脱境界普贤行愿品》详载了普贤菩萨的诸般大愿，可参看。

[四] 同泰：南朝梁时著名的寺院，梁武帝萧衍建，多次于其中舍身并宣讲佛法。《魏书·岛夷萧衍传》云：“初，衍崇信佛道，于建业起同泰寺。又于故宅立光宅寺，于钟山立大爱敬寺，兼营长干二寺，皆穷工极巧，殚竭财力，百姓苦之。曾设斋会，自以身施同泰寺为奴。其朝臣三表，不许，于是内外百官共敛珍宝而赎之。衍每礼佛，舍其法服，着乾陁袈裟，令其王侯子弟皆受佛诫。有事佛精苦者，辄加以菩萨之号。”

[五] 晋永嘉：据文义看，不应是永嘉年号，而是指永嘉郡，因其有名山水也。《宋书·谢灵运传》：“出为永嘉太守，郡有名山水，灵运素所爱好。出守既不得志，遂肆意游遨，遍历诸县，动逾旬朔，民间听讼不复关怀。所至辄为诗咏，以致其意焉。”

[六] 按，此句用《杜诗详注》卷六《因许八奉寄江宁旻上人》“棋局动随幽涧竹，袈裟忆上泛湖船”，言在竹林幽涧中下棋。

[七] 檐花：靠近屋檐而开的花。此句用《李太白全集》卷一〇《赠崔秋浦三首》之一“山鸟下听事，檐花落酒中”。

[八] 金薤（xiè）银钩：薤为倒薤书，篆书体的一种，垂枝浓直，像倒置的薤叶。《墨池编》卷一：“倒薤篆，仙人务光辞汤之禅，隐于清冷之陂，植薤而食。清风时至，见叶交偃象，为此书，以写《太上紫经》三卷，光遂远游。时有得此者，因传焉。”银钩，则比喻书法遒劲。《桯史》卷一三“范碑诗跋”条：“夜光照屋四座惊，金薤银钩真墨本。”◎墨似鸦：言用墨多，文字大，如乌鸦一般。《全唐诗》卷三八七卢仝《示添丁》：“忽来案上翻墨汁，涂抹诗书如老鸦。”按，从这末尾一联来看，杨慎游览之后当留有墨宝，或即此题诗也。

[九] 按，《杨升庵丛书·升庵诗文补遗》卷三据光绪《重修彭县志》卷一〇辑录此诗。

岚岑瀑布斜拖练，碧水连云细点衣。
梵阁篆烟常飘渺，霜天草木自芳菲。
年来喜梦江淹笔[一]，百遍豪吟讵肯稀。

又《盘陀石小酌》[二]

盘陀石刹愿王宫，几度登依兴不穷。
兰若高僧空翠里，上方清梵遏云中[三]。
停车小酌题崖畔，策杖长歌散晓风。
笑拟东坡留玉带[四]，山灵识我是豪雄。

又《两游丹景山次韵》[五]

宝阁雕云接太微[六]，碧鸾青磴控烟扉[七]。

[一] 江淹笔：传说中郭璞赠送给江淹的五色笔。《南史·江淹传》："又尝宿于冶亭，梦一丈夫，自称郭璞，谓淹曰：'吾有笔在卿处多年，可以见还。'淹乃探怀中，得五色笔一以授之。尔后为诗，绝无美句，时人谓之才尽。"

[二] 按，此诗不载《杨升庵丛书》，可据此辑补。

[三] 遏云中：义同"遏云"，本形容歌声动听，这里赞美梵呗动听。《列子·汤问》："薛谭学讴于秦青，未穷青之技，自谓尽之，遂辞归。秦青弗止。饯于郊衢，抚节悲歌，声振林木，响遏行云。薛谭乃谢求反，终身不敢言归。"

[四] 留玉带：《苏轼全集校注·诗集》卷二四《以玉带施元长老，元以衲裙相报，次韵二首》王十朋注云："（了元）时住持润州金山寺，公赴杭，过润，为留数日。一日，值师挂牌与弟子入室，公便服入方丈见之。师云：'内翰何来？此间无坐处。'公戏云：'暂借和尚四大用作禅床。'师曰：'山僧有一转语，内翰言下即答，当从所请。如稍涉拟议，则所系玉带，愿留以镇山门。'公许之，便解带置几上。师云：'山僧四大本空，五蕴非有，内翰欲于何处坐？'公拟议，未即答。师急呼侍者云：'收此玉带，永镇山门。'公笑而与之。师遂取衲裙相报。"

[五] 按，此诗不载《杨升庵丛书》，可据此辑补。

[六] 雕云：彩云。《江文通集汇注》卷一《莲花赋》："见彩霞之夕照，觌雕云之昼临。"◎太微：本为星官，这里泛指星星，言山上寺宇之高也。《史记·天官书》："衡，太微，三光之廷。匡卫十二星，藩臣：西，将；东，相；南四星，执法；中，端门；门左右，掖门。"

[七] 碧鸾：借指华美的鞋子，古人多用鸾尾指鞋。《温庭筠全集校注》卷一一《锦鞋赋》云："碧繶缃絇，鸾尾凤头。"所谓"碧繶"者，即绿色的圆丝绳，用来装饰鞋子的，故用"鸾尾"喻之。

蓝舆历险临霄汉[一]，晓日腾辉绚锦衣。
鸟悦山光声呖呖[二]，花凝香露色菲菲[三]。
文星览眺留词翰[四]，更启骚人和不稀。

又[五]

玉相金容帝释家，大超五欲出三车[六]。
宏开辩囿谈空谛，蔓衍歌锋绍永嘉[七]。
绀殿横霄摩日月，翠岑侵汉锁烟霞。
诸天法鼓云中震[八]，百道飞泉岭外斜。
谷曲盘游移野酌，山城登眺对闲花。
酒酣兴发挥旌藻[九]，长啸惊翻树杪鸦。

[一] 蓝舆：同“篮舆”，用人力抬着供人乘坐的交通工具，类似于轿子，今四川地区之滑竿亦与之类似。《传家集》卷一一《王安之以诗二绝见招作真率会，光以无从者不及赴，依韵和呈》：“蓝舆但恨无人举，坐想纷纷醉落晖。”

[二] 呖呖：形容鸟鸣清脆。《缙云文集》卷三《早行》：“呖呖晓乌天外唱，疏疏烟树岭头斜。”

[三] 菲菲：形容花美艳。《文选·左思〈吴都赋〉》：“郁兮葰茂，烨兮菲菲。”张铣注：“菲菲，美貌。”

[四] 文星：文昌星，代指著名的文人。此处所指未详，然杨慎为明代状元，即以自指，亦可。

[五] 按，此诗亦不载《杨升庵丛书》，可据此辑补。

[六] 五欲：佛教谓色、声、香、味、触五境生起的情欲。《大智度论》卷一七：“哀哉众生，常为五欲所恼，而犹求之不已……世人愚惑，贪着五欲，至死不舍。为之，后世受无量苦。”◎三车：牛车、羊车、鹿车，比喻三种解脱之道。《法华经》卷二：“尔时长者即作是念：‘此舍已为大火所烧，我及诸子若不时出，必为所焚。我今当设方便，令诸子等得免斯害。’父知诸子先心各有所好种种珍玩奇异之物，情必乐着，而告之言：‘汝等所可玩好，希有难得，汝若不取，后必忧悔。如此种种羊车、鹿车、牛车，今在门外，可以游戏。汝等于此火宅、宜速出来，随汝所欲，皆当与汝。’尔时诸子闻父所说珍玩之物，适其愿故，心各勇锐，互相推排，竞共驰走，争出火宅。”

[七] 永嘉：唐代永嘉玄觉禅师，俗姓戴，有《永嘉证道歌》《禅宗永嘉集》存世。此处所谓“歌锋”，即指《永嘉证道歌》。

[八] 法鼓：佛教法器。《法华经》卷三：“唯愿天人尊，转无上法轮，击于大法鼓，而吹大法螺。”

[九] 旌藻：疑同“藻旌”，绘饰华丽的彩旗。

又《庚辰（1520）九日闻金鹤卿、张惟信有彭门之会，疾不克陪》[一]

一别黄金万里台[二]，孤城三见菊花开[三]。
云移北阙沾恩宴，日远南山献寿杯[四]。
抱病江天常阒寂，关心时序独徘徊。
高人喜共登高会，咫尺彭门阻一陪。

又《桐花》[五]

曲水惠风轻，桐华正吐英。枝条引晨露[六]，门巷近清明。
剪剪寒应尽[七]，霏霏雪不惊[八]。啄花幺凤小[九]，又见绿阴成。

[一]“庚辰”，原作“重”，据《杨升庵丛书·升庵文集》卷三一改。◎金鹤卿：据《俨山外集》卷一五“往年，绵州金检讨皋鹤卿，惠予一碑，与园池之作颇类。”可知金鹤卿即绵州金皋。据嘉靖《四川总志》卷四，此人与杨慎同年中进士。《天启新修成都府志》卷二〇小传云：“金皋，绵州人，正德辛未（1511）进士。选庶吉士，授翰林检讨，历右春坊右赞善，充东宫日讲官，多启沃。大礼议起，叩阍伏蒲，逮系锦衣狱，朴于阙廷。谪荆州府推官。归，以诗文自娱。正直端方，为世楷模。所著有《谷庵诗稿》。”民国《绵阳县志》卷七有详传。◎张惟信：内江人张潮，字惟信，亦杨慎同年进士，历礼部尚书、翰林学士。嘉庆《内江县志》卷三八有详传。

[二] 黄金万里台：万里之外的黄金台，这里比喻京师的考场，因为三人是同科进士，故称。黄金台，在今河北省易县东南，传说中是燕昭王所筑，于台上置黄金，以延天下贤士。《韵语阳秋》卷六云：“李白《古风》云：‘燕昭延郭隗，遂筑黄金台。剧辛方赵至，邹衍复齐来。’予考《史记》，不载黄金台之名，止云昭王为郭隗改筑官而师事之。孔文举《与曹公书》曰：‘昭王筑台以尊郭隗。’亦不著黄金之名。《上谷郡图经》乃云：‘黄金台在易水东南十八里，燕昭王置千金于台上，以延天下士，遂因以为名。’皇甫松有《登黄金台》诗云：‘燕相谋在兹，积金黄巍巍。上者欲何颜，使我千载悲。’其迹当可得而考也。”

[三] 三见菊花开：据《杨慎学谱》，正德八年（1513）、九年（1514）、十三年（1518），杨慎在蜀。如果算上这一次约定好的聚会，就应该是四次见菊花开了。

[四] 南山献寿：《诗·小雅·天保》：“如月之恒，如日之升，如南山之寿，不骞不崩。”按，上句忆中进士时在京共赴琼林宴，此句假想诸人因九日登高饮菊花酒以祈长寿。

[五]“桐花”下，原有“凤”字，据《杨升庵丛书·升庵文集》卷一八删。又，此诗原有题注云“甲戌年作，追录于此”，则此诗作于1514年。

[六] 按，此句下，别集有自注云：“《世说》：‘清露晨流，新桐初引。’”

[七] 剪剪：寒气侵袭貌。《中州集》卷八张翰《再过回公寺》：“轻寒剪剪侵驼褐，小雪霏霏入蜃楼。”按，杨慎正本此二句也。

[八] 霏霏：本指雪花飘落貌，但据文义，此处应指落英缤纷的样子。

[九]“幺”，原作“夭”，别集误作“天”，皆误，今据文渊阁《四库全书》本《升庵集》作“么”改。按，“么”同“幺”，形容其小也。桐花凤又名绿毛幺凤。

国　朝

费锡璜《春江怀彭门》[一]

沉牛凿石乱山中，吾祖平川大有功[二]。
千载犍为遗子姓，几年江汉逐飞蓬[三]。
黄云落入三巴日[四]，白雨吹来万里风[五]。
尚忆姻亲在彭县，欲将书信断归鸿。

※王焕《留别彭门四章》[六]

忆昔临荒邑，犹然草昧初[七]。聚商通野市，课稼引官渠。
弦诵邻新廨，桑麻复古畲。近来村落里，风景更何如？

十载求民隐，相依濛水边。愧无奇绩著，赖有素琴悬[八]。
树古馀春翠，花繁杂晓烟。儿童休恋我，不远九峰前。

[一] 费锡璜：清代新繁费密之子。嘉庆《江都县续志》卷六小传称其字滋衡，祖上费经虞避难入扬州，锡璜遂生长于扬州。雍正《四川通志》卷一〇下　称其遵父命回新繁省亲扫墓。从本诗所叙内容来看，当作于扬州，其时尚未回川。又，费氏今存《掣鲸堂诗集》（收入《四库禁毁书丛刊·集部》第187册），然未见此诗。

[二] 按，《全蜀艺文志》卷五五《氏族谱》“广都费氏”条云：“费氏自叙曰：‘大费佐禹，平水土有功，今其裔也。’”即此二句之义。

[三] 飞蓬：犹转蓬，随风飞动的蓬草，比喻漂泊。《文选·曹植〈杂诗〉》：“转蓬离本根，飘飖随长风。”李善注引《说苑》：“鲁哀公曰：秋蓬恶其本根，美其枝叶，秋风一起，根本拔矣。”《贯休歌诗系年笺注》卷一一《古塞下曲七首》之六：“烧逐飞蓬死，沙生毒雾浓。”

[四] 三巴：《华阳国志》卷一：“建安六年（201），鱼复蹇允白璋争巴名，璋乃改永宁为巴郡，以固陵为巴东，徙羲为巴西太守，是为三巴。”后多指四川地区。

[五] 白雨：暴雨。《李太白全集》卷二二《宿鰕湖》：“白雨映寒山，森森似银竹。”

[六] 王焕：雍正八年（1730）任彭县知县，详本书卷二九。按，诗中反复言及“十年”，则此组诗大约作于1740年之后。

[七] 草昧：本指天地初开时的混沌状态。《易·屯》：“天造草昧。”王弼注：“造物之始，始于冥昧，故曰草昧也。”此处指雍正八年彭县重新设县时的草创状态。

[八] 素琴：不加装饰的琴。《礼记·丧服》：“祥之日，鼓素琴，告民有终也，以节制者也。”

临岐还驻马，到处问茅檐。但虑田家苦，宁知宦味甜？
有碑惭叔子[一]，无径学陶潜[二]。仰羡高飞鹤，悠悠意自恬。

十年三度别，一别一凄然。柳结离亭绿[三]，诗留墨渖鲜。
曙星催晓骑，慈鸟恋秋鞭。试问疏狂客[四]，如何更补愆？

王有容《留别彭门士民四章》[五]

频年踪迹任西东，虚寄天涯若转蓬。
身□绣屏霄汉回[六]，心悬镜石玉轮空。
好留清影千竿月，为送行人一笛风。
幞被萧然馀两袖[七]，凤凰山色老梧桐。

出饯郊坰竞举杯[八]，无穷悲感首重回。
胡孙未免拈鱼笑[九]，冯妇还因搏虎来[十]。

[一] 叔子：晋人羊祜之字，曾为荆州刺史，于民有德政。《晋书》卷三四本传云："襄阳百姓于岘山祜平生游憩之所，建碑立庙，岁时飨祭焉。望其碑者，莫不流涕，杜预因名为堕泪碑。"

[二] 无径学陶潜：《陶渊明集校笺》卷五《归去来兮辞》云："三径就荒，松竹犹存。"按，三径者，代指隐者所居。《三辅决录》卷一："蒋诩归乡里，荆棘塞门，舍中有三径，不出，唯求仲、羊仲从之游。"

[三] 离亭：城郊供人休憩的亭子，送别之人常于此分离，故称。《文苑英华》卷二六六阴铿《江津送刘光禄不及》："泊处空馀鸟，离亭已散人。"

[四] 疏狂：豪放不受拘束。《白居易集笺校》卷一三《代书诗一百韵寄微之》："疏狂属年少，闲散为官卑。"

[五] 王有容：乾隆四十八年署彭县知县，详本书卷二六，知此组诗作于（1783）。

[六] 按，底本、抄配本此处皆缺字，无从考补。

[七] "萧"，原误作"箫"，据文义及文献用例改。按，萧然，空寂萧条貌，《新唐书·宦者传上·程元振》："虏扣便桥，帝仓黄出居陕，京师陷。贼剽府库，焚闾衖，萧然为空。"此处指行囊中没有多馀之物，言为官清廉。

[八] 坰（jiōng）：远郊，野外。《诗·鲁颂·駉》："駉駉牡马，在坰之野。"毛传："坰，远野也。邑外曰郊，郊外曰野，野外曰林，林外曰坰。"

[九] 胡孙：同"猢狲"。猢狲拈鱼，《续墨客挥犀》卷七"诵偈谛咒使渔人不得鱼"条云："渔家以猢狲毛置之网四角则多得鱼，云鱼见之如人之见锦绣也。"

[十] 冯妇：古代善搏虎之男子。《孟子·尽心下》："晋人有冯妇者，善搏虎，卒为善士。则之野，有众逐虎。虎负嵎，莫之敢撄。望见冯妇，趋而迎之；冯妇攘臂下车。众皆悦之，其为士者笑之。"赵岐注："其士之党笑其不知止也。"按，此二句皆言追逐锦绣与名利而不知止，有后悔为官之意。

每念鲤庭伤屺岵[一]，敢烦马首赋衣莱[二]。
黄童白叟关心处，春露秋霜实可哀。

衣盖相将蜀锦鲜，姓名还拟勒燕然。
固知地僻风犹古，漫说囊空吏独贤。
清白本承先世泽，迂疏长被达人怜。
此行便不轻离别，来去香飘八月天。

相逢群许结风徽[三]，眼倦闲看六鹢飞[四]。
抚字考难邀下下[五]，梦魂惶敢入非非[六]。
白添短鬓形容老，绿绕高峰石径微。
遥向锦城觅栖止，数椽茅屋一�扉。

※岳锺璜《题北塔》[七]

立塔中分势欲离，依然无恙拟留题。
飞残半角移何地，挺峙三隅壮此基。

[一] 鲤庭：《论语·季氏》："尝独立，鲤趋而过庭。曰：'学《诗》乎？'对曰：'未也。''不学诗无以言。'鲤退而学《诗》。他日又独立，鲤趋而过庭。曰：'学《礼》乎？'对曰：'未也。''不学《礼》无以立。'鲤退而学《礼》。"后以为接受父训的典故。◎屺岵：《诗·魏风·陟岵》："陟彼岵兮，瞻望父兮……陟彼屺兮，瞻望母兮。"后因以"屺岵"代指父母。

[二] 衣莱：老莱子之彩衣。《艺文类聚》卷二〇引《列女传》："老莱子孝养二亲，行年七十，婴儿自娱。着五色采衣，尝取浆上堂跌仆，因卧地为小儿啼，或弄乌鸟于亲侧。"后以为孝亲之典。按，此二句言在分别之际，想起这些年亏欠了对父母的照料。

[三] 风徽：风范，美德。《文选·谢瞻〈于安城答灵运〉》："绸缪结风徽，烟煴吐芳讯。"

[四] 六鹢飞：《左传·僖公十六年》："是月，六鹢退飞，过宋都。"这里泛指眼前飞过的水鸟，但又因鹢退飞而暗含仕途受阻之沮丧，故后文茅屋、竹扉，流露出归隐之意。

[五] 考难邀下下：指对官员吏绩的考核难以求一个最差的结果。按，王氏任职彭县，乃代理知县，并非正式官员，且任职很短，二月署，七月离职，故有此感慨。

[六] 非非："非想非非想处天"之省，佛教语。即三界中无色界第四天，此天没有欲望与物质，仅有微妙的思想。《法苑珠林》卷二引《婆娑论》："第三无色界中有四天：一名空处天，二名识处天，三名无所有处天，四名非想非非想处天。"这里比喻不能实现的幻想。

[七] 岳锺璜：岳锺琪的堂弟，成都人，《清史稿》卷二九六《岳锺琪传》有附传。据《清高宗实录》卷四五八，乾隆十九年（1754），"调广西提督岳锺璜为四川提督"。

灿烂霞光悬宝镜，嵯峨叠砌赛丹梯。
忠言直与乾坤久，永镇天彭第一奇。

※许儒龙《游龙兴禅院》[一]

为访前朝寺，聊成薄暮游。塔开危欲堕[1]，碑久剥难留[2]。
古寺凭僧诧[3][二]，残花引客愁[三]。坐看西岭日，欲去重回头。

【1】塔建自宋大观间（1107—1110）[四]，自顶及址崩裂数丈[五]，向北一角已废。

【2】弘治（1488—1505）时立，文字黮昧难辨[六]。

【3】旧传塔嵌宝珠，圣井院井中有龙，时出吸取。伪蜀明氏时有人盗往嘉定[七]，舟次平羌[八]，风波陡作，中流龙脊如山。人大怖[九]，索珠投之，乃得全济。

又《过白鹿寺一带山溪》[十]

路入春风忘跋涉，聊凭山月辨西东。
乘高小憩饶幽赏，缭白萦青入望中。

[一] 许儒龙：字水南，郫县人。乾隆元年（1736）以博学宏词科征，入都应试而被放，遂寄情山水，以诗书自娱。嘉庆《郫县志》卷三二有详传，有《郫犀许水南征君诗文集》存世。此诗载《郫犀许水南征君诗文集·水南诗集》卷二，以之参校。

[二]“寺”，《水南诗集》作“事”。

[三] 按，此句下，《水南诗集》有夹注云：“牡丹零落满地”。

[四]“自宋”，《水南诗集》误作“于唐”。

[五]“丈”，《水南诗集》误作“尺”。

[六]“黮”（yì），《水南诗集》作“黯”。按，黮，深黑貌。《韩昌黎文集校注》卷六《衢州徐偃王庙碑》：“图像之威，黮昧就灭。”

[七] 明氏：明玉珍，元末据蜀称帝，建国号大夏，《明史》卷一二三有传。

[八]“舟次”，《水南诗集》无。

[九]“人”上，《水南诗集》有“船”字。

[十] 按，此诗亦载《水南诗集》卷二，文字全同。

※又《龙兴寺破塔用壁间韵》[一]

破塔穿空俯一州，恍疑开峡度金牛。
云横瓴甋危将堕[二]，藓蚀银黄散不收。
瞻眺有情还共赏，跻攀无路欲谁雠？
古来兴废何堪问，铃铎摇风语未休。

※又《由溪口至白鹿山寻读古碣不获》[三]

山曙鸟声乱，雨泥人迹稀。行行向溪谷，棘刺钩我衣。
荦确取前路[四]，盘纡及翠微。趋践石上苔[五]，远企岩间扉。
重冈互回转[六]，一嶂遥巍巍。其巅老木盘，其下青云飞。
中藏蝌蚪文，不朽闻芳徽。搜索等岣嵝[七]，嗜好深渴饥。
岂知劫火馀，胜迹亦已非。幽丛射干发[八]，密箐栀子肥。
林光带残润，草露含朝晖。清艳乃娱目，骀荡方忘归[九]。
却望来时坡，块垒藏烟霏。

[一] 按，此诗亦载《水南诗集》卷二，以之参校。同卷尚有《重游龙兴院破塔用前韵》，亦是和此诗之作。◎“寺”，《水南诗集》作“院”。

[二] 瓴甋（dì）：砖。《艺文类聚》卷四〇引蔡邕《吊屈原文》：“啄碎琬琰，宝其瓴甋。”

[三] 按，据本卷后此人《游大隋山记》所载，此诗应作于雍正癸丑（1733）。此诗亦载《水南诗集》卷二，以之参校。◎“白鹿”下，原衍“寺”字，据《水南诗集》删。按，白鹿山详本书卷五，不作“白鹿寺山”。

[四] 荦确：怪石嶙峋貌。《韩昌黎诗系年集释》卷二《山石》：“山石荦确行径微，黄昏到寺蝙蝠飞。”

[五] “上”，原作“土”，形近而误，据《水南诗集》改。

[六] “冈”，《水南诗集》作“岗”。

[七] 岣（gǒu）嵝：本为山名，湖南衡山七十二峰之一，上有大禹碑，故此处代指大禹碑。《韩昌黎诗系年集释》卷三《岣嵝山》：“岣嵝山尖神禹碑，字青石赤形模奇。”

[八] 射（yè）干：鸢尾。《广雅·释草》：“鸢尾、乌蓮，射干也。”

[九] 骀（dài）荡：无所拘束。《庄子·天下》：“惜乎惠施之才，骀荡而不得，逐万物而不反。”

※又《同滕振斯游百鹿寺，步壁间冀太守韵》[一]

碧溪青嶂藏幽寺，怪底声名满蜀都。
丽瞩恍疑天外岛，仙游俱入市中壶。
凌云载酒欢难继[二]，花圃题诗兴不孤。
一种风流人未识，空怜好语似穿珠[三]。

※附《游白鹿寺赠淡竹和尚》此系冀太守原作[四]。

客因逐鹿寻山寺，浪说桃源是小都[五]。
山色四围涂翠壑，泉声一派漱冰壶。
长林丰草同麋静，皓月闲云共鹤孤[六]。
试问图澄肠似雪[七]，何须衣里探明珠？

※又《双女坟并序》[八]

旧传伪蜀王建大小徐妃墓在清白江侧花街里[九]。辛亥（1791）春日，余偕张希先、蔡修来往彭州，道经墓下，希先拈韵索赋，各就一章。

[一]“滕”，原作“漆”，当是形近而误，据本卷后许儒龙《游大隋山记》改。按，此人未详，或事迹不显。◎冀太守：成都府知府冀应熊。据《游大隋山记》可知，此诗作于雍正癸丑（1733）。又按，许氏别集《水南诗集》不载此诗，可据此补遗。

[二]凌云载酒：《苏轼全集校注·诗集》卷三二《送张嘉州》：“颇愿身为汉嘉守，载酒时作凌云游。”此处以汉嘉守拟成都太守冀应熊。

[三]好语似穿珠：亦用苏轼诗语。《苏轼全集校注·诗集》卷二〇《次韵答子由》：“好语似珠穿一一，妄心如膜退重重。”

[四]“附”，原作“又”，今改。按，据本书前文体例看，称“又”者，指作者与前相同。本诗既标明乃冀应熊所作，则不当称“又”，实乃自乱其例，故改之。

[五]小都：“小成都”之省。本书卷五“白鹿山”条：“《周地图记》云：‘宋元嘉九年（432），有樵人于山左见群鹿，引弓将射之，有一麢所趋险绝，进入石穴，行数十步，则豁然平博，邑屋连接，阡陌周通。问是何所，有人答曰小成都。后更往寻之，不知所在。’”

[六]“闲”，原误作“间”，据光绪《重修彭县志》卷一〇改。

[七]图澄：“佛图澄”之省，详本书卷三六。

[八]按，此诗亦载光绪《重修彭县志》卷一〇、《水南诗集》卷二，以之参校。

[九]“伪”，光绪《重修彭县志》作“前”。

姊妹娇娆擅一时，宛然红艳在春枝[一]。
曾因翟茀邀深眷[二]，却为江山赋好诗[三]。
此日荒凉遗陇墓，何人瞻拜肃威仪？
二乔二赵名俱在[四]，比似风流恐未宜。

李调元《纪天彭诗十六首并序》[五]

古之列国皆有史，以纪因革、垂劝戒、明政治、著风俗也。汉唐来，惟天子有史。然今之府、州、县志，非即史之馀乎？辛亥岁（1791），余游于彭。邑令谢明府生晋以彭经兵火后百馀年无征考，因问余作志之道。余曰："志以纪往诏来，非一时可罄也。"辛酉岁（1801），留村程君徽之，歙人也，其尊人官蜀梓州，留村以流寓寄籍彭门，青年广博，辑有《天彭纪略》一稿寄余，可谓有志于古者矣。昔王韶之撰《晋阳记》[六]，人谓其宜居史职。今天彭古胜地，而无信书，则恢宏述作、鼓吹当代，能无望于载笔载言者欤？因题韵十馀首以引其端云。

弹丸原是周彭国[七]，曾与诸侯会孟津。
漫把昔贤来窃比，老彭便是此邦人。《彭国》

[一] 按，此句之下，《水南诗集》有夹注云："小徐号花蕊夫人。"

[二] 翟茀：古代贵族妇女所乘的一种车子，车帘两边或车箱两旁以翟羽为饰。《诗·卫风·硕人》："翟茀以朝。"毛传："翟，翟车也，夫人以翟羽饰车。茀，蔽也。"

[三] 按，此句之下，《水南诗集》有夹注云："大徐诗云：'周游灵境散幽情，千里江山暂得行。'小徐诗云：'此来为看江山景，却被江山看出行。'"

[四] 二乔二赵：二乔谓大乔、小乔，又写作"大桥、小桥"。《三国志·吴志·周瑜传》："策欲取荆州，以瑜为中护军，领江夏太守，从攻皖，拔之。时得桥公两女，皆国色也。策自纳大桥，瑜纳小桥。"二赵谓赵飞燕与赵昭仪。《汉书·五行志上》："而赵飞燕为皇后，妹为昭仪，贼害皇子，成帝遂亡嗣。"

[五] 按，《童山诗集》卷三二此组诗题作《彭县咏古十六首》，无序，今以之参校。又，《订讹》以为"词多诞谑，并删"，过矣！

[六] 《晋阳记》：实指《晋安帝阳秋》。《宋书·王韶之传》云："王韶之字休泰，琅邪临沂人也。……韶之因此私撰《晋安帝阳秋》，既成，时人谓宜居史职。即除著作佐郎，使续后事。"

[七] 彭国：此处所谓周时诸侯国，或是指《书·牧誓》"庸、蜀、羌、髳、微、卢、彭、濮"之"彭"。《介庵经说》卷三"周初大封之数"条云："纣时存者，周公及庸、蜀、羌、髳、微、卢、彭、濮，暨汇于孟津之八百诸侯，共八百馀国。"

牡丹旧数古彭稠，京洛遗风俗尚留。
孟氏繁华能几日[一]，今人犹自说花州。《花州》[1]

【1】孟氏移上苑牡丹植此。

土地肥饶号小郫[二]，至今户口更丰熙。
牛心山下花如斗，不及良田一亩糜。《牛心山》

东湖春水对西湖，仿佛山阴祓禊图[三]。
昔日楼台今已圮，茂林修竹有还无？《东西二湖》[1][四]

【1】西湖[五]，唐元和守王潜、萧祐创；东湖，宋元符袁隲有记，今废。

南楼百尺压城端，湖影山光动赤栏。
谁似风流文太守，题诗千仞并巑岏。《南楼》[1]

【1】文湖州有句云："回头大岷雪[六]，千仞并巑岏。"

西北天屏是此州[七]，峭青危碧吐灵湫。
要观六月岷峨雪，试上西城望雪楼。《望雪楼》[1]

【1】在城西[八]。

丹景苍茫接翠微[九]，太妃辇迹半依稀。

[一] 孟氏：后蜀孟知祥与孟昶，传记见《十国春秋》卷四八、四九。

[二] 号小郫：《太平寰宇记》卷七三云："《益州志》云：'彭之地，号小郫，土地肥良，比之郫邑也。'"

[三] 山阴祓禊：永和九年（353）王羲之等在会稽山阴之兰亭集会，濯于水滨，以祓除不详，详《兰亭集序》。

[四] "东西二湖"，原作"东湖"，据别集改。

[五] "西湖"，原脱，显误，据别集补。

[六] "句云"，别集无，而于注文末句有"云"字。◎"回头大岷雪"，底本作"回首大岷北"，别集作"回首大岷雪"，据文同《彭州南楼》改，见本卷前文。又此诗首句亦用文同之语。

[七] "北"，别集作"比"，或形近而误，《听雨楼随笔》卷三"放翁花谱"条引此诗亦作"北"。

[八] 按，别集无此注。

[九] "景"，原误作"翠"，据别集改。按，山名丹景山，且一句中不当出现两"翠"字，作"翠"显误。

脸脂不用夸娇蝶，梦里蘧蘧何日归[一]？《丹景山》[1]

【1】王衍侍徐太后游丹景[二]，徐太后有句云[三]："蝶娇频采脸边脂。"

闻道阳平有遗迹，仙居观已失金城[四]。
当年只是寻花柳，今日松风恨未平。《阳平观》[五]

大隋山头景德寺，神照禅师锡所投。
龙井至今犹作幻，满山生竹尽龙头。《大隋山》

金觉禅林有大乘，洗肠池忆佛图澄。
鹿游尚有遗民在，暗弱刘璋亦有曾。《白鹿山》[1]

【1】刘璋曾孙敞隐于此[六]，后为罗尚所害。

八十一洞若鱼贯，二十四峰相蝉联。
至今葛璝丁东水，疑是韦皋富贵泉。《葛仙山》[1]

【1】昔葛璝寄韦皋云："他日富贵无忘。"遂建寺。

一泓水溅珠如滴，三昧泉盈斗可储。
一自知玄洗人面，至今百疾尽能除。《至德山三昧泉》

漓沅治里鸿都观，响石关头白石沟。
高尚原来于此隐，虚传范蠡五湖舟。《漓沅治》[1]

【1】范蠡学道处[七]。

石如蹲兽凿为屋，泉向智佗环作渊[八]。
闻道清凉无暑气，可能借我避炎天。《土溪》

[一] 蘧蘧：悠然自得貌。此处用庄周化蝶事。《庄子·齐物论》"昔者庄周梦为胡蝶，栩栩然胡蝶也。自喻适志与，不知周也。俄然觉，则蘧蘧然周也。"

[二]"王衍侍徐太后游丹景"，原无，别集作"王衍侍徐太妃游丹景"，亦有误。今综合二者改补，说详下一条校勘记。

[三]"徐太后"，底本作"徐妃"，别集作"徐太妃"，皆误，据本卷前文收徐太后之诗改。

[四] 金城：金城山，即阳平化。详本书卷五"阳平山"条。

[五]"观"，别集作"化"，皆可。

[六]"刘"，别集无。◎"敞"，底本无，据别集补。

[七]"范蠡学道处"，别集作"范蠡曾学道于此"。

[八] 智佗：即本书卷三六之"智陀"。

碧岫丹岑烟树攒，龙怀山本似龙蟠。
蜀中寺碣多名迹，只数初唐王子安。《龙怀寺》[1][一]

【1】唐王勃有碑。

九陇云峰尽出奇，二郎功德有专祠[二]。
石犀不动波涛静，风雨长留誓水碑。《李冰誓水碑》

又《法藏寺》[三]

踏尽嚣尘唤奈何，息肩暂欲问维摩。
只今仙境秦人少[四]，自古名山蜀地多。
贮藏楼高因燹废，覆碑亭圮赖神呵。
白牛故址应无恙[五]，更拟追寻上绿萝。

又《濛阳杂诗》[六]

缁衣谁授馆，茅店半颓垣。织布晨机聒，燃灯夜博喧。
三星疑在户[七]，两月不窥园[八]。家有莲池好，红衣落应繁。

白纻谁家妇，江边学浣纱。草拖裙带湿，花插鬓云斜。
年老谁投果[九]，归期悔及瓜[十]。乐游不知返，毋乃顿忘家。

[一] 按，别集题此诗为“王勃龙怀寺碑”，无注文。
[二] 二郎：传说中佐李冰治水的李二郎，乃李冰之子，雍正《四川通志》卷六有小传。
[三] 按，此诗载《童山诗集》卷二七，别集有题注云：“寺为白牛和尚道场。”
[四] 秦人：秦时避乱入桃花源之人，见陶渊明《桃花源记》。
[五] 白牛：在法藏寺修行的白牛和尚，见本书卷一九。
[六] 按，此组诗亦载《童山诗集》卷三二。
[七] 三星疑在户：五六月之间。《诗·唐风·绸缪》云：“子兮子兮，如此邂逅何？绸缪束楚，三星在户。”郑笺云：“心星在户，谓之五月之末，六月之中。”
[八] 窥园：观赏园亭之景。《汉书·董仲舒传》：“下帷讲诵，弟子传以久次相授业，或莫见其面。盖三年不窥园，其精如此。”颜师古注：“虽有园圃，不窥视之，言专学也。”
[九] 投果：妇女辈因潘岳貌美，而往其乘坐的车子上扔瓜果，以示喜爱。《晋书》卷五五本传云：“岳美姿仪，辞藻绝丽，尤善为哀诔之文。少时常挟弹出洛阳道，妇人遇之者，皆连手萦绕，投之以果，遂满载以归。”此处戏称自己年老，无人青睐。
[十] 及瓜：瓜熟而代还。《左传·庄公八年》：“齐侯使连称、管至父戍葵丘。瓜时而往，曰：‘及瓜而代。’”谓到明年瓜熟时派人接替，后称官吏任职期满由他人接替为“瓜代”。此处自责不应该等到卸任再回家，有归隐之意。

又《小鱼洞》

四里坡而下，有洞泉淙淙。转腹细若蚓，出口奔如龙。
悬崖峭崒处，喷薄溅蓊茸。散为百斛珠，如米跳自舂。
坐令鱼误饵，逐队争噞喁。谅无额可点[一]，徒与乖供饔[二]。
我欲批其鳞，窟深不可踪。恐触饕餮怒，叹息姑尔容。

又《为海明和尚题一笠亭》[三]

邑西南三里普照寺会司号海明。

海上一僧来，见我先一揖。雪鬓霜髭眉，叉手道旁立。
手中何所携[四]，虀笋盐豆汁。知我峨山来，曾拾天门级。
两袖犹携云，双鞋尚沾湿。误谓赤松张[五]，不知秽史习[六]。
自言有兰若，丛林近彭邑。迩于梵宫左，小亭别诛葺。
山形如笠形，乞名赐新什。我闻晖禅师[七]，棕笠岩中拾。

[一] 无额可点：传说中，鱼越过龙门就可以成龙，如果无法越过，则额为石所触，流血而回，谓之点额。小鱼洞的嘉鱼出游之后就被渔民捕捞，连点额而回的机会也没有，故云。《太平寰宇记》卷四六："辛氏《三秦記》曰：'河津一名龙门，水陆不通，鱼鳖之属莫能上。江海大鱼集龙门下数千不得上，上则为龙，不得上则曝腮龙门。'《水经注》云：'《尔雅》云：鳣，鲔也，出巩穴。三月则上渡龙门，得渡为龙，否则点额而还。'"

[二] 与乖供饔：与乖龙一样被做成美食。乖指乖龙，因不遵天庭法度而遭雷电追击，遂四处逃窜，或化为他物。《茅亭客话》卷五"避雷"条云："世传乖龙者，苦于行雨，而多方窜匿，藏人身中，或在古木、楹柱之内及楼阁鸱甍中，须为雷神捕之。若在旷野，无处逃避，即入牛角或牧童之身，往往为此物所累，遭雷震死。"然亦有被误捕，遂沦为美味者。《晋书·张华传》："陆机尝饷华鲊，于时宾客满座，华发器便曰：'此龙肉也。'众未之信。华曰：'试以苦酒濯之，必有异。'既而五色光起。机还，问鲊主，果云：'园中茅积下得一白鱼，质状殊常，以作鲊，过美，故以相献。'"

[三] 按，此诗载《童山诗集》卷二七，无题注。

[四] "手中"，别集作"问君"。

[五] 赤松张：欲追随神仙赤松子的张良。《汉书》卷四〇本传云："良乃称曰：'家世相韩，及韩灭，不爱万金之资，为韩报仇强秦，天下震动。今以三寸舌为帝者师，封万户，位列侯，此布衣之极，于良足矣。愿弃人间事，欲从赤松子游耳。'乃学道 欲轻举。"颜师古注曰："赤松子，仙人号也，神农时为雨师。服水玉，教神农，能入火自烧。至昆山上，常止西王母石室，随风雨上下。炎帝少女追之，亦得仙，俱去。"

[六] 秽史：北朝时期人们对魏收《魏书》的贬低评价。《北齐书》卷三七本传云："然犹以群口沸腾，敕魏史且勿施行。令群官博议，听有家事者入署，不实者陈牒。于是众口喧然，号为秽史。投牒者相次，收无以抗之。"

[七] 晖禅师：《景德传灯录》卷二〇云："京兆重云智晖禅师，咸秦人也，姓高氏。总角之岁，好游佛宇，誓志出家，父不能止。礼圭峰温和尚剃度，后谒高安仁和尚，独领微言，潜通秘键。……梁开平五年（911），忽思林泉，乃归终南圭峰旧居。师一日闲步，岩岫间倏睹摩衲数珠、铜瓶、棕笠，触之即坏。谓侍者曰：'此吾前身道具耳，欲就兹建寺以酬昔因。'当薙草开基，有祥云蔽日，屯于峰顶久而不散，因目为重云山。"

又闻释利登[一]，蓬笠种田隰。他时草堂成，便名曰一笠。

又《游法藏寺》

我来法藏寺，数里入云峰。石径闻啼鸟，松根走卧龙。
人间尘不到，仙境孰能从？唯有山中叟，时来访客踪。

又《游龙兴寺》

偶步龙兴寺，穹碑在上方。天彭通井络，地脉走濛阳。
宝塔铃犹在，珠光匣尚藏。僧持能继钵，栋宇自齐梁。

又《过艳阳场》

今红岩子。

昔年曾向艳阳过，雪岭云峰手欲摩。
今日红岩重入眼，好山依旧夕阳多。

又《宿东林寺》

草笠芒鞋东复西，名山处处有留题。
此间亦有东林寺[二]，不向匡庐问虎溪。

※王曰拔《和欧阳明府游三昧水原韵》[三]

峭壁嶙峋曲径深，参天老木几千寻。

[一] 释利登：宋人利登，字履道，号碧涧，盱江人，或非释氏。《宋百家诗存》卷三一有小传，收诗一卷。其《稚子》诗云："双双稚子戏柴关，抟土为人半印钱。更过十年那有此，短蓑蓬笠种荒田。"

[二] 东林寺：庐山有东林寺，寺前有虎溪。《珊瑚网》卷二九"李唐《虎溪三笑图》"条云："予尝游匡山，至虎溪，未入东林寺，首见一亭，扁曰'三笑'，因问其故。谓晋远师以陶渊明、陆修静且语且别，握手相忘，遂犯送客不过虎溪之戒，乃相顾各掀髯而去。"

[三] 按，据本书卷三五，王曰拔为新繁人，曾任夹江训导；又据乾隆《茂州志》卷八，此人为康熙辛酉（1681）副榜，则此处所谓欧阳明府者，即本书卷二〇最末一条提到的县令欧阳方曜。

山前圣水通三昧，洞口胡麻种石林。
乔树风吟催笔韵，虚岩云冷涤尘心。
闲游为爱清光好，不信桃源有古今。

神僧异迹历年深，谷口青松何处寻？
野水穿云流古径，疏钟带月响禅林。
闲经石穴逢天籁，偶听《楞严》发慧心。
始觉仙灵皆是幻，向谁谶悔到而今？

又《游大明寺》

无事闲游看采茶，东风邀我过山家。
枝头时听奇音鸟，岩畔欣瞻未见花。
芳树笼烟晴草翠，小桥流水涧云遮。
昼长不觉寻芳倦，徙倚深林玩物华[一]。

陈维谦《和友人蓼花原韵四首》[二]

上苑名园未许干[三]，嫣红虚拟玉骢繁[四]。
恨馀泽畔闲吟处[五]，影落桐江旧钓滩[六]。
几点芦花秋欲老，一声渔笛夜生寒。

[一] 徙倚：徘徊。《楚辞补注》卷五《远游》："步徙倚而遥思兮，怊惝怳而乖怀。"王逸注："彷徨东西，意愁愦也。"

[二] 陈维谦：光绪《重修彭县志》卷六云此人为顺治戊子（1648）举人，汉州人，任湖北均州知州、襄阳府同知。《听雨楼随笔》卷一收此诗，认为此人为彭县人，误也，陈氏只是寄籍彭县参加科考而已，乾隆《直隶通州志》卷九载比人在乾隆十年至十四年（1745—1749）任州同知，亦著录为四川汉州人。

[三] 上苑：上林苑之省，秦、汉著名皇家园林。《三辅黄图》卷四："汉上林苑，即秦之旧苑也。《汉书》云：'武帝建元三年（前138），开上林苑，东南至蓝田宜春、鼎湖、御宿、昆吾，旁南山而西，至长杨、五柞，北绕黄山，濒渭水而东，周袤三百里。'离宫七十所，皆容千乘万骑。"◎干：干谒，此处指无缘探访这样的名贵园林。

[四] 玉骢：玉花骢之省，本指唐玄宗所乘骏马名，这里泛指骏马。《杜诗详注》卷一三《丹青引》："先帝御马玉花骢，画工如山貌不同。"

[五] 泽畔闲吟：《楚辞补注》卷七《渔父》："屈原既放，游于江潭，行吟泽畔，颜色憔悴，形容枯槁。"

[六] 桐江：富春江的上游，严子陵曾在这里垂钓。《后汉书·逸民传·严光》云："严光字子陵，一名遵，会稽馀姚人也。少有高名，与光武同游学。及光武即位，光乃变名姓，隐身不见。……除为谏议大夫，不屈，乃耕于富春山，后人名其钓处为严陵濑焉。"

雨丝风片曾经惯[一]，不作萧条迟暮叹[二]。
金风瑟瑟影摇秋，惯阅烟波不省愁。
斜倚晴霞如解笑，静含朝露欲低头。
亦知野旷惭清韵，却抱孤芳俯浊流。
隔岸枫林相映好，蒹葭一派冷汀洲[三]。

何处依稀泣杜鹃，红英紫艳镇相连[四]。
武陵春色归秋浦[五]，水国朝霞带暮烟。
旅雁不惊尘外梦，闲鸥好结静中缘。
一从名附罗含谱[六]，赢得诗人费锦笺。

一点幽情寄水湄，夕阳古岸影离离。
潮生极浦鱼吹叶，珠络烟梢鸟弄枝。
丛桂漫劳招隐伴，芙蓉好共托相思。
自怜生在秋江上，不向东皇怨后知[七]。

※郗应辰《初秋游普照寺》[八]

野田路绕稻花香，听得钟声到上方。
万个竹围秋气逼，一龛佛笑世人忙。
点头我法闻如是[1]，弹指空门坐不妨。
白发老僧身手健，摩挲铜狄说沧桑[九]。

[一] 雨丝风片：细雨微风。《牡丹亭》第十出《惊梦》："朝飞暮卷，云霞翠轩；雨丝风片，烟波画船——锦屏人忒看的这韶光浅！"

[二]"萧"，原误作"箫"，据文义改。

[三]"葭"，原误作"葮"，据文义改。按，葮同"椴"，木槿，不能与"蒹"成词。蒹葭者，芦苇。《诗·秦风·蒹葭》："蒹葭苍苍，白露为霜，所谓伊人，在水一方。"

[四] 镇：常。《全唐诗》卷一唐太宗《咏烛二首》之一："镇下千行泪，非是为思人。"

[五] 武陵春色：桃花源中的春色。陶渊明《桃花源记》有"武陵人捕鱼为业"，故云。

[六] 按，此处或用典有误。罗含，《晋书》卷九二有传，虽文采飞扬，但并未创作过谱录类著作。而晋人嵇含有《南方草木状》，今存，但书中并无蓼花，也无蒹葭。是故此句无从改订，姑仍之。

[七] 东皇：司春之神。《全唐诗》卷二七三戴叔伦《暮春感怀二首》之一："东皇去后韶华尽，老圃寒香别有秋。"

[八] 按，此人为陕西泾阳县学庠生，字晓峰，曾参与分校本书，见卷首"纂修姓氏"。

[九] 铜狄：铜人，因着夷狄之服，故称。《汉书·五行志下之上》："《史记》秦始皇二十六年(前 221)，有大人长五丈，五履六尺，皆夷狄服，凡十二人，见于临洮……是岁，始皇初并六国，反喜以为瑞，销天下兵器，作金人十二以象之。"此处应是指寺庙中的铜制佛像。

【1】是日，海明上人即席讲《楞严》《多心经》。

※秦昌统《集诗并序》[一]

余粤西下士也，读书数十年，儒术、吏事了无所得。壬辰（1772）岁捸发来蜀，人民风土未克周知，于簿书鞅掌间[二]，每以教化一民为念。今岁春代庖彭邑，甫入境，见其父老子弟穆然，饶有古风，知率于教者久矣。即间有即于匪僻[三]、罔知法令者，亦思有以教之，终不忍视彼为教外人也。当斯时也，余又何敢以儒术吏事之未精，遽谢其责耶？爰集《诗》廿馀章，歌以示劝。邑之人谅亦鉴余之婆心云。

氓之蚩蚩[四]，我是用忧。作为此诗，聊与之谋[五]。
烝我髦士[六]，教之诲之。庶民小子，敬而听之[七]。
谁无父母，欲报之德。无忝尔所生，孝思维则[八]。
至于兄弟，睠睠怀顾。式相好矣，不宜有怒[九]。
爰居爰处，各敬尔身。无贰尔心，独为匪民[十]。

[一] 秦昌统：本书卷二六云："秦昌统，广西临桂人，乾隆己卯（1759）举人，四十一年（1776）十二月署，四十二年（1777）七月卸事。"知此人为彭县署知县。诗序中称"今岁春代庖彭邑"，可知此组诗作于乾隆四十二年。按，此诗题为《集诗》，乃集《诗》中之句而成诗，故拈出每句之出处。

[二] 鞅掌：职务繁忙。《诗·小雅·北山》："或栖迟偃仰，或王事鞅掌。"毛传："鞅掌，失容也。"郑玄笺："鞅犹何也，掌谓捧之也。负何捧持以趋走，言促遽也。"孔颖达疏："传以鞅掌为烦劳之状，故云失容。言事烦鞅掌然，不暇为容仪也，今俗语以职烦为鞅掌，其言出于此传也。故郑以鞅掌为事烦之实，故言鞅犹荷也。"

[三] 匪僻：邪恶。《明史·刘最传》："寻请帝勤圣学，于宫中日诵《大学衍义》，勿令左右近习诱以匪僻。"

[四] 蚩蚩：旧说以为敦厚之貌，而朱熹《诗集传》认为乃无知貌，此处用朱熹之说更好。

[五] 按，此四句分别出《卫风·氓》《小雅·角弓》《小雅·巷伯》《邶风·泉水》。

[六] 烝我髦士：《诗》注云义为"进我俊才"。

[七] 按，此四句分别出《小雅·甫田》《小雅·绵蛮》《大雅·抑》《小雅·巷伯》。

[八]"维"，原作"惟"，据《诗》改。按，此四句分别出《小雅·沔水》《小雅·蓼莪》《小雅·小宛》《大雅·下武》。

[九] 按，此四句分别出《大雅·思齐》《小雅·小明》《小雅·斯干》《邶风·谷风》。

[十] 按，《邶风·击鼓》《小雅·斯干》皆有第一句；馀三句分别出《小雅·雨无正》《大雅·大明》《小雅·何草不黄》。

人实不信，使我心疚。无易由言，不顾其后[一]。
人而无礼，不可救药。敬慎威仪，云何不乐[二]？
维桑与梓，兄弟婚姻。上慎旃哉，洽比其邻[三]。
贪人败类，为民不利。今女下民，无父母贻罹[四]。
彼尔维何，有靦面目。或靡事不为，其何能淑[五]？
诲尔谆谆，自今以始。莫不率从，我心则喜[六]。
偕偕士子，民具尔瞻。慎尔优游，无自瘵焉[七]。
古训是式，追琢其章。学有缉熙于光明[八]，不可弭忘[九]。
嗟我农夫，荷蓑荷笠。无害我田稚，与其黍稷[十]。
稼穑维宝，岁取十千。亦服尔耕，迄用康年[十一]。
群黎百姓，亦各有行。上入执宫功，经营四方[十二]。
经之营之，将安将乐。无日苟矣，覆出为恶[十三]。
如贾三倍，女兴是力。遵大路兮，无自立辟[十四]。
慎尔优游[十五]，宁莫之惩？庶几有臧，不入我门[十六]。
清人在彭，求民之莫。四方其训之，与子成说[十七]。

[一] 按，此四句分别出《郑风·扬之水》、《小雅·大东》、《小雅·小弁》（又见《大雅·抑》）、《小雅·角弓》。

[二] 按，此四句分别出《鄘风·相鼠》、《大雅·板》、《小雅·小宛》（又见《大雅·民劳》、《大雅·抑》、《鲁颂·泮水》）、《唐风·扬之水》（又见《小雅·隰桑》）。

[三] 按，此四句分别出《小雅·小弁》《小雅·角弓》《魏风·陟岵》《小雅·正月》。

[四] 按，此四句分别出《大雅·桑柔》《大雅·桑柔》《豳风·鸱枭》《小雅·斯干》。

[五] 按，此四句分别出《小雅·采薇》《小雅·何人斯》《小雅·北山》《大雅·桑柔》。

[六] 按，此四句分别出《大雅·抑》《鲁颂·有駜》《鲁颂·閟宫》《小雅·菁菁者莪》。

[七] 按，此四句分别出《小雅·北山》《小雅·节南山》《小雅·白驹》《小雅·菀柳》。

[八] 缉熙：《诗》注为“光明”。

[九] 按，此四句分别出《大雅·烝民》《大雅·棫朴》《周颂·敬之》《小雅·沔水》。

[十] 按，此四句分别出《豳风·七月》《小雅·无羊》《小雅·大田》《小雅·大田》。

[十一] 按，此四句分别出《大雅·桑柔》《小雅·甫田》《周颂·噫嘻》《周颂·臣工》。

[十二] 按，此四句分别出《小雅·天保》、《鄘风·载驰》、《豳风·七月》、《小雅·北山》（又见《小雅·何草不黄》、《大雅·江汉》）。

[十三] 按，此四句分别出《大雅·灵台》《小雅·谷风》《大雅·抑》《小雅·雨无正》。

[十四] 按，此四句分别出《大雅·瞻卬》《大雅·荡》《郑风·遵大路》《大雅·板》。

[十五] “慎”，原误作“及”，据《小雅·白驹》改。

[十六] 按，此四句分别出《小雅·白驹》、《小雅·沔水》（又见《小雅·正月》）、《小雅·頍弁》、《小雅·何人斯》。

[十七] “说”，此处通“悦”。按，此四句分别出《郑风·清人》、《大雅·皇矣》、《大雅·抑》（又见《周颂·烈文》）、《邶风·击鼓》。

夙夜匪解[一]，我劳如何？退食自公，为犹将多[二]。
谓我来矣，虽无德与女，好言自口，于时语语[三]。
令德来教，俾民不迷。黾勉同心，则具是依[四]。
质尔人民，每怀靡及。矢诗不多，我是用急[五]。

碑　记

※唐王勃《益州夫子庙碑》[六]

述夫帝车南指[七]，遁七曜于中阶[八]；华盖西临，藏五云于太甲[九]。

[一]“解”，原作“懈”，据《大雅·烝民》改。按，“解”通“懈”，引此类上古文献，一般不改其字。

[二] 犹：《诗》注为“谋”，谓谋求也。按，此四句分别出《大雅·烝民》《小雅·绵蛮》《召南·羔羊》《小雅·巧言》。

[三] 按，此四句分别出《小雅·出车》《小雅·车辖》《小雅·正月》《大雅·公刘》。

[四] 按，此四句分别出《小雅·车辖》《小雅·节南山》《邶风·谷风》《小雅·小旻》。

[五]“急”，原误作“集”，据《小雅·六月》改。按，此四句分别出《大雅·抑》、《小雅·皇皇者华》(又见《大雅·烝民》)、《大雅·卷阿》、《小雅·六月》。

[六]“益州”，原作“九陇县”，据《王子安集注》卷一五改。

[七] 帝车：北斗星。《史记·天官书》：“斗为帝车，运于中央，临制四乡。”◎南指：斗柄朝向南方，天下当夏季。《鹖冠子》卷上：“斗柄东指，天下皆春；斗柄南指，天下皆夏；斗柄西指，天下皆秋；斗柄北指，天下皆冬。”

[八] 七曜：北斗七星。◎中阶：“泰阶”居中的一级。《汉书·东方朔传》“愿陈《泰阶六符》”颜师古注引汉应劭曰：“《黄帝泰阶六符经》曰：泰阶者，天之三阶也。上阶为天子，中阶为诸侯公卿大夫，下阶为士庶人。”后因以称诸侯之国或郡守之地。按，此二句费解，古人多有探求。《酉阳杂俎》卷一二云：“王勃每为碑颂，先墨磨数升，引被覆面而卧，忽起，一笔书之，初不窜点，时人谓之腹稿。少梦人遗以丸墨盈袖。燕公常读其夫子学堂碑颂，头自‘帝车’至‘太甲’四句，悉不解，访之一公。一公言：‘北斗建午，七曜在南方，有是之祥，无位圣人当出。’‘华盖’已下，卒不可悉。”

[九] 按，此二句，《困学纪闻》卷一八云：“《出瞿唐峡》诗：‘五云高太甲，六月旷抟扶。’注不解‘五云’之义。尝观王勃《益州夫子庙碑》云：‘帝车南指，遁七曜于中阶；华盖西临，藏五云于太甲。’《酉阳杂俎》谓：‘燕公读碑，自“帝车”至“太甲”四句，悉不解，访之一公。一公言：“北斗建午，七曜在南方，有是之祥，无位圣人当出。”“华盖”以下，卒不可悉。’愚谓老杜读书破万卷，必自有所据，或入蜀见此碑而用其语也。《晋·天文志》：‘华盖杠旁六星曰六甲，分阴阳而配节候。’太甲恐是六甲一星之名，然未有考证。以一行之邃于星历、张燕公、段柯古之殚见洽闻，而犹未知焉，姑阙疑以俟博识。”清人阎若璩按：“以《隋书·天文志》‘天子欲有所游，往其地先发天子气，或如华盖在雾气中，或有五色，苍帝起青云扶日，赤帝起赤云扶日，黄帝起黄云扶日，白帝起白云扶日，黑帝起黑云扶日’以证‘华盖’‘五云’，亦一解。而‘太甲’终当阙疑。”

虽复星辰荡越，三元之轨躅可寻[一]；雷雨沸腾，六气之经纶有序[二]；然则抚铜浑而观变化[三]，则万象之动不足多也；握瑶镜而临事业[四]，则万几之凑不足大也[五]。故知功有所服，龟龙不能谢鳞介之尊[六]；器有所归[七]，江汉不能窃朝宗之柄[八]。是以朱阳登而九有照[九]，紫泉清而万物睹[十]。

粤若皇灵草昧[十一]，风骊受河洛之图[十二]；帝象权舆，云凤锡乾坤之

[一] 三元：蒋清翊注文以为乃纪年之数，并引《论衡》卷二三《讕時》云："积日为月，积月为时，积时为岁，千五百三十九岁为一统，四千六百一十七岁为一元。"则三元当一万三千八百五十一岁。愚以为此解不妥，所谓三元，就应该理解为日、月、星，言虽然天上的星辰日夜不停地运转，但其轨迹是固定的，可以探寻的。

[二] 六气：自然气候变化的六种现象，指阴、阳、风、雨、晦、明。《左传·昭公元年》："天有六气，降生五味……六气曰阴、阳、风、雨、晦、明也。"◎经纶：治理。《易·屯》："云雷屯，君子以经纶。"孔颖达疏："经谓经纬，纶谓纲纶，言君子法此屯象有为之时，以经纶天下，约束于物。"

[三] 铜浑：铜制的浑天仪，用来观测天象。《曲洧旧闻》卷八："元祐四年（1089）三月己卯，铜浑仪新成，盖苏子容所造也，古谓之浑天仪。"省作"铜浑"。此处言如果观察天体的运动，那么世间万物的运动就都算不上运动了。

[四] 瑶镜：蒋清翊注文以为同"玉镜"，比喻清明之道。按，此说是，谓以清明之道观照天下大业，则各种纷繁复杂的事情加在一起也不算什么。

[五] 万几：众多细微之事物。《书·皋陶谟》："一日二日万几。"孔传："几，微也。"

[六] 龟龙：甲类动物和鳞类动物的首领。《文选·蔡邕〈郭有道碑文〉》："犹百川之归巨海，鳞介之宗龟龙也。"李善注云："曾子曰：'介虫之精者曰龟，鳞虫之精者曰龙。'"

[七] 器有所归：重器肯定有所归属。《元经·序》："征天命以正帝位，以明神器之有归。"

[八] 朝宗：《书·禹贡》："江汉朝宗于海。"孔传："二水入海，有似于朝。百川以海为宗，宗，尊也。"

[九] 朱阳：同"朱明"，太阳。《尔雅·释天》："朱明，日也。"◎九有：九州，泛指大地。《诗·商颂·玄鸟》："方命厥后，奄有九有。"毛传："九有，九州也。"

[十] 紫泉：唐人避李渊讳，称紫渊为紫泉。蒋清翊以为当讲作水名，在长安北，或误。《文选·张协〈七命〉》："挂归翮于青霄之表，出华鳞于紫渊之里。"吕向注："紫渊，谓其深色然也。"王子安或用此义，言深渊清澈，水下万物皆可窥见。

[十一] 皇灵：对上古三皇五帝的敬称，故后文提到《河图》《洛书》。

[十二] 风骊：蒋清翊注云："王融《三月三日曲水诗序》李善注引《遁甲开山图》曰：'骊山之西原有阜，名曰风凉，雍州之福地。'初疑'风骊'二字本于此。惟文意是指伏羲，嫌不相涉。古书多佚，疑不能明也。"按，伏羲氏风姓，见司马贞《索隐》之《三皇本纪》补。"骊"者，骊龙之省。《李德裕集校笺·别集》卷三《述梦诗四十韵》云："去年七月，溽暑之后，骊降。其夕五鼓未尽，凉风凄然，始觉枕簟微冷。"正用此例。称伏羲为骊龙，因其有龙瑞也。司马贞云："有龙瑞，以龙纪官，号曰龙师。"本句之"风骊"又正与下句之"云凤"相对，作此解，则焕然冰释矣。◎河洛：《文选·张衡〈东京赋〉》薛综注引《尚书传》："伏羲氏王天下，龙马出河。遂则其文以画八卦，谓之河图。"又云："天与禹，洛出书。"

瑞[一]。高辛、尧、舜氏殁[二]，大夏、殷、周氏作。达其变，遂成天下之文；极其数，遂定天下之象[三]。衣冠度律[四]，随鼎器而重光；玉帛讴歌[五]，反宗禋而大备[六]。洎乎三川失御[七]，九服蒙尘[八]，俎豆丧而王泽竭，钟鼓衰而颂声寝[九]。召陵高会[十]，诸侯轻汉水之威；践土同盟，天子窘河阳之召[十一]。三微制度[十二]，乘战道而横流；千载英华[十三]，与王风而扫地。

[一] 云凤：祥云与凤凰，祥瑞的象征。《竹书纪年》卷上：“（黄帝）二十年，景云见。”又云：“五十年秋七月庚申，凤鸟至，帝祭于洛水。”

[二]“殁”，别集作“没”。按，“没”通“殁”，姑仍之。◎高辛尧舜：上古帝王名。《史记·五帝本纪》：“颛顼崩，而玄嚣之孙高辛立，是为帝喾。……帝喾娶陈锋氏女，生放勋；娶娵訾氏女，生挚。帝喾崩而挚代立，帝挚立不善，崩。而弟放勋立，是为帝尧。……于是帝尧老，命舜摄行天子之政。”

[三] 按，此处语本《易·系辞上》：“参伍以变，错综其数。通其变，遂成天地之文；极其数，遂定天下之象。”言周文王演八卦而作《周易》也。

[四] 衣冠度律：衣服之形制与度量衡及律法等规章。

[五] 玉帛：祭祀时的礼器用品。《左传·庄公七年》：“牺牲玉帛，弗敢加也。”◎讴歌：歌颂前人之盛德。《孟子·万章上》：“讴歌者，不讴歌尧之子而讴歌舜。”此处应指祭祀时所唱之颂歌与祭文。

[六] 禋：一种祭祀之礼。《书·舜典》：“禋于六宗。”孔传：“精意以享谓之禋。宗，尊也，所尊祭者，其祀有六。”

[七] 三川：泾、渭、洛三水。《左传·昭公十三年》：“周之亡也，其三川震。”杜预注：“谓幽王时也。三川，泾、渭、洛水也。”◎失御：失去控制。《文选·班固〈答宾戏〉》：“曩者王涂芜秽，周失其驭。”李善注引项岱曰：“周王失牧御之化也。”

[八] 九服：王畿以外的九等地区。《周礼·夏官·职方氏》：“乃辨九服之邦国：方千里曰王畿，其外方五百里曰侯服，又其外方五百里曰甸服，又其外方五百里曰男服，又其外方五百里曰采服，又其外方五百里曰卫服，又其外方五百里曰蛮服，又其外方五百里曰夷服，又其外方五百里曰镇服，又其外方五百里曰藩服。”

[九] 按，此二句化自《两都赋》。《文选·班固〈两都赋·序〉》：“昔成、康没而颂声寝，王泽竭而诗不作。”李善注引《毛诗序》云：“颂者，以其成功告于神明者也。”

[十] 召陵：颍川县。《左传·僖公四年》：“齐侯以诸侯之师侵蔡，蔡溃，遂伐楚。……师进，次于陉。夏，楚子使屈完如师。师退，次于召陵。齐侯陈诸侯之师，与屈完乘而观之。……齐侯曰：‘以此众战，谁能御之？以此攻城，何城不克？’对曰：‘君若以德绥诸侯，谁敢不服？君若以力，楚国方城以为城，汉水以为池。虽众，无所用之。’屈完及诸侯盟。”

[十一] 河阳：河阳县。《左传·僖公二十八年》：“五月癸丑，公会晋侯、齐侯、宋公、蔡侯、郑伯、卫子、莒子，盟于践土。……冬，公会晋侯、齐侯、宋公、蔡侯、郑伯、陈子、莒子、邾人、秦人于温。天王狩于河阳。……是会也，晋侯召王，以诸侯见，且使王狩。仲尼曰：‘以臣召君，不可以训，故书曰天王狩于河阳，言非其地也。’”按，此二句皆言周王朝衰败，诸侯崛起，天下混乱。

[十二] 三微：三正之始，即夏、商、周三朝律法的开端之月。《后汉书·陈宠传》：“三微成著，以通三统。”李贤注引《三礼义宗》：“三微，三正也。言十一月阳气始施，万物动于黄泉之下，微而未著，其色皆赤，赤者阳气。故周以天正为岁，色尚赤，夜半为朔。十二月万物始牙，色白，白者阴气。故殷以地正为岁，色尚白，鸡鸣为朔。十三月万物始达，其色皆黑，人得加功以展其业。夏以人正为岁，色尚黑，平旦为朔，故曰三微。”此处以律历为例，言政治混乱之时，各种制度皆瓦解。

[十三] 英华：比喻文明。《艺文类聚》卷一一引《礼斗威仪》：“帝者得其根核，王者得其英华，霸者得其附枝。”

大业不可以终丧，彝伦不可以遂绝。由是山河兆朕[一]，素王开受命之符[二]；天地氤氲，玄圣举乘时之策[三]。兴九围之废典[四]，振六合之颓纲[五]。有道存焉，斯文备矣。

夫子姓孔氏，讳丘，字仲尼，鲁国陬人也。帝天乙之灵苗[六]，宋微子之洪绪[七]。自玄禽翦夏[八]，俘宝玉于南巢[九]；白马朝周[十]，载旌旗于北面[十一]。五迁神器[十二]，琮璜高列帝之荣[十三]；三命雄图[十四]，钟鼎冠承

[一]“兆朕”，原误倒，据别集乙正。按，“兆朕”义同“征兆”。《淮南子·俶真训》：“欲与物接，而未成兆朕。”高诱注：“兆朕，形怪也。”

[二]素王：有王之德而不加冕称王天下者，此处指孔子。《孔子家语》卷九：“今孔子，先圣之嗣，自弗父何以来，世有德让，天所祚也。成汤以武德王天下，其配在文。殷宗已下，未始有也。孔子生于衰周，先王典籍错乱无纪，而乃论百家之遗记，考正其义，祖述尧、舜，宪章文、武，删《诗》述《书》，定《礼》理《乐》，制作《春秋》，赞明《易》道，垂训后嗣，以为法式。其文德著矣！然凡所教诲，束修已上三千馀人，或者天将欲与素王之乎？夫何其盛也！”

[三]玄圣：有大德而无爵位的圣人。《庄子·天道》：“以此处上，帝王、天子之德也；以此处下，玄圣、素王之道也。”此处亦指孔子。《后汉书·班固传下》：“故先命玄圣，使缀学立制。”李贤注云：“玄圣，谓孔丘也。《春秋演孔图》曰：‘孔子母征在，梦感黑帝而生。’故曰玄圣。”

[四]九围：九州。《诗·商颂·长发》：“帝命式于九围。”毛传：“九围，九州也。”

[五]六合：天地四方。《庄子·齐物论》：“六合之外，圣人存而不论；六合之内，圣人论而不议。”成玄英疏：“六合者，谓天地四方也。”

[六]天乙：商朝成汤。《史记·殷本纪》：“天乙立，是为成汤。”此处言孔子是成汤的后人。

[七]宋微子：成汤的长子。《史记·宋微子世家》：“微子开者，殷帝乙之首子，而纣之庶兄也。……周公既承成王命，诛武庚，杀管叔，放蔡叔，乃命微子开代殷后，奉其先祀，作《微子之命》以申之，国于宋。”

[八]玄禽：燕子，此处代指商朝，言商朝灭亡了夏朝。《史记·殷本纪》：“殷契母曰简狄，有娀氏之女，为帝喾次妃。三人行浴，见玄鸟堕其卵，简狄取吞之，因孕生契。契长而佐禹治水有功，帝舜乃命契曰：‘百姓不亲，五品不训，汝为司徒，而敬敷五教，五教在宽。’封于商，赐姓子氏。”

[九]俘宝玉：《书·汤誓》：“夏师败绩，汤遂从之，遂伐三朡，俘厥宝玉。……成汤放桀于南巢，惟有惭德。”注曰：“桀自安邑东入山，出太行，东南涉河。汤缓追之，不迫，遂奔南巢。俘，取也。玉以礼神，使无水旱之灾，故取而宝之。”疏云：“传言南巢地名，不知地之所在。《周书·序》有‘巢伯来朝’，传云南方远国。郑玄云：‘巢，南方之国，世一见者。’桀之所奔，盖彼国也。以其国在南，故称南耳。传并以南巢为地名，不能委知其处，故未明言之。”

[十]白马朝周：微子骑白马来朝周，见殷之祖庙。《诗·周颂·有客》序曰：“有客微子来，见祖庙也。”笺云：“命微子代殷后，既受命，来朝而见也。”诗曰：“有客有客，亦白其马。”传云：“殷尚白也。”

[十一]北面：《礼记·明堂位》：“天子负斧依，南乡而立。三公中阶之前，北面东上。”

[十二]五迁神器：五次迁都，搬移宗庙之器。《书·盘庚上》：“盘庚五迁，将治亳殷。”传云：“自汤至盘庚，凡五迁都，盘庚治亳殷。”

[十三]琮璜：皆玉器。《说文·玉部》：“琮，瑞玉，大八寸，似车釭。”“璜，半璧也。”

[十四]三命：孔子先祖正考父三次受命。《左传·昭公七年》：“僖子属大夫曰：‘礼，人之干也，无礼无以立。吾闻将有达者曰孔丘，圣人之后也，而灭于宋。其祖弗父何，以有宋而授厉公。及正考父佐戴、武、宣，三命兹益共。故其鼎铭云：‘一命而偻，再命而伛，三命而俯。循墙而走，亦莫余敢侮。饘于是，鬻于是，以糊余口。’其共也如是。”

家之礼[一]。商丘诞睿，下属于防山[二]；泗水载灵[三]，遥驰于汶上[四]。礼乐由其委输，仁义所以来苏[五]。排祸乱而构乾元[六]，扫荒屯而树真宰[七]，圣人之大业也。

若乃承百王之丕运，总千圣之殊姿，人灵昭有作之期[八]，岳渎降非常之表[九]。珠衡玉斗[十]，征象纬于天经[十一]；虎踞龙蹲[十二]，集风云于地

[一] 承家：承继家业。《易·师》："开国承家，小人勿用。"按，《孔子家语》卷九载孔子世系云："宋公生丁公申，申公生缗公共及襄公熙，熙生弗父何及厉公方祀。方祀以下，世为宋卿。弗父何生送父周，周生世子胜，胜生正考甫，考甫生孔父嘉，五世亲尽，别为公族，故后以孔为氏焉。一曰孔父者，生时所赐号也。是以子孙遂以氏族。孔父生子木金父，金父生睪夷，睪夷生防叔，避华氏之祸而奔鲁。防叔生伯夏，夏生叔梁纥。"

[二] 防山：在鲁东。《史记·孔子世家》："丘生而叔梁纥死，葬于防山。防山在鲁东。"《正义》引《括地志》云："防山在兖州曲阜县东二十五里。"

[三] 泗水：《水经注·泗水》云："泗水出鲁卞县北山，西南过鲁北。"

[四] 汶：水名。《说文·水部》："汶，水。出琅邪朱虚东泰山，东入潍。……桑钦说：'汶水出泰山莱芜，西南入泲。'"《论语·雍也》："季氏使闵子骞为费宰，闵子骞曰：'善为我辞焉。如有复我者，则吾必在汶上矣。'"

[五] "所以"，别集作"由其"，以王勃之才，当不至于连用两"由其"字，《文苑英华》卷八四五、《全蜀艺文志》卷三五所引皆作"所以"，姑仍之。◎来苏：因其到来而得以苏息。《书·仲虺之诰》："攸徂之民，室室相庆曰：'徯予后，后来其苏！'"孔传："汤所往之民皆喜曰：'待我君来，其可苏息。'"

[六] 乾元：天之大德。《易·乾》："大哉乾元，万物资始，乃统天。"孔颖达疏："乾是卦名，元是乾德之首。"

[七] 荒屯：荒乱艰阻。《文选·班固〈东都赋〉》："绍百王之荒屯，因造化之荡涤。"吕向注："言百王屯难之后，而光武继之。"◎真宰：宇宙的主宰。《庄子·齐物论》："若有真宰，而特不得其朕。"此处比喻治理国家的大道。

[八] 人灵：《书·泰誓上》："惟人，万物之灵。"◎有作：定能兴起。《易·乾》："圣人作而万物睹。"《礼记·礼运》："后圣有作。"郑注："作，起。"

[九] 表：外貌。言孔子秉承山川之精而有非常之外貌。《孔丛子》卷上："苌弘语刘文公曰：'吾观孔仲尼，有圣人之表。河目而隆颡，黄帝之形貌也；修肱而龟背，长九尺有六寸，成汤之容体也。'"

[十] 珠衡：人眉间骨隆起如连珠，古人以为帝王圣贤之相。《古微书》卷二八《孝经援神契》："伏羲大目山准，日角而连珠衡。"◎玉斗：玉斗形胎记，圣人的特殊标志。《竹书纪年》卷上："修己背剖而生禹于石纽，虎鼻口，两耳参镂，首戴钩钤，胸有玉斗。"

[十一] 象纬：星象之经纬。《杜诗详注》卷一《游龙门奉先寺》："天阙象纬逼，云卧衣裳冷。"仇兆鳌注："象纬，星象经纬也。"◎天经：天象。《鲍参军集注》卷一《游思赋》："仰尽兮天经，俯穷兮地络。"

[十二] 虎踞龙蹲：孔子的独特姿态。《太平御览》卷三七七引《春秋演孔图》："孔子长十尺，大九围，坐如蹲龙，立如牵牛，就之如昴，望之如斗。"

纪[一]。亦犹三阶瞰月[二]，恒星知太紫之宫[三]；八柱冲霄[四]，群岭辨中黄之宅[五]，圣人之至象也。

若乃顺时而动[六]，用晦而明[七]；纡圣哲于常师，混波流于下问[八]。太阳亭午，收爝火于丹衡[九]；沧浪浮天[十]，控涓涔于翠渚[十一]。西周捧袂，仙公留紫气之书[十二]；东海抠衣[十三]，郯子叙青云之秩[十四]。接

[一] 风云：《易·乾》："云从龙，风从虎。"亦言孔子有龙虎之姿，故风云相随。◎地纪：本指维系大地的绳子，此处代指大地。《庄子·说剑》："上决浮云，下绝地纪。"

[二] 三阶：太微之阶，星名。《楚辞补注》卷一七《九思·守志》："望太微兮穆穆，睨三阶兮炳分。"注云："太微之阶。"

[三] 太紫之宫：太一天神所居之处。《淮南子·天文训》："太微者，太一之庭也。紫宫者，太一之居也。"

[四] 八柱：神话传说中支撑天的八座大山。《楚辞补注》卷三《天问》："八柱何当？东南何亏？"王逸注云："言天有八山为柱，皆何当值。"

[五] 中黄：古以五色配五方，中央为黄色。《文选·张协〈七命〉》："启中黄之少宫。"李善注："中黄，土色。"

[六] 顺时而动：时机合适才行动。《文选·嵇康〈幽愤诗〉》："顺时而动，得意忘忧。"

[七] 用晦而明：因为昏暗，才散发光明，比喻在该产生作用的时候才有所作为。《易·明夷》："君子以莅众，用晦而明。"

[八] 混波流：《文选·嵇康〈与山巨源绝交书〉》："与一世同其波流。"李善注云："《庄子》曰：'与物委蛇，而同其波。'"按，此二句言屈抑圣贤为一般的老师，与世俗混同且不耻下问，盖表彰孔子在育人方面的贡献。

[九] 爝（jué）火：小火。《庄子·逍遥游》："日月出矣，而爝火不息；其于光也，不亦难乎！"成玄英疏："爝火，犹炬火也，亦小火也。"◎丹衡：蒋清翊以为乃"周天七衡"，或误。按，据下一句"翠渚"指绿色的水中小岛，则此处之丹衡应该是指红色的山林。

[十] 沧浪：青苍色，多指水色，此处代指大水。《文选·陆机〈塘上行〉》："发藻玉台下，垂影沧浪泉。"李善注："孟子曰：'沧浪之水清。'沧浪，水色也。"

[十一] 涓涔：细小的水流与路上的积水。《说文·水部》："涓，小流也。"《淮南子·俶真训》："夫牛蹏之涔，无尺之鲤；块阜之山，无丈之材。"高诱注："涔，潦水也。"按，此二句皆言孔子诞生后，就像太阳，像大水，掩盖了其他人的光芒。

[十二] 紫气：老子过函谷关时，令尹见紫气东来，故此处以紫气代指老子。按，孔子到西周，向老子问礼。《史记·孔子世家》云："鲁南宫敬叔言鲁君曰：'请与孔子适周。'鲁君与之一乘车、两马、一竖子，俱适周问礼，盖见老子云。辞去，而老子送之曰：'吾闻富贵者送人以财，仁人者送人以言。吾不能富贵，窃仁人之号，送子以言。曰：聪明深察而近于死者，好议人者也。博辩广大危其身者，发人之恶者也。为人子者，毋以有己；为人臣者，毋以有己。'孔子自周反于鲁，弟子稍益进焉。"

[十三] 东海：古郡名，其地有郯县，即下文郯子所居也。

[十四] 青云：黄帝时春官之名。孔子曾向郯子请教历史。《左传·昭公十七年》："郯子来朝，公与之宴。昭子问焉，曰：'少皞氏鸟名官，何故也？'郯子曰：'吾祖也，我知之。昔者黄帝氏以云纪，故为云师而云名。炎帝氏以火纪，故为火师而火名。共工氏以水纪，故为水师而水名。太皞氏以龙纪，故为龙师而龙名。我高祖少皞挚之立也，凤鸟适至，故纪于鸟，故为鸟师而鸟名。……自颛顼以来，不能纪远，乃纪于近。为民师而命以民事，则不能故也。'仲尼闻之，见于郯子而学之。"疏引服虔云："黄帝以云名官，盖春官为青云氏，夏官为缙云氏，秋官为白云氏，冬官为黑云氏，中官为黄云氏。"

舆非圣[一]，询去就于狂歌[二]；童子何知，屈炎凉于诡问[三]，圣人之降迹也。

若乃参神揆训[四]，录道和倪[五]；辱太白于中都[六]，绊乘黄于下邑[七]。湛无为之迹[八]，而众务同并[九]；驰不言之化[十]，而群方取则[十一]。虽复霓旌羽旆，齐人张夹谷之威[十二]；八佾三《雍》[十三]，桓氏逼公宫之

[一] 接舆：楚狂人陆通，曾歌而过孔子。《论语·微子》："楚狂接舆，歌而过孔子曰：'凤兮凤兮，何德之衰，往者不可谏，来者犹可追。已而已而，今之从政者殆而。'孔子下，欲与之言，趋而辟之，不得与之言。"按，《庄子·人间世》亦有类似记载："楚狂接舆游其门，曰：'凤兮凤兮，何如德之衰也？来世不可待，往世不可追也。天下有道，圣人成焉。天下无道，圣人生焉。方今之时，仅免刑焉。福轻乎羽，莫之知载；祸重乎地，莫之知避。已乎已乎，临人以德。殆乎殆乎，画地而趋。迷阳迷阳，无伤吾行。吾行却曲，无伤吾足。山木自寇也，膏火自煎也。桂可食，故伐之。漆可用，故割之。人皆知有用之用，而莫知无用之用也。'"

[二]"东海……询"，原缺，据别集补。

[三] 屈炎凉：小儿辩日远近之事。《列子·汤问》："孔子东游，见两小儿辩斗。问其故，一儿曰：'我以日始出时去人近，而日中时远也。一儿以日初出远而日中时近也。'一儿曰：'日初出，大如车盖。及日中，则如盘盂，此不为远者小而近者大乎？'一儿曰：'日初出，沧沧凉凉。及其日中，如探汤。此不为近者热而远者凉乎？'孔子不能决也。两小儿笑曰：'孰为汝多知乎？'"

[四] 参神：与神相通。《文选·曹植〈七启〉》："玄化参神，与灵合契。"◎揆训：揣度准则。按，此处指孔子制定并规范了人伦道德。

[五] 和倪：和之以天倪，天倪者，自然之分。言将自然的区分调和统一起来。语本《庄子·齐物论》："和之以天倪，因之以曼衍，所以穷年也。"郭象注云："和之以自然之分，任其无极之化，寻斯以往，则是非之境自泯，而性命之致自穷也。"按，此句言孔子利用天道调和了自然之间的差别，达到了和谐统一。

[六] 太白：蒋清翊以为未详。窃以为这里就应该讲成启明星，比喻孔子。言孔子是将开启全新时代的圣人，却在中都这个小地方做官，故称曰"辱"。◎中都：鲁国地名。《史记·孔子世家》："其后定公以孔子为中都宰，一年，四方皆则之。"

[七] 乘黄：神马。《管子·小匡》："地出乘黄。"按，此处亦以之喻孔子，言本当日行千里者却在小地方被羁绊着。

[八] 湛：显示。《盐铁论·水旱》："是以王者务本不作末，去炫耀，除雕琢，湛民以礼，示民以扑。"

[九] 众务：诸多事务。《北史·崔宏传》："出总庶事，入为宾友，众务修理，处断无滞。"

[十] 不言之化：不必言说的教化。《庄子·田子方》："颜渊曰：'夫子不言而信，不比而周，无器而民滔乎前。"《文选·任昉〈齐竟陵文宣王行状〉》："不言之化，若门到户说矣。"

[十一] 群方取则：即《史记·孔子世家》"四方皆则之"，言各地皆来请教经验。

[十二] 张夹谷之威：定公十年，齐国与鲁国盟会于夹谷，但齐国进夷狄之乐以折辱鲁君。详后文注释引《史记·孔子世家》之文。

[十三] 八佾：八组舞队，纵横八人，共六十四人，乃天子用的规模。《论语·八佾》："孔子谓季氏，八佾舞于庭，是可忍也，孰不可忍也！"言季氏僭越，不合礼法，故孔子斥之。◎《雍》：《诗》之篇名，古天子祭祀宗庙毕撤俎豆时所奏的乐章。《论语·八佾》："三家者以《雍》彻。"注云："三家，谓仲孙、叔孙、季孙。《雍》，《周颂·臣工》篇名，天子祭于宗庙，歌之以彻祭。今三家亦作此乐。"则亦是越礼之举也。

制[一]。洎乎历阶而进，宣武备而斩俳优[二]；推义而行，肃刑书而诛正卯[三]。用能使四方知罪，争归旧好之田[四]；三家变色，愿执陪臣之礼[五]，圣人之成务也。

若乃乘机动用，历聘栖遑[六]；神经幽显，志大宇宙[七]。东西南北[八]，

[一] 桓氏：即上一条注释之“三家”。《礼记·郊特牲》：“诸侯不敢祖天子，大夫不敢祖诸侯，而公庙之设于私家，非礼也，由三桓始也。”郑注云：“言仲孙、叔孙、季孙氏皆立桓公庙。”

[二] 宣武备而斩俳优：鲁国与齐国会盟时，孔子提议带左右司马随行；齐国献乐，却让侏儒跳舞于前，孔子斥责，景公不得已而斩侏儒。《史记·孔子世家》：“定公十年春，及齐平。夏，齐大夫犁鉏言于景公曰：‘鲁用孔丘，其势危齐。’乃使使告鲁为好会，会于夹谷。鲁定公且以乘车好往。孔子摄相事，曰：‘臣闻有文事者必有武备，有武事者必有文备。古者诸侯出疆，必具官以从，请具左右司马。’定公曰：‘诺。’具左右司马。会齐侯夹谷，为坛位，土阶三等，以会遇之礼相见，揖让而登。献酬之礼毕，齐有司趋而进曰：‘请奏四方之乐。’景公曰：‘诺。’于是旍旄羽袯矛戟剑拨鼓噪而至。孔子趋而进，历阶而登，不尽一等，举袂而言曰：‘吾两君为好会，夷狄之乐何为于此！请命有司！’有司却之，不去，则左右视晏子与景公。景公心怍，麾而去之。有顷，齐有司趋而进曰：‘请奏宫中之乐。’景公曰：‘诺。’优倡侏儒为戏而前。孔子趋而进，历阶而登，不尽一等，曰：‘匹夫而营惑诸侯者罪当诛！请命有司！’有司加法焉，手足异处。”

[三] 正卯：被孔子诛杀的少正卯。《孔子家语》卷一：“孔子为鲁司寇，摄行相事。……于是为政七日而诛乱政大夫少正卯，戮之于两观之下，尸于朝三日。子贡进曰：‘夫少正卯，鲁之闻人也。今夫子为政而始诛之，或者为失乎？’孔子曰：‘居，吾语汝以其故。天下有大恶者五，而窃盗不与焉。一曰心逆而险，二曰行僻而坚，三曰言伪而辩，四曰记丑而博，五曰顺非而泽。此五者，有一于人则不免君子之诛。而少正卯皆兼有之，其居处足以撮徒成党，其谈说足以饰褎荧众，其强御足以反是独立，此乃人之奸雄者也，不可以不除！’”

[四] 归旧好之田：鲁国与齐国会盟之后，齐国示弱，归还侵占的土地。《史记·孔子世家》云：“景公惧而动，知义不若，归而大恐，告其群臣曰：‘鲁以君子之道辅其君，而子独以夷狄之道教寡人，使得罪于鲁君，为之奈何？’有司进对曰：‘君子有过则谢以质，小人有过则谢以文。君若悼之，则谢以质。’于是齐侯乃归所侵鲁之郓、汶阳、龟阴之田以谢过。”

[五] 陪臣：诸侯之臣。《左传·僖公十年》：“陪臣敢辞。”杜预注：“诸侯之臣曰陪臣。”

[六] 历聘栖遑：孔子多次聘于诸国，并未受到重用，栖栖遑遑，狼狈不堪。《史记·儒林列传》：“是以仲尼干七十馀君，无所遇。”《索隐》云：“后之记者失辞也。案《家语》等说，则孔子历聘诸国，莫能用。谓周、郑、齐、宋、曹、卫、陈、楚、杞、莒、匡等尔，纵历小国，亦无七十馀君也。”《三国志·魏志·文帝纪》：“昔仲尼资大圣之才，怀帝王之器，当衰周之末，无受命之运。在鲁、卫之朝，教化乎洙、泗之上。凄凄焉，遑遑焉，欲屈己以存道，贬身以救世，于时王公，终莫能用之。”

[七] 志大宇宙：志向比宇宙还大。《世说新语·排调》：“何次道往瓦官寺礼拜甚勤，阮思旷语之曰：‘卿志大宇宙，勇迈终古。’”

[八] 东西南北：谓孔子奔走四方。《淮南子·泰族训》：“孔子欲行王道，东西南北七十说，而无所偶。”《孔子家语》卷一〇：“今丘也，东西南北之人，不可以弗识也。”

推心于暴乱之朝；恭俭温良[一]，授手于危亡之国[二]。道之将行也命，道之将废也命[三]。归齐去鲁[四]，发浩叹于衰周[五]；厄宋围陈[六]，奏悲歌于下蔡[七]，圣人之救时也。

若乃筐篚六艺[八]，笙簧五典[九]；折旋洙、泗之间，探赜唐、虞之际[十]。

[一] 恭俭温良："温良恭俭让"之省改，孔子的五种美德，即温和、善良、恭敬、节俭、谦让。《论语·学而》："子贡曰：'夫子温良恭俭让以得之。'"

[二] 授手：施以援手。《后汉书·崔骃传》："于是乎贤人授手，援世之灾。"

[三] 按，此二句本自《论语·宪问》："子曰：'道之将行也与？命也。道之将废也与？命也。公伯寮其如命何？'"

[四] 归齐去鲁：孔子两次离开鲁国到齐国。《史记·孔子世家》："由是为司空，已而去鲁，斥乎齐，逐乎宋、卫，困于陈、蔡之间，于是反鲁。……鲁乱，孔子适齐，为高昭子家臣，欲以通乎景公。与齐太师语乐，闻《韶》音，学之，三月不知肉味，齐人称之。景公问政孔子，孔子曰：'君君臣臣父父子子。'景公曰：'善哉！信如君不君，臣不臣，父不父，子不子，虽有粟，吾岂得而食诸？'他日，又复问政于孔子，孔子曰：'政在节财。'景公说，将欲以尼溪田封孔子。晏婴进曰：'夫儒者滑稽而不可轨法，倨傲自顺，不可以为下。崇丧遂哀，破产厚葬，不可以为俗。游说乞贷，不可以为国。自大贤之息，周室既衰，礼乐缺有间。今孔子盛容饰，繁登降之礼，趋详之节，累世不能殚其学，当年不能究其礼，君欲用之以移齐俗，非所以先细民也。'后景公敬见孔子，不问其礼。异日，景公止孔子，曰：'奉子以季氏，吾不能以季孟之间待之。'齐大夫欲害孔子，孔子闻之。景公曰：'吾老矣，弗能用也。'孔子遂行，反乎鲁。"

[五] 发浩叹：《孔丛子》卷上："赵简子使聘夫子，夫子将至焉。及河，闻鸣犊与窦犨之见杀也，回舆而旋之卫。息鄹，遂为操曰：'周道衰微，礼乐陵迟。文武既坠，吾将焉归？周游天下，靡邦可依。凤鸟不识，珍宝枭鸱。眷然顾之，惨然心悲。巾车命驾，将适唐都。黄河洋洋，攸攸之鱼。临津不济，还辕息鄹。伤予道穷，哀彼无辜。翱翔于卫，复我旧庐。从吾所好，其乐只且。'"

[六] 厄宋围陈：《史记·孔子世家》："去曹适宋，与弟子习礼大树下，宋司马桓魋欲杀孔子，拔其树，孔子去。……孔子迁于蔡，三岁，吴伐陈。楚救陈，军于城父。闻孔子在陈、蔡之间，楚使人聘孔子。孔子将往拜礼。陈、蔡大夫谋曰：'孔子贤者，所刺讥皆中诸侯之疾。今者久留陈、蔡之间，诸大夫所设行，皆非仲尼之意。今楚，大国也，来聘孔子。孔子用于楚，则陈、蔡用事大夫危矣。'于是，乃相与发徒役，围孔子于野，不得行，绝粮，从者病，莫能兴。孔子讲诵，弦歌不衰。"

[七] 奏悲歌：《庄子·山木》："孔子穷于陈、蔡之间，七日不火食，左据槁木，右击槁枝，而歌猋氏之风。有其具而无其数，有其声而无宫角。木声与人声，犁然有当于人之心。"

[八] 六艺：《礼》《乐》《书》《诗》《易》《春秋》。《史记·滑稽列传》："孔子曰：'六艺于治一也。《礼》以节人，《乐》以发和，《书》以道事，《诗》以达意，《易》以神化，《春秋》以义。'"按，此处言孔子将六艺装在一个筐子里，谓以一人之力而综贯群书。

[九] 五典：泛指上古经典之书。《左传·昭公十二年》："《三坟》《五典》《八索》《九丘》。"《书·序》："少昊、颛顼、高辛、唐、虞之书，谓之五典。"

[十] 唐、虞：古帝王名。《史记·孔子世家》："序《书传》，上纪唐、虞之际，下至秦缪，编次其事。"

三千弟子，攀睿化而升堂[一]；七十门人[二]，奉洪规而入室。从周定《礼》[三]，宪章知损益之源[四]；反鲁裁《诗》，雅颂得弦歌之旨[五]。备物而存道，下学而上达[六]。援神叙教[七]，降赤制于南宫[八]；运斗陈经[九]，动玄符于北落[十]，圣人之立教也。

若乃观象设教，法三百八十四爻四十有九[十一]；穷神知化[十二]，应万

[一] 升堂：学艺已入门。《孔子家语》卷三："卫将军文子问于子贡曰：'吾闻孔子之施教也，先之以《诗》《书》，导之以孝悌，说之以仁义，观之以礼乐，然后成之以文德。盖入室升堂者，七十有馀人。其孰为贤？'子贡曰：'夫子之门人，盖有三千就焉。'"

[二] 七十：约数也，有书作七十七者，有书作七十二者。《史记·仲尼弟子列传》："受业身通者七十有七人，皆异能之士也。"《索隐》："《孔子家语》亦有七十七人，唯文翁《孔庙图》作七十二人。"

[三] 从周定《礼》：《礼记·中庸》："子曰：'吾说夏《礼》，杞不足征也。吾学殷《礼》，有宋存焉。吾学周《礼》，今用之，吾从周。"《孔子家语》卷九："孔子定《礼》理《乐》。"

[四] 宪章：效法。《礼记·中庸》："仲尼祖述尧、舜，宪章文、武。"◎损益：在礼仪制度方面的增减。《论语·为政》："子曰：'殷因于夏《礼》，所损益可知也；周因于殷《礼》，所损益可知也。'"

[五] 雅颂：《诗》之三类有风、雅、颂，此处代指《诗》。《论语·子罕》："子曰：'吾自卫反鲁，然后乐正，雅颂各得其所。'"

[六] 上达：学到根本的东西。《论语·宪问》："子曰：'君子上达，小人下达。'"注云："本为上，末为下。"

[七] 援神：《孝经》的纬书有《援神契》。

[八] 赤制：汉代的制度。汉代尚赤色，故称。《水经注·泗水》引《春秋孔演图》曰："鸟化为书，孔子奉以告天。赤爵衔书上，化为黄玉，刻曰：'孔提命，作应法，为赤制。'"《后汉书·郅恽传》："汉历久长，孔为赤制。"李贤注："言孔丘作纬，著历运之期，为汉家之制。汉火德尚赤，故云为赤制。即《春秋感精符》云'墨孔生为赤制'是也。"◎南宫：即前文之"赤爵"，红色的鸟。《史记·天官书》之《索隐》引《文耀钩》云："南宫赤帝，其精为朱鸟。"

[九] 运斗：北斗星的运行。《淮南子·天文训》："帝张四维，运之以斗。"◎陈经：向上天展示经典。《宋书·符瑞志上》："孔子作《春秋》，制《孝经》。既成，使七十二弟子向北辰星磬折而立，使曾子抱《河》《洛》事北向。孔子斋戒，向北辰而拜，告备于天曰：'《孝经》四卷，《春秋》《河》《洛》凡八十一卷，谨已备。'天乃洪郁起白雾摩地，赤虹自上下，化为黄玉，长三尺，上有刻文。孔子跪受而读之，曰：'宝文出，刘季握。卯金刀，在轸北。字禾子，天下服。'"

[十] "落"，原作"洛"，据蒋清翊之说改。按，北落为星名。《史记·天官书》："北宫玄武，虚、危……其南有众星，曰羽林天军。军西为垒，或曰钺。旁有一大星为北落。"《正义》云："北落师门一星，在羽林西南，天军之门也。"

[十一] 三百八十四爻：《易》有六十四卦，每一卦有六爻，共三百八十四爻。◎四十有九：历来关于此说有不同的理解。《易·系辞上》云："大衍之数五十，其用四十有九。"王弼注云："演天地之数，所赖者五十也。其用四十有九，则其一不用也。"孔疏引京房云："五十者，谓十日十二辰二十八宿也，凡五十。其一不用者，天之生气，将欲以虚来实，故用四十九焉。"其馀诸说，文繁不录。此处大意是说孔子对《易》的研究。

[十二] 穷神知化：穷尽神理，而知万事万物的变化。《易·系辞下》："穷神知化，德之盛也。"

一千五百策五十有五[一]。成变化而行鬼神，观阴阳而倚天地[二]。以鼓天下之动，以定天下之疑[三]。索众妙于重玄，纂群微于太素[四]，圣人之赞《易》也[五]。

若乃灵襟不测[六]，睿视无涯；石砮昭集隼之庭[七]，土缶验羵羊之井[八]。稽山南望[九]，识皓骨于封、禺[十]；蠡泽东浮，考丹萍于梦渚[十一]。麟图鉴

[一]“策”，原脱，据别集补。按，此处之策，指占卜用的蓍草。《易·系辞上》云：“天数五，地数五，五位相得，而各有合。天数二十有五，地数三十，凡天地之数五十有五，此所以成变化而行鬼神也。《乾》之策二百一十有六，《坤》之策百四十有四，凡三百有六十。当期之日，二篇之策，万有一千五百二十，当万物之数也。”

[二] 观阴阳：观察阴阳二气的变化。《易·说卦》：“昔者圣人之作《易》也，幽赞于神明而生蓍，参天两地而倚数，观变于阴阳而立卦。”

[三] 按，此二句皆本《易·系辞上》：“是故圣人以通天下之志，以定天下之业，以断天下之疑。……鼓天下之动者存乎辞。”

[四] 太素：万物之始。《白虎通疏证》卷九《天地》云：“始起先有太初，后有太始，形兆既成，名曰太素。”

[五] 赞《易》：《史记·孔子世家》：“孔子晚而喜《易》，序《彖》《系》《象》《说卦》《文言》。读《易》，韦编三绝。曰：‘假我数年，若是，我于易则彬彬矣。’”

[六] 灵襟：胸怀。《文苑英华》卷一七五唐太宗《初春登楼即目观作述怀》：“凭轩俯兰阁，眺瞩散灵襟。”

[七] 石砮：石头做的箭头。《国语·鲁语下》：“仲尼在陈，有隼集于陈侯之庭而死，楛矢贯之，石砮其长尺有咫。陈惠公使人以隼如仲尼之馆问之，仲尼曰：‘隼之来也远矣，此肃慎氏之矢也。昔武王克商，通道于九夷百蛮，使各以其方贿来贡，使无忘职业。于是肃慎氏贡楛矢、石砮，其长尺有咫。先王欲昭其令德之致远也，以示后人，使永监焉。故铭其栝曰：“肃慎氏之贡矢，以分大姬，配虞胡公，而封诸陈。”古者分同姓以珍玉，展亲也；分异姓以远方之职贡，使无忘服也，故分陈以肃慎氏之贡。君若使有司求诸故府，其可得也。’使求得之金椟，如之。”按，此处用以言孔子之熟悉典故也。

[八] 羵（fén）羊：土中所生的精怪。《国语·鲁语下》：“季桓子穿井，获如土缶，其中有羊焉。使问之仲尼曰：‘吾穿井而获狗，何也？’对曰：‘以丘之所闻，羊也。丘闻之……土之怪曰羵羊。’”按，此处以言孔子见多识广也。

[九]“稽”，原作“嵇”，据别集改。按，所谓稽山者，会稽山之省。

[十] 封、禺：皆山名，在吴郡。《史记·孔子世家》：“吴伐越，堕会稽，得骨节，专车。吴使使问仲尼：‘骨何者最大？’仲尼曰：‘禹致群神于会稽山，防风氏后至，禹杀而戮之，其节专车，此为大矣。’吴客曰：‘谁为神？’仲尼曰：‘山川之神，足以纲纪天下，其守为神，社稷为公侯，皆属于王者。’客曰：‘防风何守？’仲尼曰：‘汪罔氏之君，守封、禺之山，为釐姓，在虞、夏、商为汪罔，于周为长翟，今谓之大人。’客曰：‘人长几何？’仲尼曰：‘僬侥氏三尺，短之至也。长者不过十之，数之极也。’”

[十一] 丹萍：红色的萍实。《孔子家语》卷二：“楚昭王渡江，江中有物大如斗，圆而赤，直触王舟，舟人取之。王大怪之，遍问群臣，莫之能识。王使使聘于鲁，问于孔子。子曰：‘此所谓萍实者也，可剖而食之，吉祥也。唯霸者为能获焉。’使者返，王遂食之，大美。久之，使来，以告鲁大夫。大夫因子游问曰：‘夫子何以知其然？’曰：‘吾昔之郑，过乎陈之野，闻童谣曰：“楚王渡江得萍实，大如斗，赤如日，剖而食之甜如蜜。”此是楚王之应也，吾是以知之。’”◎梦渚：楚国之云梦泽。

远[一]，金编题佐汉之符；凤德钩深[二]，玉策筮亡秦之兆[三]，圣人之观化也。

时义远矣，能事毕矣，然后拂衣方外，脱屣人间[四]。奠楹兴夕梦之灾[五]，负杖起晨歌之迹。挠虹梁于大厦[六]，物莫能宗；摧日观于鲁丘[七]，吾将安仰？明均两曜[八]，不能迁代谢之期[九]；序合四时，不能革盈虚之数[十]。适来夫子，时也；适去夫子，顺也[十一]。为而不有[十二]，用九五而

[一] 麟图：麒麟嘴里吐出来的图籍。《宋书·符瑞志上》："鲁哀公十四年，孔子夜梦三槐之间，丰、沛之邦，有赤烟气起，乃呼颜渊、子夏往视之。驱车到楚西北范氏街，见刍儿摘麟，伤其左前足，薪而覆之。孔子曰：'儿来，汝姓为赤诵，名子乔，字受纪。'孔子曰：'汝岂有所见邪？'儿曰：'见一禽，巨如羔羊，头上有角，其末有肉。'孔子曰：'天下已有主也。为赤刘，陈、项为辅，五星入井，从岁星。'儿发薪下麟示孔子，孔子趋而往，麟蒙其耳，吐三卷图，广三寸，长八尺，每卷二十四字。其言赤刘当起，曰：'周亡，赤气起，大耀兴。玄丘制命，帝卯金。'"

[二] 凤德：代指孔子。《论语·微子》云："凤兮凤兮，何德之衰也？"◎钩深：能够钩取放在深处的事物。《易·系辞上》："探赜索隐，钩深致远，以定天下之吉凶，成天下之亹亹者，莫大乎蓍龟。"疏云："物在深处，能钩取之。"

[三] 亡秦之兆：《论衡》卷二六："孔子将死，遗谶书曰：'不知何一男子，自谓秦始皇。上我之堂，踞我之床，颠倒我衣裳，至沙丘而亡。'其后秦王兼吞天下，号始皇，巡狩至鲁，观孔子宅，乃至沙丘，道病而崩。"

[四] "屣"，原作"屐"，据别集改。《史记·封禅书》："天子曰：'嗟乎！吾诚得如黄帝，吾视去妻子如脱屣耳。'"按，此处之语仿《文选·王简栖〈头陀寺碑文〉》："时义远矣，能事毕矣，然后拂衣双树，脱屣金沙。"

[五] 奠楹：坐于两楹之间而被馈食。《礼记·檀弓上》："孔子蚤作，负手曳杖，消摇于门，歌曰：'泰山其颓乎？梁木其坏乎？哲人其萎乎？'既歌而入，当户而坐。子贡闻之，曰：'泰山其颓，则吾将安仰？梁木其坏，哲人其萎，则吾将安放？夫子殆将病也！'遂趋而入。夫子曰：'赐，尔来何迟也？夏后氏殡于东阶之上，则犹在阼也；殷人殡于两楹之间，则宾主夹之也；周人殡于西阶之上，则犹宾之也。而丘也，殷人也。予畴昔之夜，梦坐奠于两楹之间。夫明王不兴，而天下其孰能宗予？予殆将死也。'盖寝疾七日而没。"

[六] 虹梁：高架而拱曲的屋梁。《文选·班固〈西都赋〉》："因瑰材而究奇，抗应龙之虹梁。"李善注："应龙虹梁，梁形如龙，而曲如虹也。"

[七] 日观：泰山东南山顶名日观。《水经注·汶水》："应劭《汉官仪》云：'泰山东南山顶名曰日观，日观者，鸡一鸣时，见日始欲出，长三丈许，故以名焉。'"

[八] 两曜：日月。《论语·子张》："仲尼，日月也，无得而逾焉。"《孔子家语》卷一："所谓圣人者，明并日月，化行若神。"

[九] 代谢：更迭交替。《淮南子·兵略训》："若春秋有代谢，若日月有昼夜。"

[十] 盈虚：充盈与空虚。《易·丰》："天地盈虚，与时消息。"

[十一] 按，此处之语本自《庄子·养生主》："老聃死，秦失吊之，三号而出。弟子曰：'非夫子之友邪？'曰：'然。''然则吊焉若此，可乎？'曰：'然。始也，吾以为其人也，而今非也。向吾入而吊焉，有老者哭之，如哭其子；少者哭之，如哭其母。彼其所以会之，必有不蕲言而言，不蕲哭而哭者。是遁天倍情，忘其所受，古者谓之遁天之刑。适来夫子，时也；适去夫子，顺也。安时而处顺，哀乐不能入也。古者谓是帝之悬解。'"

[十二] 为而不有：成就万物但不占有万物。《老子》第五十一章："生而不有，为而不恃，长而不宰，是谓玄德。"

长驱[一]；成而勿居[二]，抚云霓而高视[三]，圣人之应化也。

自四教远而微言绝[四]，十哲丧而大义乖[五]。九师争《大易》之门[六]，五传列《春秋》之辐[七]。六体分于楚、晋[八]，四始派于齐、韩[九]。淹中之妙键不追[十]，稷下之高风代起[十一]。百家腾跃[十二]，攀户牖而同归；万匠驱驰[十三]，仰陶钧而共贯[十四]。犹使丝簧金石，长悬阙里之堂[十五]；荆棘

[一] 九五：比喻适当的时机。《易·乾》："九五，飞龙在天，利见大人。"

[二] 成而勿居：有功但不居功。《老子》第三章："功成而弗居。"

[三] 抚云霓：《淮南子·原道训》："昔者冯夷、大丙之御也，乘云车，入云蜺，游微雾，骛恍忽，历远弥高以极往。"

[四] 四教：孔子教育弟子的四个事理。《论语·述而》："子以四教，文行忠信。"◎微言：玄妙之言。《文选·刘歆〈移书让太常博士〉》："及夫子没而微言绝，七十子卒而大义乖。"李善注引《论语谶》曰："子夏六十四人，共撰仲尼微言。"

[五] 十哲：孔子弟子中的十个最杰出者，具体名字可参本书卷一八。《容斋随笔·四笔》卷一"孔庙位次"条："自唐以来，相传以孔门高弟颜渊至子夏为十哲，故坐祀于庙堂上。其后升颜子配享，则进曾子于堂，居子夏之次，以补其阙。"

[六] 九师：阐述《易》的九个学者，具体所指不详。《汉书·艺文志》："《淮南道训二篇》。"注云："淮南王安聘明《易》者九人，号九师说。"

[七] 五传：为《春秋》作传的五本著作。《汉书·艺文志》："《春秋》分为五。"注云："谓左氏、公羊、谷梁、邹氏、夹氏也。"其中，前三者称三传，今仍通行于世，后两种不存。

[八] 六体：《书》的六种文体。《书·序》云："典、谟、训、诰、誓、命之文，凡百篇。"◎楚、晋：未详何指。

[九] 四始：《诗》分《风》《小雅》《大雅》《颂》四类，每一类的第一篇，为其始。《史记·孔子世家》："《关雎》之乱，以为《风》始；《鹿鸣》为《小雅》始；《文王》为《大雅》始；《清庙》为《颂》始。"《诗·序》："是谓四始，《诗》之至也。"◎齐、韩：传《诗》之齐人后苍与韩人韩婴。《汉书·艺文志》："《诗经》二十八卷，鲁、齐、韩三家。"注云："申公作《鲁诗》，后苍作《齐诗》，韩婴作《韩诗》。"

[十] 淹中：鲁国的小地名。《汉书·艺文志》："《礼古经》者，出于鲁淹中。"

[十一] 稷下：战国齐都城临淄西门稷门附近地区。齐威王、宣王曾在此建学官，广招文学游说之士讲学议论。《史记·孟子荀卿列传》："自驺衍与齐之稷下先生如淳于髡、慎到、环渊、接子、田骈、驺奭之徒，各著书言治乱之事，以干世主，岂可胜道哉。"《索隐》："按，稷，齐之城门也。或云稷，山名。谓齐之学士集于稷门之下也。"

[十二] 百家：泛指各种学说。《庄子·天下》："《诗》以道志，《书》以道事，《礼》以道行，《乐》以道和，《易》以道阴阳，《春秋》以道名分，其数散于天下，而设于中国者，百家之学，时或称而道之。"《文心雕龙·宗经》："故论说辞序，则《易》统其首；诏策章奏，则《书》发其源；赋颂歌赞，则《诗》立其本；铭诔箴祝，则《礼》总其端；纪传铭檄，则《春秋》为根。并穷高以树表，极远以启疆。所以百家腾跃，终入环内者也。"

[十三] "匠"，原作"匹"，据别集改。

[十四] 共贯：贯通，连贯。《汉书·董仲舒传》："帝王之道，岂不同条共贯与？何逸劳之殊也？"

[十五] 按，《书·序》云："至鲁共王好治宫室，坏孔子旧宅以广其居。于壁中得先人所藏古文虞、夏、商、周之书及传《论语》《孝经》，皆科斗文字。三又升孔子堂，闻金石丝竹之音，乃不坏宅。"

蓬蒿，不入昌平之墓[一]，圣人之遗风也。

导扬十圣[二]，光被六虚[三]。乘素履而保安贞[四]，垂黄裳而获元吉[五]。故能贵而无位[六]，履端于太极之初；高而无民，布政于皇王之首[七]。千秋所不能易，百代所不能移。万乘资以兴衰，四海由其轻重。虽复质文交映[八]，瞻禴祀而长存[九]；金火递迁[十]，奉琴书而罔绝。盖《易》曰："观乎人文以化成天下。"[十一]又云："圣人以神道设教，而万物服焉。"[十二]岂古之聪明睿智神武而不杀者夫[十三]？

国家袭宇宙之淳精，据明灵之宝位。高祖武皇帝以黄旗问罪[十四]，杖金策以劳华夷；太宗文皇帝以朱翟承天[十五]，穆玉衡而正区宇[十六]。皇上

[一] 昌平：孔子墓所在之地。《史记·孔子世家》："孔子葬鲁城北泗上。"《集解》引《皇览》："孔子茔中不生荆棘及刺人草。"

[二] 十圣：《吕氏春秋·尊师》："神农师悉诸，黄帝师大挠，帝颛顼师伯夷父，帝喾师伯招，帝尧师子州父，帝舜师许由，禹师大成贽，汤师小臣，文王、武王师吕望、周公旦，齐桓公师管夷吾，晋文公师咎犯、随会，秦穆公师百里奚、公孙枝，楚庄王师孙叔敖、沈申巫，吴王阖闾师伍子胥、文之仪，越王句践师范蠡、大夫种。此十圣人、六贤者，未有不尊师者也。"

[三] 六虚：上下与四方。《列子·仲尼》："用之弥满，六虚废之，莫知其所。"

[四] 素履：不加装饰的朴素的鞋子。《易·履》："初九：素履往，无咎。象曰：素履之往，独行愿也。"王弼注："履道恶华，故素乃无咎。"

[五] 黄裳：比喻柔德。《易·坤》："黄裳元吉。"注云："黄，中之色也；裳，下之饰也。以柔顺之德，处于盛位，任夫文理者也。垂黄裳以获元吉，非用武者也。"

[六] 按，此语本自《易·乾》："贵而无位，高而无民，贤人在下位而无辅。"言孔子品德高贵，但并无显赫的世俗地位。

[七] 皇王：古之圣王。《诗·大雅·文王有声》："四方攸同，皇王维辟。"毛传："皇，大也。"

[八] 质文：质朴与文采。《论语·雍也》："质胜文则野，文胜质则史，文质彬彬，然后君子。"

[九] 禴（yuè）：夏天的一种祭祀。《诗·小雅·天保》："禴祠烝尝。"毛传："春曰祠，夏曰禴，秋曰尝，冬曰烝。"

[十] 金火：金德与火德，古代以五行与朝代相配，依次轮转。《文选·左思〈魏都赋〉》："察五德之所莅。"注引《七略》云："邹子有终始五德，从所不胜，木德继之，金德次之，火德次之，水德次之。"

[十一] 按，此文出《易·贲》。

[十二] 按，《易·观》原文云："圣人以神道设教，而天下服矣。"

[十三] 按，"古之聪明睿智神武而不杀者夫"出《易·系辞上》。

[十四] "祖"，原误作"宗"，据别集改。按，高祖指李渊。◎黄旗：黄鸟之旗。《王子安集注》卷一二《拜南郊颂》亦云："高祖以黄旗夜立。"注引《墨子·非攻》云："武王乃攻狂夫，反商之周。天赐武王黄鸟之旗。"

[十五] 朱翟：蒋清翊以为未详。按，朱者赤也，翟者，野鸡之羽也。《王子安集注》卷一四《拜南郊颂》亦云："太宗以赤羽登期。"此处指一种羽箭，言太宗以武功而得帝位。

[十六] 玉衡：玉制的可以校正天文的仪器。《书·舜典》："在璇玑玉衡，以齐七政。"孔传云："璇，美玉。玑衡，王者正天文之器，可运转者。"

宣祖宗之累洽，奉文武之重光。稽历数而坐明堂，陈礼容而竭太庙[一]。八神齐飨[二]，停旒太史之宫[三]；六辩同和，驻跸华胥之野[四]。文物隐地，声名动天。乐繁九俗[五]，礼盛三古[六]。冠带混并之所[七]，书轨八纮[八]；闾阎兼匝之乡，烟火四极。竭河追日，夸父力尽于楹间；越海陵山，竖亥涂穷于庑下[九]。薰腴广被[十]，景贶潜周[十一]。乾象著而常文清，坤灵滋而众宝用。溢金膏于紫洞[十二]，雨露均华；栖玉烛于玄都，风雷顺轨。丹蓂翠菌[十三]，藻绘轩庭；凤彩龙姿，激扬池籞[十四]。殊征肸蠁[十五]，不召而自

[一] 礼容：礼制仪容。《史记·孔子世家》："孔子为儿嬉戏，常陈俎豆，设礼容。"

[二] 八神：八种神灵。此处为泛指。《史记·封禅书》："八神：一曰天主，祠天齐。天齐，渊水，居临菑南郊山下者。二曰地主，祠太山梁父。盖天好阴，祠之必于高山之下，小山之上，命曰畤。地贵阳，祭之必于泽中圜丘云。三曰兵主，祠蚩尤。蚩尤在东平陆监乡，齐之西境也。四曰阴主，祠三山。五曰阳主，祠之罘。六曰月主，祠之莱山，皆在齐北并勃海。七曰日主，祠成山。成山斗入海，最居齐东北隅，以迎日出云。八曰四时主，祠琅邪。琅邪在齐东方。"

[三] 旒：旗帜下方悬垂的饰物，这里代指旗帜，并进一步引申指神灵的仪仗。

[四] 华胥：虚拟的安乐之境。《列子·黄帝》："（黄帝）昼寝，而梦游于华胥氏之国。华胥氏之国在弇州之西，台州之北，不知斯齐国几千万里。盖非舟车足力之所及，神游而已。其国无帅长，自然而已；其民无嗜欲，自然而已。"

[五] 九俗：未详。或指九州各地的风俗，言因为风俗各异，故而体现在音乐上也差别很多。

[六] 三古：上古、中古、下古，起讫有诸说，此处泛指远古。《汉书·艺文志》："《易》道深矣，人更三圣，世历三古。"颜师古注引孟康曰："《易·系辞》曰：'《易》之兴，其于中古乎？'然则伏羲为上古，文王为中古，孔子为下古。"《礼记·礼运》"始诸饮食"孔颖达疏："伏羲为上古，神农为中古，五帝为下古。"

[七] 冠带混并：衣着服饰已经统一。《文选·左思〈蜀都赋〉》："冠带混并。"

[八] 书轨八纮：言天下已经书同文，车同轨。八纮谓八方极远之地。《淮南子·地形训》："九州岛之外，乃有八殥……八殥之外，而有八纮，亦方千里。"高诱注："纮，维也。维落天地而为之表，故曰纮也。"

[九] 竖亥：传说中善走之人。《淮南子·地形训》："使竖亥步自北极，至于南极，二亿三万三千五百里七十五步。"高诱注："太章、竖亥，善行人，皆禹臣也。"按，此二句极夸文庙之浩大恢弘，连夸父和竖亥这一类善于奔走之人，也会困在廊庙之间。

[十] 薰腴：薰者，香气，腴者，丰厚，谓庙中香烟浓郁。

[十一] 景贶：景，大也；贶，赐也，谓庙中有皇帝赐予的各类宝物。

[十二] 金膏：道教传说中的仙药。《穆天子传》卷一"黄金之膏"，郭璞注："金膏，亦犹玉膏，皆其精汋也。"◎紫洞：此处与下句"玄都"为对，当指神仙所居之洞府。

[十三] 丹蓂：红色的蓂荚，一种瑞草。《竹书纪年》卷上："有草夹阶而生，月朔始生一荚，月半而生十五荚；十六日以后，日落一荚，及晦而尽；月小，则一荚焦而不落。名曰蓂荚，一曰历荚。"按，此处与翠芝皆系泛指，指生长在夫子庙中的祥瑞之物。

[十四] 池籞：池塘与园囿。《汉书·宣帝纪》："又诏池籞未御幸者假与贫民。"颜师古注："苏林曰：'折竹以绳绵连禁御，使人不得往来，律名为籞。'应劭曰：'池者，陂池也；籞者，禁苑也。'"

[十五] 肸蠁（xīxiǎng）：散布。《文选·左思〈吴都赋〉》："光色炫晃，芬馥肸蠁。"

至[一]；茂祉昭彰，无幽而不洽。

虽复帝臣南面，降衢室而无为[二]；岱畎东临[三]，陟名山而有事[四]。灵命不可以辞也，大典不可以推也。由是六戎宵警[五]，横紫殿而摐金[六]；五校晨驱[七]，蹴玄云而喷玉[八]。星罗海运，岳镇川渟[九]。登碧墠而会神祇[十]，御玄坛而礼天地。金箱玉册[十一]，益睿算于无疆；玳检银绳[十二]，著灵机于不竭。功既成矣，道既贞矣。历先王之旧国，怀列圣之遗尘[十三]。翔赤骥而下云、亭[十四]，吟翠虬而望邹、鲁。泗滨休驾，杳疑汾水之

[一] 不召而自至：语本《史记·封禅书》："然后物有不召而自至者，十有五焉。"

[二] 衢室：尧征询民意的处所。《管子·桓公问》："黄帝立明台之议者，上观于贤也；尧有衢室之问者，下听于人也。"

[三] 岱畎：泰山的山谷，这里代指泰山。《书·禹贡》："岱畎丝枲，铅松怪石。"

[四] 有事：有祭祀之事。《左传·僖公九年》："天子有事于文武。"注："有祭事也。"

[五] 六戎：六种兵器，这里代指护卫的兵士。按，古者以弓矢、殳、矛、戈、戟为五戎。《礼记·月令》："(季秋之月) 天子乃教于田猎。以习五戎。"郑玄注："五戎，谓五兵，弓矢、殳、矛、戈、戟也。"此处称六戎者，或以弓矢为二也。

[六] 紫殿：汉代宫殿名，此处为泛指。《三辅黄图》卷二："武帝又起紫殿，雕文刻镂，黼黻，以玉饰之。"◎摐（chuāng）金：撞击金属乐器。《汉魏六朝百三家集》卷八七沈约《为安陆王谢荆州章》："摐金入济，识谢戎麾。"

[七] 五校：汉时对步兵、屯骑、长水、越骑、射声五校尉的合称。《申鉴》卷二《时事》："掌军功爵赏，小统于五校，大统于太尉。"黄省曾注："五校者，一曰屯骑，二曰越骑，三曰步兵，四曰长水，五曰射声。俱掌宿卫兵，所谓大驾，卤簿、五校在前是也。"

[八] 喷玉：马鼓鼻时喷散出白色的雾气或泡沫。《穆天子传》卷五："天子东游于黄泽，使宫乐谣曰：'黄之泽，其马歕沙，皇人威仪。黄之泽，其马歕玉，皇人寿谷。'

[九] 岳镇川渟：像山岳一样耸立，像深渊一样停聚。《文选·王融〈三月三日曲水诗序〉》："岳镇渊渟。"李善注引《孙子兵法》："其镇如山，其渟如渊。"此处避李渊讳，故作"川"。

[十] 墠（shàn）：供祭祀用的经清扫的场地。《礼记·祭法》："是故王立七庙，一坛一墠。"郑玄注："封土曰坛，除地曰墠。"

[十一] 金箱：金制的宝箱。《玉台新咏·序》："丽以金箱，装之宝轴。"

[十二] 玳检：用玳瑁的壳做的检。《后汉书·祭祀志》："上许梁松等奏，乃求元封时封禅故事，议封禅所施用。有司奏：当用方石，再累置坛中，皆方五尺，厚一尺。用玉牒书，藏方石，牒厚五寸，长尺三寸，广五寸。有玉检，又用石检十枚，列于石傍，东西各三，南北各二，皆长三尺，广一尺，厚七寸。检中刻三处，深四寸，方五寸，有盖。检用金缕五周，以水银和金以为泥。"◎银绳：亦封禅时所用之物。《白虎通疏证》卷六："或曰封者，金泥银绳，或曰石泥金绳，封以印玺。"

[十三] 按，此语本自《文选·左思〈魏都赋〉》："先王之桑梓，列圣之遗尘。"

[十四] 赤骥：传说中的神马名。《穆天子传》卷一："天子之骏，赤骥、盗骊、白义、逾轮、山子、渠黄、华骝、绿耳。"◎云亭：云云与亭亭之省，封禅之地。《史记·封禅书》："古者封泰山禅梁父者七十二家，而夷吾所记者十有二焉。昔无怀氏封泰山，禅云云；虙羲封泰山，禅云云；神农封泰山，禅云云；炎帝封泰山，禅云云；黄帝封泰山，禅亭亭。"

阳[一]；尼岫凝銮[二]，暂似峒山之典[三]。

乃下诏曰："可追赠太师。"[四]托盐梅于异代[五]，鼎路生光[六]；寄舟楫于同时，泉途改照[七]。咸亨元年（670）又下诏曰："宣尼有纵自天[八]，体膺上哲。合两仪之简易[九]，为亿载之师表[十]。顾惟寝庙，义在钦崇。如闻诸州县，孔子庙堂及学馆有破坏并向来未造，生徒无肄业之所，先师阙奠祭之仪，久致飘零，深非敬本。宜令诸州县官司速加营葺。"

九陇县学庙堂者，大唐龙朔三年（663）乡人之所建也。尔其州分化鸟[十一]，境属蹲鸱[十二]。萦锦室于中区[十三]，托铜梁于右地[十四]。玉轮斜界，

[一]"沓"，原作"沓"，形近而误，据别集改。

[二] 尼岫：尼丘山。《水经注·沂水》："沂水出鲁城东南，尼丘山西北，山即颜母所祈而生孔子也。"

[三] 峒山：崆峒山，或写作"空同"。黄帝曾在此拜见广成子。《庄子·在宥》："黄帝立为天子十九年，令行天下。闻广成子在于空同之上，故往见之。曰：'我闻吾子达于至道，敢问至道之精。吾欲取天地之精以佐五谷，以养民人。吾又欲官阴阳以遂群生，为之奈何？'广成子曰：'而所欲问者，物之质；而所欲官者，物之残也。自而治天下，云气不待族而雨，草木不待黄而落，日月之光，益以荒矣。而佞人之心翦翦者，又奚足以语至道？'黄帝退捐天下，筑特室，席白茅，闲居三月，复往邀之。广成子南首而卧，黄帝顺下风，膝行而进，再拜稽首而问……"

[四] 赠太师：事在乾封元年（666）。《新唐书·高宗纪》："乾封元年正月戊辰，封于泰山。庚午，禅于社首，以皇后为亚献。……辛卯，幸曲阜，祠孔子，赠太师。"

[五] 盐梅：用来做羹的调料。《书·说命下》："若作和羹，尔惟盐梅。"

[六] 鼎路：长安城门之名。《三辅黄图》卷一："长安城南出第二门曰安门，亦曰鼎路门。"

[七] 泉途：黄泉之路。《左传·隐公元年》："不及黄泉，无相见也。"

[八] 宣尼：孔子的尊号。《汉书·平帝纪》："元始元年（1），追谥孔子曰褒成宣尼公。"

[九] 两仪之简易：天地之道至简至易。《法言义疏》卷八："或问：'天地简易，而圣人法之。何五经之支离？'曰：'支离盖其所以为简易也。已简，已易，焉支？焉离？"

[十] 按，此语本自《三国志·魏志·文帝纪》："仲尼可谓命世之大圣，亿载之师表者也。"

[十一] 州分化鸟：州从蜀地分出。化鸟者，杜宇也。《文选·左思〈蜀都赋〉》："鸟生杜宇之魄。"注引《蜀记》云："昔有人姓杜名宇，王蜀，号曰望帝。宇死，俗说云宇化为子规。子规，鸟名也。蜀人闻子规鸣，皆曰望帝也。"

[十二] 蹲鸱：大芋头，以邛州所产为佳。《史记·货殖列传》："吾闻汶山之下，沃野，下有蹲鸱，至死不饥。"张守节《正义》云："蹲鸱，芋也。言邛州临邛县，其地肥又沃，平野有大芋等也。"

[十三] 中区：代指成都。《文选·左思〈蜀都赋〉》："金城石郭，兼匝中区。既丽且崇，实号成都。"

[十四] 铜梁：产铜的山。《文苑英华》卷二六二陈陶《旅次铜山途中先寄温州韩使君》："束马过铜梁，苕华坐堪老。"按，此句之铜梁与上句锦室为对，锦室指织锦之室，则此处之铜梁不能理解为合州铜梁山。◎"右"，原作"古"，据蒋清翊注改。按，"中"与"右"为对，作"右"是。右地，西部之地。《汉书·陈汤传》："后呼韩邪单于身入称臣朝见，郅支以为呼韩邪破弱降汉，不能自还，即西收右地。"

神龙蟠沮泽之云[一]；石镜遥临，宝牒秘禺山之影[二]。天帝会昌之国，上照乾维；英灵秀出之乡，傍清地络。庠序由其纠合，缨弁所以会同。文翁之景化不渝，智士之风猷自远[三]。于是双川旧老[四]，攀帝奖而翘心[五]；三蜀名儒，想成均而变色[六]。探周规于旧宅，询汉制于新一作成都。开基于四会之躔[七]，授矩于三农之隙[八]。土阶无级，就击壤于新欢；茅茨不剪[九]，易层巢于故事[十]。庄坛文杏[十一]，即架椽栾；夹谷幽兰[十二]，爰疏户牖。仪形莞尔[十三]，似闻沂水之歌[十四]；列侍訚如[十五]，若奉农山之对[十六]。缁帷晓辟，

[一] 沮泽：有菜的川泽。《文选·左思〈蜀都赋〉》："潜龙蟠于沮泽，应鸣鼓而兴雨。"刘逵注云："又沮，有莱泽也。巴东有泽水，人谓有神龙，不可鸣鼓，鸣鼓其傍，即便雨也。"

[二] 禺山：禺同山。《汉书·郊祀志》："或言益州有金马碧鸡之神，可醮祭而致。"注引如淳曰："金形似马，碧形似鸡。"又《地理志上》："越巂郡，县青蛉。"注："禺同山有金马、碧鸡。"

[三] 智士：任文公。《华阳国志》卷三："公孙述时，武担石折。故治中从事任文公叹曰：'噫，西方智士死，吾其应之。'岁中卒。"

[四] 双川：流经成都之郫江、检江，这里代指成都，并进一步指蜀地。

[五] 翘（qiáo）心：仰慕，悬想。《南齐书·王融传》："北地残氓，东都遗老，莫不茹泣吞悲，倾耳戴目，翘心仁政，延首王风。"

[六] 成均：上古时的学校名。《周礼·大司乐》："掌成均之法，以治建国之学政，而合国之子弟焉。"注云："成均，五帝之学。"

[七] 躔：蒋清翊以为可能是"廛"字之误。按，作"躔"亦能讲通，谓居处也。《文选·左思〈吴都赋〉》："习其弊邑而不睹上邦者，未知英雄之所躔也。"当然，若作"廛"，则指市场，义更通。

[八] 三农：春、夏、秋三季务农。《文选·张衡〈东京赋〉》："三农之隙，曜威中原。"李善注："《国语》：'三时务农，一时讲武。'韦昭注：'三时，春、夏、秋。'"

[九] 茅茨：以茅盖屋。《史记·太史公自序》："墨者亦尚尧、舜道，言其德行曰：'堂高三尺，土阶三等，茅茨不剪。'"《正义》曰："屋盖曰茨，以茅覆屋。"

[十] 层巢：鸟类在树上垒巢。《说苑》卷一〇："夫飞鸟以山为卑而层巢其巅，鱼鳖以渊为浅而穿穴其中。"

[十一] 文杏：有文采的杏木，以孔子曾休坐于杏坛之上，故取此木装饰文庙。《庄子·渔父》："孔子游于缁帷之林，休坐乎杏坛之上。"《西京杂记》卷一："上林苑文杏，材有文采。"

[十二] 幽兰：王者之草。《乐府诗集》卷五八《猗兰操》题注引《琴操》："《猗兰操》，孔子所作。孔子历聘诸侯，诸侯莫能任。自卫反鲁，隐谷之中见香兰独茂，喟然叹曰：'兰当为王者香，今乃独茂，与众草为伍。'乃止车，援琴鼓之，自伤不逢时，托辞于香兰云。"

[十三] 莞尔：微笑貌。《论语·阳货》："夫子莞尔而笑。"按，此处指庙中所塑孔子之像栩栩如生。

[十四] 沂水之歌：在沂水边祓禊、歌咏。《论语·先进》："浴乎沂，风乎舞雩，咏而归。"

[十五] 訚（yín）如：和悦貌。《论语·乡党》："朝，与下大夫言，侃侃如也；与上大夫言，訚訚如也。"按，此处指庙中陪侍的孔子弟子塑像的形貌。

[十六] 农山之对：孔子游于农山，与弟子讨论志向。《孔子家语》卷二："孔子北游于农山，子路、子贡、颜渊侍侧。孔子四望，喟然而叹曰：'于斯致思，无所不至矣。二三子各言尔志，吾将择焉。'"

横绀带于西河[一]；绛帐宵悬[二]，聚青衿于北海[三]。虽秋《礼》冬《诗》之化[四]，已洽于齐人；而宣风观俗之规，实归于上宰。

银青光禄大夫、谯国公讳崇义[五]，大武皇帝之支孙，河间大王之长子。高秋九月，振玉虦于唐丘[六]；宝算千龄，跃潜虬于大渚[七]。我国家灵命，东朝抗衮冕之尊[八]；宗子维城[九]，南面袭轩裳之重。析玄元之胤绪[十]，拥朱虚之禄位[十一]。拜玉节于秦京[十二]，辉金章于蜀郡[十三]。玄机应物，潜销水怪之灾[十四]；丹笔申冤[十五]，俯绝山精之讼[十六]。魏文侯之拥

[一] 西河：孔子弟子子夏，晚年居西河，教授生徒。《史记·仲尼弟子列传》："子夏居西河教授，为魏文侯师。"

[二] 绛帐：红色纱帐。《后汉书·马融传》："常坐高堂，施绛纱帐，前授生徒，后列女乐。弟子以次相传，鲜有入其室者。"

[三] 北海：汉代郑玄的家乡。《后汉书·郑玄传》："字康成，北海高密人也。……弟子河内赵商等，自远方至者数千。"

[四] 秋《礼》冬《诗》：《礼记·文王世子》："秋学《礼》，执礼者诏之。冬读《书》，典书者诏之。"按，此处用典略有不协。

[五] 崇义：《新唐书·宗室传》载，太祖子蔡烈王李蔚，生西平怀王李安，李安生子崇义。崇义袭位，封谯国公，曾任益州都督府长史，即此人。

[六] 玉虦（xuàn）：勇猛之虎，因避李氏远祖李虎之讳，遂用此字。按，据《旧唐书·高祖纪》，李虎在后魏时为左仆射，封陇西郡公，周时追封为唐国公。

[七] 潜虬：潜龙。《易·乾》："潜龙勿用。"按，此二句皆言李虎奠定了唐朝的根基。

[八] 东朝：《礼记·玉藻》："玄端而朝日于东门之外。"◎衮冕：穿衮戴冠。《周礼·司服》："王之吉服，祀昊天上帝，则服大裘而冕。"按，此处谓李氏取得了天下。

[九] 维城：连城以卫国。《诗·大雅·板》："怀德维宁，宗子维城。"按，此句指李孝恭被封为河间王。

[十]"玄元"，原作"元元"，清人避康熙讳而改者，今据别集回改。按，玄元，指老子。李唐上追老子为远祖。《新唐书·高祖纪》："（乾封元年，666）二月己未，如亳州，祠老子，追号太上玄元皇帝。"◎"胤"，原作"允"，清人避雍正讳而改者，今据别集回改。

[十一] 朱虚：汉代县名。《史记·齐悼惠王世家》："哀王三年，其弟章，入宿卫于汉。吕太后封为朱虚侯。"按，此处指李崇义袭封谯国公之事。

[十二] 玉节：玉制的符节。古代天子、王侯的使者持以为凭。《周礼·地官·掌节》："守邦国者用玉节，守都鄙者用角节。"按，此处指李崇义曾任陕西蒲州、同州刺史之事。

[十三] 金章：铜印。《文选·孔稚珪〈北山移文〉》："纽金章。"李善注："金章，铜印也。"按，此处指李崇义任益州都督府长史之事。

[十四] 水怪之灾：蜀地江神为害。《水经注·江水一》："秦昭王使李冰为蜀守，开成都两江，溉田万顷。江神岁取童女二人为妇，冰以其女与神为婚，径至神祠劝神酒。酒杯恒澹澹，冰厉声以责之，因忽不见。良久，有两牛斗于江岸旁。有间，冰还，流汗，谓官属曰：'吾斗大亟，当相助也。南向腰中正白者，我绶也。'主簿刺杀北面者，江神遂死。蜀人慕其气决，凡壮健者因名冰儿也。"

[十五] 丹笔：判案所用朱笔。《艺文类聚》卷四九引《会稽典录》："盛吉拜廷尉，吉性多仁恩，务在哀矜。每至冬月，罪囚当断，其妻执烛，吉手丹笔，夫妻相向垂泣。"

[十六] 山精之讼：蒋清翊以为未详。按，《史记·孔子世家》云："季桓子穿井得土缶，中若羊。问仲尼，云得狗。仲尼曰：'以丘所闻，羊也。丘闻之，木石之怪，夔、罔阆；水之怪，龙、罔象；土之怪，坟羊。'"《集解》："韦昭曰：'木石，谓山也。或云夔一足，越人谓之山缫也，或言独足。魍魉，山精，好学人声而迷惑人也。'"《梁书·张缅传附张缵》："拯巴汉之废业，爰配名于邹鲁；辨山精以息讼，对祠星而寤主。"当是此事也。

簪[一]，道在而谦尊；董相国之垂帷[二]，风行而俗易。

司马宇文公讳纯，河南洛阳人也。皇根帝绪[三]，列五鼎于三朝[四]；青琐丹梯[五]，跨千寻于十纪[六]。仲举澄清之辔[七]，未极夷途；士元卿相之材[八]，先登上佐。冰壶精鉴，遥清玉垒之郊[九]；霜镜悬明，下映金城之域[十]。

县令柳公讳明，字太易，河东人也。梁岳之英[十一]，长河之灵。沐云汉之精粹，荷天衢之元享[十二]。旌旗赫奕于中古，珪组陆离于下叶[十三]。

[一] 魏文侯之拥簪：《史记·魏世家》："文侯受子夏经艺，客段干木，过其闾，未尝不轼也。"《晋书·阮籍传》："昔子夏在于西河之上，而文侯拥簪。"

[二] 董相国：董仲舒。《汉书》本传云："董仲舒，广川人也。少治《春秋》，孝景时为博士。下帷讲诵，弟子传以久次相授业，或莫见其面，盖三年不窥园，其精如此。"

[三] 皇根帝绪：皇帝的根基与霸业。《宋书·礼志三》："有司奏曰，寿固皇根。"《文选·王褒〈四子讲德论〉》："始开帝绪。"李善注："《春秋保乾图》曰：'五帝异绪。'宋衷曰：'绪，业也。'"

[四] 五鼎：古代大夫祭祀用的五个鼎。《孟子·梁惠王下》："君所谓逾者，前以士，后以大夫；前以三鼎，而后以五鼎。"◎三朝：周、隋、唐，此处谓宇文氏在三朝都地位很高。

[五] 青琐丹梯：当从《文苑英华》作"青琐丹墀"，指高贵而豪华的装饰。《汉书·元后传》："曲阳侯根骄奢僭上，赤墀青琐。"注云："孟康曰：'以青画户边镂中，天子制也。'如淳曰：'门楣格再重，如人衣领再重，里者青，名曰青琐，天子门制也。'师古曰：'孟说是，青琐者，刻为连琐文而以青涂之也。"

[六] 十纪：上古的十个时代。《史记·三皇本纪》司马贞《索隐》引《春秋纬》云："自开辟至于获麟，凡三百二十七万六千岁，分为十纪，凡世七万六百年。一曰九头纪，二曰五龙纪，三曰摄提纪，四曰合雒纪，五曰连通纪，六曰序命纪，七曰循飞纪，八曰因提纪，九曰禅通纪，十曰疏讫纪。"

[七] 仲举：陈藩之字，《后汉书》有传。《世说新语·德行》："陈仲举言为士则，行为世范，登车揽辔，有澄清天下之志。"

[八] 士元：庞统之字。《三国志·蜀志·庞统传》："庞统字士元，襄阳人也。……先主领荆州，统以从事守耒阳令，在县不治，免官。吴将鲁肃遗先主书曰：'庞士元非百里才也，使处治中、别驾之任，始当展其骥足耳。'诸葛亮亦言之于先主。先主见，与善谭，大器之，以为治中从事。"

[九] 玉垒：玉垒山，在四川理县东南。

[十] 金城：金城山，又名阳平山，详本书卷五"阳平山"条。

[十一] 梁岳：梁山。《左传·成公五年》："梁山崩。"注："记异也，梁山在冯翊夏阳县北。"

[十二] 荷天衢之元享：承接了天道的最好的秉性。《文选·王延寿〈鲁灵光殿赋〉》："荷天衢以元亨。"张载注："衢，道也。《易》曰：'荷天之衢。'道大行也。元，善之长也；亨，嘉之会也。"

[十三] 珪组：玉珪与印绶。《文选·任昉〈王文宪集序〉》："既袭珪组，对扬王命。"刘良注："珪，诸侯所执也；组，绶，所以系印者也。"◎陆离：美好。《淮南子·本经训》："五采争胜，流漫陆离。"高诱注："陆离，美好貌。"

凤岩抽律，擢层秀于龙门[一]；骊穴腾姿，吐荣光于贝阙[二]。自朱丝就列[三]，光膺令宰之荣；墨绶驰芬[四]，高践郎官之右。仙凫旦举[五]，影入铜章；乳翟朝飞，声含玉轸。临邛客位[六]，自高文雅之庭；彭泽宾门[七]，犹主壶觞之境。旷怀足以御物，长策足以服人。重泉之惠训大行[八]，单父之讴谣遂远[九]。犹为夏弦春诵[十]，俗化之枢机；西序东胶[十一]，政刑之根本。上祇朝宪，下奉藩维[十二]。爰搜复庙之仪，载阐重檐之制[十三]。三间四表[十四]，

[一] 龙门：《文选·枚乘〈七发〉》："龙门之桐，高百尺而无枝，中郁结之轮菌，根扶疏以分离。"

[二] 贝阙：以紫贝装饰的宫殿。《楚辞补注》卷二《九歌·河伯》："鱼鳞屋兮龙堂，紫贝阙兮朱宫。"

[三] 朱丝：红色的丝绳。《左传·襄公十八年》："晋侯伐齐，将济河，献子以朱丝系玉二瑴而祷。"按，此处借指系印章的丝带，进一步引申为做官。

[四] 墨绶：县令印章上所系的黑色丝带。《汉书·百官公卿表上》："县令、长，皆秦官，掌治其县。万户以上为令，秩千石至六百石；减万户为长，秩五百石至三百石……秩比六百石以上，皆铜印黑绶。"

[五] 仙凫：《后汉书·方术传上·王乔》："王乔者，河东人也，显宗世为叶令。乔有神术，每月朔望常自县诣台朝。帝怪其来数而不见车骑，密令太史伺望之。言其临至，辄有双凫从东南飞来。于是候凫至，举罗张之，但得一只舄焉。"

[六] 临邛：此处指以客礼对待司马相如的临邛县令。《史记·司马相如列传》："会梁孝王卒，相如归而家贫，无以自业。素与临邛令王吉相善，吉曰：'长卿久宦游，不遂而来过我。'于是相如往舍都亭……令既至，卓氏客以百数。至日中，谒司马长卿，长卿谢病不能往。临邛令不敢尝食，自往迎相如。"

[七] 彭泽：彭泽令陶渊明。《晋书·隐逸传·陶潜》："执事者闻之，以为彭泽令。在县公田悉令种秫谷，曰：'令吾常醉于酒，足矣。'妻子固请种秔，乃使一顷五十亩种秫，五十亩种秔。素简贵，不私事上官。郡遣督邮至，县吏白应束带见之。潜叹曰：'吾不能为五斗米折腰，拳拳事乡里小人邪！'义熙二年（406），解印去县。"◎宾门：《汉语大词典》以此为例，释为客厅。

[八] 重（chóng）泉：古县名，在今陕西蒲城县境内。《史记·河渠书》："临晋民愿穿洛以溉重泉以东万馀顷故卤地。"《正义》引《括地志》："重泉故城在同州蒲城县东南四十五里，在同州西北亦四十五里。"《东观汉记》卷一八《王阜传》："三阜字世公，蜀郡人。……补重泉令，政治肃清，举县畏惮，吏民向化，鸾鸟集于学宫。"

[九] 单父：同"亶父"，鲁国古地名。《吕氏春秋·具备》："宓子敬诺，乃得行其术于亶父。三年，巫马旗短褐衣弊裘而往，观化于亶父。见夜渔者得则舍之，巫马旗问焉曰：'渔为得也，今子得而舍之，何也？'对曰：'宓子不欲人之取小鱼也，所舍者小鱼也。'"

[十] 夏弦春诵：《礼记·文王世子》："春诵夏弦，太师诏之瞽宗。"

[十一] 西序东胶：古代的学校。《礼记·王制》："夏后氏养庶老于西序，周人养国老于东胶。"郑注："皆学名。"

[十二] 藩维：本指藩国，后引申为边界之地。《诗·大雅·板》："价人维藩。"

[十三] 复庙：重屋。重檐：两层屋檐。《礼记·明堂位》："复庙重檐。"郑玄注："复庙，重屋也。重檐，重承壁材也。"

[十四] "间"，原误作"门"，据蒋清翊之说改。按，此处语本《文选·王延寿〈鲁灵光殿赋〉》："三间四表，八维九隅。"张载注："室每三间，则有四表。"张铣注："四表谓屋覆上四面也。"一间正房，左右两边厢房，共三间，正房中间为屋脊，前后两面；外加两旁覆盖厢房的两面，共四面，故谓三间四表。

焕矣维新；上哲师宗，肃焉如在[一]。将使圆冠方领[二]，再行邹、鲁之风[三]；锐气英声，一变賨、渝之俗[四]。于是侍郎幽思[五]，摛凤藻于瑰林[六]；丞相高才[七]，排龙姿于璧沼。遗荣处士[八]，开帘诠孝悌之机；颂德贤臣[九]，持节听《中和》之乐。其为政也可久，其为志也可大[十]。方欲燮化台极[十一]，仪刑万宇[十二]。岂徒偃仰听事[十三]，风教一同而已哉！

勃幼乏逸才，少有奇志。虚舟独泛[十四]，乘学海之波澜；直辔高驱[十五]，

[一] 如在：谓塑像栩栩如生。《礼记·中庸》："洋洋乎如在其上，如在其左右。"

[二] 圆冠方领：皆儒者之服饰。《庄子·田子方》："儒者冠圆冠者知天时，履句履者知地形。"《后汉书·马援传》："朱勃衣方领，能矩步。"注云："颈下施衿，领正方，学者之服也。"

[三] 邹、鲁：《史记·货殖列传》："邹、鲁滨洙、泗，犹有周公遗风。俗好儒，备于礼。"

[四] 一变：《论语·雍也》："齐一变，至于鲁。"◎賨、渝：居住在渝水两旁的賨人。《文选·左思〈蜀都赋〉》："若乃刚悍生其方，风谣尚其武。奋之则賨旅，玩之则渝舞。锐气剽于中叶，蹻容世于乐府。"李善注："应劭《风俗通》曰：'巴有賨人，剽勇。高祖为汉王时，阆中人范目说高祖募取賨人，定三秦，封目为阆中慈凫乡侯，并复除目所发賨人卢、朴、沓、鄂、度、夕、袭七姓不供租赋。阆中有渝水，賨人左右居，锐气喜舞。高祖乐其猛锐，数观其舞，后令乐府习之。"

[五] 侍郎：扬雄。《汉书·扬雄传赞》："王音荐雄，待诏岁馀，奏《羽猎赋》，除为郎，给事黄门。"

[六] 凤藻：华美的文辞。《卢照邻集校注》卷五《释疾文·粤若》："谒龙旗于武帐，挥凤藻于文昌。"

[七] 丞相：诸葛亮。《三国志·蜀志·诸葛亮传》："徐庶谓先主曰：'诸葛孔明者，卧龙也。'"◎璧沼：同"璧水"，选拔人才之所。《梦粱录》卷一五"学校"："古者天子有学，谓之成均，又谓之上庠，亦谓之璧水，所以养育作成天下之士类，非州县学比也。"

[八] 处士：此处指隐士严君平。《汉书·王贡两龚鲍传序》："蜀有严君平……卜筮于成都市，以为卜筮者贱业，而可以惠众人。有邪恶非正之问，则依著龟为言利害。与人子言依于孝，与人弟言依于顺，与人臣言依于忠，各因势导之以善。从吾言者，已过半矣。裁日阅数人，得百钱足自养，则闭肆下帘，而授《老子》。"

[九] 颂德：作《四子讲德论》的王褒。《汉书·王褒传》："益州刺史王襄欲宣风化于众庶，闻王褒有俊材，请与相见。使褒作《中和》《乐职》《宣布》诗，选好事者令依《鹿鸣》之声，习而歌之。时汜乡侯何武为僮子，选在歌中。久之，武等学长安，歌太学下，转而上闻。宣帝召见武等，观之，皆赐帛，谓曰：'此盛德之事，吾何足以当之！'"

[十] 按，此二句语本《易·系辞上》："有亲则可久，有功则可大。"

[十一] "欲"，原作"当"，据别集改。◎"燮"，原作"变"，据蒋清翊之说改。◎台极：三台星，比喻三公。《古文苑》卷一六崔骃《太尉箴》："爰叶台极，爰平国域。"按，此句言县令修复文庙，重视教化，是调和协助三公的重要事情。

[十二] 按，此处语本《诗·大雅·文王》："仪刑文王，万邦作孚。"谓作为天下的榜样。

[十三] 偃仰：骄傲。《文选·陆机〈豪士赋序〉》："众心日陊，危机将发，而方偃仰瞪眄，谓足以夸世。"吕延济注："偃仰，骄傲貌。"按，此二句谓县令为一方父母官，不应该只是骄傲地听下属上报各种事情，以一地的风俗教化为目标。

[十四] 虚舟：《庄子·列御寇》："无能者无所求，食而遨游，泛若不系之舟，虚而遨游者也。"

[十五] 按，此语本自《南史·王僧祐传》："沈约弹之云：'扬眉阔步，直辔高驱。'"

践词场之阃阈[一]。观质文之否泰众矣，考圣贤之去就多矣[二]。自生人以来，未有如夫子者也[三]。嗟乎，今古代绝，江湖路远，恨不得亲承妙旨[四]，摄齐于游、夏之间[五]；躬奉德音，攘袂于天人之际[六]。抚身名而永悼，瞻栋宇而长怀[七]。呜呼哀哉！敢为铭曰：

五帝既殁，三王不归。天地震动，阴阳乱飞。
山崩海竭[八]，月缺星围[九]。礼乐无主，宗禋遂微。其一
大哉圣神，与时回薄。应运而生，继天而作。
龙跃浩荡，鹏飞廖廓。奄有人宗，遂荒天爵[十]。其二
尼山降彩，泗滨腾气。志匡六合，神经万类。
夹谷登庸，中都历试。睿情贯一，玄猷绝四[十一]。其三
栖遑教迹，寂寞河图[十二]。违齐出宋，历楚辞吴[十三]。

[一] 阃阈：地域；疆界。《王子安集注》卷五《上绛州上官司马书》："不然则秋风明月，西江留独往之因；桂峤松岩，南山有不群之地。矧区区者，而重高明之阃阈哉！"

[二] 去就：出仕与归隐。《孟子·告子下》："陈子曰：'古之君子，何如则仕？'孟子曰：'所就三，所去三。'"

[三] 按，此语本自《孟子·公孙丑上》："自生民以来，未有夫子也。"

[四] 亲承妙旨：亲自聆听其妙言。《晋书·王承传》："东海王越曰：'讽味遗言，不如亲承音旨。'"

[五] 摄齐：捏着衣服下部的左右两边，露出脚，以便行走。《论语·乡党》："摄齐升堂。"注云："衣下曰齐。摄齐者，抠衣也。"◎游、夏：子游与子夏，孔子的杰出弟子，详《史记·仲尼弟子列传》。

[六] 攘袂：撸起袖子，比喻愤激之貌。《汉书·邹阳传》："臣窃料之，能历西山，径长乐，抵未央，攘袂而正议者，独大王耳。"

[七] 按，此语本自《文选·任昉〈王文宪集序〉》："瞻栋宇而兴慕，抚身名而悼恩。"谓在夫子庙瞻仰塑像，怀念夫子对天下的恩德。

[八] 山崩海竭：《史记·周本纪》："夫国必依山川，山崩川竭，亡国之征也。"

[九] 星围：不好的天象。《太平御览》卷八引《春秋文耀钩》曰："楚有苍云如霓，围轸七蟠，中有荷斧之人，向轸而蹲。于是楚唐史画遗灰而云灭，故曰唐史之策，上灭苍云。"

[十] 按，此处语本《诗·周颂·閟宫》："奄有龟蒙，遂荒大东。"奄有、遂荒皆"乃有"之义。

[十一] 绝四：谓孔子摒弃四种常人的弊端，包括随意、执着、顽固、刚愎。《论语·子罕》："子绝四，毋意，毋必，毋固，毋我。"

[十二] 寂寞河图：《论语·子罕》："子曰：'凤鸟不至，河图不出，吾已矣夫！'"

[十三] 历楚辞吴：孔子曾为楚国所聘，又令子贡说服田常，让吴王出兵伐齐。《史记·孔子世家》："楚使人聘孔子……昭王将以书社地七百里封孔子。楚令尹子西曰：'……今孔丘得据土壤，贤弟子为佐，非楚之福也。'昭王乃止。"又《仲尼弟子列传》："田常欲作乱于齐，惮高国鲍晏，故移其兵欲以伐鲁。孔子闻之，谓门弟子曰：'夫鲁，坟墓所处，父母之国。国危如此，二三子何为莫出？'子路请出，孔子止之。子张、子石请行，孔子弗许。子贡请行，孔子许之。遂行至齐，说田常曰：'君之伐鲁，过矣。夫鲁，难伐之国，其城薄以卑，其地狭以泄，其君愚而不仁，大臣伪而无用，其士民又恶甲兵之事，此不可与战。君不如伐吴……'田常曰：'善。虽然，吾兵业已加鲁矣，去而之吴，大臣疑我，奈何？'子贡曰：'君按兵无伐，臣请往使吴王，令之救鲁而伐齐，君因以兵迎之。'田常许之。"

风衰俗坏，礼去朝芜[一]。麟书已卷[二]，凤德终孤。其四
杳杳灵命，茫茫天秩。吾道难行，斯文易失。
式宣六艺，裁成四术[三]。虚往实归[四]，外堂内室。其五
邈矣能仁[五]，悠哉化主。力制群辟[六]，权倾终古。
陆离彩灿，蝉联茅土[七]。涉海轻河，登山小鲁[八]。其六
皇家载造，神风四极。检玉题祥，绳金署德[九]。
聿怀圣迹，同享天则。乃眷台庭，爰升究职。其七
玉津同派[十]，金堤茂版[十一]。智士风高，文翁泽远。
町淳壤沃，声和俗愿。载启仁祠，遂光儒苑。其八
沉沉阃奥[十二]，肃肃扃除。灵仪若在，列配如初。

[一] 朝芜：朝政芜乱。《楚辞补注》卷一六《九叹·怨思》："本朝芜而不治。"

[二] 麟书：《拾遗记》卷三："夫子未生时，有麟吐玉书于阙里人家，文云：'水精之子孙，衰周而素王。'故二龙绕室，五星降庭。征在贤明，知为神异，乃以绣绂系麟角，信宿而麟去。相者云夫子系殷汤之后，水德而为素王。至敬王之末，鲁哀公十有四年，鲁人锄商田，于大泽得麟，以示夫子，系角之绂尚犹在焉。夫子知命之将终，乃抱麟解绂，涕泗滂沱。"

[三] 四术：《诗》《书》《礼》《乐》。《礼记·王制》："乐正崇四术，立四教，顺先王《诗》《书》《礼》《乐》以造士。"

[四] 虚往实归：谓学者跟随孔子而有所收获，能够升堂入室。《庄子·德充符》："常季问于仲尼曰：'王骀兀者也，从之游者与夫子中分鲁，立不教，坐不议，虚而往，实而归，固有不言之教，无形而心成者邪？'"

[五] 能仁：释迦牟尼。《魏书·释老志》："释迦文者，译言能仁。谓德充道备，堪济万物也。"按，此处与下句之"化主"对文，皆赞孔子有化成天下之大德。

[六] 群辟：众多的君主。《书·周书·周官》："六服群辟，罔不承德。"

[七] 茅土：封爵。《文选·李陵〈答苏武书〉》："陵谓足下当享茅土之荐，受千乘之赏。"李善注："《尚书纬》曰：'天子社，东方青，南方赤，西方白，北方黑，上冒以黄土，将封诸侯，各取方土，苴以白茅，以为社。'"按，孔子及其子孙封侯连绵不绝。《后汉书·孔僖传》："王莽秉政，乃封孔子后孔均为褒成侯，追谥孔子为褒成宣尼。及王莽败，失国。建武十三年（37），世祖复封均子志为褒成侯。志卒，子损嗣。永元四年（92），徙封褒亭侯。损卒，子曜嗣。曜卒，子完嗣。世世相传，至献帝初国绝。"李贤注云："献帝后至魏，封孔子二十一叶孙羡为崇圣侯；晋封二十三叶孙震为奉圣亭侯；后魏封二十七叶孙乘为崇圣大夫；太和十九年（495），孝文幸鲁，亲祠孔子庙，又改封二十八叶孙珍为崇圣侯；北齐改封三十一叶孙为恭圣侯；周武帝平齐，改封邹国公；隋文帝仍旧封邹国公；隋炀帝改封为绍圣侯；贞观十一年（637），封夫子裔孙子德伦为褒圣侯，伦今见存。"

[八] 登山小鲁：《孟子·尽心上》："孟子曰：'孔子登东山而小鲁，登太山而小天下。故观于海者难为水，游于圣人之门者难为言。'"

[九] 按，此二句参前"玳检银绳"条注文。

[十] 玉津：县名，故址在今乐山市冠英镇，以其有璧玉津而得名。《文选·左思〈蜀都赋〉》："东越玉津。"刘逵注："玉璧津在犍为之东北，当成都之东也。"

[十一] 金堤：今四川都江堰一带岷江的江堤。《文选·左思〈蜀都赋〉》："西逾金堤，东越玉津。"刘逵注："金堤在岷山都安县西，堤有左右口，当成都西也。"

[十二] 沉沉：宫室深邃貌。《史记·陈涉世家》："客曰：'夥矣，涉之为王沉沉者。'"《集解》："沉沉，宫室深邃之貌。"

槐新市密[一]，杏古坛疏。榣疑置奠，壁似藏书。其九
泛泛寰中，悠悠天下。徇名则众，知音盖寡。
碝石参琼[二]，迷风乱雅[三]。仲尼既殁，夫何为者。其十

※王勃《彭州九陇县龙怀寺碑》

粤若真元混沌[四]，抱一气于天门[五]；象化童蒙[六]，构三灵于地户[七]。由是金城逆顺[八]，山河假成器之因[九]；玉烛沉浮[十]，风火兆流形之

[一] 槐新市密：《艺文类聚》卷八八引《三辅黄图》："元始四年（4），起明堂、辟雍，为博士舍三十区。为会市，但列槐树数百行。诸生朔望会此市，各持其郡所出物及经书，相与买卖，雍雍揖让；论议树下，侃侃訚訚。"

[二] 碝（ruǎn）石：次于玉的美石。《文选·司马相如〈子虚赋〉》："瑊玏玄厉，碝石碔砆。"李善注引张揖曰："碝石、碔砆，皆石之次玉者。碝石，白者如冰，半有赤色。"

[三] 乱雅：扰乱雅音。《论语·阳货》："恶郑声之乱雅乐也。"

[四] 混沌：古代传说中指世界开辟前元气未分、模糊一团的状态。《乾坤凿度》卷上云："一大之物目天，一块之物目地，一气之萜名混沌，一气分万霸。"

[五] 抱气：罩在太阳上面的云气。《元史·世祖纪》："日食时，左右有珥，上有抱气。"◎天门：天宫之门。《淮南子·原道训》："昔者冯夷，大丙之御也……经纪山川，蹈腾昆仑，排阊阖，沦天门。"高诱注："天门，上帝所居紫微宫门也。"

[六] 童蒙：幼稚愚昧。《易·蒙》："匪我求童蒙，童蒙求我。"《淮南子·俶真训》："皆欲离其童蒙之心，而觉视于天地之间，是故其德烦而不能一。"按，此处或引申为事物初生的状态。

[七] 三灵：蒋清翊注文以为乃指日、月、星，并引《文选·扬雄〈羽猎赋〉》："方将上猎三灵之流。"李善注云："如淳曰：'三灵，日、月、星垂象之应也'。"张铣注："三灵，天、地、人也。"愚以为不妥，此言"构于地户"，然日、月、星皆存乎天；"天、地、人"又含乎地。所谓三灵，或为道教三魂，代指人。观其全文，多有道教语言，其后"太极""太虚"等，与此处对应的"抱一气"亦是。《老子》第四十二章："万物负阴而抱阳，冲气以为和。"《黄庭内景经·琼室》："何为死作令神泣，忽之祸乡三灵殁。"梁丘子注："三灵，三魂也。谓爽灵、胎光、幽精。"皆存乎地。◎地户：传说中天有门，地有户，天门在西北，地户在东南。因称地之东南为"地户"。《周礼·地官·大司徒》贾公彦疏引《河图括地象》："天不足西北，地不足东南，西北为天门，东南为地户，天门无上，地门无下。"

[八]"城"，原作"机"，据别集改。按，金城，坚固的城墙。《后汉书·班固传上》："建金城其万雉，呀周池而成渊。"李贤注："金城，言坚固也。"

[九] 成器：《易·系辞上》："形乃谓之器。"又，"备物致用，立成器以为天下利，莫大乎圣人"。

[十] 玉烛：四时之气和畅。《尔雅·释天》："四气和谓之玉烛。"郭璞注："道光照。"邢昺疏："道光照者，道，言也；言四时和气，温润明照，故曰玉烛。'◎"沉浮"，原互倒，据别集乙正。按，沉浮，升降起伏。《文选·班固〈典引〉》："两仪始分，烟烟煴煴。有沉而奥，有浮而清。沉浮交错，庶类混成。"蔡邕注曰："两仪始分之时，其气和同。沉而浊者为地，浮而清者为天……地体沉而气升，天道浮而气降。升降交错，则众类同矣。"张铣曰："沉浮之气相交杂，众类混合而成其形。"

蘖[一]。悬大明于日月，适至泉宫[二]；设巨浸于云雷[三]，终迷毁宅[四]。太极所以散而为两[五]，洪飚所以吹而为万[六]。虽复卑高异列[七]，俱沉方内之游[八]；坌集横流，共失寰中之契[九]。岂夫涅槃深视，不背色以求真[十]；般若长驱[十一]，每乘空而得静。则知一名同出[十二]，阴阳为破道之墟[十三]；万象皆空[十四]，天地即降魔之境[十五]。莫见其俯仰，

[一] 流形：流布成形。《易·乾》："云行雨施，品物流形。"疏云："云行雨施，品物流形者，此二句释亨之德也。言乾能用天之德，使云气流形，雨泽施布，故品类之物流布成形，各得亨通，无所壅蔽，是其亨也。"◎蘖（niè）：草木砍伐后长出的新芽。《孟子·告子上》："是其日夜之所息，雨露之所润，非无萌蘖之生焉。"此处引申为开端、萌生之义。

[二] 泉宫：墓室。《西溪集》卷一〇《祭蜀国太夫人》："宠灵光渥，毕于泉宫。"

[三] 巨浸：大水。《庄子·逍遥游》："大浸稽天而不溺。"

[四] 毁宅：火宅，佛教用语，喻指烦恼的俗界。《王子安集注》卷一五《益州德阳县善寂寺碑》："紫房丹室，犹居毁宅之间。"

[五] 按，此处语本《易·系辞上》："易有太极，是生两仪，两仪生四象，四象生八卦，八卦定吉凶，吉凶生大业。"

[六] 洪飚：大风。《文选·袁宏〈三国名臣赞序〉》："洪飚扇海，二溟扬波。"张铣注云："洪，大；飙，风。扇，动也。"◎吹万：《庄子·齐物论》："夫吹万不同，而使其自己也。"成玄英疏："风唯一体，窍则万殊。"吹，指风而言；万，万窍。谓风吹万窍，发出各种音响。

[七] 卑高：《易·系辞上》："卑高以陈，贵贱位矣。"形容极端悬殊的地位或情况。

[八] 方内之游：尘世之游。《庄子·大宗师》："孔子曰：'彼游方之外者也，而丘游方之内者也。'"

[九] 坌集：聚集。"坌"，《康熙字典·土部》："坌，尘也，聚也，丛也。"◎横流：蒋清翊注文以为大水泛滥，并引《孟子·滕文公上》："洪水横流。"按，与"聚集"相对，此处之横流殆"四散"之义也。◎寰中：别集作"环中"。按，寰中，指天下、宇内，义胜。《弘明集》卷三引《喻道论》："焉复睹夫方外之妙趣、寰中之玄照乎？"

[十] 背色：佛教用语，指生死烦恼之境。《妙法莲华经文句》卷三："背色想生死烦恼境界在后故。"

[十一] 般若：佛教用以指如实理解一切事物的智慧，为表示有别于一般所指的智慧，故用音译。大乘佛教称之为"诸佛之母"。《王子安集注》卷一五《益州德阳县善寂寺碑》："涅槃甘露，承眷而宵流；般若灵音，杂祥以昼引。"◎长驱：向前奔驰不止。《汉书·韩安国传》："今将卷甲轻举，深入长驱，难以为功。"

[十二] 一名：道。《老子》第一章："无名天地之始，有名万物之母。故常无欲以观其妙，常有欲以观其徼。此两者，同出而异名，同谓之玄，玄之又玄，众妙之门。"

[十三] 破道：败坏道德。《淮南子·泰族训》："孔子曰：'小辩破言，小利破义，小艺破道。'"◎墟：位置。《国语·晋语四》："实沈之墟，晋人是居。所以兴也。"韦昭注："墟，次也。"

[十四] 万象：宇宙间一切事物或景象。《文选·孙绰〈游天台山赋〉》："浑万象以冥观，兀同体于自然。"

[十五] 降魔：佛教语。相传释迦牟尼在成佛前，曾与魔王进行激烈斗争，并取得胜利，见《过去现在因果经》卷三。

不知其去就[一]。至自于太虚[二]，复归于无物，其有建言立德[三]，开业成务[四]，握大柄而推造化[五]，执洪炉而诘元始[六]。四门幽辟[七]，顾非相而迟回[八]；三驾晨严[九]，临有为而出顿[十]。岂不知羁孤长路[十一]，终婴旅泊

[一] 去就：离开与靠近。《庄子·秋水》："宁于祸福，谨于去就。"

[二] 太虚：空寂玄奥之境，与"无物"相照。《庄子·知北游》："是以不过乎昆仑，不游乎太虚。"

[三] 立德：树立德业。《左传·襄公二十四年》："大上有立德，其次有立功，其次有立言，虽久不废，此之谓不朽。"孔颖达疏："立德，谓创制垂法，博施济众，圣德立于上代，惠泽被于无穷。"

[四] 开业：开国创业。《史记·秦本纪》："天子致伯，诸侯毕贺，为后世开业，甚光美。"◎成务：成就事业。《易·系辞上》："夫《易》何为者也？夫《易》，开物成务，冒天下之道，如斯而已者也。"

[五] 大柄：大权。《礼记·礼运》："是故礼者，君之大柄也，所以别嫌明微，傧鬼神。考制度，别仁义。"郑玄注："柄，所操以治事。"◎造化：蒋清翊注文引《庄子·大宗师》："伟哉造化。"又引《淮南子·原道训》下高诱注："造化，天地。一曰道也。"愚以为此解不妥，此处"造化"代指自然更佳，即推求自然。《庄子·大宗师》："今一以天地为大炉，以造化为大冶，恶乎往而不可哉？""大炉"与下句"洪炉"正相照。

[六] 元始：蒋清翊注文以为元始天尊，并引《真灵位业图》："玉清三元宫上第一中位，上合虚皇道君，应号元始天尊。"愚以为不妥，"元始"此处当解为"起始"，《文选·序》："式观元始，眇觌玄风。"《隋书·律历志中》："四象既陈，八卦成列，此乃造文之元始，创历之厥初者欤？"按，诘，追问，即此上二句言掌握大权进而推求自然，统御天地进而追问起始。

[七] 四门：用佛经中释迦牟尼出四门受天帝感化而出家修道的传说。《文选·王简栖〈头陀寺碑文〉》："殷鉴四门，幽求六岁。"李善注引《瑞应经》曰："太子至十四，启王出游，始出城东门，天帝化作病人，即回车，悲念人生俱有此患。太子出城南门，天帝化作老人，回车而还，愍念人生丁壮不久。太子出城西门，天帝化作死人，回车而还，愍念天下有此三苦。太子出城北门，天帝化作沙门，太子曰：'善哉，唯是为快。'即回车还，念道清净，不宜在家。"

[八] 非相：《金刚般若波罗蜜经》："凡所有相，皆是虚妄。若见诸相非相，即见如来。"

[九] 三驾：佛教以羊车喻声闻乘，鹿车喻辟支佛乘，牛车喻菩萨乘，称三驾。《法华经》卷二："舍利弗，若有众生，内有智性，从佛世尊闻法信受，殷勤精进，欲速出三界自求涅槃，是名声闻乘，如彼诸子为求羊车出于火宅。若有众生，从佛世尊闻法信受，殷勤精进求自然慧，乐独善寂，深知诸法因缘，是名辟支佛乘，如彼诸子为求鹿车出于火宅。若有众生，从佛世尊闻法信受，勤修精进，求一切智、佛智、自然智、无师智，如来知见、力、无所畏，愍念安乐无量众生，利益天人度脱一切，是名大乘。菩萨求此乘故名为摩诃萨，如彼诸子为求牛车出于火宅。"◎晨严：早晨的戒备。严，本指夜晚的警戒。《新唐书·礼乐志五》："其日未明四刻，搥一鼓为一严；二刻，搥二鼓为再严。"《旧唐书·职官志三》："凡驾行幸，有夜警晨严之制。"

[十] 有为：佛教语。指有为法。《景德传灯录》卷二"鸠摩罗多"条："汝若入此法门可与诸佛同矣。一切善恶，有为无为，皆如梦幻。"◎出顿：外出并驻扎。《宋书·文五王传》："车驾出顿宣武堂，内外纂严。"

[十一]"羁孤长路"，原作"羁旅乏路"，据别集改。《文选·谢庄〈月赋〉》："羁孤递进。"李善注："羁孤，羁客孤子也。"

之馀；舟楫中流，未释风涛之苦。将以宅心者寂[一]，虚室所以合符[二]；应物者神[三]，明镜由其不揜[四]。故能商榷宇宙，指麾权实[五]。演群生而非其力[六]，存庶品而非其有[七]。千栾闭景[八]，似居蓬艾之间[九]；双阙凌空[十]，若在江湖之上。其释迦之冲用乎[十一]！

龙怀山者，井络之所交会[十二]，岷隅控带[十三]。攒峰北走[十四]，吐沓嶂

[一] 宅心：《书·康诰》："汝丕远惟商耇成人，宅心知训。"

[二] 虚室：空室。此句用《庄子》语，谓人之心境正与此虚室同，清虚无欲，则道心自生。《庄子·人间世》："瞻彼阕者，虚室生白，吉祥止止。"司马彪注："室比喻心，心能空虚，则纯白独生也。"◎合符：相符合。《说苑》卷五："陛下初即至尊，与天合符。"

[三] 应物：顺应事物。《庄子·知北游》："邀于此者，四枝强，思虑恂达，耳目聪明，其用心不劳，其应物无方。"

[四] 明镜：《淮南子·俶真训》："莫窥形于生铁而窥于明镜者，以睹其易也。"后引申为判案公正无冤屈。◎揜：遮蔽；掩盖。《礼记·大学》："小人闲居为不善，无所不至，见君子而后厌然，揜其不善而著其善。"

[五] 商榷：商讨。《文选·左思〈吴都赋〉》："剖判庶士，商榷万俗。"◎权实：佛教语。谓佛法之二教，权教为小乘说法，取权宜义，法理明浅；实教为大乘说法，显示真要，法理高深。《广弘明集》卷二〇《大法颂·序》："二谛现空有之津，二智包权实之底。"

[六] 演：湿润。《国语·周语上》："夫水土演而民用也。水土无所演，民乏财用，不亡何待？"韦昭注："水土气通为演。演，犹润也。""演"与其下"存"相照，即"滋润万物"与"保全万物"。◎群生：众生、万物。《庄子·马蹄》："万物群生，连属其乡。禽兽成群，草木遂长。"

[七] 庶品：众物、万物。《孔子家语》卷一："所谓圣者，德合于天地，变通无方。穷万事之终始，协庶品之自然。"

[八] 闭：蒋清翊注文云："'闭'似为'蔽'之讹"。按，非讹，"闭"，原有遮蔽之义，《韩昌黎诗系年集释》卷一《重云一首李观疾赠之》："重云闭白日，炎燠成寒凉。"

[九] 蓬艾：蓬蒿与艾草，此处代指草野、民间，与其下"江湖"同。《庄子·齐物论》："故昔者尧问于舜曰：'我欲伐宗、脍、胥敖，南面而不释然，其故何也？'舜曰：'夫三子者，犹存乎蓬艾之间。若不释然，何哉？昔者十日并出，万物皆照，而况德之进乎日者乎！'"

[十] 双阙：借指京都，与"江湖"相对。《艺文类聚》卷一一："虽面双阙，无异乎崔巍之冠蓬莱。"

[十一] 冲用：语本《老子》第四章："道冲，而用之久不盈。"后以"冲用"指谦和、中和。

[十二] 井络：井宿区域。《文选·左思〈蜀都赋〉》："岷山之精，上为井络。"刘逵注："《河图括地象》曰：'岷山之地，上为井络，帝以会昌，神以建福，上为天井。'言岷山之地，上为东井维络；岷山之精，上为天之井星也。"◎交会：会合，聚集。《周礼·地官·大司徒》："四时之所交也，风雨之所会也。"

[十三] 控带：萦带。《文选·任昉〈为范尚书让吏部封侯第一表〉》："闭门荒郊，再离寒暑。兼以东皋数亩，控带朝夕。"刘良注："控，引也。带，绕也。"

[十四] 攒峰：密集的山峰。《文选·孔稚珪〈北山移文〉》："于是南岳献嘲，北垄腾笑，列壑争讥，攒峰竦诮。"

于玄霄[一]；巨鳌南驰，喷洪涛于赤岸[二]。香城宝地[三]，左右林泉，碧岫丹岑[四]，往来烟雾。时有法会禅师者，俗姓褚氏，吴郡钱唐人也[五]。金章锡美[六]，河阴传九命之尊[七]；玉铉乘荣[八]，江左受三台之贵[九]。地灵人杰，自朔野而重光[十]；学府文宗[十一]，冠南都而独秀[十二]。法师紫星降

[一] 杳嶂："杳"，别集作"香"，文义不通。按，"杳"，有高远、深远之义，与下"玄霄"可相联系。《汉书·扬雄传上》："上天之縡，杳旭卉兮。"颜师古注："杳，高远也。"且"杳嶂"亦有用例，《庾子山集注》卷一六《彭城公夫人尔朱氏墓志铭》："烟霾杳嶂，雾失遥村。"◎玄霄：云宵。《抱朴子外篇》卷一六："灵乌萃于玄霄者，扶摇之力也。"

[二] 赤岸：山名，在四川新都南。《文选·郭璞〈江赋〉》："源二分于崌崃，流九派乎浔阳；鼓洪涛于赤岸，沦馀波乎柴桑。"

[三] 香城：佛国。《王子安集注》卷一五《益州绵竹县武都山净惠寺碑》："武都仙镇，龙墟粤域，邑动香城，山开净国。"◎宝地：佛地。多指佛寺。《广弘明集》卷二七之上《出家顺善门·颂》："将安宝地，谁留化城。"

[四] 丹岑：红色的山崖。《汉魏六朝百三家集》卷九八刘孝威《登覆舟山望湖北》："紫川通太液，丹岑连少华。"

[五] 按，蒋清翊注云："盖褚氏之先由阳翟随晋元帝渡江，居钱塘为望族，于时钱塘属吴郡，子孙遂相沿称之耳。"

[六] 金章：金印。《汉书·百官公卿表上》："相国、丞相皆秦官，金印紫绶。"

[七] 河阴：黄河南岸之地。《国语·晋语九》："与鼓子田于河阴，使夙沙厘相之。"韦昭注"河阴，晋河南之田。"◎九命：爵位的九个等级。《周礼·春官·典命》："上公九命，侯伯七命，子男五命，王之三公八命，卿六命，其大夫四命，而士不言命，盖上士三命，中士再命，下士一命也。"

[八] 玉铉：玉制的举鼎之具。状如钩，用以提鼎之两耳。此处用来比喻处于高位的大臣。《易·鼎》："上九，鼎玉铉，大吉，无不利。"孔颖达疏："鼎玉铉者，王者，坚刚而有润者也。上九，居鼎之终，鼎道之成，体刚处柔，则是用玉铉以自举者也，故曰'鼎玉铉'也。"

[九] 江左：东晋及南朝宋、齐、梁、陈各代的基业都在江左，故当时人又称这五朝及其统治下的全部地区为江左，南朝人则专称东晋为江左。◎三台：古代中央三种最高官衔的合称。西汉以丞相（大司徒）、太尉（大司马）、御史大夫（大司空）为三公，东汉以太尉、司徒、司空为三公，唐宋沿东汉之制。见《通典·职官一》。此处"三台之贵"指褚渊，《南齐书》本传："褚渊，字彦回，河南阳翟人……建元元年（479），进位司徒……江左以来，无单拜录者，有司疑立优策……乃改授司空……其赠公太宰。"

[十] "朔野"，原作"朝野"，据别集改。按，朔野指北方荒野之地，与下句"南都"正为对。《文选·班固〈幽通赋〉》："雄朔野以扬声。"◎重光：比喻累世盛德。《书·顾命》："昔君文王、武王，宣重光。"孔传："言昔先君文武，布其重光累圣之德。"

[十一] 学府文宗：学识之府库，文章之宗匠。《庾子山集注·序》："父肩吾，散骑常侍中书令，文宗学府，智囊义窟，鸿名重誉，独步江南。"

[十二] 南都：张衡有《南都赋》，李善注引挚虞曰："南阳郡，治宛，在京之南，故曰南都。"此处指代"江左"。◎独秀：超群出众。《楚辞补注》卷九《招魂》："《激楚》之结，独秀先些。"

彩，红云授气[一]。应积善于高门[二]，契冥缘于累世[三]。果浮觞引，潜图彼岸之功；聚砾延沙，即揆为山之业[四]。灵枢密运[五]，辟仁路而长鸣[六]；慧刃高挥，斩邪关而洞照[七]。以为冥机体化[八]，毫发莫滞其真；执数逐微[九]，乾坤不容其算[十]。于是四禅幽观[十一]，破铜堞而出无明[十二]；三昧

[一] 紫星：此处同“紫气”，表祥瑞，附会为帝王、圣贤等出现的预兆。《史记·老子韩非列传》：“莫知其所终。”司马贞《索隐》引《列仙传》：“老子西游，关令尹喜望见有紫气浮关，而老子果乘青牛而过也。”◎红云：传说仙人所居之处，常有红云盘绕。此处亦表祥瑞。《云笈七签》卷一三引《太清中黄经》：“红云紫气常雍容，玉壁金梁内玲珑。”

[二] 积善：累积善行。《易·坤》：“积善之家，必有馀庆；积不善之家，必有馀殃。”◎高门：高贵门第。《庄子·达生》：“有张毅者，高门县薄，无不走也。”成玄英疏：“高门，富贵之家也。”

[三] 冥缘：佛教语，谓隐微难见的三世因缘果报。《弘明集》卷五《沙门不敬王者论·形尽神不灭》：“因知冥缘之构，著于在昔；明暗之分，定于形初。”◎累世：历世，历代。《荀子·荣辱》：“又欲夫馀财蓄积之富也，然而穷年累世不知不足，是人之情也。”

[四] 为山：喻建立功业。《书·旅獒》：“为山九仞，功亏一篑。”孔传：“八尺曰仞，喻向成也。未成一篑，犹不为山。”

[五] 灵枢：犹神机，指灵巧机变的谋略。“灵枢密运”，谓暗中操作神机。

[六] 辟仁路：辟路本同“静路”，古代达官贵人出行时，前方有执鞭清道者，故此句有“长鸣”之语。所谓长鸣，挥鞭之声也。《周礼·天官·阍人》：“凡外内命夫命妇出入，则为之辟。”郑玄注：“辟行人，使无干也。”

[七] 慧刃：智慧之剑刃。《广弘明集》卷二八上《为人作造寺说》：“五浊重茧，非慧刃而安挥。”◎洞照：洞察。《文选·袁弘〈三国名臣序赞〉》：“英英文若，灵鉴洞照。”

[八] 冥机：天机。《王子安集注》卷九《为人与蜀城父老第二书》：“则知冥机所运，吉凶于倏忽之间。”

[九] 逐微：追逐细微的道理。《文选·陆机〈文赋〉》：“或遗理以存异，徒寻虚以逐微。”

[十]“算”，原误作“等”，据别集改。按，此处谓法师很会追求天地至理。

[十一] 四禅：佛教语，即四禅天。佛教有三界诸天之说。三界，指欲界、色界、无色界，色界诸天又分为四禅。《法苑珠林》卷五：“初禅有三天，一名梵众天，二名梵辅天，三名大梵天；二禅之中有三天，一名少光天，二名无量光天，三名光音天；第三禅中亦有三天，一名少净天，二名无量净天，三名遍净天；第四禅中独有九天，一名福生天，二名福庆天，三名广果天，四名无想天，五名无烦天，六名无热天，七名善现天，八名善见天，九名色究竟天。”

[十二] 堞（dié）：女墙。铜堞，铜墙。《法苑珠林》卷六：“如忉利天善见大城，周围四万十千由旬，纯金为城之所围绕，高十由旬。城上埤堄，高半由旬，门高二由旬，其外重门高一由旬，十十由旬，有一一门，城之四面为千门楼。是诸城门，众宝所成，种种摩尼之所严饰。于大城四分之一，中央金城。”

雄图[一]，排铁围而泯非相[二]。法云自在[三]，吐纳龙宫[四]；贤圣不仁，奔驰象域[五]。将使三千塔庙[六]，知真实之玄津[七]；万亿幡幢[八]，入虚空之祕藏[九]。安心乐土，遁影灵关[十]。以开皇元年（581），来憩兹岭。灵墟福地[十一]，已被神功[十二]，玉牓金绳，未光朝命[十三]。

[一] 三昧：佛教语。《大智度论》卷七："何等为三昧？善心一处住不动，是名三昧。"谓屏除杂念，心不散乱，专注一境。◎雄图：宏伟的谋略。《文选·谢朓〈和伏武昌登孙权故城〉》："雄图怅若兹，茂宰深遐睠。"

[二] 铁围：铁围山。佛教认为南赡部洲等四大部洲之外，有铁围山，周匝如轮，故名。《法苑珠林》卷四："四洲地心即是须弥山，山外别有八山，围如须弥山下……其外醎海，广于无际，海外有山，即是大铁围山。四周围轮。"

[三] 法云：佛法如云，能覆盖一切。《大方广佛华严经》卷四五："深入菩萨行，悉闻胜法云。"◎自在：佛教以心离烦恼之系缚，通达无碍为自在。《大般涅槃经》卷二三："有八自在，则名为我。"

[四] 龙宫：喻指佛寺。《佛说海龙王经》卷三："时海龙王见佛就请，欢喜踊跃。稽首佛足右绕三匝，与眷属俱忽然不现，还在大海聚会龙民。而告之曰：'吾明日请佛，佛垂矜许。汝等同心当俱供养'……时海龙王化作大殿……于大殿上化立师子之座，高四百八十里，皆以众宝而合成。敷无数百千天缯以为綩綖。诸菩萨及比丘众所坐师子座。"

[五] 象域：佛教谓"象法"住世之域，即弘扬佛法所及的国土。

[六]"千"，原误作"十"，据别集改。按，三千为约数，佛教有三千大千世界之说。《放光般若经》卷七："若善男子、善女人取舍利起七宝塔满三千大千国土，供养如上故。不如是善男子、善女人供养般若波罗蜜，其福转倍多。拘翼！复置是三千大千刹土所作七宝塔。若三千大千国土满其中人，令一一人各各起七宝塔，供养如上故。不如是善男子、善女人供养般若波罗蜜，其福转倍多。"◎塔庙：塔。《魏书·释老志》："塔亦胡言，犹宗庙也，故世称塔庙。"

[七] 玄津：《文选·王简栖〈头陀寺碑文〉》："释网更维，玄津重枻。"张铣注："释网、玄津，并佛法也。"

[八] 幡幢：蒋注本作"麾幢"，即官员出行时仪仗中的旗帜。按，别本有作"幡幢"者，特指刹上之幡，亦可。

[九] 祕藏：即秘密藏。佛教语，谓非凡常所可了知的秘密法门。《佛说维摩诘经》卷一："诸佛祕藏，无不得入。"

[十] 灵关：道教语，指仙界的关门。《云笈七签》卷九："登七宝于玄圃，攀飞梯于灵关。"

[十一] 灵墟：洞天福地。《古微书》卷三二《河图纬》："北上包山入灵墟，乃造洞庭窃禹书。"◎福地：道教有七十二福地之说。《云笈七签》卷二七："太上曰：其次七十二福地，在大地名山之间，上帝命真人治之，其间多得道之所。"

[十二] 神功：神灵的功力。《南史·谢惠连传》："忽梦见惠连，即得'池塘生春草'，大以为工。常云：'此语有神功，非吾语也。'"

[十三] 朝命：朝廷的任命。《史记·南越列传》："然南越其居国窃如故号名，其使天子称王，朝命如诸侯。"

蜀王秀以文昭建国[一]，帝子专征[二]。伏巴服之尊名[三]，裂邛荒之宝命[四]。彤匪僭帝[五]，跸万骑于铜梁[六]；皂盖图王[七]，警千乘于玉宇[八]。镜山南望[九]，志狭彭、渝[十]；锦水西浮，耻朝江、汉[十一]。开实沈之壁垒[十二]，啸京叔之风尘[十三]。拥龟堞而托殊方[十四]，凭爵堂而傲天

[一] 蜀王秀：《隋书·文帝四子传》："庶人秀，高祖第四子也。开皇元年（581），立为越王。未几，徙封于蜀，拜柱国、益州刺史、总管，二十四州诸军事。二年（582），进位上柱国、西南道行台尚书令，本官如故。岁馀而罢。十二年（592），又为内史令、右领军大将军。寻复出镇于蜀。"◎文昭：文德昭著。《国语·周语下》："成王，能明文昭，能定武烈者也。"

[二] 专征：《竹书纪年》卷上："王锡命西伯，得专征伐。"

[三] 服：四远之地。《书·益稷》："弼成五服，至于五千。"孔传："五服，侯、甸、绥、要、荒服也。服，五百里。四方相距为方五千里。"◎尊名：尊号，此处指杨秀被封为蜀王。《史记·越王勾践世家》："居家则致千金，居官则至卿相，此布衣之极也。久受尊名不祥。"

[四] 荒：荒服，边远地区。《书·禹贡》："五百里荒服。"孔传："要服外之五百里，言荒又简略。"◎宝命：对天命的美称。《书·金滕》："无坠天之降宝命，我先王亦永有依归。"蔡沈集传："宝命，即帝庭之命也。谓之宝者，重其事也。"

[五] 彤匪：驾车的红色骏马。《墨子·七患》："彻骖匪，涂不芸，马不食粟，婢卑不衣帛，此告不足之至也。"孙诒让《间诂》："毕云：'高诱注《吕氏春秋》云：在中曰服，在边曰匪。'"《后汉书·章帝纪》："匪马可辍解，辍解之。"李贤注："夹辕者为服马，服马外为匪马。"

[六] 跸：古代帝王出行时，禁止行人以清道。《周礼·天官·阍人》："大祭祀、丧纪之事，设门燎，跸宫门庙门。"郑玄注："跸，止行者。"

[七] 皂盖：古代官员用的黑色蓬伞。《后汉书·舆服志上》："中二千石、二千石皆皂盖，朱两轓。"◎图王：图谋王业。《史记·平津侯主父列传》："臣闻图王不成，其敝足以安。"

[八] 玉宇：玉垒山。《文选·左思〈蜀都赋〉》："包玉垒而为宇。"

[九] 镜山：武担山，在成都。《华阳国志》卷三："蜀王哀之，乃遣五丁之武都担土为妃作冢。盖地数亩，高七丈，上有石镜，今成都北角武担是也。"

[十] 彭：蒋清翊注文引《文选·左思〈蜀都赋〉》"彭门鸿岍"刘逵注曰："岷山都安县，有两山相对立如阙，号曰彭门。"按，其后"渝"指"渝水"，又有"江汉"指长江和汉水，窃以为此处"彭"，应为古水名。今重庆之彭水县，即以"彭水"而得名。◎渝：渝水。《华阳国志》卷一："阆中有渝水，賨民多居水左右。"

[十一] 江、汉：长江和汉水。《书·禹贡》："江、汉朝宗于海。"

[十二] 实沈：高辛氏季子，参宿之神。《左传·昭公元年》："昔高辛氏有二子，伯曰阏伯，季曰实沈，居于旷林，不相能也，日寻干戈，以相征讨。后帝不臧，迁阏伯于商丘，主辰。商人是因，故辰为商星。迁实沈于大夏，主参。唐人是因，以服事夏商……故参为晋星。由是观之，则实沈，参神也。"

[十三] 京叔：《左传·隐公元年》："初，郑武公娶于申，曰武姜。生庄公及共叔段。庄公寤生，惊姜氏，故名曰'寤生'，遂恶之。爱共叔段，欲立之，亟请于武公，公弗许。及庄公即位，为之请制。公曰：'制，岩邑也，虢叔死焉，他邑唯命。'请京，使居之，谓之'京城大叔'。"◎风尘：比喻战乱。《汉书·终军传》："边境时有风尘之警，臣宜被坚执锐，当矢石，启前行。"

[十四] 龟堞：《元和郡县图志》卷三一："初仪筑城，屡颓不立，忽有大龟周行旋走。巫言依龟行处筑之，遂得坚立。城西南楼，百有馀尺，名张仪楼。"◎殊方：远方，异域。《文选·班固〈西都赋〉》："逾昆仑，越巨海，殊方异类，至于三万里。"

子[一]。威权所制[二]，胜兵数十州；雄视所临，经途五千里[三]。三英赋雪[四]，瞻秋月于梁台[五]；八叟吹风[六]，传朝云于楚馆[七]。思宏正法[八]，广召名僧。振锡云趋[九]，乘杯雾合[十]。禅师括囊泉石[十一]，韬迹烟霞[十二]。攀紫桂而同尘[十三]，守青莲而向晦[十四]。冲飙荡岳[十五]，宁移忍地之灵[十六]；烈

[一] 爵堂：《文选·左思〈蜀都赋〉》："内则议殿爵堂。"刘逵注曰："议殿爵堂，殿堂名也。"

[二] 制：原作"至"，据别集改。按，至，到达；制，控制，与下"临"相照。临制，监临控制。《史记·淮南衡山列传》："当今陛下临制天下，一齐海内，泛爱蒸庶，布德施惠。"

[三] 按，此句语本《文选·左思〈蜀都赋〉》："经途所亘，五千馀里。"

[四] 三英赋雪：蒋清翊注引《诗·郑风·羔裘》："羔裘晏兮，三英粲兮。"孔颖达曰："英，俊秀之名，言有三种之英，故以为三德。"窃以为解为"三德"不妥，此处与"八叟"相照，当解为三位英才，指邹阳、枚乘、司马相如。《文选·谢惠连〈雪赋〉》："梁王不悦，游于菟园，乃置旨酒，命宾友召邹生，延枚叟，相如末至，居客之右。俄而微霰零，密雪下，王乃歌《北风》于卫诗，咏《南山》于周雅。"

[五] 秋月：《古文苑》卷三枚乘《忘忧馆柳赋》："梁孝王游于忘忧之馆，集诸游士，各使为赋。枚乘《柳赋》，路乔如《鹤赋》，公孙诡文《鹿赋》，邹阳《酒赋》，公孙为《月赋》。"◎梁台：梁园里的亭台。《史记·梁孝王世家》："梁孝王筑东苑，方三百里，广睢阳城七十里，大治宫室，为复道，自宫连属于平台，三十馀里。"

[六] 八叟：劝导刘安升仙的八位神仙。《太平广记》卷八"刘安"条："于是乃有八公诣门，皆须眉皓白。门吏先密以白王，王使阍人自以意难问之……言未竟，八公皆变为童子，年可十四五，角髻青丝，色如桃花。门吏大惊，走以白王。王闻之，足不履，跣而迎登思仙之台。张锦帐象床，烧百和之香，进金玉之几，执弟子之礼。"

[七] 朝云：《文选·宋玉〈高唐赋〉》："妾在巫山之阳，高丘之阻，旦为朝云，暮为行雨。朝朝暮暮，阳台之下。"◎楚馆：楚灵王筑章华宫，选美人细腰者居之，人称楚馆。《史记·楚世家》："楚灵王方会诸侯于申，诛齐庆封，作章华台。"

[八] 正法：释迦牟尼所说的教法。《杂阿含经》卷二四："出兴于世，演说正法。"

[九] 振锡：僧人持锡出行。锡，锡杖。杖头饰环，拄杖行则振动有声。《宋书·谢灵运传》："建招提於幽峰，冀振锡之息肩。"◎云趋：《艺文类聚》卷五九："繁钦《征天山赋》：'輶辒云趋，威弧雨发'。"

[十] 乘杯：坐木杯渡水。《高僧传》卷一〇《杯度传》："杯度者，不知姓名。常为木杯度水，因而为目。"

[十一] 括囊：包罗。《后汉书·郑玄传论》："郑玄括囊大典，网罗众家，删裁繁诬，刊改漏失，自是学者略知所归。"

[十二] 韬迹：隐藏踪迹。《文选·陆机〈汉高祖功臣颂〉》："彭越观时，韬迹匿光，人具而瞻，翼尔鹰扬。"吕延济注曰："韬，藏。"

[十三] 攀桂：《楚辞补注》卷一二《招隐士》："攀援桂枝兮聊淹留。"◎紫桂：《拾遗记》卷一："暗河之北，有紫桂成林，其实如枣，群仙饵焉。"◎同尘：《老子》第五十六章："和其光，同其尘，湛兮似或存。"

[十四] 青莲：青色莲花。《佛说阿弥陀经》卷一："池中莲花大如车轮，青色青光，黄色黄光，赤色赤光，白色白光，微妙香洁。"

[十五] 冲飙：急风。《抱朴子外篇》卷三八："冲飙倾山，而不能效力于拔毫；火铄金石，而不能耀烈以起湿。"

[十六] 忍地：《大般涅槃经》卷一二："能堪忍贪欲恚痴，亦能堪忍寒热饥渴、蚊虻蚤虱、暴风恶触、种种疾疫。恶口骂詈，挝打楚挞，身心苦恼，一切能忍。是故名为住堪忍地。"

火焚山，不挠坚林之色[一]。王心有悟，时切优礼[二]。顺风拜道[三]，封山谢失[四]。发净财于广内[五]，揆仙室于重幽[六]。因嶂为壁，凭岸列户，以开皇五年（585）始赐额为龙怀寺[七]。

地邻绵左[八]，遂均绵上之恩[九]；山似龙盘[十]，即建龙怀之刹。尔其崇峦经复，复硐萦回[十一]。高丘泄云[十二]，长林翳日[十三]，增琼垣于下麓，揆瑶构于中岩[十四]。香辟神行[十五]，珍台妙立[十六]。玉虬衔霤[十七]，绝游气

[一] 坚林：娑罗林。娑罗为槲树类，冬夏不凋，故意译为坚固林。《大般涅槃经》卷一：“一时佛在拘夷城，力士生地，熙连河侧，坚固林双树间。”

[二] 优礼：优待礼遇。《汉书·刘向传》：“上以我先帝旧臣，每进见常加优礼，吾而不言，孰当言者？”

[三] 顺风：《庄子·在宥》：“广成子南首而卧，黄帝顺下风，膝行而进。”

[四] “失”，原误作“天”，据别集改。◎封山：《史记·晋世家》：“文公出，见其书，曰：‘此介子推也。吾方忧王室，未图其功。’使人召之，则亡。遂求所在，闻其入緜上山中，于是文公环绵上山中而封之，以为介推田，号曰介山，‘记吾过，且旌善人’。”

[五] “净”，原误作“进”，据别集改。◎广内：汉官廷藏书之所。《汉书·艺文志》：“于是建藏书之策。”颜师古注引三国魏如淳曰：“刘歆《七略》：‘外则有太常、太史、博士之藏，内则有延阁、广内、秘室之府。’”

[六] 仙室：蒋清翊注文引《列仙传》卷上：“历阳有彭祖仙室。”愚以为此解不妥，前句“广内”指藏书之所，此处应指东汉洛阳宫中藏书的东观。《文选·王融〈三月三日曲水诗序〉》：“挈壶宣夜，辩气朔于灵台；书笏珥彤，纪言事于仙室。”李善注：“华峤《后汉书》曰：‘学者称东观为‘老氏藏室’‘道家蓬莱’，今故言仙室。”◎重幽：极度昏暗之地。《艺文类聚》卷三五载繁钦《愁思赋》：“潜白日于玄阴兮，翳朗月于重幽。”

[七] “五年”，别集作“元年”，形近而讹。按，《文苑英华》卷八五三、《蜀中广记》卷五皆作“五年”，且前文称法师开皇元年（581）才来到此地，不可能短短一年之内就将此寺光大。

[八] 绵左：地名，今四川绵阳。《文选·左思〈蜀都赋〉》：“于东则左绵巴中，百濮所充。”

[九] 绵上：古地名，春秋晋地，今山西省介休县东南四十里介山之下。《左传·僖公二十四年》：“晋侯赏从亡者，介子推不言禄，禄亦不及，遂与母偕隐而死。晋侯求之不获。以绵上为之田。曰：‘以志吾过，且旌善人。’”杜注：“西河介休县南，有地名绵上。此山即绵上田之故地，汉以为县。”

[十] 山似龙盘：指九陇山。《太平寰宇记》卷七三：“九陇山，屈曲九折，故有九陇之名。”

[十一] 硐：山间的水沟。《文选·古诗十九首·青青陵上柏》：“青青陵上柏，磊磊硐中石。”

[十二] 高丘：楚国山名，此处泛指高山。《楚辞补注》卷一《离骚》：“忽反顾以流涕兮，哀高丘之无女。”王逸注：“楚有高丘之山。”

[十三] 长林：高大的树林。《文选·嵇康〈琴赋〉》：“涉兰圃，登重基。背长林，翳华芝。”

[十四] 按，此二句化自《吴都赋》。《文选·左思〈吴都赋〉》：“思比屋于倾宫，毕结瑶而构琼。”

[十五] 神行：形容楼观高峻，人迹罕至。《文选·张衡〈东京赋〉》：“飞阁神行，莫我能形。”薛综注：“人不见行往，故曰神。”

[十六] 珍台：华美的台。《文选·扬雄〈甘泉赋〉》：“珍台闲馆，璇题玉英。”

[十七] 玉虬：虬龙。《楚辞补注》卷一《离骚》：“驷玉虬以为鹥兮，溘埃风余上征。”

而负苍天[一]；金风连甍[二]，排烈风而瞰玄圃[三]。延绿房于累巘，上拂霞庄[四]；蔓丹阙于生磎[五]，下披泉户[六]。阳开阴阖，变霜露于旋回；蠖动螟飞[七]，起雷霆于指顾[八]。玉堂朝亘[九]，影袭长虹；珠殿宵浮，光含列宿[十]。

禅师殁后，爰有孝恭法师、智开法师、宏向法师、宝积阇黎四上人者[十一]，并禅师之上足[十二]，而法门之领袖也[十三]。五明衢路[十四]，控引情

[一] 按，此句化用《庄子·逍遥游》："抟扶摇羊角而上者九万里，绝云气，负青天。"

[二] 按，此句化用《西京赋》，《文选·张衡〈西京赋〉》："凤骞翥于甍标，咸遡风而欲翔。"

[三] 烈风：暴风。《书·舜典》："纳于大麓，烈风雷雨弗迷。"孔颖达疏："烈风是猛疾之风。"◎玄圃：昆仑山顶的神仙居处。《水经注·河水一》："昆仑之山三级：下曰樊桐，一名板松；二曰玄圃，一名阆风；三曰层城，一名天庭。是为太帝之居。"

[四] 霞庄：云汉，银河。《王子安集注》卷一《七夕赋》："结遥情于汉陌，飞永睇于霞庄。"

[五] "丹"，原作"贝"，据别集改。按，"丹"与上句之"绿"正为对。丹阙义同贝阙，本指河伯所居的龙宫水府，后用以形容壮丽的宫室。语出《楚辞补注》卷二《九歌·河伯》："鱼鳞屋兮龙堂，紫贝阙兮朱宫。"

[六] 泉户：同"地户"。《周礼·地官·大司徒》贾公彦疏引《河图括地象》："天不足西北，地不足东南，西北为天门，东南为地户，天门无上，地门无下。"

[七] 按，此句化自《七命》，《文选·张协〈七命〉》："焦螟飞而风生，尺蠖动而成响。"

[八] 雷霆：《列子·汤问》："江浦之间生么虫，其名曰焦螟。群飞而集于蚊睫，弗相触也，栖宿去来，蚊弗觉也……徐以神视，块然见之，若嵩山之阿；徐以气听，砰然闻之，若雷霆之声。"◎指顾：形容时间短暂、迅速。《文选·班固〈东都赋〉》："指顾倏忽，获车已实。"

[九] 玉堂：宫殿的美称。《文选·宋玉〈风赋〉》："然后倘佯中庭，北上玉堂，跻于罗帷，经于洞房，乃得为大王之风也。"

[十] 列宿：众星宿，指二十八宿。《楚辞补注》卷一六《九叹·远逝》："指列宿以白情兮，诉五帝以置词。"王逸注："言己愿后指语二十八宿，以列己清白之情。"

[十一] 阇黎：高僧。《梁书·侯景传》："初言隐伏，久乃方验，人并呼为阇梨，景甚信敬之。"◎上人：自南朝宋后，多用作对和尚的尊称。《释氏要览》卷一："古师云：'内有智德，外有胜行，在人之上，名上人。'"

[十二] 上足：高足，对徒弟的美称。《法苑珠林》卷二一："阿阇世王见无畏德默然而住，即告之言：'汝岂不知？此等皆是释迦如来上足弟子，成就大法耶？'"

[十三] 法门：修行者入道的门径，泛指佛门。《法华经》卷一："以种种法门，宣示于佛道。"

[十四] 五明：佛教所说的古印度五种学问。《菩萨地持经》卷六："云何菩萨自性慧，入一切所知境界？随入已如法择观缘五明，所谓内明、因明、声明、医方明、世工巧明。"◎衢路：歧路。《后汉书·冯衍传》："杨朱号乎衢路兮，墨子泣乎白丝。"

宫[一]；八解源流[二]，朝宗性海[三]。其深为宝，投白玉于崭岩[四]；无碍居真[五]，得玄珠于象罔[六]。住持真界[七]，栖息妙涂[八]。俱探寂灭之源[九]，各证菩提之域[十]。虽业定人境[十一]，照已极于无方[十二]；而道寄生成，功遂覃于有相[十三]。演中乘之奥义[十四]，增上栋之宏规[十五]。万栱不

[一] 控引：蒋清翊注文引《文选·左思〈魏都赋〉》："白藏之藏，富有无堤，同赈大内，控引世资。"窃以为不妥，据其后"八解""朝宗"，此处当为贯通之义。◎情宫：蒋清翊注文言未详。按，宫，可指五脏之神所在的部位。《素问·生气通天论》："阴之所生，本在五味；阴之五官，伤在五味。"窃以为据下文相对照之处，此处恐指感情的枢纽或道理。

[二] 八解：八种解脱。《阿毗达磨大毗婆沙论》卷八四："八解脱者，一有色观诸色解脱；二内无色想、观外色解脱；三净解脱身作证具足住；四超诸色想、灭有对想、不思惟种种想、入无边空、空无边处、具足住解脱；五超一切空无边处、入无边识、识无边处、具足住解脱；六超一切识无边处、入无所有无所有处、具足住解脱；七超一切无所有处、入非想非非想处、具足住解脱；八超一切非想非非想处、入想受灭身作证、具足住解脱。"《佛说维摩诘经》卷二："八解之浴池，正水满其渊。"

[三] 朝宗：比喻小水流注大水。《书·禹贡》："江、汉朝宗于海。"孔颖达疏："朝宗是人事之名，水无性识，非有此义。以海水大而江汉小，以小就大，似诸侯归于天子，假人事而言之也。"◎性海：真如之理性深广如海。《大方广佛华严经》卷四九："如须弥山四种宝色，普照众生性海。"

[四] 按，此二句化用自《新语》，形容不奢求富贵，不为利所缚。《新语·术事》："珠玉无用而宝之于身，故舜弃黄金于崭岩之山，捐珠玉于五湖之渊。"◎崭岩：高峻的山崖。《楚辞补注》卷一二《招隐士》："山气巄嵸兮石嵯峨，溪谷崭岩兮水曾波。"

[五] 无碍：通达自在。《大般涅槃经》卷一七："佛言：'善男子，菩萨摩诃萨能如是知，得四无碍，法无碍、义无碍、辞无碍、乐说无碍。'"

[六] "象罔"，原误倒，据别集乙正。《庄子·天地》："黄帝游乎赤水之北，登乎昆仑之丘而南望，还归，遗其玄珠。使知索之而不得，使离朱索之而不得，使喫诟索之而不得也。乃使象罔，象罔得之。"

[七] 真界：蒋清翊注文云同"真地"，并引《四十二章经》："视平等如一真地。"愚以为不妥，此处应指寺观。《全唐诗》卷三一七载武元衡《题故蔡国公主九华观上池院》："秦楼今寂寞，真界竟何如？"

[八] 妙涂：蒋清翊注言未详。窃以为据前文，此处同"妙境"，指精微奥妙之境。

[九] 寂灭：超脱生死的理想境界。《法华经》卷一："诸法从本来，常自寂灭相。"

[十] 菩提：豁然彻悟的境界。《百喻经》卷四"驼瓮俱失喻"："凡夫愚人，亦复如是，希心菩提，志求三为。"

[十一] 人境：尘世。《陶渊明集校笺》卷三《饮酒二十首》之三："结庐在人境，而无车马喧。"

[十二] 无方：变化无穷。《易·系辞上》："故神无方而易无体。"

[十三] 有相：造作之相或虚假之相。《放光般若经》卷一七："无所有者则一相，一相者则无有相。"

[十四] "义"，原误作"议"，据别集改。◎中乘：佛教有三乘，一般指小乘（声闻乘）、中乘（缘觉乘）和大乘（菩萨乘）。《大方便佛报恩经》卷六："声闻所得，三乘同知；中乘所得，二乘共知；唯佛所得，二乘不知，独佛自知。"

[十五] 上栋：此处取字面义，指上层建筑。《易·系辞下》："上古穴居而野处，后世圣人易之以宫室，上栋下宇，以待风雨，盖取诸《大壮》。"◎宏规：宏大的规模。《文选·班固〈西都赋〉》："图皇基于亿载，度宏规而大起。"

骞[一]，千门有阔[二]。俄而帝隋大去[三]，皇家小往[四]。天地闭而贤人隐[五]，云雷屯而巨宝衰[六]。毒龙横雾[七]，四天沉暗逆之悲[八]；醉象驱风[九]，三界溺崩离之酷[十]。上人慧机幽悟，定识潜融，知佛日之恒明[十一]，审王风之尚静[十二]。芝歌商岳[十三]，揆鸡岭而同归[十四]；茅籍磻溪[十五]，与猴江而

[一] 栱：在立柱与横梁交接处向外伸出成弓形的承重结构。《尔雅·释宫》："樴，谓之杙，大者谓之栱。"◎骞：亏损。《诗·小雅·无羊》："矜矜兢兢，不骞不崩。"毛传："骞，亏也。"

[二] 千门：宫门。《资治通鉴·唐文宗开成元年（836）》："流血千门，僵尸万计。"胡三省注："汉武帝起建章宫，度为千门万户，后世遂谓宫门为千门。"此处专指寺院之门。

[三] 大去：一去不返。《左传·庄公四年》："纪侯大去其国。"杜预注："大去者，不反之辞。"

[四] 小往：《易·泰》："泰，小往大来，吉亨，则是天地交而万物通也。"

[五] 按，此语本自《易·坤》："天地闭，贤人隐。"孔颖达疏："谓二气不相交通 天地否闭，贤人潜隐。天地通则草木蕃明，天地闭草木不蕃。天地闭，贤人隐明；天地通，则贤人出。"

[六] 云雷屯：云不成雨，雷则潜伏。《易·屯》："云雷屯，君子以经纶。"◎"宝"，原误作"室"，据别集改。按，巨宝即大宝，皇帝之位也。《易·系辞下》："圣人之大宝曰位。"

[七] 毒龙：比喻妄心。《大智度论》卷一四："如菩萨本身，曾作大力毒龙。若众生在前，身力弱者，眼视便死；身力强者，气往而死。是龙受一日戒，出家求静，入林树间思惟；坐久，疲懈而睡。龙法，睡时形状如蛇，身有文章，七宝杂色。猎者见之惊喜 言曰：'以此希有难得之皮，献上国王以为服饰，不亦宜乎？'便以杖按其头，以刀剥其皮……于是自忍，眼目不视，闭气不息；怜愍此人，为持戒故，一心受剥，不生悔意。既以失皮，赤肉在地，时日大热，宛转土中；欲趣大水，见诸小虫来食其身，为持戒故，不复敢动。自思惟言：'今我此身以施诸虫，为佛道故，今以肉施以充其身。后成佛时，当以法施以益其心。'如是誓已，身干命终，即生第二忉利天上。尔时毒龙，释迦文佛是也。"

[八] 四天：四禅天。《法苑珠林》卷五："初禅有三天，一名梵众天，二名梵辅天，三名大梵天；二禅之中有三天，一名少光天，二名无量光天，三名光音天；第三禅中亦有三天，一名少净天，二名无量净天，三名遍净天；第四禅中独有九天，一名福生天 二名福庆天，三名广果天，四名无想天，五名无烦天，六名无热天，七名善现天，八名善见天，九名色究竟天。"按，此处比喻四方。

[九] 醉象：比喻迷乱之心。《大方便佛报恩经》卷四："佛诸大弟子等今皆不在，如来单独一身。王可遣信往请如来，若入宫城，即当以酒饮五百大恶黑象，极令奔醉。佛若受请来入城者，当放大醉象而踏杀之。"

[十] 三界：佛教指众生轮回的欲界、色界和无色界，此处代指天下。

[十一] 佛日：对佛的敬称。佛之法力广大，普济众生，如日之普照大地，故以日为喻。《佛说观无量寿经》卷一："唯愿佛日教我，观于清净业处。"

[十二] 王风：王者的教化。《诗·大序》："《关雎》《麟趾》之化，王者之风也。"

[十三] 芝歌商岳：商山四皓隐居而作采芝歌。《太平御览》卷五七三："崔琦《四皓颂》曰：昔商山四皓者，盖角里先生、绮里季、夏黄公、东园公是也。秦之博士，遭世暗昧，道灭德消，坑黜儒术，《诗》《书》是焚。于是四公退而作歌曰：'漠漠高山，深谷逶迤，晔晔紫芝，可以疗饥。唐虞世远，吾将何归？驷马高盖，其忧甚大。富贵畏人兮，不如贫贱之肆志。'"

[十四] 鸡岭：鸡足山。《阿育王传》卷四："于是尊者迦叶至鸡脚山三岳中，坐草敷上。"

[十五] 磻溪：水名，在今陕西省宝鸡市。《韩诗外传》卷八："太公望少为人婿，老而见去，屠牛朝歌，赁于棘津，钓于磻溪。"

共至[一]。遁俗无闷[二]，因时待阙。洎丹陵启秩[三]，赤县居尊[四]。迦维授手[五]，波旬革面[六]。十千天子[七]，新朝帝释之宫[八]；八万仙人[九]，始向毗邪之国[十]。一音演而荒景服[十一]，三圣征而礼乐备[十二]。

由是巴方旧彦[十三]，蜀城遗老，仰慈门而知户牖[十四]，叩福田而喜耕

[一] 猴江：同"猴池"。古印度五大佛教精舍之一，指代佛寺。《王子安集注》卷一五《益州德阳县善寂寺碑》："火炎昆岳，高台与雁塔同平；水浸天衢，曲岸与猴池共尽。"

[二] 遁俗无闷：逃避世俗而心无烦忧。《易·乾》："遁世无闷。"

[三]"陵"，原作"棱"，据别集改。《宋书·符瑞志上》："（庆都）孕十四月，而生尧于丹陵。"

[四] 赤县：《史记·孟子荀卿列传》："中国名曰赤县神州。赤县神州内自有九州岛，禹之序九州岛是也，不得为州数。中国外如赤县神州者九，乃所谓九州岛也。"

[五] 迦维：佛祖诞生地，此处借指释迦佛。《魏书·释老志》："释迦即天竺迦维卫国王之子。天竺其总称，迦维别名也。"

[六] 波旬：魔王名，为欲界第六天之主。《百喻经》卷四"小儿得大龟喻"："天魔波旬，及恶知识，而语之言：'汝但极意六尘，恣情五欲，如我语者，必得解脱。'"

[七] 十千天子：《金光明经》卷四："尔时十千天子，从忉利天下阎浮提，至流水长者子大医王家。时长者子在楼屋上露卧眠睡。是十千天子，以十千真珠天妙璎珞置其头边，复以十千置其足边，复以十千置右胁边，复以十千置左胁边；雨曼陀罗华、摩诃曼陀罗华，积至于膝，作种种天乐，出妙音声。"

[八] 帝释之宫：《法苑珠林》卷三："地触柔软如妒罗绵，于践蹑时随足高下，是天帝释所都大城。城有千门，严饰壮丽，门有五百青衣药叉。"

[九] 八万仙人：泛指仙人之多。《押座文类》卷一："八万仙人香满国，千千圣众遍长空。"

[十] 毗邪：古印度城名。慧琳《一切经音义》卷八："毗耶离，或作毗舍离，或言维耶离，亦云鞞奢隶夜，皆梵言讹转也。正言吠舍釐，在恒河南中天竺界，七百贤圣于中结集也。"

[十一] 一音演：《大般若波罗蜜多经》卷三八一："世尊一音演说正法，随有情类各令得解。"◎荒景：八方荒远之地。《杨炯集笺注》卷七《唐恒州刺史建昌公王公神道碑》："控东南兮荒景，负江海兮未宾。"

[十二] 三圣：尧、舜、禹。《汉书·董仲舒传》："道之大原出于天，天不变，道亦不变。是以禹继舜，舜继尧，三圣相受而守一道。"◎礼乐：《礼记·乐记》："故圣人作乐以应天，制礼以配地。礼乐明备，天地官矣。"

[十三] 彦：贤士。《诗·郑风·羔裘》："彼其之子，邦之彦兮。"毛传："彦，士之美称。"

[十四] 慈门：佛、菩萨由慈心流出诸功德及善巧方便。《大方广佛华严经》卷四："清净慈门刹尘数，共生如来一妙相。"◎户牖：门与窗。《文心雕龙·诸子》："夫自六国以前，去圣未远，故能越世高谈，自开户牖。"此处比喻门路，学法的路径。

凿[一]。雕鞍绣辖[二]，瞻鹫崿而驰魂[三]；黼带綖裾[四]，指鹦林而骛款[五]。宝瓶宵注[六]，润浃尧旬[七]；玉柄晨麾[八]，风调舜历[九]。咸以为假沉其性，迷生安视听之功；动乱其心，穷子失肌肤之恋[十]。江连巫峡，始绊心猿；

[一] 福田：《佛说诸德福田经》卷一："佛告天帝：'复有七法广施，名曰福田。行者得福，即生梵天。'"◎耕凿：耕田凿井，此处比喻修习佛法。《高士传》卷上"壤父"条："日出而作，日入而息，凿井而饮，耕田而食，帝何德于我哉？"

[二] 雕鞍：刻饰花纹的马鞍。《西京杂记》卷二："武帝时身毒国献连环羁，皆以白玉作之。玛瑙石为勒，白光琉璃为鞍。鞍在暗室中，常照十馀丈如昼日。自是长安始盛饰鞍马，竞加雕镂。"◎绣：刺绣设色，五彩俱备。《书·益稷》："作会、宗彝、藻、火、粉、米、黼、黻、絺、绣，以五采彰施于五色作服。"孔传："五色备曰绣。"◎辖：车轴两头的金属键。《左传·哀公三年》："校人为马，巾车脂辖。"按，此处喻指车马皆装饰豪华。

[三] "鹫"，原作"燕"，据蒋清翊之说改。按，鹫崿犹鹫岭，指灵鹫山，佛所居也。崿，山崖。《文选·张衡〈西京赋〉》："坻崿鳞眴，栈齴巉崄。"李善注引《文字集略》："崿，崖也。"

[四] 黼（fǔ）：白黑相间的花纹。《书·益稷》："藻火粉米，黼黻饰绣。"孔传："黼若斧形。"陆德明《释文》："白与黑谓之黼。"◎綖（yán）：古代覆在冠冕上的装饰。《左传·桓公二年》："衡、紞、纮、綖，昭其度也。"孔颖达疏："此四物者，皆冠之饰也。"

[五] 鹦林：禅林座落之处。《撰集百缘经》卷六："佛在舍卫国祇树给孤独园。夏安居竟，将诸比丘，欲游行他国。时频婆娑罗王，将诸群臣出城，遥望如来……诣摩竭提国，值诸群鸟中有鹦鹉子王，遥见佛来飞腾虚空，逆道奉迎：'唯愿世尊及比丘僧，慈哀怜愍，诣我林中，受一宿请。'佛即然可。时鹦鹉王，知佛许已，还归本林，敕诸鹦鹉：'各来奉迎。'尔时世尊，将诸比丘，诣鹦鹉林，各敷坐具，在于树下，坐禅思惟。"◎骛：此处引申为追求，与"驰"相照。

[六] 宝瓶：盛佛具、法具之瓶器。《佛说观佛三昧海经》卷六："长者遣婢持满瓶金摩尼珠盖，助王家供养众僧。告言可信，汝持此物，贡上王家。婢闻是语，欢喜踊跃，持宝瓶走。"

[七] 尧旬：《书·尧典》："帝曰：'咨！汝羲暨和，期三百有六旬有六日，以闰月定四时，成岁。'"

[八] 玉柄：麈尾。《晋书·王衍传》："（衍）每捉玉柄麈尾，与手同色。"佛寺开讲，亦以之为指挥。《陈书·全缓传》："后主幸钟山开善寺，敕张讥竖义，索麈尾未至，敕取松枝手以授讥。"

[九] 舜历：《礼记·乐记》："昔者舜作五弦之琴，以歌《南风》。"《论语·尧曰》："咨尔舜，天之历数在尔躬。"何晏注曰："历数，谓列次也。"

[十] 肌肤：蒋清翊注文引《礼记·礼运》："而固人之肌肤之会，筋骸之束也。"窃以为不妥。此处"肌肤"，谓最亲近或亲密者。指穷子之父，化用《法华经》卷二："尔时穷子，佣赁展转，遇到父舍，住立门侧。遥见其父……穷子见父有大力势，即怀恐怖，悔来至此……尔时长者有疾，自知将死不久。语穷子言：'我今多有金银珍宝，仓库盈溢，其中多少、所应取与，汝悉知之。我心如是，当体此意。所以者何？今我与汝，便为不异，宜加用心，无令漏失。'尔时穷子，即受教敕，领知众物，金银珍宝及诸库藏，而无悕取一餐之意。然其所止故在本处，下劣之心亦未能舍。复经少时，父知子意渐已通泰，成就大志，自鄙先心。临欲终时，而命其子并会亲族、国王、大臣、刹利、居士。皆悉已集，即自宣言：'诸君当知！此是我子，我之所生。于某城中、舍吾逃走，伶俜辛苦五十馀年。其本字某，我名某甲，昔在本城怀忧推觅，忽于此间遇会得之。此实我子，我实其父。今我所有一切财物，皆是子有，先所出内，是子所知。'"

山对禺同，终维意马[一]。

贞观年中（627—649），积阇黎等乃宣昭遗趾[二]，发挥精舍。容成校历[三]，揆日用于天经[四]；隶首陈章[五]，算神功于地箓[六]。回廊窅窱[七]，自吐风飚；列榭峥嵘[八]，坐含云雨。图竭宫之妙质[九]，俨卢舍之真容[十]。宝珠周映，银龛备色[十一]。逸多垂足[十二]，似临兜率之天[十三]；师利分身[十四]，

[一] 心猿意马：流荡散乱难以控制的心神。《御制佛赋》卷一："心猿意马：'心识缘虑，狂若树猿，意识奔驰，甚于逸马。'"◎禺同：禺同山。《后汉书·西南夷传》："青蛉县禺同山有碧鸡、金马，光景时时出见。"

[二]"宣"，原脱，据别集补。

[三] 容成：相传为黄帝大臣，发明历法。《列仙传》卷上："容成公者，自称黄帝师，见于周穆王。能善补导之事，取精于玄牝。其要，谷神不死，守生养气者也。发白更黑，齿落更生。"

[四]"揆"，原作"列"，据别集改。◎天经：天象。《王子安集注》卷一三《益州夫子庙碑》："珠衡玉斗，征象纬于天经。"

[五] 隶首：黄帝史官，始作算数。《史记·历书》："太史公曰：'神农以前尚矣。盖黄帝考定星历。'"司马贞《索隐》："黄帝使羲和占日，常仪占月，臾区占星气，伶伦造律吕，大桡作甲子，隶首作算数，容成综此六术而着调历也。"◎章：古历法名词，十九年为一章。《后汉书·律历志下》："月分成闰，闰七而尽，其岁十九，名之曰章。"

[六] 地箓：道教谓地府的秘文秘录。《广成集》卷五《白可球明真斋赞老君祠》："出长夜之庭，升洞阳之馆，毁绝地箓，超翥天衢。"

[七] 窅窱：深邃、悠远。《文选·张衡〈西京赋〉》："望窅窱以径廷，眇不知其所返。"

[八] 峥嵘：高峻貌。《文选·班固〈西京赋〉》："于是灵草冬荣，神木丛生，岩峻崷崒，金石峥嵘。"李善注引郭璞《方言》："峥嵘，高峻也。"

[九]"竭"，原作"碣"，据别集改。竭宫即龙宫。《法华经》卷四："俱来菩萨亦坐宝莲花，从于大海娑竭罗龙宫，自然涌出，住空虚中，诣灵鹫山。"◎妙质：美的资质。《文选·祢衡〈鹦鹉赋〉》："体金精之妙质兮，合火德之明辉。"

[十] 卢舍：卢舍那佛，又名毗卢遮那佛，即报身佛。"卢舍那"即智慧光大之义，《大方广佛华严经》卷二对其神迹有详细介绍。

[十一] 银龛：佛龛。《王子安集注》卷一五《益州绵竹县武都山净慧寺碑》："银龛佛影，遥承雁塔之花；石壁经文，下映龙宫之业。"◎备色：具备各种色彩。《文心雕龙·风骨》："夫翚翟备色而翾翥百步，肌丰而力沉也。"

[十二] 逸多：菩萨名。《法华经》卷五："尔时释迦牟尼佛告弥勒菩萨：'善哉，善哉！阿逸多！乃能问佛如是大事。'"

[十三] 兜率之天：佛教谓天分许多层，第四层叫兜率天。《法华经》卷七："若有人受持读诵，解其义趣，是人命终……即往兜率天上弥勒菩萨所。"

[十四] 师利：文殊师利。《悲华经》卷三："尔时，佛告第三王子：'善男子！善哉！善哉！汝是纯善大丈夫也。聪睿、善解、能作如是甚难大愿。所作功德甚深甚深，难可思议，微妙智慧之所为也。汝善男子！为众生故，自发如是尊重之愿取妙国土，以是故今号汝为文殊师利。'"

若赴维摩之境[一]。灵仙可接[二]，藻绘无施[三]；真应难微[四]，雕镌有寄。若乃巡积阻[五]，历森沉[六]，天花照而高月落[七]，地籁惊而幽泉响[八]。紫兰花径，香侵柏叶之炉；绿草纹茵[九]，影入芙蓉之座[十]。真童凤策[十一]，即践金沙[十二]；仙女鸾衣，还窥石镜[十三]。严庄转梵[十四]，杳冥松桂之墟[十五]；硐户栖禅[十六]，寂寞藤萝之院[十七]。法鼓奏而寒山旷[十八]，洪钟鸣而晓壑

[一] 维摩：维摩诘。《维摩诘所说经》卷二："尔时佛告文殊师利：'汝行诣维摩诘问疾。'……于是众中诸菩萨、大弟子、释、梵、四天王等，咸作是念：'今二大士，文殊师利、维摩诘共谈，必说妙法！'实时八千菩萨、五百声闻、百千天人皆欲随从。于是文殊师利与诸菩萨、大弟子众及诸天人，恭敬围绕，入毗耶离大城。"

[二] 灵仙：神仙。《文选·孙绰〈游天台山赋〉》："涉海则有方丈、蓬莱，登陆则有四明、天台，皆玄圣之所游化，灵仙之所窟宅。"

[三]"绘"，原误作"会"，据别集改。

[四]"难"，原作"虽"，据别集改。按，此处言雕刻的佛像栩栩如生，容易产生灵验响应之效。

[五] 积阻：山峦连绵成阻。《唐诗品汇》卷一八卢纶《太白西峰偶宿车祝二尊师石室》："白云消散尽，陇塞俨然秋。积阻关河固，绵联烽戍稠。"

[六] 森沉：林木繁茂幽深。《宋书·谢灵运传》："修竹葳蕤以翳荟，灌木森沉以蒙茂。"

[七] 天花：佛教语，天界仙花。《维摩诘所说经》卷二："时维摩诘室有一天女，见诸大人闻所说法，便现其身，即以天华，散诸菩萨、大弟子上。"

[八] 地籁：风吹大地的孔穴而发出的声响。《庄子·齐物论》："地籁则众窍是已，人籁则比竹是已。"成玄英疏："地籁则窍穴之徒，人籁则箫管之类。"

[九]"纹"，别集作"文"，按，"纹"之古字即为"文"。《诗·秦风·小戎》："文茵畅毂。"此处比喻芳草地如斑驳的虎皮。

[十]"芙蓉"，原作"芳容"，据别集改。按，芙蓉座即莲台。

[十一] 真童：同"童真"，指受过十戒的沙弥。慧琳《一切经音义》卷四四："童真，是沙弥别名。"◎凤策：仙人的马鞭。《王子安集注》卷一一《乾元殿颂》："龟弓吐瑞，按五校而分营；凤策扬辉，翔八鸾而节步。"

[十二] 金沙：金沙河。《文选·王简栖〈头陀寺碑文〉》"脱履金沙。"李善注："拔河，一名金沙河也。"

[十三] 石镜：武担山。《华阳国志》卷三："蜀王哀之，乃遣五丁之武都担土为妃作冢。盖地数亩，高七丈，上有石镜，今成都北角武担是也。"

[十四] 严庄：严肃庄重。《管子·形势解》："人主者，温良宽厚则民爱之，整齐严庄则民畏之。"◎梵：诵念佛经之声。慧琳《一切经音义》卷六五："梵，赞声也。"

[十五] 杳冥：阴暗貌。《文选·张衡〈西京赋〉》："奇幻倏忽，易貌分形，吞刀吐火，云雾杳冥。"吕延济注："杳冥，阴暗貌。"

[十六]"栖禅"，原作"悽惶"，别集作"栖樟"，据蒋清翊之说改。

[十七] 寂寞：《楚辞补注》卷一六《九叹·忧苦》："巡陆夷之曲衍兮，幽空虚以寂寞。"王逸注："寂寞，无人声也。"

[十八] 法鼓：佛教法器之一。《法华经》卷一："如我惟忖，今佛世尊欲说大法，雨大法雨，吹大法螺，击大法鼓，演大法义。"

静[一]。赪苔翠藓，具不尽之灵衣[二]；石乳琼浆[三]，入无生之妙馔[四]。肃肃焉[五]，遥遥焉[六]，信调御之珠庭[七]，而列真之甲第也[八]。爰有上座玄鉴法师等[九]，并六尘无我[十]，四谛非他[十一]。奉乾越之微言[十二]，守楞伽之奥府[十三]。法雷潜吼[十四]，鼓动风尘；慧日扬明[十五]，照临丘壑。青溪坐定[十六]，得心宅之恒灵；丹洞行忘[十七]，觉身城之每化[十八]。须弥不

[一]“洪”，原作“溪”，据别集改。

[二] 灵衣：神灵的衣裳。《楚辞补注》卷二《九歌·大司命》：“灵衣兮被被，玉佩兮陆离。”王逸注：“言已得依随司命，被服神衣。”

[三] 石乳：石钟乳。《本草纲目》卷三“石钟乳”：“石钟乳，味甘温，无毒，主咳逆上气，明目益精，安五脏，通百节，利九窍。”◎琼浆：美酒。《楚辞补注》卷九《招魂》：“华酌既陈，有琼浆些。”

[四] 无生：佛教语，没有生灭。《弘明集》卷一三《日烛》：“咸淡泊于无生，俱脱骸而不死。”

[五] 肃肃：恭敬貌。《诗·大雅·思齐》：“雍雍在宫，肃肃在庙。”毛传：“肃肃，敬也。”

[六] 遥遥：形容距离远。《左传·昭公二十五年》：“鸜鹆之巢，远哉遥遥。”按，此处指佛寺占地广，房屋之间距离远。

[七] 调御：调御丈夫，佛十号之一。佛能教化引导一切可度者，故称。《杂阿含经》卷三三：“调马师白佛：‘世尊是无上调御丈夫，为以几种方便调御丈夫？’”◎珠庭：蒋清翊注文认为“珠”必“殊”字之讹。愚以为不妥。按，殊庭，指仙人的居处。《史记·孝武本纪》：“上亲禅高里，祠后土。临渤海，将以望祠蓬莱之属，冀至殊庭焉。”司马贞《索隐》引服虔曰：“殊庭者，异也，言入仙人异域也。”然“珠庭”亦指仙人的宫院，仙境。《乐府诗集》卷四一载《梁甫吟》：“奔枢岂易纽，珠庭不可临。”故“珠庭”无误。

[八] 列真：众仙人。道教称得道之人为真人。《玉海》卷八九载《爵铭》：“富如江海，寿配列真。”◎甲第：宅第。《文选·张衡〈西京赋〉》：“北阙甲第，当道直启。”

[九] 玄鉴法师：《续高僧传》卷一五《唐泽州清化寺释玄鉴传》：“释玄鉴，俗姓焦，泽州高平人也。天性仁慈志乐清洁，酒肉荤辛自然厌离。”

[十] 六尘：色、声、香、味、触、法。《圆觉经略疏》卷上：“妄认四大为自身相，六尘缘影为自心相。”宗密疏：“六尘是境，识体是心。”

[十一] 四谛：《大般涅槃经》卷一：“世尊告诸比丘：‘有四圣谛，当勤观察。一者苦谛、二者集谛、三者灭谛、四者道谛。’”

[十二] 乾越：蒋清翊以为未详。按，此处可能指大目乾连与离越，皆得道者。《增壹阿含经》卷二九：“一时，佛在拔耆国师子园中。诸神足高德比丘，贤者舍利弗、贤者大目乾连、贤者迦叶、贤者离越、贤者阿难等五百人俱。”

[十三] 楞伽：综合上一句来看，此处亦是谓法师钻研佛经之义，则楞伽当理解为佛经名。佛经有《大乘入楞伽经》。

[十四] 法雷：佛法如雷，能惊觉群迷。《文苑英华》卷七七二梁简文帝《南郊颂》：“广行四等，被慈雨于枯根；大阐三明，惊法雷于群梦。”

[十五] 慧日：普照一切的法慧、佛慧。《法华经》卷七：“无垢清净光，慧日破诸暗。”

[十六] 青溪：山名，在湖北荆州，多寺庙。《续高僧传》卷一九《唐雍州津梁寺释法喜传》：“荆州青溪山，寺四十馀，僧喜为沙弥，亲所供奉。”

[十七] 丹洞：道观。《初学记》卷八引《登真隐决》：“赤城山下有丹洞，在三十六洞天数，其山足丹。”

[十八] 身城：肉身。《大般涅槃经》卷一：“是身如城，血肉筋骨皮裹其上，手足以为却敌楼橹，目为窍孔，头为殿堂，心王处中。如是身城，诸佛世尊之所弃舍。”

动[一]，迥镇阎浮[二]；阇崛安居[三]，下观忉利[四]。开四生之广路[五]，淑六趣之彝伦[六]。足以导扬真绩[七]，恭宣来命者矣[八]。

县令柳公，讳明献，字太易[九]，河东人也。太玄降气，中黄授彩[十]。袭邹、鲁之荣基[十一]，吐河、汾之灵液[十二]。四科高第[十三]，振风翮于三冬[十四]；万室崇班[十五]，蹋云骖于百里[十六]。既而政成黎颂，道洽甿

[一] 按，此句化用《法华经》卷五："在于闲处，修摄其心，安住不动，如须弥山。"

[二] 阎浮：世界名。《长阿含经》卷一八："须弥山南有天下，名阎浮提，其土南狭北广，纵广七千由旬，人面亦尔，像此地形。"

[三] 阇崛：阇崛山。《法华经》卷一："昔如来于耆阇崛山中，与大阿罗汉阿若憍陈如、摩诃迦叶无量等众，演说大为真经，名无量义。"

[四] 忉利：忉利天。《大宝积经》卷九九："佛言：'舍利弗。此月光女，舍是身已，生忉利天，号曰光明，增上天子。'"

[五] 四生：佛教分世界众生为四大类。《阿毗达磨集异门足论》卷九："四生者　一卵生，二胎生，三湿生，四化生。"

[六] 六趣：众生轮回的六去处：天道、人道、阿修罗道、畜生道、饿鬼道和地狱道。《法华经》卷六："若四百万亿阿僧祇世界，六趣四生众生。"◎彝伦：常理。《书·洪范》："王乃言曰：'呜呼，箕子！惟天阴骘下民，相协厥居，我不知其彝伦攸叙。'"蔡沈集传："彝，常也；伦，理也。"

[七] "导"，原误作"尊"，据别集改。按，导扬，引导宣扬。《汉书·叙传下》："博陆堂堂，受遗武皇，拥毓孝昭，末命导扬。"颜师古注引刘德曰："武帝临终之命，霍光能寻达显扬也。"

[八] 来命：对人来信的敬称。《文选·吴季重〈答魏太子笺〉》："诚如来命。"

[九] "太易"：别集及《全蜀艺文志》卷四六收此文皆作"太初"。按，各本所载王勃《春思赋》皆作"九陇县令河东柳太易，英达君子也"，则作"太易"是。

[十] 中黄：《云笈七签》卷一三《太清中黄真经》："中黄者，中天之君也。"

[十一] "邹鲁"，原作"周宣"，据别集改。按，邹，孟子故乡；鲁，孔子故乡，借指文化昌盛之地，礼义之邦。

[十二] 河汾：隋代王通设教河、汾之间，受业者达千馀人。后以"河汾"指称王通及其学术流派。《新唐书·王绩传》："王绩字无功，绛州龙门人。性格高傲放任，不喜欢拜揖之礼。兄王通，乃隋朝末年的大儒学家，收徒讲学于河、汾间，模仿古人著作《六经》，又著《中说》，以仿效《论语》。"

[十三] 四科：蒋清翊注文以为汉代四科并引《汉官旧仪》："丞相设四科之辟：一曰德行高妙，志节清白；二曰学通行修，经中博士；三曰明习法令，足以决疑，能按章覆问，文中御史；四曰刚毅多略，遭事不惑，明足以照奸，勇足以决断，才任三辅令。皆试以能信，然后官之。第一科补西曹南阁祭酒，二科补议曹，三科补四辞八奏，四科补贼决。"愚以为据前文，此处当指孔门四科，即德行、言语、政事、文学。《论语·先进》"德行：颜渊、闵子骞、冉伯牛、仲弓。言语：宰我、子贡。政事：冉有、季路。文学：子游、子夏。"邢昺疏："夫子门徒三千，达者七十有二，而此四科惟举十人者，但言其翘楚者耳。"

[十四] 三冬：即三年。《汉书·东方朔传》："年十三，学书，三冬，文史足用。"

[十五] 万室：《商子·兵守》："四战之国，不能以万室之邑舍巨万之军者，国危。"◎崇班：高位。《全唐诗》卷一〇四卢怀慎《奉和九日幸临渭亭登高应制得还字》："无因酬大德，空此愧崇班。"

[十六] 云骖：皇帝的车驾。《江文通集江注》卷六《萧骠骑让太尉增封第三表》："将陪云骖以北守，扈朝服以济师。"◎百里：《三国志·蜀志·庞统传》："吴将鲁肃遗先主书曰：'庞士元非百里才也，使处治中、别驾之任，始当展其骥足耳。'"

讴[一]。假无上之幽筌[二]，毗不言之景化[三]。弦歌在韵[四]，将宝偈而齐归[五]；铜墨成章[六]，与梵天而共贯[七]。琼波湛淡[八]，沃荡云雷[九]；珠树萧条[十]，蔽亏烟雨[十一]。贞机罕应，良谈放好事之游[十二]；朗调多奇，高赏尽名山之曲[十三]。

下走东皋事失[十四]，南州途穷[十五]。叹孔席之栖遑[十六]，笑杨岐之浩

[一]“道洽”，原作“道路”，据别集改。按，“道洽”，指学说和教义得到普及，与前“政成”相照。

[二] 无上：至高。《荀子·君子》：“尊无上矣。”◎幽筌：《庄子·外物》，“筌者所以在鱼，得鱼而忘筌。”此处比喻佛法。

[三] 毗：辅佐，帮助。《书·微子之命》：“永绥厥位，毗予一人。”孔传：“长安其位，以辅我一人。”◎不言：以德政感化人民。《老子》第二章：“是以圣人处无为之事，行不言之教，万物作焉而不辞。”◎景化：大化。《国语·晋语二》：“景霍以为城，而汾、河、涑、浍以为渠。”韦昭注：“景，大也。”

[四] 弦歌：礼乐教化。《论语·阳货》：“子之武城，闻弦歌之声，夫子莞尔而笑曰：‘割鸡焉用牛刀。’”

[五] 宝偈：对偈颂的敬称。《大方广佛华严经》卷一：“一窥宝偈，庆溢心灵，三复幽宗，喜盈身意。”

[六] 铜墨：铜印黑绶。《汉书·西域传下》：“责大禄、大吏、大监以雌栗靡见杀状，夺金印紫绶，更与铜墨云。”

[七] 梵天：佛经中称三界中的色界初三重天为“梵天”。慧琳《一切经音义》卷六：“梵天，梵言，梵摩，此译云寂静，或云清净，或曰净洁。”◎共贯：贯通。《汉书·董仲舒传》：“帝王之道，岂不同条共贯与？何逸劳之殊也？”

[八] 湛淡：清澈。《艺文类聚》卷九载张载《蒙汜池赋》：“丽华池之湛淡，开重壤以停源。”

[九] 沃荡：流动貌。《文选·王简栖〈头陀寺碑文〉》：“南则大川浩汗，云霞之所沃荡。”刘良注：“沃，流也。荡，动也。”◎“云雷”，原作“云霓”，据别集改，正与后文“烟雨”为对也。

[十]“树”，原作“灌”；“萧”，原误作“箫”，据别集改。

[十一] 蔽亏：因遮蔽而半隐半现。《文选·司马相如〈子虚赋〉》：“日月蔽亏。”李善注引张揖曰：“高山拥蔽，日月亏缺，半见也。”

[十二] 好事：《汉书·扬雄传》：“家素贫，嗜酒，人希至其门，时有好事者，载酒肴从游学。”

[十三] 名山：大山。古多指五岳。《礼记·礼器》：“是故因天事天，因地事地，因名山升中于天，因吉土以飨帝于郊。”郑玄注：“名，犹大也。”

[十四] 下走：自称的谦词。《汉书·萧望之传》：“若管晏而休，则下走将归延陵之皋。”颜师古注：“下走者，自谦言趋走之役也。”◎东皋：田园。《文选·阮籍〈辞蒋太尉辟命奏记〉》：“方将耕于东皋之阳，输黍稷之税，以避当涂者之路。”◎事失：《后汉书·荀爽传》：“事失宜正，过勿惮改。”

[十五] 南州：泛指南方地区。《楚辞补注》卷五《远游》：“嘉南州之炎德兮，丽桂树之冬荣。”◎途穷：喻处境困窘。《文选·阮籍〈五君咏〉》：“物故不可论，途穷能无恸。”

[十六] 孔席：《汉书·叙传上》：“是以圣哲之治，栖栖皇皇。孔席不暖，墨突不黔。”◎栖遑：奔忙不定。《文选·陆机〈演连珠〉》：“是以利尽万物，不能睿童昏之心；德表生民，不能救栖遑之辱。”

荡[一]。薄游兹邑[二]，喜见高人。三接而定琴樽[三]，七纵而擒风月[四]。林宗有道，相期清浊之间[五]；平叔能言，见许天人之际[六]。从容宴语[七]，契阔胸怀。欣性情之同冥，感形骸之共遗[八]。虽禅都妙域，已拄于忘言[九]；而义塾文场[十]，窃申于知己[十一]。敢作颂曰：

妙象无倪[十二]，神功有涉。湛淡名器[十三]，崩腾事业[十四]。慧路翘车[十五]，禅河舣楫[十六]。控引群品[十七]，轮回庶劫。纵横宇宙，反覆山川[十八]。言因

[一]“杨”，原误作“扬”，据别集改。《荀子·王霸》：“杨朱哭衢途曰：‘此夫过举蹞步而觉跌千里者夫！’哀哭之。”

[二] 薄游：为薄禄而宦游于外，可为谦辞。《文选·夏侯湛〈东方朔画赞序〉》：“以为浊世不可以富贵也，故薄游以取位。”

[三] 三接：三度接见。《易·晋》：“昼日三接。”

[四] 七纵：比喻善于运用策略。《三国志·蜀志·诸葛亮传》：“亮率众南征，其秋悉平。”裴松之注引《汉晋春秋》：“亮至南中，所在战捷。闻孟获者，为夷、汉所服，募生致之。既得，使观于营陈之间，问曰：‘此军何如？’获对曰：‘向者不知虚实，故败。今蒙赐观看营陈，若秖如此，即定易胜耳。’亮笑，纵使更战，七纵七禽，而亮犹遣获。获止不去，曰：‘公，天威也，南人不复反矣。’”

[五] 按，此句语本《世说新语·德行》：“郭林宗至汝南，造袁奉高，车不停轨，鸾不辍轭。诣黄叔度，乃弥日信宿。人问其故，林宗曰：‘叔度汪汪如万顷之波，澄之不清，扰之不浊，其器深广，难测量也。’”

[六] 按，此句语本《世说新语·文学》：“何平叔注《老子》始成，诣王辅嗣，见王注精奇。乃神伏曰：‘若斯人，可与论天人之际矣。’因以所注为《道》《德》二论。”

[七] 宴语：闲谈。《国语·周语中》：“晋既克楚于鄢，使郤至告庆于周。未将事，王叔简公饮之酒，交酬好货皆厚，饮酒宴语相说也。”

[八] 形骸共遗：一起游于形骸之外。《庄子·德充符》：“今子与我游于形骸之内，而子索我于形骸之外，不亦过乎？”

[九] 忘言：《庄子·外物》：“言者所以在意，得意而忘言。”

[十] 义塾：不收学费的私塾。◎文场：文坛。《文心雕龙·总术》：“文场笔苑，有术有门。”

[十一] 按，此句语本《晏子春秋·内篇》：“诎乎不知己，而申乎知己。”

[十二] 妙象：《古诗纪》卷四一载郭璞《游仙诗》：“明道虽若昧，其中有妙象。”◎无倪：没有边际。《李太白文集》卷一《古风》其四一：“飘飘入无倪，稽首祈上皇。”王琦注：“倪，际也。”

[十三] 名器：名号与车服仪制。《左传·成公二年》：“唯器与名，不可以假人，君之所司也。”杜预注：“器，车服；名，爵号。”

[十四] 崩腾：奔走。《抱朴子外篇》卷三：“崩腾竞逐，其阘茸之徒，以取容于若曹邪？”

[十五] 翘车：远来的车驾。《左传·庄公二十二年》：“翘翘车乘，招我以弓。”

[十六] 禅河：修习禅定的境界。《长阿含经》卷三：“波旬复言：‘佛昔于郁鞞罗尼连禅河水边，阿游波尼俱律树下初成佛道。’”

[十七] 群品：众生。《汉书·蔡邕传》：“检六合之群品，济之乎雍熙。”

[十八] 反覆山川：《梁书·武帝纪》：“遂乃山川反覆，草木涂地。”

境立，道寄形诠[一]。爰稽福地，式揆珍田[二]。丹溪漏日[三]，碧洞栖烟[四]。阇都玉槛[五]，须弥石室[六]。榛灌溟濛[七]，风云萧瑟。睟容乃眷[八]，禅徒有谧[九]。叶磴三休[十]，花岩四密。崇峦架殿，叠嶂营楼。千楣风起，万拱鸾浮。星开绀发[十一]，月湛青眸[十二]。神宫不夜[十三]，邃宇长秋[十四]。户临重崿，窗分绝岭。半汉香浮[十五]，中天梵警。鹤林圣迹[十六]，龙泉佛影[十七]。鸟思山空，猿悲峡静。森森巨柏[十八]，落落长松[十九]。月出东岫，霞生北

[一] 诠：解释义理。《淮南子·诠言训》高诱注云："诠，就也。就万物之指，以言其征。事之所谓，道之所依也。故曰诠言。"

[二] 爰：助词，无义，起调节语气的作用。《诗·邶风·凯风》："爰有寒泉，在浚之下。"◎稽：治理。《书·梓材》："若稽田，既勤敷菑。"◎式：语助词。《诗·大雅·荡》："式号式呼，俾昼作夜。"◎揆：管理、掌管。《左传·文公十八年》："（尧）举八恺使主后土，以揆百事，莫不时序，地平天成。"

[三] 丹溪：仙人居住之地。《文选·郭璞〈游仙诗七首〉》之六"虽欲腾丹溪，云螭非我驾"，李善注引《典论》："适不死之国，国即丹溪。其人浮游列缺，翱翔倒景。"

[四] 碧洞：道观。《王子安集注》卷一二《九成宫颂》："丹溪碧洞，吐纳虹霓。"

[五] 阇都：《法苑珠林》卷四："次复置室为第三宿，属蛇头天，蝎天之子，姓阇都迦尼拘。室有二星，形如脚迹。一日一夜行三十时。属室星者，肉血祭之。"◎玉槛：《山海经》卷一一："昆仑虚在西北，帝之下都，昆仑之虚，方八百里，高万仞。上有木禾，长五寻，大五围。面有九井，以玉为槛。"

[六] 须弥：须弥山。《拾遗记》卷一〇："昆仑山者，西方曰'须弥山'。"◎石室：神仙洞府。《列仙传》卷上："赤松子者，神农时雨师也……数往昆仑山中，常止西王母石室中，随风雨上下。"

[七] 溟濛：草木茂密。《江文通集汇注》卷一《灵丘竹赋》："被篔簹之窈蔚，结筱荡之溟蒙。"

[八] 睟容：温和慈祥的容貌。《文选·王融〈三月三日曲水诗序〉》："睟容有穆，宾仪式序。"◎乃眷：关怀。《诗·大雅·皇矣》："乃眷西顾。"郑玄笺："乃眷然运视西顾。"

[九] 有谧：宁静。《文选·陆云〈大将军宴会被命作诗〉》："海外有谧。"

[十] 三休：登高途中三次休息。《新书·退让》："翟王使使至楚，楚王欲夸之，故飨客于章华之台上。上者三休而乃至其上。"

[十一] 绀发：佛教如来绀琉璃色的头发。《洛阳伽蓝记·自叙》："阳门饰豪眉之像，夜台图绀发之形。"

[十二] 青眸：清亮的黑眼珠。《艺文类聚》卷六一引刘祯《鲁都赋》："蛾眉青眸，颜若霜雪。"

[十三] "宫"，原误作"功"，据别集改。◎不夜：此指灯火照耀如同白天。《李德裕集校笺·别集》卷四《尊师是桃源黄先生传法弟子，常见尊师称先师灵迹，今重赋此诗，兼寄题黄先生旧馆》："洞天应不夜，源树只如春。"

[十四] 邃宇：深广的屋宇。《楚辞补注》卷九《招魂》："高堂邃宇，槛层轩些；层台累榭，临高山些。"

[十五] "汉"，原误作"回"，据别集改。按，半汉，即半空。

[十六] 鹤林：《大般涅槃经》卷一："尔时，拘尸那城娑罗树林。其林变白，犹如白鹤。"

[十七] 龙泉：《陈子昂集》卷二《夏日晖上人房别李参军崇嗣·序》："来从许下，月旦出于龙泉；言入蜀中，星文见于牛斗。"

[十八] 森森：树木繁密貌。《文选·潘岳〈怀旧赋〉》："坟垒垒而接垄，柏森森以攒植。"

[十九] 落落：稀疏貌。《艺文类聚》卷七引汉杜笃《首阳山赋》："长松落落，卉木蒙蒙。"

峰。山人自狎[一]，野老相逢。白云屡断，青溪几重。彭泽之令，临邛之客。比德山薮[二]，重规泉石[三]。法宇成言[四]，慈门致役[五]。糠粃吏隐[六]，薜萝心迹[七]。吾生扰扰[八]，与道皇皇[九]。殷勤颂咏，惆怅津梁[十]。投功翠碣，助化玄黄。百年之后，苔藓苍苍。

陈溪《彭州新置唐昌县建德草市、歇马亭镇并天王院等记》[十一]

圣上以南夷不虔，边尘坌起，候旦授执政意[十二]，俾择要郡，以良能而收之。遂命御史中丞渤海吴公行鲁[十三]，持节出刺雅安。公松筠植心，金石励志。雅安实边之冲，东入险隘，应援由此。公至，止一顾，屹如巨防。当危疑之秋，瞬息无事。郡人以考秩将满，预怀去思，接武陈诚，愿借绥抚。丞相陇西公以公功业昭著[十四]，飞章上闻，请充节度参谋兼诸军行营副都知兵马使、东路行营都知兵马使，仍兼知黎州及巡边制署。

[一] 山人：隐居之人。《文选·孔稚珪〈北山移文〉》："蕙帐空兮夜鹤怨，山人去兮晓猿惊。"

[二] "比德"，原作"比得"，据别集改。蒋清翊注文引《书·洪范》："人无有比德。"孔传："比周之德。"即指结党营私的行为。愚以为不妥，此处谓德行可与之比拟。《礼记·玉藻》："君子于玉比德焉。"◎山薮：山深林密的地方。《左传·宣公十五年》："川泽纳污，山薮藏疾。"

[三] 重规：重复同样的规矩。《晋书·周访传赞》："曰子曰孙，重规叠矩。"此处比喻遵照山水自然之道。

[四] 法宇：寺院。《艺文类聚》卷七载《神山寺碑》："迈彼高踪，构兹法宇。"◎成言：成议。《楚辞补注》卷一《离骚》："初既与余成言兮，后悔遁而有他。"

[五] 致役：致力用事。《易·说卦》："致役乎坤。"

[六] 糠粃：比喻粗劣而无价值之物。《庄子·逍遥游》："是其尘垢粃糠，犹将陶铸尧舜者也。"◎吏隐：不以利禄萦心，虽居官而犹如隐者。语本《晋书·孙楚传附孙绰》："尝鄙山涛，而谓人曰：'山涛，吾所不解。吏非吏，隐非隐。若以元礼门为龙津，则当点额暴鳞矣！'"

[七] 薜萝：《楚辞补注》卷二《九歌·山鬼》："若有人兮山之阿，被薜荔兮带女萝。"

[八] 扰扰：纷乱貌。《国语·晋语六》："唯有诸侯，故扰扰焉。凡诸侯，难之本也。"

[九] 皇皇：彷徨不安貌。《礼记·檀弓上》："既葬，皇皇如有望而弗至。"

[十] 津梁：比喻济渡众生。《世说新语·言语》："庾公尝入佛图，见卧佛，曰：'此子疲于津梁。'"

[十一] 按，此文见《文苑英华》卷八〇八、《蜀中广记》卷五、《全唐文》卷八〇四，今以《文苑英华》参校。

[十二] 候旦：犹待旦，等待天亮。盖言皇帝忧心此事，整夜不眠也。《书·太甲上》："先王昧爽丕显，坐以待旦。"

[十三] "鲁"，原误作"曾"，据《文苑英华》改。

[十四] 丞相陇西公：据文末署款时间在咸通十年（869），此时之丞相为路岩。《旧唐书》卷一七七本传云："咸通三年（862），以本官同平章事，年始三十六，在相位八年。"

公遂于大渡河创置一桥，亘五百尺。自干戈未宁，士马旁午，馈运往复，商旅经过，曾无覆溺之忧，永绝滞留之患，至今行者，见必归恩。异迹奇谋，繁难具纪。

由是复升于犍为。雅之南，千里县道，烽堡相躅，早夕军食跂俟于犍为[一]。公智出事先，机生料外，风波助意，舟楫如飞。是得阖郡无虞，诸军饫饱，实公之功也。复由是，天子以彭门名郡，而偿其重勋。公轫车之日，即究风俗。民之忧苦，已明其重轻；事之兴废，已熟其利病。从便革弊，幽显惬心。

郡内既肃，施及支邑[二]。以唐昌县中界接导江、郫城，东西绵远，不啻两舍。虽有村落，僻在荒塘。昔置邮亭，废毁将久。遂使行役者野食而泉饮，贸易者星往而烛归。夺攘公行，投告无所。深沟雨涨，古陌桥摧，跬步难逾，艰苦宁述？况输役责限，征敛有程，而欲罪其稽逋者乎？

公恻然凝想，即日计成，遂陈于连帅，于其心而置草市。因其乡名，便以建德为号。自此，四来者旋踵而迓迎，中望者举目而知归。老幼携挈，倏忽而至；万家欢笑，共事修营，不旬日而告就。今则百货咸集，蠢类莫遗；旗亭旅舍，翼张鳞次；榆杨相接，桑麻渐繁。如此牧人，可谓移风易俗矣。昔武侯以蜀脞脆[三]，故令邻邑翌日而市，意在习其筋力而俟之征徭。又每及上春，以蚕为名[四]，因定日而有知所往。公亦约之以期而候之，其日，商旅辇货至者数万，珍纤之玩悉有，受用之具毕陈。想人之心，岂待询问而知其欢悦也？

复以路由诸部，叠迹轮蹄，徘徊一息，无税驾之所。遂以俸钱建长亭，崇轩邃室，外厩内厨，帷薄精新，器物充足。则往来者非止昼室，而卜夜可矣。人既繁会，俗已丰饶，又置一镇，抽武士三十人而御之。亦立廨署，早暮巡警，盗将窜迹，人遂高眠。不感晨鸡，无闻夜犬，皆云康泰，不可比俦。

[一] 跂（qǐ）俟：踮起脚跟等着，比喻热切盼望，此处指依赖。《诗·卫风·河广》："谁谓宋远？跂予望之。"

[二] 施（yì）及：延伸至。《左传·隐公元年》："颍考叔，纯孝也，爱其母，施及庄公。"

[三] 脞（qiē）脆：脆弱。《广韵·戈韵》："脞，脆也。"

[四] "蚕"，原作"蠢"，文义不通，《粤雅堂丛书》本《蜀中名胜记》卷五作"蚕"，当是，今据改。按，蜀地有蚕市，《蜀中广记》卷五在彭县下记载云："每年三月三日蚕市之辰，众逾万人，宿止山内，饮食之外，水常有馀矣。"是知彭县有蚕市也。

又兹地会昌（841—846）之前有佛寺数所，因废而未兴，乡闾求福无处礼敬，像设之仪莫识，钟磬之声不闻，僻野深郊，转为韋俗。复置云岩报恩院，修北方天王及侍从，奇工妙饰，相好无双。高墉环合，门庑揭立。又度僧住持，行道无有虚日。斯人也，非只丰足，而永逃夭枉之患，得不纪其盛迹而垂于无穷者哉！

县人之忧乐，俗之凋弊，岂系于时？而实俟于哲人上才也！噫！公之为政，以己之欲而思人欲，以己之恶而思人恶。是以连牧三郡，而皆勋绩绝伦。若非秉心端庄，求理无替，则奚能动远迩瞻听而倏者乎？且昔之此民往复百里，饥不得续食，寒不得易衣。今之出户而所阙皆足，市之功其可量乎？昔之此民村防遥远，萧索人稀，盗贼织路，行者恐畏。今之出户，歌笑自若，醉饱群归，镇之功其可量乎？昔之此民首罪无所，求福奚门，今之出府有依归之僧，睹庄严之像，院之功其可量乎？昔之行者戴星乘韬，亭午未憩，馆谷何投，饥旅宁济？今之朱门大启，来往如归，乏马疲人，顿忘其弊，馆舍之功其可量乎？

公创一意而庶类皆安，推深诚而万人咸福，是知玄造之旨不独幸蜀之三郡。即应重委大柄，为国之元臣，使天下皆幸也！溪早岁谬以文字为公之知，偶因薄游，获睹盛制。舆人颂美，异口同词，直叙见闻，敢愧芜浅。

咸通十年（869）五月十五日记。

※陈会《彭州九陇县再建龙兴寺碑》[一]

郡之雉东方[二]，万楹横空，屹然丽谯之欲造乎天倪者[三]，耒名曰再

[一] 陈会:《全唐文作者小传补正》卷七八八云:"陈会，蜀人，家以当垆为业，大和元年(827)登进士第。后授侍御史兼殿中，尚书省郎中。为中书令百敏中子婿、西川副使，连典彭、汉两郡而终。见《登科记考》卷二〇、《唐御史台精舍题名考》卷三、《北梦琐言》卷三'陈会《螳螂赋》'。"按，此文载《文苑英华》卷八六八，颇疑文字有误，故复据《全唐文》卷七八八参校。

[二] 雉：古代计算城墙面积的单位。长三丈，高一丈为一雉。此处借指为城墙。《礼记·坊记》："古制国不过千乘，都城不过百雉。"郑玄注："雉，度名也。高一丈，长三丈为雉。百雉为长三百丈。"

[三] 丽谯：华丽的高楼。《庄子·徐无鬼》："君亦必无盛鹤列于丽谯之间。"郭象注："丽谯，高楼也。"成玄英疏："言其华丽嶕峣也。"◎天倪：天边。《岑嘉州诗笺注》卷三《宿铁关西馆》："雪中行地角，火处宿天倪。"

建龙兴之佛寺焉。厥初，寺号大空；天授二年（691）为大云。我唐开元中（713—741），诏号龙兴。会昌五年（845），废为闲地。僧俄巾像示灭[一]，钟声绝耳，楼台为薪。吁呼表成毁哀之数者，其实在言。然而不知言者，徒行咨坐叹，以为吾释门之大教将灰烬于今日矣。殊不知流浊者搅而清，籺多者簸而精[二]。由是未经岁，我皇驭九土，怀八荒，以为我之提大化也，无欲其一事之不得其所于我也，而况释之教！毗我之为理者[三]，深可取焉。宏大法，则生死皆无，是锁我之七情也；推小乘，则祸福皆有，是割人之众恶也。恶之兴，我刑止于杀；恶之释，我刑惟其生。由是澄上流，禁浮俗，曾何以异我之理焉！由是我负扆玄郊而复诏天下，使率土郡府各复其寺。寺之数，郡府有差；释之数，男女一致。

其于彭，为郡，得复寺之二焉。二之数，龙兴居一。一寺度僧三十，精选进行能臻不二之门者，居其右焉。开须达之园者[四]，抑其次矣。谨住持，善完缉，使材无遗用，众有所归。肩一心，绍前构，不瞬目使其寺如从踊出者[五]，其慎选得人力焉！其始也，披蒿莱，劄榛莽，重叠败栋，草创危梁。严赞颂昼夜以耸其信心，示因果教化以开其众意。既而远近咸萃，耆艾毕臻[六]。浃月叠旬，资粮山峙。啸良工，度贞木，缭以周墙七百馀尺，亘以修廊间百十四[七]。然后中堂云构，三门洞开。俨八臂之瑞容，艳丈六之金质，峥嵘曜落哉！饰遂宇而凤欲狂飞，抱危梁而

[一]“僧俄”，或误，《全唐文》无此二字。

[二] 籺（hé）：杂于米麦中的糠壳、麦麸，或作“麧”。《类篇·麦部》云：“一曰俗谓粗屑为麧。”

[三] 毗：帮助。《书·微子之命》：“永绥厥位，毗予一人。”孔传：“长安其位，以辅我一人。”

[四] 须达：“须达多”之省，梵语 sudatta 的音译。意译为“善與”“善給”“善授”等。古印度拘萨罗国舍卫城富商，波斯匿王的大臣，释迦的有力施主之一，号称给孤独。后皈依佛陀，与祇陀太子共同施佛精舍，称祇树给孤独园。故此处之“须达之园”，即佛寺之代称。《别译杂阿含经》卷九：“尔时，世尊即将长者须达多入于房中，敷座而坐。时须达多礼佛足已，在一面坐……白佛言：‘世尊！我名须达多，我以布施贫乏之故，诸人称为给孤独氏。’”《金刚般若疏》卷一：“须达多者，此云善与。父母无儿，就神乞之，梦中得儿，故名善与。彼土曾十二年中不雨，而须达巨富，赈济贫乏，故名给孤独长者。今言祇树给孤独园者，此是君臣两举。通别二名，祇陀是君名，给孤独即是臣称。树是其别所，园即是通处。又祇树是门处，故前明；园是精舍，故后举。又祇陀是本称，给孤是末名。”

[五]“踊”，《全唐文》作“涌”，亦通。按，“踊”指向上冒起，“涌”则专指泉水涌出。

[六]“毕”，原作“必”，据《文苑英华》夹注及《全唐文》改。

[七]“亘”，原作“一旦”，据《文苑英华》夹注及《全唐文》改。◎“修廊”，原作“备廊”，与《文苑英华》同，文义不通，据《全唐文》改。

蟉将拗力[一]。吁呼！窈窱瑰严，固不可一二言之也！

况乎列开讲宇，周绘四牖。东序设以圣神，部伍合沓[二]；西厢施治无畏，常晬慈容[三]。然后仿以天途，写其地府。笙镛铙钹，尝闻真界之音；鼎镬砧锤，尽载酆都之苦。是使即之者勇善，望之者悛恶，诚象设之多岐，亦箴规之别户者也。

况创浮图，建宝刹，请金口之妙典，万轴玉崇；铭佛顶之真言，讲幢珠缀。是知摩腾建寺[四]，岂滞有为；如来茸门，宁妨无著。以是因复寺而破性相者，以为空寂两忘，方归真谛；性相俱在，未入妙途。如是，则理乖圆对，法阂影从。俾迷方者尽不得出于三途[五]，溺川者何缘拯于五衍[六]？茫茫八表，尽从心猿；浩浩群生，谁调意马？因知空寂与性相同途，性相与空寂易轨。非性相无以臻空寂，非空寂无以见性相。是知性相为空寂之筌蹄，空寂因性相而超度。如是，则寺不得不复，道不得不宏。舍之不可，犹四教之在躬；为之则无，何三乘之别载？大矣哉，释教之复兴者！其于诲诱弼化，不可得而名也。而况彭门地控山河，俗多犷狎，邪正相轧，是非坚明。虽五刑具设，诚足以摄其威；而百法俱陈，固可以敛其恶。予剖符是郡，星欲二周[七]。守成之下，螟螣望境而他飞[八]；

[一] 蟉（liú）：本为龙蛇蜿蜒貌，此处与“凤”为对，故代指龙。《楚辞补注》卷五《远游》：“玄螭虫象并出进兮，形蟉虬而逶蛇。”洪兴祖补注：“蟉虬，盘曲貌。”

[二]“伍”，原作“五”，与《文苑英华》同，据《全唐文》改。◎“沓”，原误作“杳”，据《文苑英华》《全唐文》改。

[三] 晬（suì）：通“睟”，润泽貌。《孟子·尽心上》：“其生色也，睟然见于面。”赵岐注：“睟然，润泽之貌也。”

[四] 摩腾：摄摩腾，后魏时期僧人，见《魏书·释老志》。

[五]“三”，原误作“二”，据《文苑英华》《全唐文》改。按，三途，佛教语，即火途（地狱道）、血途（畜生道）、刀途（饿鬼道），乃五道中的三恶道。《弘明集》卷一三：“三界之内，凡有五道：一曰天，二曰人，三曰畜生，四曰饿鬼，五曰地狱。全五戒则人相备，具十善则生天堂。全一戒者则亦得为人。人有高卑，或寿夭不同，皆由戒有多少。反十善者谓之十恶，十恶毕犯则入地狱。抵揬强梁，不受忠谏，及毒心内盛，殉私欺殆，则或堕畜生，或生蛇虺；悭贪专利，常苦不足，则堕饿鬼。其罪若转少而多阴，私情不公亮，皆堕鬼神。虽受微福，不免苦痛。此谓三途，亦谓三恶道。”

[六] 五衍：五乘。《文选·王简栖〈头陀寺碑文〉》：“凭五衍之轼，拯溺逝川。”李善注：“五衍，五乘。天竺言衍，此言乘。五乘：一人，二天，三声闻，四辟支佛，五菩萨。”

[七] 星欲二周：周者，岁星。故“星欲二周”，言将满两年。《白居易集笺校》卷六八《与刘苏州书》：“岁月易得，行复周星。”

[八] 螟螣（tè）：吃苗叶的害虫。《诗·小雅·大田》：“去其螟螣。”毛传：“食心曰螟，食叶曰螣。”

行化之初[一]，商旅乘风而沓至。以是公多暇日，因诸众长老与乡之鲐耋之请[二]，而书复寺之岁月，以广其一二焉。铭曰：

吾皇混一三教兮，复建仁祠。复之多少兮，其数甚宜。不屈土木兮，不夺耕机。吮笔纠穷兮，日月不知。上或以之为定制兮，不炽不衰。寺之一复兮，众知其非。

※邓衮《望雪楼记》[三]

上缵位年[四]，京兆公由亚荆牧彭[五]。搜鲠治蠹化者，耘而革之，不易节而政成。既而府署亭台之弊坏者，咸理新之。明年秋，作望雪楼，讫功，俾进士邓究铭之：

围蜀之鄙，截如巨砥。厥郡维彭，北西天屏。危壁峭青，戛霄摩冥。鲸跳虬奔，限蛮隔番。上排云峰，延叠万重。鹤毾瑶骈[六]，月积绡鲜。振古不泐[七]，四节一色。皎皓披飘，寒涸阴胶。光涵二水，冷射千里。往哲所嘉，名之玉垒。公来未期，毕完瘵凋。乃于崇墉，作为丽谯。长材羡工，不伐不徭。趾故规新，不僭不骄。经之浃辰，翚飞迢迢[八]。三伏赫曦，九野如烧。斯焉一登，神涤烦销。他日征黄[九]，羊碑召棠[十]。

[一]“初”，原作“物”，与《文苑英华》同，且《文苑英华》夹注“疑”字，疑此字有误，据《全唐文》改。

[二]鲐耋：鲐背与耄耋，皆形容年老，此处代指老人。《方言》卷一：“鲐，老也……秦晋之郊、陈兖之会曰耇鲐。”郭璞注：“言背皮如鲐鱼。”

[三]邓衮：《全唐文》卷七五七称其为大和初（827？）进士，《全蜀艺文志》卷三四题注云其为新都人。按，此文载《文苑英华》卷八一〇、《全蜀艺文志》卷三四、《全唐文》卷七五七，今以《文苑英华》《全唐文》参校。

[四]缵位：继承帝位。《诗·鲁颂·閟宫》：“奄有下土，缵禹之绪。”按，据文末署款为大中元年（847），知此皇帝为唐宣宗。

[五]京兆公：当即本书卷二六之韦慎名，此人乃京兆韦氏，曾任彭州刺史。

[六]鹤毾：《汉语大词典》收此词，以本文为书证，释为“画有飞鹤的藻井”。

[七]“泐”，原作“勒”，据《文苑英华》《全唐文》改。按，泐，残泐，因风化而破损。

[八]翚飞：如五彩山鸡飞动的样子，比喻宫室高峻壮丽。《诗·小雅·斯干》：“如鸟斯革，如翚斯飞。”郑玄笺：“伊、洛而南，素质，五色皆备成章，曰翚。翚者，鸟之奇异者也。”

[九]征黄：西汉黄霸守地方有功，被征召为京兆尹。后以“征黄”比喻将得到重用。《杜诗详注》卷二二《奉送韦中丞之晋赴湖南》：“宠渥征黄渐，权宜借寇频。”

[十]羊碑：襄阳百姓为羊祜立碑。《晋书·羊祜传》：“襄阳百姓于岘山祜平生游憩之所建碑立庙，岁时飨祭焉。望其碑者，莫不流涕，杜预因名为堕泪碑。”◎甘棠：召伯所种，后人念其德，不忍剪伐。《诗·召南·甘棠》：“蔽芾甘棠，勿翦勿伐，召伯所茇。”《艺文类聚》卷七七载南朝梁刘孝绰《栖隐寺碑铭》：“召棠且思，羊碑犹泣。”

下客贡铭，永播德芳。

先是，王仆射潜、萧桂州祐继守斯郡。二公陶奇撰幽，不乏心匠。于西湖台岛，花竹列植，布置罔不宛妙。维雪山，彭之殊观，独莫经意。岂非天待我公作赏迹乎？昔西汉进儒术，臣多贞方；魏晋扇虚玄，吏采风流。孰若公精六籍，练众务，蕴张、赵之干敏[一]，兼王、谢之精雅[二]？辩辞盈庭，奋毫电飞；其牍百幅，历眸冰释。前可以折穆之之角[三]，近可以挫戴胄之锐[四]。则不止有逸暇览眺，盖雄节大旆，师长列侯；方均平衡，肃和神人。

迫期矣，衮不佞，镵公奇迹，觊识士和。望雪不取于澄心莹目，将以思洁白；登楼不取于栉清沐旷，在据上睨下。察人之利病，亦敷政之嘉术也。大中元年（847）九月记。

宋张縯《南康郡王庙记》[五]

郡邑通祀有功德于其民者，盖古制也。秦时，蜀守冰凿离堆，避沫水之害，溉田以亿万计，相与尸而祝之者今环蜀境。汉兴，守文翁饬厉诸生于学，蜀地学京师者比齐鲁，其后学校官为石室以祀翁，至欲周公、孔子配。秦守以功惠，汉守以德教，光明俊伟，世传诵之。自是以来，

[一] 张、赵：汉张敞、赵广汉的并称。二人为地方官，均有治绩。《文选·孔稚珪〈北山移文〉》："笼张、赵于往图，架卓、鲁于前箓。"李善注："《汉书》曰：'张敞，字子高，稍迁至山阳太守。'又曰：'赵广汉，字子都，涿郡人，为阳翟令，以化行尤异，迁京辅都尉。'"

[二] 王、谢：晋人王坦之与谢安。《世说新语·雅量》："桓公伏甲设馔，广延朝士，因此欲诛谢安、王坦之……王之恐状，转见于色。谢之宽容，愈表于貌。望阶趋席，方作洛生咏，讽'浩浩洪流'。桓惮其旷远，乃趣解兵。王、谢旧齐名，于此始判优劣。"

[三] 穆之：南朝宋人刘穆之，才思敏捷。《宋书》本传云："穆之与朱龄石并便尺牍，常于高祖坐与龄石答书。自旦至中，穆之得百函，龄石得八十函，而穆之应对无废也。"

[四] 戴胄：隋末唐初名臣，亦文思泉涌。《旧唐书》本传称："戴胄字玄胤，相州安阳人也。性贞正，有干局，明习律令，尤晓文簿。"

[五] 张縯：《宋诗纪事》卷五三列其小传云："縯字季长，蜀之唐安人，隆兴元年（1163）进士，官大理少卿。"按，此碑载《成都文类》卷三三、《全蜀艺文志》卷三七，从文字比对来看，与后者较接近，故以《全蜀艺文志》参校。◎"南康"前，原有"彭州濛阳县土主祠"，据《全蜀艺文志》删。按，通观全文，不言乃为彭州土主祠所作者，本文或不当收。

凡守之贤者，蜀人必为建祠，或绘其像，天下名镇未是有也。何者？蜀远而地胜，受蜀之寄必其要官大人所可倚重者，丞相、御史往往不尽拘以文法，政令能专，膏泽可下，而蜀之人亦以所事于君师者事之，安其令而不违。故虽去而敬其奉尝，犹不敢忘[一]。然则蜀视天下，其亦可谓敦厚而易治矣。

唐制用节度使治蜀，前后名人相望。韦南康郡王在治最久，德惠最著。今蜀人之祀王者秩于土神，家有其像。而府城内外独无专祠，于礼为不称。今龙图阁直学士、四川制置使、内相胡公镇蜀之明年[二]，惟蜀诸路盐之额浮，茶之赋重，与夫夔峡科买金银之弊，垂六十年，民力重敝，吏阴拱熟视，莫一措手，公悉审核精考以闻。凡所以为民之瘼者不一而足，公讨理脉络，刮求根株，尽变革乃止。

初，青羌奴儿结之未就顺也[三]，公时方入境，增调西兵，指授方略，扼其脊尾，制不得肆。至是慑服，面缚塞下，环蜀地数万里安于静简，雨旸顺序，年谷屡丰。众政既举，乃讲旧典之缺，度故宫宇之隙地[四]，新庀王祠。门屋眈眈，广殿渠渠，修廊环拥，便坐后列。经始于八月之庚申，告成于十二月之庚戌。土木、淘甓、圬墁之工，凡九千六百五十四，费一出于官，而民不与知。蜀人戴公之德，犹昔之德王也。而王祠既建，民亦忭舞。

缜以部中守吏，入受约束于公府下。公命缜记其事，辞不获请。缜乃复考王之终始，而复于公曰："王治蜀二十一年，当贞元姑息猜忌之间，外能折吐蕃之鸱张，以功自结于朝；中能抚柔其民，三岁一复，使蜀土晏然，皆乐其生[五]。王之德于蜀盖如此。然王之始进也，以陇州假守斩

[一]"犹不敢忘"，原作"不敢忽"，据《全蜀艺文志》改。

[二]胡公：胡元质，《绍兴十八年同年小录》有小传。《全蜀艺文志》卷三〇载此人所作《成都古今丁记序》，他于淳熙丁酉（1177）代范成大守蜀，据《宋史·孝宗纪三》，淳熙七年（1180）因蕃部猖獗罢其四川制置使之官。

[三]"儿"，原脱，据《宋史·孝宗纪二》补。其文云："（乾道九年，1173，二月）乙亥，青羌奴儿结寇安静寨，黎州推官黎商老战死。"又《孝宗纪三》云："（淳熙十二年，1185，正月）壬辰，四川制置使留正遣人诱青羌奴儿结，杀之。"

[四]"宫"，《全蜀艺文志》作"官"，或误。按，《成都文类》作"宫"，嘉靖《四川总志》收此文，该字略有模糊难辨处；万历九年《四川总志》卷二六据嘉靖《四川总志》增补而收此文，亦作"宫"。

[五]"皆"前，原衍"能"字，据《全蜀艺文志》删。

朱泚之使；至其末也，露章斥王叔文之奸，建请宪宗监国[一]，朝廷为之增气。大节凛凛，皎若日月，岂独书治蜀之功哉？且今之蜀犹昔之蜀也，王用蜀兵破吐蕃四十八万众[二]，俘其骁酋，靡不如志，虽诸葛孔明南定之功，无以尚之！而往者数岁间，黎、雅小夷陆梁山谷，吾将士乃巽懦不武，久无尺寸功，今始闻其稽颡屈服。然则王之折冲英略著于简策之旧者，其不可崇大之以昭示来叶[三]？公方将奋张王灵，洒扫宇县，以成陛下复古之烈，宜于王眷然兴怀而不置也。”言未既，众皆起曰：“子之言然，盍遂书之？”缜因以其事敬书于石[四]。

王讳皋，字城武，唐史有传。淳熙五年（1178）十一月壬申记。

文同《彭州胡氏三遇异人记》[五]

熙宁六年（1073）春，余寓天彭。成都承天僧敏行无演在焉[六]，为余言：北城有胡氏，名钊[七]，字倚天。国初时号为高赀，修积善行，尝奉事异僧曰王罗汉者，置寺住之。后有诏，俾倚天赴阙，将授以官。倚天不愿仕，辞之。在京师出入起居与西还之期，王日日预言于其家，已而究验尽合，无少差者。初，倚天去彭，在道中，以至都下[八]，人往往见道人被破褐，状貌怪伟，常在倚天左右。忽问他，有不能见之者。以语倚天，倚天但笑而不答，自知王之于此阴护持之尔。

术士常言倚天寿不满四十。倚天过华山，谒希夷陈先生。先生甚喜，

[一]“建”，原误作“逮”，据《全蜀艺文志》改。按，此处叙韦皋之功，详参两《唐书》本传，兹不赘言。

[二]“吐”，原脱，据《全蜀艺文志》补。

[三]“来”下，原误衍“兹”字，据《全蜀艺文志》删。

[四]“缜”，原脱，据《全蜀艺文志》补。

[五]按，此文载《文同全集编年校注》卷二九；部分文字有误之处，往往与万历本、嘉庆本《全蜀艺文志》卷四〇相合，则此文或是据嘉庆二年本《全蜀艺文志》采入。今以别集参校。

[六]敏行无演：释敏行，号无演，又号圆明大师，彭州人，俗姓张，师事成都承天院宝梵大师，故称承天敏行无演。《黄庭坚全集·正集》卷三二有《圆明大师塔铭》，可参看。

[七]“钊”，原误作“剑”，据别集改。

[八]“以”，原误作“比”，据别集改。

久留其居，为造药一鼎[一]，使携归饵之，后教以度世延年之法。倚天既归，如其诀行且久，其身栩然若将翩翩随风而起云，乡人异之。一日，有晨叩其关者，遣视之，不见其人，但以杖十七茎倚门而去[二]。倚天收之，卒不知其所以致之者。自后胡氏之门愈盛，逮今累世矣。倚天至七十八岁乃卒。

余因与演诣其家，观其所谓杖与药者。杖非世间所有之木，色绀紫，坚润可爱；药大如弹丸[三]，赤黄有光，隐杂宝中，其重若金玉。余叹曰："倚天，人不能知其然者，阴行甚密矣。所以三异人者常相与逢遇，如此警动之。倚天虽已去世，亦自与斯人游风尘外尔，岂俗士哉！"

其孙靖，为进士，端厚纯粹，为乡里所称。余因谓无演曰："靖，佳士也，于以见胡氏子孙承籍其祖之光灵[四]，庆嗣绵绵，无穷极者已。"无演曰："然。事可记也。"自余来兴元，靖遣人千里致书，且求记其事[五]，余为记之。

※文同《彭州张氏画记》[六]

蜀自唐二帝西幸[七]，当时随驾以画待诏者皆奇工，故成都诸郡寺宇所存诸佛、菩萨、罗汉等像之处，虽天下能号为古迹多者，尽无如此地所有矣[八]。后历二伪[九]，至国初，其渊源未甚远，故称绘事之精者，犹班班可见。近世所习浅陋，寂然不闻其人，此亡它，盖苟于所利而不自取重其所为之技尔。独天彭张氏能嗣守道人之学，用笔设色，韵气标置，未尝辄自奔放，惟一谨于良法，不为世俗之心所怵，诚可尚也。

予寓彭累月，居甚闲暇，日与承天僧敏行游。凡出于张氏之手者观

[一]"一"，原脱，据别集补。
[二]"十七"，原误倒，据别集乙正。
[三]"大"，原无，据别集补。
[四]"承"，原误作"永"，据别集改。
[五]"其"，原脱，据别集补。
[六]按，此文载《文同全集编年校注》卷二九，以之参校。
[七]唐二帝：指唐玄宗与唐僖宗，分别因安史之乱与黄巢之乱而入蜀。
[八]"尽"，原误作"画"，据别集改。
[九]二伪：指前蜀与后蜀。文同以前后蜀偏居一隅，未能统一全国，故称其政权为伪。

赏殆遍，信乎他人之不能相与较其后先矣！敏行乃其俗裔也，俊惠通博，亦善于此。闻予嘉其祖之所为，磨石请予道所以然。熙宁六年（1073）中秋日记。

※周表《焦夫子碑记》[一]

蜀之故老传，岷山有焦夫子者，国初人，亡其名，饱诗书，以博学教导人[二]，故世人称夫子云。夫子貌寝陋且怪，长目而广鼻，海口而虬髯[三]，瘿累累络颔下。性直率，不自饰，虽冠带，往往爬痒扪虱腰胯间。忽为歌诗，则奇言异句，有足骇人耳目者。今人止能诵其一联："两轮日月磨兴废，一合乾坤夹是非。"噫，岂非所谓古之隐君子欤[四]！

熙宁中[五]，吾乡贤士文与可游天彭，馆倅舍之徐公园。杯酒谈笑中，忽放笔绘夫子之像于亭之壁[六]，不数笔而成之。经岁既久，几至泯灭。元丰壬戌岁（1082），聂公子因守是郡，惜其潇洒神妙之迹或隐晦不显，遂徙其壁于西湖之凝翠亭焉。

嗟夫！天下之人皆有所好，然得其所以好者寡矣。与可之于画也，纵横意思，类皆山石竹木、枯槁古淡之物。故其为人也，亦爱夫清净奇伟有道之士。此真得天下所以好者欤！

公之迁是画也，使与可在而居贵仕间，人必曰"有所奉"焉耳；与可已没，公特重惜之[七]，是乃所以为君子也。方是时，天下之士俯仰徇好，方圆逐物，喜事媚要，迎合附会，惟恐不足以赴功。公乃恬然不以是为设虑，而雍容闲暇，独能好与可之所好，实贤于人远矣，岂不可尚哉！公索记，敢直书云。

[一] 焦夫子：宋代蜀人，善画，《游宦纪闻》卷二、《净德集》卷三一《焦夫子画》皆载其事。按，此文载《全蜀艺文志》卷四一、雍正《四川通志》卷四一等，以《全蜀艺文志》参校。

[二]"教导"，原误倒，据《全蜀艺文志》乙正。

[三]"虬"，原误作"蚪"，盖"虬"之异体字作"蚪"，遂形近而误也，据《全蜀艺文志》改。

[四]"所谓古之"，原作"古之所谓"，据《全蜀艺文志》改。

[五] 熙宁中：据本卷前两篇文与可之文，他寓居天彭在熙宁六年（1073）。

[六]"亭"，原作"学"，据《全蜀艺文志》改。

[七]"特"，原作"独"，据《全蜀艺文志》改。

明

钱博《天彭凤凰山敕赐法藏寺宝敕堂记》[一]

蜀西古郡，禹王治水自此穷源。古建梵宇，匾曰“大悲禅寺”，设内僧司掌持风教。月光心禅师，早扬佛化，戎夷悦服。一天中公[二]，绍师法[三]，代职宗纲，自是风闻帝国，降赐银章宝诰、锦服华冠，以旌抚化之功，用奖怀善之志。年逾七袠[四]，辞荣解印，栖隐天彭之凤凰山绝顶。茅屋柴床，蒲团石枕，白云青嶂，水月松风，消世外之闲情[五]，安自家之境界。惟是昔受龙章宝诰无所安放，爰饰龛珍藏[六]，建宝敕堂焉。

夫贤臣运筹策以安边，高僧推诚善而化俗。边安则黎庶宁生，俗化则官资乐任，人享太和之年，物阜雍熙之世，良哉！一天国师拳拳以善为宝，钦崇盛业，佐理皇猷。至于退休之际，默坐禅床，洞寻真趣，心光圆湛，道量虚融，用祝皇图永固，长希佛日遐明。呜呼！自古迨今，未有若一天国师全此善以沐国恩之宠者！

师之徒子洪，征记于余，宜刻石以垂不朽云。大明成化十四年（1478）撰。

临云道人《大隋山寺碑记》

彭门大隋山巍峨峭特，云覆其上，龙伏于下，白岩屏前，天台耸后，白鹿、丹崖襟带左右，沿以圣迹道场。当年古佛拔火宅之悲[七]，致白蛇之变[八]，宫殿楼阁，胥以倾颓，故墟荒凉，空山寂寞。

[一] 按，此文作者信息不详，亦仅于本书见此文，当是据原碑过录者，文字偶有错讹，只能据文义略加订正。

[二] 一天中公：即智中禅师，详本书卷三六小传。

[三]“法”，原作“厺”，“法”之异体字作“㳒”，碑文残泐左边“氵”部，遂成“厺”，今据文义改。

[四] 袠：同“袟”，通“秩”，十年为一秩。

[五]“闲”，原作“间”，当是形近而误，据文义改。

[六]“爰”，原作“爱”，当是形近而误，据文义改。按，“爰”义为“于是”。

[七] 古佛：神照禅师，曾经拯救了一条白蛇。

[八] 白蛇之变：本卷之末《外纪》云：“大隋者，成都古天彭之西岭名刹。昔神照天师演大宗乘，烧蛇于此。时有一白蛇，缠锡不就爇。师曰：‘做这个，形骸犹不肯舍？’乃于七佛楼后卓锡为井，井上立庙，名曰‘白龙居’。明正统十三年（1448）戊辰六月二十，井水忽自涌出。须臾大至，楼殿震动。僧方击鼓号钟以警众，见其势不可遏，遂攀岩缘木，奔腾四走。及回视之，前后楼殿，周环庑宇，悉皆陷没。”

大明万历壬辰（1592），天翊无量禅师只游兹山，睹松竹之幽，羡崖岫之秀，萧然有出尘想。于是盟心恢复，立愿鼎新，遂示大众曰："人得此身，必具善果。既具善果，何迷佛性？人在尘劳，惟知尘乐，犹鱼在水而忘水苦。诚恐劫火炎燃，莲花失润，则心沉讹谬，势必透灵光于别壳；神之虚空，岂能图真宰于本来？人能去迷入悟，自然归正离邪。汝等当发菩提心，力修弥陀业，至易至简，非色非空，只须一心归向，总持十六观门。从此斩垢海之昏波，陟净土之巅岭。尔我无忘今日。"

时有实相、梦觉二师在座，叹曰："此和尚四大俱空，相无人我，法轮香花，事应昌炽，鸡群之野鹤也！"各说诗偈，备勒于左。

实相诗曰："翠柏森森古佛基，神龙一去草萋萋。而今运转天荒破[一]，宫殿翚飞尚有期。金启声飘到上方，岚开风静梵音长。层霄不阻飞来锡，散得天花遍草堂。"

梦觉诗曰："未到龙池古佛基，游人浪说草萋萋。及来梵刹摩霄汉，不减当年说法期。闻君深处白云隈，游子扶筇得得来[二]。塌下几回参实相，山中明月到茶杯。"

万历四十四年（1616）记。

安汉黄辉《重修大隋景德寺碑记》[三]

古佛出世来，求作一务人不可得[四]，却向烧畲中行无缘慈[五]。就中

[一] 天荒破：《唐摭言》卷二"海述解送"条云："荆南解比号天荒，大中四年（850），刘蜕舍人以是府解及第，时崔魏公作镇，以破天荒钱七十万资蜕。蜕谢书略曰：'五十年来，自是人废；一千里外，岂曰天荒。'"

[二] 得得：任情自得貌。《庄子·骈拇》："夫不自见而见彼，不自得而得彼者，是得人之得而不自得其得者也。"

[三] "辉"，原脱，据光绪《重修彭县志》卷九补。按，安汉乃南充之故称，黄辉即南充人。可参本书卷一九"寂光寺"条注文。又，黄辉《黄太史怡春堂逸稿》卷二目录有此文，但脱去正文，可据此处辑补。

[四] 务人：同"作务人"，劳作之人。《西方合论》卷九："愚痴戒，谓以智慧破诸迷网，如作务人常借日光，若是长夜诸作皆废故；又如登览当用开目，若是盲人及与睡眠，诸山河大地，与无等故。"

[五] 无缘慈：三种慈悲之一，即无缘慈悲，乃绝对之慈悲，最高之慈悲。《大智度论》卷四〇："慈悲心有三种，众生缘、法缘、无缘。凡夫人众生缘；声闻、辟支佛及菩萨，初众生缘，后法缘；诸佛善修行毕竟空，故名为无缘。"又按，此处所载之事，可参本书卷末《外纪》"大隋"条。

有无足痴佛子不肯死大光明中[一]，至劳杖挑接引，老婆心切如许哉[二]！寺名景德，荒废已久，基亦圮坏。或云当烧畲时，有白蛇，竟不赴爇，师措入井。圮基者，是物也。野人语可笑乃尔！不闻“大千俱坏，随他去”之语乎[三]？

僧宗慧，寄身泸阳谢氏，祝发总圣禅林，立志云游。久参法席，方归蜀地，静隐龙池。今于大隋得古大士像，若宿有山缘，遂薙草卓庵。檀施日众，乃寺于故基之右，仍命曰景德。使徒道筵乞予碑之。予问曰：“昔严阳尊者单丁住山[四]，蛇就掌取食。归宗[五]、大隋，胡粗乃尔？”僧笑曰：“此千馀年未结公案。”予曰：“使上人为率然[六]，即严阳、大隋、归宗，孰取愿见者？”僧默然，但曰来索记。予方病，厌为文，姑付以偈云：“严阳掌上生，归宗镰下死。欲识生死关，问取烧畲里。”

万历旃蒙大荒落（1605）应钟月记[七]。

[一] 无足痴佛子：蛇，以无足故称。《瑜伽师地论》卷八三：“无足有情者，如蛇等；二足有情者，谓人等；四足有情者，如牛等；多足有情者，如百足等。”

[二] 老婆心切：如老太婆一般，苦口婆心。《乐邦文类》卷二《明师胜地论跋》：“谓师之言信而有证，且爱其宗通说通，于实相教相不相违背。而老婆心切，有如是谆谆之言也。”

[三] 按，《汾阳无德禅师语录》卷二云：“僧问大随：‘劫火洞然，大千俱坏，未审这个坏不坏？’随云：‘坏。’云：‘恁么则随他去也。’随云：‘随他去。’”

[四] 严阳尊者：赵州从谂之弟子。《景德传灯录》卷一一云：“洪州武宁县新兴严阳尊者。僧问：‘如何是佛？’师曰：‘土块。’曰：‘如何是法？’师曰：‘地动也。’曰：‘如何是僧？’师曰：‘吃粥吃饭。’僧问：‘如何是新兴水？’师曰：‘前面江里。’僧问：‘如何是应物现形？’师曰：‘与我拈床子过来。’师常有一蛇一虎，随从左右，手中与食。”

[五] 归宗：庐山归宗寺智常禅师，曾锄草时杀蛇。《大光明藏》卷二云：“有座主来参。值师锄草次，忽见一条蛇，师以锄便钁。主云：‘久向归宗，到来只见个粗行沙门。’师云：‘你粗我粗。’主云：‘如何是粗？’师竖起锄头。主云：‘如何是细？’师作斩蛇势。主云：‘恁么则依而行之。’师云：‘依而行之则且置。你什么处见我斩蛇？’主无语。”按，此处将在严阳尊者手中取食的蛇，与被归宗和尚斩杀的蛇，以及被大隋山景德寺僧神照挑入井中之蛇作对比，以探究佛法僧行之高低。派来的徒弟修行不够，不能理解，故只能默然不语。作记者遂有轻视之意，乃叙其事，以一偈子付之。其实，无论是斩杀它，还是将其丢入火中烧死，都是对蛇的解脱。故《禅宗颂古联珠通集》卷一一叙此事之后，引横川洪禅师之颂评之：“斩蛇却非小小事，直是教他脱苦轮。座主高茅心未泯，如何胡乱妄通言。”

[六] 率然：古代传说中的一种蛇，此处为泛指。《孙子·九地》：“故善用兵者，譬如率然。率然者，常山之蛇也。击其首则尾至，击其尾则首至，击其中则首尾俱至。”

[七] 旃蒙：天干中之乙。《尔雅·释天》：“太岁在甲曰阏逢，在乙曰旃蒙。”◎大荒落：地支中之巳。《尔雅·释天》：“（太岁）在巳曰大荒落。”◎应钟月：十月。《礼记·月令》：“（孟冬之月）其音羽，律中应钟。”

国　朝

※许伯政《九峰书院碑记》

今圣天子御极之十二年（1747）[一]，予膺命来宰于彭。彭虽僻而地匪瘠贫，户口颇庶。其民无甚富，而其俗不崇奢，劝勤重本，芟莠植嘉，尚易为理，故父老亦安予之拙也。每因公馀课我子弟，质颖敏而愿悫，类多秀良。惜其锐志科名，未能确见学问之本源[二]，亟思所以教之。

爰辟官地于学宫之右偏而经营之，深五十丈，广二十丈。捐俸五百馀金，鸠工庀材，构讲学舍二十三间，厨舍五间，置屏门外而周以垣墉。门之内，筑甬道长十七丈，左右地长与地埒，宽平可肄射。既拓基，值金酋构逆[三]，转饷倥偬，功未获竣。酋既投诚，乃落成于庚午岁（1750）之仲春，额其门曰“彭门义学”。延邑中之学优行端者为师，资以俸薪，而诲子弟于其中。

爰集诸子而诏之曰：“安业者必课其功，继职者必考其绩。然而一屋之田，十家之市，农女工贾各有恒业，而士独否。上自公卿，下及台隶[四]，朝察夕稽，各有常职，而士独无之。惟其以诵读为业夫？是以不习田园而享稻帛，不游市廛而资器用。以学圣贤为职夫？是以进不在朝，退不在野，而公卿宾之不敢役，台隶事之不敢名也。然则士岂无功可课，无绩可考乎？试之经史而未尝通，谘以古今而不能对，业斯荒矣。居不志仁，由不志义[五]，其入不孝，其出不弟，职斯旷矣。譬诸游惰之莠民，茸阘之员役[六]，而谴黜随之矣。子夏曰：‘百工居肆，以成其事，君子

[一] 按，许伯政任彭县知县在乾隆十二年，详本书卷二六。

[二] “问”，原误作“门”，据光绪《重修彭县志》卷九改。

[三] 金酋构逆：指金川地区少数民族叛乱之事。

[四] 台隶：地位低贱的奴仆。《后汉书·济南安王康传》：“舆马台隶，应为科品。”李贤注：“台、隶，贱职也。”

[五] 居不志仁，由不志义：“居仁由义”的反面，谓内心不仁，行事不义。《孟子·尽心上》：“居仁由义，大人之事备矣。”赵岐注：“言志之所尚，仁义而已矣。”

[六] 茸阘：同“阘茸”，驽钝，愚蠢，无能。《楚辞补注》卷一六《九叹·忧苦》：“同驽骡与乘驵兮，杂班驳与阘茸。”王逸注：“阘茸，驽顿也。”洪兴祖补注：“阘茸，耉也。”《汉魏六朝百三家集》卷一八蔡邕《再让高阳侯印绶符策表》：“况臣蝼蚁无功德，而散怠茸阘，何以居之。”

学以致其道。’[一]是故学者，士之肆也。而设饷以萃之，延师以训之，会其朋友以讲习之，优其廪饩以膳给之，乐群恒于斯，敬业恒于斯，吾子弟勉旃！檐晷移而志士潜惊，荒鸡鸣而壮夫起舞，是予所厚望也夫！”

于是有进而请者曰：“公陈明训，详于立体而不及于致用者，何也？”曰：“不然。语云‘闭门造车，出门合辙’，言任重致远之具修之在我，非将为车而问道之夷险广狭以曲就之也。且夫舟楫非以行陆，轮辐非以济川，挟持非其具而幸有功者鲜矣[二]。若乃三代以上，士无志谷之学[三]，德艺修而上弗庸[四]，尤悔寡而禄不在者[五]，吾未之前闻。凡我子弟，生逢盛世，何天之衢[六]。尔惟无饰虚，无攻异，崇本务实，日新其德业，庶几处为体道之士，而出皆为致用之才矣。”

诸生唯唯，咸请序次予语，并详建学之巅末，勒诸石，以志不忘。余重违其请，因序以予之。

马维岳《重修城隍庙碑记》

彭邑，古天彭郡也。九峰挺秀，濛水钟灵，洵为西川胜地。自置郡改邑，历数百年来，民安物阜，时和年丰。虽俗有干旱之称，而并无歉岁。固国家隆盛之休明，惠普中外，抑城隍神默为之捍御所致耳。

乾隆乙卯（1795）春，予来篆是邑[七]。下车谒庙，见夫先圣先贤、社稷祠宇，其坛壝殿陛，俱次第修举。惟城隍一祠，只有前后两殿，规模狭隘，剥落倾圮。溯建之初，又不知其始自何年。闻系后周二年（952），东鲁圣裔真传公牧是邑时重建焉。迄于今，代远年湮矣。予目属心悸，

[一] 按，此语出《论语·子张》。
[二]“挟”，原脱，据光绪《重修彭县志》补。
[三] 志谷：有志于善，谷者，善也。《论语·泰伯》：“子曰：‘三年学，不至于谷，不易得也。’”
[四] 庸：任用。《书·舜典》：“舜生三十征庸。”
[五] 尤悔寡：语本《论语·为政》：“子张学干禄。子曰：‘多闻阙疑，慎言其馀，则寡尤；多见阙殆，慎行其馀，则寡悔。言寡尤，行寡悔，禄在其中矣。’”谓没有错误的言行和令自己后悔的事情。
[六] 何天之衢：享受上天的庇护。《易·大畜》：“上九，何天之衢，亨。”
[七] 篆：本指印章所刻之篆字，此处引申为掌印做官。《汉语大词典》立此义项，惜引书证过晚，则此处可提前之。

急为修葺计。于是商诸二三董事，立簿募化，首先捐廉为之倡。士民等咸踊跃乐输，争先恐后，共襄盛举。爰命梓人，鸠厥工，庀厥材，改建前后两殿大门、戏楼，并添修两庑功曹、钟鼓二楼，未阅数月，而即落成。营修美备，焕然改观，实足以妥神灵而与诸庙等。至神为之造福，民为之攸赖，正未有艾也。

噫！此一役也，人皆归功于予。庸知资费万馀，功成不日，是皆董事之急公，士民之乐善！予不过时为督率已耳，功于何有？是为记。

※张龄度《让产碑》[一]

岁己卯（1759），余谒选都门。六月，签掣得彭。彭，名区也。山则九峰标其奇，水则九溪涣其膏，钟灵毓秀，意必有贤达者生乎其间。道经陕，由绵抵汉，沿途观听，居人过客莫不藉藉称前广东高、雷廉监司陈氏家范，为彭望族焉。于时不及细访，盖已耳之久矣。

莅任来，登硕彦，引髦耆，谘民风，话土俗，日与荐绅先生游，因得晤陈氏昆仲。翩翩然珠联而玉映，谓为望族，良匪诬也。询其世德，美不胜收，最巨者，玉峰公让产一事。公讳于凯，字岂凡，监司公季子也，由科目知山左莘县事。其少也，恪守家训，敦孝养，隆友爱，姻睦夙重于乡国[二]。不幸而长兄云亡[三]，四房间绝，族人瓜分其业，而以百亩膏腴遗公。公曰："吾不忍雁行之中折也。向之为手为足[四]，胡禋胡祀，忍复据之以为利？是益疚也。"弃而弗受，且为之立继，以衍其统焉。

人知公之让产，为见卓，为力定，为守严；而不知其建祀承祧、俾得永远血食者之大有造于宗祊也[五]！公真人杰也哉！顾其生平行谊不少概见，即此一事，其平居之处己廉、制行高、磊落英多、超越群流万万

[一] 按，光绪《重修彭县志》卷九收此文，题作《陈氏让产碑》，以之参校。此碑所载之事，可与本书卷三一"陈于凯"条相参照。

[二]"姻"，原脱，据光绪《重修彭县志》卷九补。

[三]"云"，原脱，据光绪《重修彭县志》补。

[四]"向"，原作"却"，据光绪《重修彭县志》改。

[五] 宗祊（bēng）：家庙。《左传·襄公二十四年》："若夫保姓受氏，以守宗祊，世不绝祀，无国无之。"

者，大都类此。此一事，诚足风也！

《诗》曰“因心则友，则友其兄”[一]，维公有焉。嗣子惟壮有父风，能世其家，因其请，俾寿之贞珉，以垂不朽。颂曰：“九峰长峙，九溪长流；人心不死，大名胡休！山有时摧，水有时洄；高风崚嶒，不与俱颓。延陵让国[二]，先生让产；调赓同心[三]，徽音未远。江河行地，日月经天；振顽起懦，奠丽坤乾[四]。乃登乃豆，爰妥爰侑[五]；一片寒山，先生永寿。”

谢生晋《蝌蚪石记》[六]

九溪之滨有石焉，黛色而理质，大如斗，光莹莹然。邑人讶其异也，持以献予。予惟山川孕精毓秀，或于物，或于人，必先有以肇端。是石也，披文相质，俨然结蝌蚪形，殆文明之瑞兆欤？会予修文昌宫落成，爰舁而庋之座前，以彰厥应，盖不徒志异云。

※欧阳方曜《重修白鹿禅院碑记》

域中三大，曰君，曰亲，曰师。释氏回脱一切，游方以外，其终身倚托者，师而已。师之恩，真与君、亲等。故善承师训者，上之作人天眼目，绍宗风于不坠；次则秉教承先，创垂裕后[七]，衍法乳于无穷。古

[一] 按，此处出《诗·大雅·皇矣》。

[二] 延陵让国：吴国季札不接受王位，让于兄弟。《史记·吴太伯世家》：“二十五年，王寿梦卒。寿梦有子四人，长曰诸樊，次曰馀祭，次曰馀昧，次曰季札。季札贤，而寿梦欲立之，季札让，不可，于是乃立长子诸樊……季札封于延陵，故号曰延陵季子。”

[三] 调赓：调谓调整，赓谓承续，二者连用，指继承与改变。

[四] 奠丽乾坤：奠定天地之命。语本《书·周官·顾命》：“昔君文王、武王，宣重光，奠丽陈教则肄。”《书传》卷一七释“丽”为土著，言文王、武王能安定民居，然后教之。

[五] 爰妥爰侑：义同“以妥以侑”，谓安放神主，以酒食献祭。《诗·小雅·楚茨》：“以为酒食，以享以祀；以妥以侑，以介景福。”

[六] 按，据本书卷一七，县令谢生晋修文昌宫，落成在乾隆五十四年（1789），则此文亦作于其时。

[七] 创垂：开创业绩，传于后世。《清史稿·礼志四》：“敬念列祖创垂，显承斯在。”

今来，未有异也。

天彭白鹿寺，肇基神僧佛图澄。紫气腾空，灵彰石剑；莲胎表异，幻等蜃楼。好事者艳传之，姑不具论。考厥废兴之由，自东晋迄宋、元，缁素凋残，梵宫灰烬，未有如明季之甚者。国朝定鼎，草昧初开，澹竹上人实经始于此。因仍旧址，重建招提。经楼甫成而圆寂，其诸阙焉未备者，临终遗嘱，付其徒曰松经理。曰松，苦行僧也，具菩提心，发宏誓愿，承师心印，慨然以振扬宗风、宏阐佛法为己任。创大雄殿，以釐祝万寿；创选佛场，以陶铸群蒙[一]；创客堂禅室，以接游屐；创山门佛像，以壮伟观。下逮田亩茶树，凡可资常住日用之需者，无弗完弗备之憾，真释氏中善承师训者矣！今年届八袠，其坚固初心，老而弥笃，唯恐先师遗命有弗克负荷也。推是以事君，则鞠躬尽瘁之贞臣；推是以事亲，则干蛊克家之肖子[二]。惜也，其竟以空门老也。余承乏兹土几三年，与曰松上人仅一谋面，其中藏未遑尽叩，然缘是以推，亦足以知上人之大概矣[三]。

仲冬长至，其徒传清以上人住锡兹山，拮据经营，历有年所，若禅林院宇，皆其次第落成；若佛像庄严，皆其后先藻绘，恐奕祀后湮没弗彰[四]，丐余一言以寿贞珉。余推其事师之心，亦如曰松之于澹竹，将来祖术重光，宗风丕振，于兹有厚望焉！爰濡毫为之记。

康熙四十二年（1703）岁次癸未春正月，文林郎、知新繁县事滇南欧阳方曜撰[五]。

[一] 选佛场：禅堂、僧堂之别称，言于其中选出能成佛证道的高僧。《佛果圆悟禅师碧岩录》卷八："邓州丹霞天然禅师，不知何许人。初习儒学，将入长安应举，方宿于逆旅，忽梦白光满室。占者曰：'解空之祥。'偶一禅客问曰：'仁者何往？'曰：'选官去。'禅客曰：'选官何如选佛？'霞云：'选佛当往何所？'禅客曰：'今江西马大师出世，是选佛之场，仁者可往。'"

[二] 干蛊：儿子能继承父志，完成父亲未竟的事业。《易·蛊》："干父之蛊，有子，考无咎。"王弼注："以柔巽之质，干父之事，能承先轨，堪其任者也。"

[三] "人"，原脱，据光绪《重修彭县志》卷九及文义补。

[四] 奕祀：世代，代代。《订讹杂录》卷一"奕禩"条："禩同祀，商谓年为祀，奕禩犹奕世也。"

[五] "繁"，原误作"彭"，据光绪《重修彭县志》改。按，康熙四十二年时，并无彭县，彭县隶属新繁。

※许儒龙《游大隋山记》[一]

癸丑（1733）六月杪，余以他事偕滕振斯至白鹿山庄[二]。明日事竣，拟游西山。适山中人王君愿治糗粮，又二人愿前导，遂以七月朔，晨餐，骑行田畴村落间。十六七里，折而西，循三坌河，入山口。经白衣庵，趋林间细路，曲折如率然[三]。旁矗奇石，嵌空玲珑，仿佛包山[四]、太湖产。余与振斯嗟赏久之[五]，自此步益高。

又里许，有碣曰“大隋山径”。隋大业中，僧神照奉敕开建，故名[六]。径皆甃石，势渐昂起。将半里，临一溪，时新涨未久，桥路俱圮。因取石梁，达磴道[七]，陡上三百级，横折二百馀级，入淡竹和尚塔院。时王君携馔具在后，余念其老，嘱院僧留，待余辈游归。遂置仆马庑下，觅支径，越高冈，数折历千馀级。或阳坡，或阴崖，林樾蒙密，石荦确不容置武。导者云：“山多虎，宜急行。”余辈勉力以登，数十步辄小憩。

至一峻岭，无树可荫，方惧道暍，而岭有废亭，榜曰“四顾”，明天启中立。上雨旁风，土偶已无首矣。又五里，冈势蜿蜒，凹处为景德寺神照禅师烧畲旧址。飞阁穹堂，长廊邃庑，庑左右七碣[八]，岁久黕昧不可识。剥藓读，仅获其半，语庸近[九]，无可取。最后得平倩先生碑文[十]，简而韵，诵数过[十一]，益可爱。因取幅纸，录置行箧[十二]。振斯笑谓予曰：“昔萧颖士与李华、陆据游洛南龙门，同读路侧古碑。颖士一览即得，华

[一] 按，此文亦载光绪《重修彭县志》卷一〇、《郫犀许水南征君诗文集·水南文集》卷二，以之参校。《水南文集》与本书所收略有文字差异，或系版本差异，或本书编者有意更动，故一般只出校，不改文字。

[二]“白鹿”，《水南文集》无。

[三]“曲折如率然”，《水南文集》作“路曲直如索然”。

[四] 包山：《太平寰宇记》卷九一云：“《玄中记》云：‘吴国西有具区泽，中有包山，山有洞庭，宝石入地下，潜行通琅琊、东武。’”

[五]“振斯”前，《水南文集》有“滕”字。

[六] 按，此说有误，详本书卷五“大隋山”条，然不便更动，特此说明。

[七]“道”，《水南文集》无。

[八] 第二“庑”字，光绪《重修彭县志》无。◎“左右”下，《水南文集》有“列”字。

[九]“语”，《水南文集》无。

[十] 平倩先生：四川南充人黄辉，字平倩。《明史·文苑传四·焦竑》有附传。

[十一]“诵”，《水南文集》作“读”。

[十二]“筐”，《水南文集》作“箧”，义近。

再据三，皆能暗记[一]。今余谢不敏[二]，君故健者，亦使隃麋不律策勋[三]，不劣乎？”[四]余笑应之曰：“敏拙之分在高下，不在成败。昔贤谓史迁如龙[五]，班掾如千里马[六]。我曹之视萧、李，其班于史公耶？”

寺前瞰白鹿、高峰，后枕龙池、大隋，空旷幽异，殆两擅之。同行云：“观止矣！”余闻山顶旧有木禅庵，而导者未至，径亦荒芜[七]。余因鼓勇先登，凡历六七崇冈[八]，直入云际。时日气愈烈，众喘如吴牛[九]。又草深失路，相对惆怅。忽斧声丁丁出灌莽间，导者往询，得古石径，坡陀萦纡[十]，达山腰始豁然开朗。西偏小庵[十一]，风户云窗，迥非人境。憩足檐隙，下视远近诸峰，丝缕毕现。南望岷江，仅一衣带水。而青城、瓦屋，隐隐若墨痕，不知其几百里也。庵左树三，柯叶异常木。寺僧指谓银杏[十二]，又谓千年木。本皆旁出，盘曲古根间，

[一] 按，此事见《旧唐书·文苑传下·萧颖士》：“然而聪警绝伦，尝与李华、陆据同游洛南龙门。三人共读路侧古碑，颖士一阅即能诵之，华再阅，据三阅，方能记之。议者以三人才格高下亦如此。”

[二]“余”，《水南文集》作“予”，义同。

[三] 隃麋：墨的代称。隃麋本古地名，在今陕西千阳东。以产墨而闻名，故代指墨。《西溪集》卷一《和吴冲卿省舍观苏才翁题壁》：“空堂老壁隃麋昏，苏子之迹世所珍。”◎不律：合音则为“笔”，故指笔。《尔雅·释器》：“不律谓之笔。”郭璞注：“蜀人呼笔为不律也，语之变转。”

[四]“不”下，《水南文集》有“已”字。按，作“已”或误，应该作“亦”。

[五] 史迁：司马迁。郑樵曾将司马迁比作龙，将班固比作猪。《通志·总序》云：“迁之于固，如龙之于猪，奈何诸史弃迁而用固？”

[六]“掾”，原作“椽”，形近而误，据文义及文献用例改。按，班掾指班固，古籍中偶有误作“班椽”者，如文渊阁《四库全书》本《少室山房集》卷九四《唐令君新建信阳愿丰堤碑》云：“班椽十志，纪沟洫以配天文。”实则当作班掾，“掾”为属官义。《少室山房笔丛·正集》卷五云：“左丘废，史迁辱，班掾缧，中郎狱，陈寿放，范晔戮，魏收剖，崔浩族，甚矣，唐以前史氏之厄也！”又，比班固为千里马者，或作者理解有误。《墨庄漫录》卷六云：“班固之视马迁，如韩魏之壮马，短鬣大腹，服千钧之重，以策随之，日夜不休，则亦无所不至矣。而曾不如騕褭之马，方且脱骧逸驾，骄嘶顾影，俄而纵辔一骋，千里即至也。”

[七]“荒”，《水南文集》作“蓁”。

[八]“冈”，《水南文集》作“岗”，皆可。

[九] 吴牛：吴地之牛，畏热。《太平御览》卷四引《风俗通》：“吴牛望见月则喘；使之苦于日，见月怖，喘矣！”

[十]“萦”，原作“荣”，形近而误，据光绪《重修彭县志》及文献用例改。按，萦纡，盘旋环绕。《文选·班固〈西都赋〉》：“步甬道以萦纡，又杳窱而不见阳。”

[十一]“西偏”下，《水南文集》有“卓”字，义胜。

[十二]“指”，《水南文集》作“谬”。

如抱如附。盖老树已朽，此其孙枝也。旧传树径丈馀[一]，腹如厂[二]，神照师跏趺禅诵其中[三]，庵之得名以此[四]。屋后一岩[五]，泉水滴沥，岩头丛木阴翳，云气晦冥。延伫间，潇潇风雨[六]。俄而冷风吹面，凛然如隆冬。从者以絮衣进，犹嫌其薄，盖山之高极矣[七]。泉旁有径，至龙池可五里，至天台绝顶可二十里[八]。予欲登[九]，同行执不可。又闻前峰雷鸣，恐骤雨且至。适得一藤杖，遂扶掖以下。良久，至景德寺，从野人啖菜羹、胡饼，甘甚，相视大噱。林间暮禽啼声凄厉，导者促返塔院，与王君饭讫而归。

夫余偕振斯溽暑登山[十]，未敢自任能游。偶值山晴，兹行遂果。然始念惟一大隋[十一]，讵期获至木禅庵哉！及至，而境益加异，斯知游览之事非能预测。而胶于一定与遽自满足者，皆河伯之见也[十二]。山庄灯下出碑读之[十三]，引满数斗，并记其大略，以为西山权舆云。

雍正癸丑（1733）七月甲寅记[十四]。

[一]“径”，《水南文集》作“经”，误。

[二] 厂（hàn）：山崖边较浅的岩穴。《说文·厂部》：“山石之厓岩，人可居。”光绪《重修彭县志》作“庵”，盖因“厂”亦同“庵”而改也。

[三]“趺”，原误作“跌”，据光绪《重修彭县志》《水南文集》改。◎“诵”，《水南文集》作“读”。

[四]“之”，《水南文集》无。

[五]“岩”，《水南文集》作“崖”。后文之“岩头”，《水南文集》亦作“崖头”。

[六]“风”，《水南文集》作“飞”。

[七]“高”下，《水南文集》有“寒”字。

[八]“绝顶”，《水南文集》无。

[九]“予”，《水南文集》作“余”。◎“欲”下，《水南文集》有“竟”字。

[十]“偕振斯溽暑登山”，《水南文集》作“偕滕振斯以溽暑入山”。

[十一]“隋”，《水南文集》误作“惰”。

[十二] 河伯：河神，秋日大水泛涨，遂骄傲，自以为天下无能出其右者。《庄子·秋水》云：“秋水时至，百川灌河，泾流之大，两涘渚崖之间不辨牛马。于是焉河伯欣然自喜，以天下之美为尽在己。顺流而东，行至于北海，东面而视，不见水端。于是焉河伯始旋其面目，望洋向若而叹曰：‘野语有之曰：闻道百，以为莫己若者，我之谓也。且夫我尝闻少仲尼之闻而轻伯夷之义者，始吾弗信。今我睹子之难穷也，吾非至于子之门则殆矣，吾长见笑于大方之家。’”

[十三]“出”下，《水南文集》有“古”字。

[十四] 按，《水南文集》无此署款。

※马维翰《凤凰山法藏寺碑记》[一]

彭县西北皆大山，磅礴幽邃，骈联九峰，叠嶂层峦，豪峙杰立。盛暑积雪涌如怒涛，岩巇蟠踞，郁积形胜。尔乃冠耸孤阜，翼垂双岭，背展微坪，尾掉高岗，人以形似凤凰，因谓之凤凰山。

山有寺曰法藏，旧名弥陀庵，明成化二年（1466）诏国师智中优老处也。初，国师住古松州大悲寺，以化洽番彝有功，朝廷闻之，褒以敕诰。景泰四年（1453），赐银章。天顺元年（1457），赐银印、金佛等。蜀和王睿赐近水田五十二井[二]，又为买水田三百八十丘[三]。国师寿老辞荣，诏归法藏。劫火萧萧[四]，残碑半没于荒烟蔓草中矣。今住持法印薙发于是寺，其师古岩，成都灌人，姓王氏名实友，临济三十五世正宗派也。师生而颖异善悟，八龄礼西禅上人明嵩为出家师[五]。越十年，禅师玉诺，授其足戒。又明年，出蜀访道。

康熙四十五年（1706），五台山圣祖仁皇帝幸临，师同台僧见驾，始晤悟成和尚，相感化机，微入玄妙。乃悉心肆志，从之参稽。凡诸经解，无不究其至理。阅十年，复归于彭之西禅，即阐教说法，皈依门下者，实繁有徒。而师之语录井井，直接前人而昭示来兹。迨晚年住法藏寺，又复崇善演教，振起宗风。师间与二三遗民辈结世外缘，尘俗实非所知，故能悟彻生灭。疾笃之夕，梦踏莲花，自知将即涅槃。从容说偈遗后人，胸臆冲如也。於戏！法藏其代有兴焉者乎！

雍正十年（1732）仲冬上浣，赐进士出身、四川分巡建昌、上南道按察使司副使马维翰撰。

[一] 马维翰：《钦定四库全书总目》卷一八四《墨麟诗》提要云："国朝马维翰撰。维翰字墨麟，海盐人。康熙辛丑（1721）进士，官至四川川东道。"又，《清史列传》卷七一有详传。按，此文又载光绪《重修彭县志》卷九，以之参校。

[二]"井"，光绪《重修彭县志》作"亩"。

[三]"丘"，光绪《重修彭县志》作"亩"。按，丘，古代区划田地的单位。《周礼·地官·小司徒》："九夫为井，四井为邑，四邑为丘。"郑玄注："四井为邑，方二里；四邑为丘，方四里。"《汉书·刑法志》："因井田而制军赋。地方一里为井，有税有赋。税以足食，赋以足兵。故四井为邑，四邑为丘。丘，十六井也。有戎马一匹，牛三头。"

[四] 第二"萧"字，底本与抄配本皆残缺，据光绪《重修彭县志》补。

[五]"礼"，底本残缺，据抄配本补。

马会伯《彭州化成院碑记》[一]

彭邑，古彭州地，风俗醇美，代有伟人。昔文翁为蜀郡守，每行属县，明经修行者与俱，声教大治。以彭为东益州，时止于彭，讲明政治，有久道化成之休焉，“化成”所由名也。迄隋、唐至明，七佛、三仙之迹咸著于兹。三光九院，香火竞胜，化成盖九院之一也。

国朝定鼎以来，彭治省于新繁，故废坠未举。逮雍正戊申岁（1728），始设官建学，三光九院诸名胜，亦渐次修复。僧明悟，文殊院慈念和尚之法嗣也，年逾八旬，秉性刚直，与世不阿。故提宪敏肃岳公曾巡行至彭[二]，登丹景山遇之，坐谈半晌，遂结世外缘，捐资命其荐宇。又乡宦陈公、邻宦赵公，均善知识也，交口荐住持于化成院。故知斯院重新，茂林修竹，鸟语花香，则活泼禅机，更有以启明上人微笑之旨矣。遂援笔而为之记。

雍正十三年（1735）孟春月上浣，赐进士及第、巡抚四川等处地方、兵部右侍郎加三级马会伯撰。

赵守诚《为邑侯朱公建修九峰书院记》

彭邑，古胜地也，土壤之沃，峰壑之秀，不亚他郡。绿云环县，碧水盈江，秀毓灵钟，此中应大有人在。而明季兵燹之后，若者文名，若者德显，指不数屈。实亦父兄之教不先，子弟之率不谨，观摩无方，遂使山林庐舍间，暴弃几许英才也。

乾隆十五年（1750），邑侯许公建设义学，于圣庙旁旷地缮屋数楹，延师训课，曾勒石以昭不朽。未几，许公调任行取[三]，后之人无继起而

[一] 马会伯：陕西宁夏人，康熙三十九年（1700）武进士、状元，雍正三年（1726）任贵州提督，四年（1727）授四川巡抚，后升任兵部尚书，乾隆元年（1736）卒。传见《清史稿》卷二九九。

[二] 敏肃岳公：据《清史稿·岳锺琪传》，岳锺琪之父岳昇龙，于雍正四年（1726）被追谥为敏肃。

[三] 行取：明清时地方官经推荐保举而入京任职。《儒林外史》第十九回：“未及数月，行取进京，授了给事中。”

振兴者。屋中雨透，壁内风穿，草几茂，砾几垒，司牧者视为具文，负笈者因之却步。许公遗爱不蚀者，一线矣。

岁甲戌（1754），关中朱公讳次臻者出宰斯土，留心文教，乐育人才。睹学舍之凋残，慨士习之浇漓，毅然以造士作人为己任，而初政未遑也。以为牧民之道，不外教养，食且未能，教于何施？念邑南旱土瘠薄，户鲜盈宁[一]，于下车伊始即开浚西湖、黑龙两泉。南乡一带灌田一万五千馀亩，向苦瘠土者悉变为沃壤焉。又于乙亥（1755），各里分建社仓一十九座，劝捐社谷一万八千馀石。公曰："此可以有备无患，驱而之善矣。"爰就旧义学之基而恢扩之，改为书院。

适邑尉胡公讳世绘者，与公有同心焉，遂鸠工庀材，躬亲督率，董理其事。始于丙子（1756）夏五月，历秋迄冬而落成。其制大门五楹，仪门三楹，旁列肄业斋房二十楹，讲堂五楹。后面内宅门一座，又左右厢房六楹，上房五楹。旁而灶舍、茶房，无不咸备；几案、坐榻，处处周全。又设学田，租石岁作修脯，用垂久远。因颜其额曰"九峰书院"。九峰，彭之名山也。命名取义，殆欲学者有景行仰止、登峰造极之思乎？

再彭邑虽设，广文一缺，历无学署，司铎者悉赁民舍居之。公即材木之馀，为之并建官衙。盖学校者，一邑文人渊薮。师席无函丈之地，何以讲论道义、穷究经史，以鸣礼乐之盛，使人知鼓舞而奋兴耶？今并告成，邑人士苟非鸿鹄之内驰，饥渴之外害，亦应矢志奋力，崛然兴起于道德礼让之途，庶不负我公经营缔造之苦心欤！

倘由是群相砥砺，置身于孝弟忠信、礼义廉节之中，宅心于居敬穷理、明善诚身之内，则士敦实行，风尚淳庞，乡闾观感而则效之，有不易俗移风、蒸蒸丕变者乎？即刻意词章，雕饰藻彩，风云月露，亦可以树帜文坛，夺标上苑，取金紫而步青云，以展其抱负，以荣其宗族。诗书何负于人，而惮于学哉？我邑人既登之衽席，复泽以诗书，当共鼓舞于春风时雨中矣。

诚等快睹工竣，不禁稽首称幸，勒之贞珉，以记其事。是役也，奔走趋事、相与有成者，则乡耆张芝升、王千祥、刘孔荣、刘守宏也，例得书名以示褒嘉。

[一]"宁"，于文义不通，疑当作"贮"。

原任江苏镇江府知金坛县事、加三级、纪录十次赵守诚拜撰[一]。

王锺钫罗山氏《重建南桥记》[二]

古云："山险可逾，水险难涉。"[三]君子为政，所以成徒杠、舆梁也。彭邑南城外里许，有桥曰南桥，其水自新润大河而来，势甚湍激。先是，架木为梁，上覆桥亭，俗名之曰桥楼子。乾隆庚申（1740）年间，有秦人曹姓，见桥之将圮，悯民之病涉，捐重资易以石。迄今七十馀年，秋霖夏潦，喧豗奔突，桥不任啮而倾塌殆尽。是桥，走郫、繁，达省会之孔道也。褰裳濡足，行路者惊阻焉。

今岁孟秋[四]，乃谋于众曰："有公项可借，盍亟成之？"众欣然从事。余择其诚实者而董其役，鸠工伐石，卷作洞门，高一丈七尺；面广二丈一尺，而长则竟河之岸，凡三丈二尺有奇。桥列石栏，下砌石路。挥刃落雪，荷插成云，经始于孟秋七月，工竣于仲冬十一月。铢积而寸累，计工费一千四百馀两。视昔规模闳壮，土石坚凝，烂若金鼍之架汉，蜿若玉虹之卧波。往来憧憧，载驰载驱，而几忘其巨川之济也。所望后之君子随时而修其阙坏，则斯桥实为千百世之利焉。援笔而为之记。

王锺钫罗山氏《重修九峰书院碑记》

蜀学始自西汉。文翁为蜀郡守，起石室于市，延司马相如为师，授以七经。复减少府用度，遣博士诸生受业京师[五]，民用向化，咸知礼义，士风之盛，彬彬乎侔齐鲁焉。凡属郡邑观感振兴，人文蔚起，英彦嗣音，

[一] 按，此文之后，底本与抄配本版心页码皆由"七十九"直接跳到"八十一"，也确实有内容上的空白。我们推测，可能是为了增补某些内容而预留的空间，但后期又并未增补。

[二]"王锺钫罗山氏"，原位于文章标题之下，今据全书体例，移至标题前。其后此人三篇作品亦仿此处理，不再说明。

[三] 按，雍正《四川通志》卷二二之下云："山险可逾，水险难越。"

[四] 今岁：据本书卷一三，此桥重建在嘉庆十八年（1813）。

[五] 按，此处之语乃据《成都文类》卷三〇吕陶《经史阁记》删要而来，其文云："时文翁为蜀郡守，起学于市，减少府用度以遗博士，遣诸生受业京师。"

虽历千百年来而遗绪未泯。

我圣朝重熙累洽，文德诞敷，寰宇之内，繁庶之区，城邑乡市，靡不设立书院，进士子而教育之。明五典，迪五常，以饬其躬；讲六经，授六艺，以牖其识。以期经明行修，而昭一道同风之盛者，即古圣王乡有序、党有庠之遗法也。化行俗美，猗欤盛哉！

余履任彭门，以敦士习为政化之原。入谒讲院，则榛芜满径而弦诵无闻也。邑士相告曰："邑书院创于乾隆十二年（1747），前令许公伯政以黉宫旁隙地构房屋二十馀间，额其门曰'彭门义学'。越甲戌（1754），朱公次臻拓其旧址而增崇之，更其额曰'九峰书院'。嗣后朱公琦、谢公生晋先后宰是邑，均修葺之。未及三十年而室庐就圮，皋比难设矣。"[一]余喟然曰："此守土者之责也。"挟志修废，久而未逮。

癸酉（1813）秋，邑之士大夫请借公项以资兴作，余亦欣然，可以偿夙昔之志也。即庀材鸠工，经始于是年秋八月，落成于冬十一月。自讲堂以至廊房、庖湢[二]，既完且整。士大夫相率而前，俾余作记，以垂永久。

余不敏，窃惟书院之取名于九峰也，岂不以彭邑之山崒嵂而嵯峨者莫若九峰？钟灵毓秀，必当有冠伦魁、能蔚为时栋者。自兹以后，青衿组带之士诵于斯，饩于斯，雍容礼义之门，揖让诗书之府，阐教化，砥节行，克成琢玉之功，而允叶扣钟之教者[三]，将见其文章经济、黼黻光华之治，得与九峰同其高而垂无穷也。是所厚望于学者焉！书院房舍间数，重修工费银两数目，每年支发修金、膏火银数，均开列碑阴。

王锺钫罗山氏《重建武庙记》

稽自千古以来，庙祀遍万方，英灵弥六合，神威赫濯，历久而弥显

[一] 皋比：本指虎皮，因其施于座上，故此处代指座位、讲席。《左传·庄公十年》："自雩门窃出，蒙皋比而先犯之。"杜预注："皋比，虎皮。"

[二] 庖湢（bì）：厨房和浴室。《礼记·内则》："外内不共井，不共湢浴。"郑玄注："湢，浴室也。"

[三] 扣钟：比喻请教知识。《礼记·学记》："善待问者如撞钟，叩之以小者则小鸣，叩之以大者则大鸣。"

者，莫如帝君矣。我国家重熙累洽，幽显效灵。皇上威德诞敷，百神协应，而帝君灵迹尤昭昭于寰宇间。是以省、郡、州、邑，春秋飨祀，垂为常典。玉册金符，屡加鸿号，崇德报功之典，视前代为特隆焉。

彭县自雍正七年（1729）复设以后[一]，相沿于白衣庵帝座前陈牲牢、荐俎豆，不足以展典礼也。越乾隆庚戌（1790），前邑令谢生晋以北城废寺改为武庙，有前殿而无后宫，规模仍然未备。

今岁孟秋之月[二]，邑之人士相率而告曰："城南有隙地，请借公项以兴作焉。"余相度基址，其地势高旷，且与黉宫相近，是可以妥神灵而崇像设矣。即鸠工庀材，三阅月而殿宇岑立，墙垣屹峙，后宫廊庑制极宏壮。于是饰粉壁，张罗帷，栾栌四周，丹雘焕彩[三]，雄深肃穆，令人生入庙思敬之诚焉。

方今蜀中万姓乂安，雨旸时若。帝君之声灵远布，巩金瓯于亿万斯年。彭虽僻处一隅，凡属黄发玄髫，莫不感戴无疆之遐福矣，岂不盛哉！敬为记。

王锺钫罗山氏《重建奎星阁序》

伏以丽斗杓而焕彩，宅近中黄[四]；拱辰极以扬辉[五]，垣依太紫。总职司于奎宿，昌文运于尘寰。惟彭邑之科名，实人才之渊薮。云蒸霞蔚[六]，翩翩锦带之儒；凤起鸿渐[七]，奕奕金闺之彦[八]。咸以乞灵桂籍，因之崇焕芝宫。

[一]"七年"，原误作"六年"，据《清世宗实录》卷八七改，说详本书卷二第 28 页注释六。

[二] 今岁：据本书卷一七"吕祖庙"条，移建武庙在嘉庆十八年（1813）。

[三] 丹雘（wò）：红色的颜料。《书·梓材》："若作梓材，既勤朴斫，惟其涂丹雘。"

[四] 中黄：黄道。《汉魏六朝百三家集》卷五二成公绥《天地赋》："望舒弭节于九道，羲和正辔于中黄。"按，此二句言奎星在天空的位置。

[五] 辰极：北斗星。《文选·嵇康〈琴赋〉》："披重壤以诞载兮，参辰极而高骧。"吕向注："辰极，北斗也。"按，此句亦言奎星拱卫北斗星，靠近紫微垣。

[六]"蔚"，原误作"尉"，据文义改。按，"云蒸霞蔚"为成语，云霞盛起之貌。

[七] 凤起：凤凰起飞，比喻贤人振起。《文选·刘孝标〈辨命论〉》："君山鸿渐，铩羽仪于高云；敬通凤起，摧迅翮于风穴。"◎鸿渐：鸿雁从低往高处飞。《易·渐》："初六，鸿渐于干……六二，鸿渐于盘……九三，鸿渐于陆……六四，鸿渐于木……九五，鸿渐于陵。"

[八] 奕奕：盛貌。《文选·左思〈吴都赋〉》："缔交翩翩，傧从奕奕。"吕向注："奕奕，盛貌。"

文昌宫左旧有奎星阁，自雍正六年（1728）后创建，式崇云构，屡阅星周，昔之桂栋兰楹，今则青苔碧藓。前任谢令生晋奉移神像，供祀门楼。既方位之失宜，复礼文之未协。

今岁秋八月[一]，阖邑士大夫请借公项，相度基址，择于文昌宫之东，凭城为台，建阁于其上。阁凡三层，高五丈有奇。上通辰象，遥对泮池，九霄峙轮奂之观，七宝敞庄严之座。自此霓旌羽盖，迓银榜于珠宫；竚看毡笔墨书[二]，捷金泥于玉阙。是为记。

传

国朝

※陆廷抡《赵芙溪小传》[三]

赵弼字子匡，号芙溪，彭县人，中顺治丁酉（1657）乡试。公大父之庠，破流贼有功，累官宁武道[四]，至列名荐巡抚，卒。公父司鋐上书讼父功[五]，诏赠太仆寺少卿，谕祭。司鋐负经济才，官至建昌兵备佥事，制兵讨贼，抚恤番夷，功最著。公性敏嗜学，事继母以至孝称，待弱弟友爱，谊隆亲族，慷慨好义，渊衷雅量，卓如也。

初，任直隶平乡令，以道远不获迎养，作《月下归来图》以志孺慕[六]。

[一] 今岁：据本书卷一七“奎星阁”条，此阁建于嘉庆十八年。

[二] 毡笔：羊毫笔，此处乃泛指珍贵的毛笔。《唐摭言》卷一五：“进士榜头竖粘坚黄纸四张，以毡笔淡墨衮转书曰‘礼部贡院’四字。”

[三] 按，光绪《重修彭县志》卷一〇题作《赵弼传》。◎陆廷抡：江苏兴化（今江苏省泰州市兴化市）人。咸丰《重修兴化县志》卷八《人物·隐逸》列其小传云：“陆廷抡，字悬圃，少负异才，博闻强记，以古文知名。甘心隐约，不为荣利计。日坐卧小楼，足不入城市者三十年。专心史学，与宝应王岩往复辩论。同邑李清称其心力俱瘁。既枕藉而餍饫之，故其文体大思精，必传后也。著《酩酊堂集》。”

[四]“累”，原作“屡”，据光绪《重修彭县志》改。按，累官，言积累政绩而逐渐升迁，官至某位。

[五] 第一“公”字，光绪《重修彭县志》无。

[六] 孺慕：本指对父母的哀悼，这里指思念。《礼记·檀弓下》：“有子与子游立，见孺子慕者，有子谓子游曰：‘予一不知夫丧之踊也，予欲去之久矣，情在于斯，其是也夫。’”郑玄注：“丧之踊，犹孺子之号慕。”

厥后屡终养不允[一]，将遣子归里省亲。会吴逆之变起，又不果。每岁时披图常视，辄流涕弗能止。其治平邑也，邑驿传旧有南方协济马，谓之南马。兵火后，道里隔绝，不能征取，贻累里下者，岁费千金。弼力请上官罢其役。他徭役私派者，亦尽除之。治平乡八载，修学宫，筑河防，保爱百姓，作育人才，不避权贵，豪猾敛迹，平乡自是称治邑矣。官止南康同知。平生所著诗文，随手散逸，无专稿。有诗十首，载《剑阁芳华集》。

公元配王氏，越嶲指挥同知王自明女。贼攻越嶲，城陷，王氏年十九，有娠未娩，自缢死。氏母周氏，纵火自焚杀[二]。公贵，封王氏孺人。继配傅氏，明经傅元修女，生女一人，卒。继配沈氏，故华阳令沈云祚女。云祚以骂贼死，祀名宦。沈氏忠烈之后，性清肃。子二人，长讷，邑诸生；次悫，幼。公生于崇祯五年（1632）岁次壬申十二月三日[三]，卒于康熙二十年（1681）岁次辛酉四月十五日。讷扶榇自江南泰州归葬以礼[四]，能业其清素。公寓泰州，与廷抡共风雨晨夕者数年，知公最深。缘不愧固陋，为列其大略云。

※费密《王氏小传》

王氏，越嶲卫指挥同知王自明女也，母曰周氏，适成都府彭县士人赵弼。弼父司鋐，举乡试，尚未拜官，流贼遂陷成都。弼才十馀岁，未有家室。后弼父为越嶲抚夷同知，与自明共城治事。越嶲本西南夷地，四面皆番猓[五]。自明能用其众，番猓颇畏之。贼乱四川，三载而诛，其馀贼遁入云南。又一年，来陷建昌，越嶲恐惧。

自明有女，年十七，未嫁。自明之客杜生者，与弼父故旧，请女妻弼，王氏遂为弼妻焉。女母周氏，即自明贫贱时之妾。适妻亡无子，周

[一]“屡”，光绪《重修彭县志》作“累”。

[二]“火”，原脱，据光绪《重修彭县志》补。

[三]“祯”，原作“正”，清人避雍正讳而改者，今回改。

[四]“泰”，原作“秦”，形近而误，据光绪《重修彭县志》改，后文此字之误径改。按，作者为江苏泰州兴化县人。

[五] 猓（luǒ）：彝族的旧称，越嶲即今四川凉山彝族自治州之越西县，多彝族。

氏生两男一女，与自明同甘苦十馀岁，自明乃得嗣其世荫。周氏多智略，尝佐自明谋事。自明爱之，遂以为妻。

越巂既近猓，猓人喜掠。其耆帅有爱子，来掠越巂城下，官兵杀之。猓妻激猓为子报仇，残越巂甚久。自明遣人往抚，猓不肯从。猓妻曰："自吾儿死，吾杀越巂人亦多。今盐布皆不来，受和好乃便。"猓遂与妻来见自明，誓不内犯。

猓妻，妇人也，入谒周氏。猓妻临去，要周氏出视。周氏曰："当视汝。吾前日欲往村中收荞，有事未得行。汝屯与吾村中相近，今必来矣。"明日，周氏从数婢至村中，召猓妻来迎，执其手曰："汝屯处无屋，吾久待汝于此。"因与共观刈荞，经理田事。久，始饮食，猓妻多与之酒，命侍婢左右劝酬欢呼，至暮尽醉乃罢。又益加食物，令猓妻持去，越巂以此得无事者数年。

后成都乱，自明率卫军从曹勋于大渡河所拒贼[一]，贼遁，复治越巂。自明与勋有隙，周氏力解之。勋兵饥，越巂馈粮往救者，皆周氏之力。弼婚之次年，自明同勋裨将攻建昌，数月不下。自明病且死，时番猓乘内变，多为盗，路阻不通。周氏召其尝所惠之番猓往迎自明，自明归而卒。人乐周氏贤，故子乘龙复总其父众[二]。

次年，杨展遣部将冯朝宣援建昌[三]。朝宣至越巂，部下见猓骑好马，杀而夺之。猓众来战，匿东山下，先以羸弱诱朝宣。朝宣轻之，直渡与战。周氏登楼，见朝宣兵渡，叹曰："为猓所诈矣。"果败还。朝宣暴乱，乘龙所将悍卒欲攻朝宣，周氏不许。朝宣知，以木旌其门。周氏遣人谢曰："吾军何尝有异志？"不受其榜。

次年，曹勋攻建昌，兵败，贼追至越巂。周氏闻贼兵且至，以次子属人，奔大渡河所，积草楼下，与弼妻自缢。弼妻娠未娩，遂死，时年十九。周氏绳绝堕地，刎，又不死，自焚于楼下。后得遗骨瓦砾中，合葬之，人谓之双冢云。

[一] 曹勋：明末清初清溪县人。嘉庆《清溪县志》卷二小传云："世袭本所指挥，与邛州举人刘道贞等破献贼之将于小关山。继随范文光守雅州，黎、雅以南数年不罹兵害。"《锦里新编》卷四有《刘道贞、曹勋合传》，可参看。

[二]"父"，光绪《重修彭县志》无。

[三]"冯"，光绪《重修彭县志》作"马"。按，嘉庆《内江县志》卷四七载此人事迹，亦作"马"，但无更多资料，待考。

铭明

边维垣《九峰无瑕禅师塔铭》[一]

无瑕禅师名广玉，资县人也。生而沉静古朴，年三十馀遇异人，遂别家至大足县宝顶寺祝发受戒。戒师问曰："僧在甚处来？"玉曰："师在甚处问？"师曰："慧灯高照起看。"玉曰："威音飞进铁围城，洞游踏破无生地。"师笑曰："原是大手。"

玉去，游峨眉山。九老洞中见白牛师[二]，师曰[三]："谁也毛头，将禅杖过来我打！"玉曰："虽在亦非在，真人超天外。这杖打空中，罔自辱四大。"师曰："如是如是。"

玉又至蓥华山，依慧堂禅师[四]，大悟宗旨。一日，与大众登绝顶，望见天彭九峰之胜。自负熟面三斤[五]，径诣九峰，栖息圣灯岩洞中[六]。趺坐四旬[七]，采南星苗食之。夜常有一老熊，惊跳岩前。玉方摄念，熊不敢近。顷之，一虎至，咆哮踯躅。玉定寂如故，虎移时遁去。由是名振四远，沙门从四方来者咸顶礼师事[八]。檀越为之创寺，名曰雷音。数百里内，向风虔拜[九]。不问老幼贤愚，有病者[十]，手为揣摩[十一]，或取顶帽敝繻丸之令服，无不立效焉。

[一] 按，此文又载《补续全蜀艺文志》卷五一、《天启新修成都府志》卷五七、蒋超《峨眉山志》卷一一，从年代来看，以《补续全蜀艺文志》为最早，故以之参校。又据文中所叙，此塔铭大约作于万历甲申（1584）。

[二]"牛"，原作"老"，据《补续全蜀艺文志》改。按，《释鉴稽古略续集》卷三"武宗毅皇帝"下之"无闻禅师"条，其弟子有白牛禅师，当即此人。

[三]"师"，原脱，据《补续全蜀艺文志》补。

[四]"慧"，《补续全蜀艺文志》作"惠"，误。据《释鉴稽古略续集》卷三，无闻禅师弟子亦有名慧堂禅师者，应即此人。

[五]"斤"，《补续全蜀艺文志》作"升"。

[六]"岩"，《补续全蜀艺文志》作"崖"。后一"岩"字，《补续全蜀艺文志》亦作"崖"。

[七]"趺"，原误作"跌"，据《补续全蜀艺文志》改。本文后之"趺"字原亦误，径改。

[八]"四"，《补续全蜀艺文志》作"外"。

[九]"拜"下，《补续全蜀艺文志》有"者"字。

[十]"有病者"，《补续全蜀艺文志》无。

[十一]"手"，原作"至"，据《补续全蜀艺文志》改。

万历癸未（1583）十二月朔，自言十二日当化去。其徒江留之，弗果。至甲申（1584）二月望日，又曰："三月初一是吾涅槃期矣。"远近闻者，登山争睹，且与其徒苦留之。乃以初七日之晨，沐浴剃发，趺坐说偈云[一]："反身登台化乐天，只手单拳不用船。百万人天狮子吼，空中还有不二禅。"及昧爽，雷电风雨大作[二]，山谷震动若崩。端坐而化，至今容体俨然若生，发亦渐长[三]，如未剃时。四方来观者，无不惊异云[四]。

青霞外史边维垣曰："余闻之先师云：'朝闻道，夕死可矣。'[五]夫死生大矣，而以系于旦夕之间。故冥然而生，匪生也；全归而死，匪死也。士号称仲尼之徒者，类能力排佛老。而昧三界之旨，叛五常之懿，寄蜗牛于蘧庐[六]，灭蟭螟于蚊睫者[七]，何限[八]？以今观于玉公，慧德龙潜，冲形蝉蜕[九]，其视生死旦暮，若过客之在逆旅。行止去留，一任其便。盖飘飘然太虚之风云也，是或一道也。"[十]

国朝

冀应熊《澹竹行密和尚塔铭》

《中庸》"性、道、教"三字[十一]，勿论吾儒、老、释，俱不外这里做工夫。说玄说幻，总非真实性命。乃禅家并性而空之，师宣光所谓"空

[一]"说"，《补续全蜀艺文志》作"道"。
[二]"雷电"前，《补续全蜀艺文志》有"即"字。
[三]"亦"，原脱，据《补续全蜀艺文志》补。
[四]"云"，原误作"三"，据《补续全蜀艺文志》改。
[五]按，此语出《论语·里仁》。
[六]蘧庐：驿馆。《庄子·天运》："仁义，先王之蘧庐也，止可以一宿，而不可久处。"郭象注："蘧庐，犹传舍。"
[七]蟭螟：寓言中的一种小虫。《列子·汤问》："江浦之间生么虫，其名曰焦螟。群飞而集于蚊睫，弗相触也；栖宿去来，蚊弗觉也。"
[八]何限：多少。《范石湖诗》卷一八《次韵陆务观编修新津遇雨不得登修觉山径过眉州三绝》之一："平生飘泊知何限？少似新津风雨时。"
[九]"慧德龙潜，冲形蝉蜕"，原脱，据《补续全蜀艺文志》补。
[十]"也"下，《补续全蜀艺文志》有"欤哉"二字。
[十一]按，《礼记·中庸》开篇云："天命之谓性，率性之谓道，修道之谓教。"

空”是也。然至道由实而空，故不曰缉熙宥密[一]，则曰澹而不厌[二]，盖言见得定而守得严，遂觉与物无染耳。

熊出守益州，偶于白鹿寺晤澹竹和尚名行密者，寂居空山，泊如也。穆然清风，深喜人如其号矣。既而于癸卯岁（1663）出山，游草堂寺，毅然有兴复古迹之志。初疑其若役于世情，迨经营数载，而依然与物无染，仍若寂居空山，泊如也。则其操心严密，又喜人如其名矣。始信和尚之澹而不厌，盖从缉熙宥密中来也。乃工将告竣，和尚遂书遗嘱云：“要如老僧，处身涉地艰难，际此劫运中，千挫百折，无可奈何，尚延残喘，亦大幸也。吾复何累？老僧去后，诸子当依佛语，莫以势利欺人。整理法门为重，毋得随世起倒，取笑方家，有辱先辈。缘至，当为可为；缘不遇，宁可韬藏。若是流徒阿师，何不作俗？还有许多好处！为僧切在此时把得定，作得主，亦是斯时力量大人也。老僧到此无说，各遵斯言，受用无尽，再不忉怛矣。”[三]于丁未（1667）二月之杪，先期走言辞余。二十九日涅槃之际，说偈以示弟子曰：“吾年五十九，大地谁知有？一喝水洄流，西方日出西。”喝一偈趋寂。噫嘻！澹莫澹于流水，密莫密于日行。和尚以此始，即以此终；不知其为有，焉知其为无耶？由是而空，仍是本来面目耳。余与澹竹徘徊五载，颇悉其终身巅末。

生于万历己酉（1609）正月二十三日，其母梦一老人跨犊而来，殆即函关紫气也。生而不茹荤酒[四]，不愿家室。方弱冠，遂弃家薙发于资圣寺。后走金陵，依月潭法师讲习。乙亥（1635）入天童，从密云禅师有年[五]。随参峤老人[六]，授以“浙山蜀水”四字。后诣高梁，参破山和

[一] 缉熙：光明。《诗·大雅·文王》：“穆穆文王，于缉熙敬止。”毛传：“缉熙，光明也。”◎宥密：存心仁厚宁静。《诗·周颂·昊天有成命》：“昊天有成命，二后受之。成王不敢康，夙夜基命宥密。”毛传：“宥，宽；密，宁也。”

[二] 澹而不厌：《礼记·中庸》：“君子之道，淡而不厌，简而文，温而理，知远之近，知风之自，知微之显，可与入德矣。”

[三]“忉”，原误作“忉”，同“忍”，文义不通，据文献用例改。按，忉怛（dāodá），啰嗦。《朱子语类》卷八三：“要之圣人只是直笔据见在而书，岂有许多忉怛。”

[四]“荤”，原误作“晕”，据文义改。

[五] 密云禅师：明末鄞县天童寺僧人，生于嘉靖丙寅（1566），卒于崇祯壬午（1642），俗姓蒋，名圆悟，号密云，有《密云禅师语录》十二卷，卷末附《行状》及《全身塔铭》，可参看。

[六] 峤老人：明末清初径山寺雪峤禅师，鄞县人，生于隆庆辛未（1571），卒于顺治丁亥（1647），俗姓朱，法名圆信，初号雪庭，改号雪峤，亦号青狮翁，晚号语风老人。有《雪峤信禅师语录》十卷，末二卷为《道行碑》，详载生平事迹，可参看。

尚[一]，山雅重之，授以衣钵，到处多刊语录传世。丙午（1666）春，因破山偶恙，澹竹不远千里走梁山往省之。方归，而破山圆寂，澹竹亦逾岁而脱然长逝。且其遗嘱终不越“澹密”二虑，是和尚顾名思义之大概也。则其“缉熙宥密，澹而不厌”，于《中庸》“性、道、教”三字亦既全矣。兹将建塔藏身，以垂不朽，其弟子超政请言于余以志之，因既志而铭之曰：

萧萧者竹，不移其节。穆穆者风，澹然若默。流水行云，过眼都彻。退藏于密，晓然如日。形虽龛石而性终不灭，宜乎生则以之自名，而殁则以为世白。

康熙庚戌（1670），成都守冀应熊撰。

赞

宋

※宋祁《益部方物略记·赞》[二]

楠。蜀地最宜者，生童童若幢盖然，枝叶不相碍，茂叶美阴，人多植之。树甚端伟，叶经岁不凋。至春陈新相换，有花实似母丁香云。

赞曰：在土所宜，亭擢而上。枝枝相避，叶叶相让。繁阴可庥[三]，美干斯仰。

[一] 破山和尚：破山海明，四川大竹人，俗姓蹇，乃明人蹇义之后，讳海明，号破山。生于1597年，卒于1666年，享年七十岁。十九岁出家，先后住嘉兴府东塔、湖北破头山、梁山县万峰山、双桂堂等，弟子知名者为丈雪通醉。刘道开撰有塔铭，又有年谱，附于《破山禅师语录》之后。

[二] 宋祁（998—1061）：宋安州安陆人，徙开封雍丘，字子京。仁宗天圣二年（1024）进士，历知制诰、翰林学士，又任史馆修撰，与欧阳修同修《新唐书》。后官至工部尚书，拜翰林学士承旨。《宋史·宋庠传》有附传。按，宋祁有《益部方物略记》，先叙方物，后加赞语。此书有《津逮秘书》本、《秘册汇函》本、《学津讨源》本、文渊阁《四库全书》本等多种，还被收入《全蜀艺文志》卷四四。从文字对比来看，与《全蜀艺文志》所收多同，故以《津逮秘书》本及《全蜀艺文志》参校。又，光绪《重修彭县志》卷一〇仅收锦被堆与添色拒霜花两条。◎“记”，原无，据此书准确题名补。

[三]“庥”，与《全蜀艺文志》同，《津逮秘书》本作“庇”。

桤。亦蜀所宜，民家莳之，不三年，材可倍常，人多薪之[一]。疾种亟取，里人以为利。

赞曰：厥植易安，数岁辄林。民赖其用，实代其薪。不栋不梁，亦被斧斤。

紫竹。蜀诸山中尤多，园池亦种为玩[二]。然生二年色乃变，三年而紫。

赞曰：竹生三岁[三]，色乃变紫。伐干以用，西南之美。

慈竹。性丛产[四]，根不外引，其密间不容笴。笋生夏秋，阅岁枝叶乃茂[五]。别有数种，节间容八九寸者曰笼竹，一尺者曰苦竹，弱植垂地者曰钓丝竹。或取节修肤致者，用为簟、笠。

赞曰：根不他引，是得慈名[六]。中实外坚，笋不时萌。末或下垂[七]，苒弱缘萦。

芋。蜀芋多种，鹯芋为最美，俗号赤鹯头芋。但子不繁衍，形长而圆。又有蛮芋，亦美，其形则圆，子繁衍，人多莳之。最下为槫果芋[八]，槫[九]，接也，言可接果，山中人多食之。惟野芋，人不食。《本草》有六种[十]：青芋、白芋、紫芋、真芋、莲禅芋[十一]、野芋。

赞曰：芋种不一，鹯芋则贵。民储于田，可用终岁。

月季花。此花即东方所谓四季花者，翠蔓红花。蜀少霜雪，此花得终岁，十二月月辄一开[十二]。

赞曰：花亘四时[十三]，月一披秀。寒暑不改，似固常守。

[一]“人多薪之”，原作“薪之用”，《津逮秘书》本脱“人多”，盖修志者所据亦脱“人多”，又臆补“用”字也，今据《全蜀艺文志》改。

[二]“为玩”，原脱，据《津逮秘书》本、《全蜀艺文志》补。

[三]“三”，原误作“二”，据《津逮秘书》本、《全蜀艺文志》改。

[四]“产”，原作“生”，据《津逮秘书》本、《全蜀艺文志》改。

[五]“岁”下，原衍“馀”字，据《津逮秘书》本、《全蜀艺文志》删。

[六]“得”，原作“为”，据《津逮秘书》本、《全蜀艺文志》改。

[七]“末”，原误作“米”，据《津逮秘书》本、《全蜀艺文志》改。

[八]“槫果芋”，原作“搏果子”，据《津逮秘书》本、《全蜀艺文志》改。按，无论是“槫”还是“搏”，以及形近之“抟”，皆未见字书有训作“接”者，此字存疑，故依原书。

[九]“槫”，原作“搏”，据《津逮秘书》本、《全蜀艺文志》改。

[十]“有、种”，原脱，据《津逮秘书》本、《全蜀艺文志》补。按，《重修政和经史证类本草》卷二三引《唐本草》，即言芋有六种，正与此处之说相合。

[十一]“莲”，《重修政和经史证类本草》作“连”。

[十二]“十二”前，原衍“一”字，据《津逮秘书》本、《全蜀艺文志》删。

[十三]“亘”，原作“宜”，据《津逮秘书》本、《全蜀艺文志》改。

锦被堆。花出彭州，其色一似蔷薇[一]，有刺，不可玩。俗谓蔷薇为锦被堆花[二]，故以枝别他牡丹，详见牡丹花下[三]。

赞曰：花跗芬侈，丛刺于梗。不可把玩，艳以妍整。

添色拒霜花。生彭、汉、蜀州[四]。花常多叶，始开白色[五]，明日稍红，又明日则若桃花然[六]。

赞曰：自浓而淡[七]，花则常态。今顾反之，亦反之怪。

桐花凤。二月，桐花始开，是鸟翱翔其间，丹碧成文，纤嘴长尾[八]，仰露以饮，至花落辄去。蜀人珍之，故号为凤[九]。或为人捕至樊间，饮以蜜浆，哺以吹粟，可以阅岁。蜀士以绘扇，唐李卫公常为赋[十]。

赞曰：金花之露，俗曰凤类。绿羽纤爪，藻背翠尾。花落则隐，以是见贵。

明

杨慎《嘉鱼赞》[十一]

嘉鱼。赞曰：南有嘉鱼，出于丙穴。黄河味鱼，嘉味相类。最宜为鮏[十二]，鬲以蕉叶。不尔脂腴，将滴火灭。

[一]“一”，原脱，据《津逮秘书》本、《全蜀艺文志》补。
[二]“花”，原脱，据《津逮秘书》本、《全蜀艺文志》补。
[三]“故以枝别他牡丹，详见牡丹花下”，与《全蜀艺文志》同，《津逮秘书》本无此句。
[四]“生彭、汉、蜀州”，原作“花出彭州、蜀州”，据《津逮秘书》本、《全蜀艺文志》改。
[五]“白色”，原互倒，据《津逮秘书》本、《全蜀艺文志》乙正。
[六]“明”，原作“隔”；“然”，原脱，据《津逮秘书》本、《全蜀艺文志》改、补。
[七]“淡”，《津逮秘书》本作“浅”。
[八]“长”，原作“修”，据《津逮秘书》本、《全蜀艺文志》改。
[九]“故”，原脱，据《津逮秘书》本、《全蜀艺文志》补。
[十]“唐”，原脱，据《津逮秘书》本、《全蜀艺文志》补。按，所言即本卷之李德裕《画桐花凤扇赋》。
[十一] 按，此文出杨慎《异鱼图赞》卷一，今以《杨升庵丛书》本参校。
[十二] 鮏（tíng）：《集韵·迥韵》释作“全鱼酱”。

谱

宋

※陆游《牡丹谱》[一]

花品序第一[二]

牡丹在中州，洛阳为第一。在蜀，天彭为第一。天彭之花，皆不详其所自出。土人云：曩时永宁院有僧，种花最盛，俗谓之牡丹院。春时，赏花者多集于此。其后花稍衰，人亦不复至。崇宁中（1102—1106），州民宋氏、张氏、蔡氏，宣和中（1119—1125），石子滩杨氏，皆尝买洛中新花以归。自是洛花散于人间，花户始盛，皆以接花为业。大家好事者，皆竭其力以养花，而天彭之花遂冠两川。今惟三井李氏、刘村母氏[三]、城中苏氏、城西李氏花特盛，又有馀力治亭馆，以故最得名。至花户连畛相望，莫得而姓氏也[四]。天彭三邑皆有花，惟城西沙桥上下，花尤超绝。由沙桥至堋口、崇宁之间，亦多佳品。自城东抵濛阳，则绝少矣。大抵花品近百种，然著者不过四十。而红花最多，紫花、黄花、白花，各不过数品，碧花一二而已。今自状元红至欧碧，以类次第之。所未详者，姑列其名于后，以待好事者。

状元红、祥云、绍兴春、燕脂楼、玉腰楼、金腰楼、双头红、富贵红、一尺红、鹿胎红、文公红、政和春、醉西施、迎日红、彩霞、叠罗、胜叠罗、瑞露蝉、干花、大千叶、小千叶。右二十一品，红花。

紫绣球、乾道紫、泼墨紫、葛巾紫、福严紫。右五品，紫花。

[一] 按，此文载《渭南文集》卷四二，又见《全蜀艺文志》卷五六。从文字比对来看，本书盖抄自《全蜀艺文志》，今以《陆游集》参校。

[二]“花品序第一”，原无，据别集补。按，《天彭牡丹谱》分为三节，分别为“花品序第一”“花释名第二”“风俗记第三”。本书抄录时，误将“花品序第一”当成《牡丹谱》之全文，又误将“花释名第二”与“风俗记第三”合为一篇，以为乃陆游《花释名》。盖古籍引文难断起讫，遂致误也。

[三]“村”，原作“氏”，据别集改。

[四]“得而”，原作“能得其”，据别集改。

禁苑黄、庆云黄、青心黄、黄气球。右四品，黄花。

玉楼子、刘师哥、玉覆盂[一]。右三品，白花。

欧碧。右碧花。

转枝红、朝霞红[二]、洒金红、瑞云红、寿阳红、探春球、米囊红、福胜红、油红、青丝红、红鹅毛、粉鹅毛、鼊金球、间绿楼、银丝楼、六对蝉、洛阳春、海芙蓉、腻玉红、内人娇[三]、朝天紫、陈州紫、袁家紫、御衣紫、靳黄[四]、玉抱肚、胜琼、白玉盘、碧玉盘、界金楼、楼子红。右三十一品，未详。

花释名第二[五]

洛花见纪于欧阳公者[六]，天彭往往有之，此不载，载其著于天彭者。彭人谓花之多叶者京花，单叶者川花。近岁尤贱川花，卖不复售。花之旧栽曰祖花。其新接头，有一春两春者，花少而富。至三春，则花稍多。及成树，花虽益繁，而花叶减矣。

状元红者，重叶深红花，其色与鞓红、潜绯相类[七]，而天姿富贵，彭人以冠花品。多叶者谓之第一架，叶少而色稍浅者谓之第二架[八]。以其高出众花之上，故名状元红。或曰：旧制，进士第一人即赐茜袍，此花如其色，故以名之。

祥云者，千叶浅红花，妖艳多态，而花叶最多。花户王氏谓此花如朵云状，故谓之祥云。

绍兴春者，祥云子花也。色淡伫而花尤富，大者径尺，绍兴中（1131—1162）始传。大抵花户多种花子，以观其变，不独祥云耳。

燕脂楼者，深浅相间，如燕脂染成，重趺累萼，状如楼观。色浅者，

[一]“盂”，原误作“盆”，据别集改。后文此字之误径改，不再出校。

[二]“朝”，原误作“胡”，据别集改。

[三]“娇”，原误作“桥”，据别集改。

[四]“靳”，原作“蘄”，据别集改。

[五]“花释名”前，原有“陆游”二字；“第二”二字，原无，据别集删、补。

[六]“洛”，原误作“落”，据别集改。◎欧阳公：欧阳修，有《洛阳牡丹记》。

[七]“鞓”，原误作“轻”，据别集改。按，《欧阳修全集》卷二五《洛阳牡丹记·花释名》：“鞓红者，单叶深红花，出青州，亦曰青州红……其色类腰带鞓，故谓之鞓红。”

[八]“色”，原误作“叶”，据别集改。

出于新繁勾氏。色深者，出于花户宋氏。又有一种，色稍下，独勾氏花为冠。

金腰楼、玉腰楼，皆粉红花，而起楼子，黄白间之，如金玉色，与燕脂楼同类。

双头红者，并蒂骈萼，色尤鲜明，出于花户宋氏。始秘不传，有谢主簿者，始得其种。今花户往往有之。然养之得地，则岁岁皆双，不尔则间年矣。此花之绝异者也。

富贵红者，其花叶圆正而厚，色若新染未干者[一]。他花皆落，独此抱枝而槁，亦花之异者。

一尺红者，深红颇近紫色，花面大几尺，故以一尺名之。

鹿胎红者，鹤顶红子，花色红，微带黄，上有白点，如鹿胎，极化工之妙。欧阳公花品有鹿胎花者[二]，乃紫花，与此颇异。

文公红者，出于西京潞公园[三]，亦花之丽者。其种传蜀中，遂以文公名之。

政和春者[四]，浅粉红花，有丝头，政和中（1111—1118）始出。

醉西施者[五]，粉白花，中间红晕，状如酡颜。

迎日红者[六]，与醉西施同类，浅红花中特出深红花，开最早，而妖丽夺目，故以迎日名之。

彩霞者，其色光丽，烂然如霞。

叠罗者，中间琐碎，如叠罗文。

胜叠罗者，差大于叠罗。此三品，皆以形而名之。

瑞露蝉，亦粉红花，中抽碧心，如合蝉状。

干花者，粉红花，而分蝉旋转，其花亦富[七]。

大千叶、小千叶，皆粉红花之杰者。大千叶无碎花，小千叶则花萼琐碎，故以大小别之。此二十一品，皆红花之著者也。

[一]“未”，原脱，据别集补。
[二]“公”，原脱，据别集补。
[三]潞公：宋人文彦博，官至宰相，封潞国公，故称。《宋史》卷三一三有传。
[四]“者”，原脱，据别集补。
[五]“者”，原脱，据别集补。
[六]“者”，原脱，据别集补。
[七]“富”，原误作“大”，据别集改。

紫绣球，一名新紫花，盖魏花之别品也。其花圆正如绣球状，亦有起楼者，为天彭紫花之冠。

乾道紫，色稍淡而晕红，出未十年。

泼墨紫者[一]，新紫花之子花也，单叶深黑如墨。欧公《记》有叶底紫，近之。

葛巾紫，花圆正而富丽，如世人所戴葛巾状。

福严紫，亦重叶紫花，其叶少于紫绣球，莫详所以得名。按欧公所纪，有玉版白，出于福严院。土人云此花亦自西京来，谓之旧紫花。岂亦出于福严耶？

禁苑黄，盖姚黄之别品也。其花闲淡高秀，可亚姚黄。

庆云黄，花叶重复，郁然轮囷，以故得名。

青心黄者[二]，其花心正青。一本花往往有两品，或正圆如球，或层起成楼子，亦异矣。

黄气球者，淡黄檀心[三]，花叶圆正，向背相承[四]，敷正可爱。

玉楼子者，白花，起楼，高标逸韵，自然是风尘外物。

刘师哥者，白花带微红，多至数百叶，纤妍可爱，莫知何以得名。

玉覆盂者，一名玉炊饼，盖圆头百花也。

碧花止一品，名曰欧碧。其花浅碧，而开最晚。独出欧氏，故以姓著。

大抵洛中旧品，独以姚、魏为冠[五]。天彭则红花以状元红为第一，紫花以紫绣球为第一，黄以禁苑黄为第一，白花以玉楼子为第一。然花户岁益培接，新特间出，将不特此而已。好事者尚屡书之。

风俗记第三[六]

天彭号小西京，以其俗好花，有京洛遗风，大家至千本。花时，自太守而下，往往即花盛处张饮，帟幕车马，歌吹相属。最盛于清明寒食

[一]“紫”，原脱，据别集补。
[二]“者”，原脱，据别集补。
[三]“黄”下，原误衍“淡”字，据别集删。
[四]“向”，原误作“间”，据别集改。
[五] 姚、魏：姚黄与魏紫，牡丹花的两个名品，姚黄为千叶黄花，出于民姚氏家；魏紫为千叶肉红花，出于魏相仁溥家，见欧阳修《洛阳牡丹记》。
[六]“风俗记第三”，原脱，据别集补。

时。在寒食前者，谓之火前花，其开稍久。火后花则易落[一]。最喜阴晴相半时，谓之养花天。栽接剶治[二]，各有其法，谓之弄花。其俗有“弄花一年[三]，看花十日”之语，故大家例惜花，可就观，不敢轻剪。盖剪花则次年花绝少，惟花户则多植花以侔利[四]。双头红初出时，一本花取直至三十千[五]。祥云初出，亦直至七八千，今尚两千。州家岁常以花饷诸台及旁郡。蜡蒂筠篮[六]，旁午于道。

予客成都六年，岁常得饷，然率不能绝佳。淳熙丁酉岁（1177），成都帅以善价私售于花户，得数百苞，驰骑取之。至成都，露犹未晞，其大径尺。夜宴西楼下，烛焰与花相映发[七]，影摇酒中，繁丽动人。嗟乎！天彭之花，要不可望洛中，而其盛已如此。使异时复两京，王公将相[八]，筑园第以相夸尚，予幸得与观焉。其动荡心目，又宜何如也！明年（1178）正月十日，山阴陆游书。

※胡元质《牡丹谱》节录[九]

宋景文公祁帅蜀，彭州守朱君绰始取杨氏园花凡十品以献。公在蜀四年[十]，每花时，按其名往取，彭州送花遂成故事。公于十种花，尤爱重锦被堆[十一]，尝为之赋，盖他园所无也。

牡丹之性，不利燥湿。彭州丘壤既得燥湿之中，又土人种莳偏得法，花开有至七百叶，面可径尺以上，今品类几五十种[十二]。继又有一种，色

[一]“花”，原脱，据别集补。
[二]“剶”，原作“剔”，据别集改。按，剶（chuán）谓砍削树枝，见《广韵·仙韵》。
[三]“其俗”，原脱，据别集补。
[四]“侔”，原作“牟”，据别集改。
[五]“取”，原作“最”，据别集改。
[六]“篮”，原误作“蓝”，据别集改。
[七]“发”，原脱，据别集补。
[八]“将”，原作“卿”，据别集改。
[九] 按，此文载《全蜀艺文志》卷五六，以之参校。
[十] 按，据《宋川陕大郡守臣易替考》，宋祁于嘉祐二年至三年（1057—1058）知益州，此处称四年，或误。
[十一]“爱”，《全蜀艺文志》误作“受”，覆查嘉靖《四川总志》，实则原书并不误。
[十二]“今”，原脱，据《全蜀艺文志》补。

淡红，枝头绝大者。中书舍人程敦厚倅是州[一]，目之为“祥云”。其花结子可种，馀花多取单叶花本，以千叶花接之。千叶花来自洛京，土人谓之京花，单叶时号川花尔。

景文所作赞，别为一编。其为朱彭州赋牡丹诗，有“蹄金点鬓密，璋玉镂跗红。香惜持来远，春应摘后空”之句[二]。今西楼花数栏，花不甚多，而彭州所供率下品。范公成大时以钱买之，始得名花。提刑程公沂预会[三]，叹曰：“自离洛阳，今始见花尔。”程公，故洛阳人也。

词

宋

程正伯《渔家傲·彭门道中早起》[四]

野店无人霜似水[五]，清灯照影寒侵被[六]。门外行人催客起。因个事，老来方有思家泪。

寄问梅花开也未[七]？爱花只有归来是。想见小桥歌舞地[八]。浑含喜，天涯不念人憔悴。

其二

独木小舟烟雨湿，燕儿乱点春江碧。江上青山随意觅。人寂寂，落花芳草催寒食[九]。

[一]“敦”，原作“公”，是误以为此人名程厚也，今改。说详本书卷二六“程敦厚”条注文。

[二]“摘”，原作“滴”，据《全蜀艺文志》改。

[三] 程公沂：程沂之尊称，正德《姑苏志》卷四一云：“程沂，字咏之，洛人伊川先生颐之从子也。绍兴间（1131—1162）知昆山县，为政中和，有古循吏风。”

[四] 按，此二词载《书舟词》，以之参校。

[五] 野店无人霜似水：《苏轼全集校注·诗集》卷四八《王定国自彭城往南都，叶子由在宋幕，求家书，仆醉不能作，独以一绝句与之》：“王郎西去路漫漫，野店无人霜月寒。”

[六] 清灯照影寒侵被：《秦观词全集·如梦令·遥夜沉沉如水》：“梦破鼠窥灯，霜送晓寒侵被。”

[七] 梅花开也未：《王右丞集笺注》卷一三《杂诗》之二：“来日绮窗前，寒梅着花未？”

[八] 歌舞地：《杜诗详注》卷一七《秋兴八首》之六：“回首可怜歌舞地，秦中自古帝王州。”

[九] 催寒食：《张耒集》卷四《寒食歌》：“东风芳草长，寒食春茫茫。”

昨夜青楼今夜客，吹愁不得东风力[一]。细拾残红书怨泣[二]。流水急，不知那个传消息？

经　籍

《水忏》三卷[三]。唐悟达国师著。

《挹清轩集》[四]。明李宗泗著。

《读史日抄集》。赵司鋐著[五]。

《扪参楼集》《五道原书》[六]。马朝锡著。

《半山草堂集》。赵弼著。

《村山诗集》[七]。杨岱著。

按，以上各书俱已失传。

外　纪

五代陈敬瑄任西川[八]，有爱姬徐氏，郫城令之女也。令欲求彭州牧，以红绢数寸作二十八字遣其妻私示其女云："渌宫富贵事风流，莫忘生身老骨头。因与太师欢笑处，为吾方便觅彭州。"闻者笑之。

[一] 吹愁：《李太白全集》卷二三《独酌》："春草如有意，罗生玉堂阴。东风吹愁来，白发坐相侵。"

[二] 残红书怨泣：《古今事文类聚·后集》卷一三"红叶题诗"条："唐僖宗时，有于祐，晚步禁衢流，一红叶上有二句云：'殷勤谢红叶，好去到人间。'祐复题云：'曾闻叶上题红怨，叶上题诗寄阿谁？'佑后娶一宫人韩氏，于佑箧中见一红叶，惊曰：'此吾所作，吾水中亦得红叶！'即佑所题诗。于是相对感泣曰：'事岂偶然？莫非前定也。'"

[三] 按，后文称此书失传，谬矣。《大正新修大藏经》第45册收《慈悲水忏法》三卷，正是此书，且清代有多人为其做注，何遽称失传耶？

[四] 按，此处不言卷数，据明人焦竑《国史经籍志》卷五，此书十二卷。

[五] 按，此处著录之书，暂未见他书提及，不知其所据为何。

[六] 按，此二书书名或有误，可参本书卷三〇马氏小传。

[七] 按，此诗集不知卷数，《感旧集》卷一六收杨岱诗二首。民国《新繁县志》卷三〇著录该书，然亦无卷数，唯列其小传，并载时人评语，今录于后。"岱字东子，康熙丙午（1666）举人，官上杭知县。魏惟度云：'余读东子诗，气力雄健，知为词坛英俊。近董耕伯、蔡方山从维扬来，道东子年十九，器宇深沉，似有道者。侍乃翁研连先生，恂恂乎孺子，不特其诗之妙也。益叹余暗中摸索，能因其诗知其人焉。'"

[八]"敬"，原脱，据《鉴诫录》卷八"非告勤"条载此事而改。

孟蜀时，射洪县朱显[一]，顷欲婚郫县令杜集女，甄定后，值前蜀选入宫中。后咸康（925）归命[二]，显作掾彭州，散求婚媾，得王氏之孙，亦宫中旧人。朱因与话其欲婚杜氏，尝记得有通婚回书曰：“但惭南阮之贫[三]，曷称东床之美？”孙乃长叹曰：“某即杜氏，王氏冒称。自宫中出后，无所托，遂得王氏收养。”显殊悲喜，夫妻情好转笃。

宋乾德三年（965），全师雄据彭州，称兴蜀大王，雅州兵应之[四]。

范禹偁[五]，九陇人。父虔[六]，县吏。禹偁少落拓，不事生产，斗鸡走狗，习为嬉游。父死，随母改适张氏，因冒姓名曰张谔。有道士见之，谓曰：“子骨法异常，苟屈首受书，他日必大贵。”由是遂入丹景山，从师苦学。天成中（926—930）登第，始复本姓名。上州刺史启曰：“昔年上第，误标张禄之名；今日故园，复作范睢之裔。”[七]蜀主以为濛阳令，入侍太子。后主嗣位，累迁翰林学士。禹偁性吝啬，颇以聚赀为急，求守外郡。后主不听其出，令兼简州刺史，岁令输钱数千缗于禹偁。俄掌贡举，贿厚者登高科，面评其直，无有愧色。举子冯赞尧，故布衣交也，家贫，窘于赀，终不放登第。后从后主降宋，授鸿胪卿。时有门下士自阳城诣谒[八]，接晤甚欢，剧谈终日。徐曰：“吾近凿一井，水甚甘。”命各进一杯，竟不设具而罢。

范成大《名笔记》：“李昇画彭州至德山二堵，妙格下品。常灿画四

[一] 按，《太平广记》卷一六〇“朱显”条载此事，称此人乃射洪县主簿。

[二] 归命：归顺。《三国志·魏志·张鲁传》：“本欲归命国家，而意未达。”

[三] “阮”，原作“院”，因袭旧本《太平广记》而误，据用典改。按，《晋书·阮籍传附阮咸》云：“咸字仲容，父熙，武都太守。咸任达不拘，与叔父籍为竹林之游，当世礼法者讥其所为。咸与籍居道南，诸阮居道北，北阮富而南阮贫。”后一句用王羲之事，亦晋人也，正可为对。《世说新语·雅量》：“郄太傅在京口，遣门生与王丞相书，求女婿。丞相语郄信：‘君往东厢，任意选之。’门生归白郄曰：‘王家诸郎亦皆可嘉。闻来觅婿，咸自矜持；唯有一郎在东床上坦腹卧，如不闻。’郄公云：‘正此好！’访之，乃是逸少，因嫁女与焉。”

[四] 按，此条本自雍正《四川通志》卷二五。据《宋史·王全斌传》：“自是邛、蜀、眉、雅、东川、果、遂、渝、合、资、简、昌、普、嘉、戎、荣、陵十七州并随师雄为乱。”不知何以单言雅州？

[五] 按，此人传记见《十国春秋》卷五三。

[六] “虔”，原误作“处”，据《十国春秋》改。

[七] 范睢：《史记·范睢蔡泽列传》云：“魏人郑安平闻之，乃遂操范睢亡，伏匿，更名姓曰张禄。”

[八] “自”，原误作“白”，据《十国春秋》改。

绝堂悟达国师真，妙格中品。”[一]

《名胜志》：“曹士冕云[二]：‘彭州掘地得绛帖旧本，字画清劲，颇类旧武冈而差优焉。’”[三]

龚完敬，崇祯丁丑（1637）进士，官临安府推官。顺治年间（1644—1661），有士子客成都旅舍，与友人联吟。忽闻舍旁蕉叶下有声，觅之不得。挑灯开宴，忽有人在窗外高吟曰：“请君勿吟，听我《芜城之歌》。歌云：‘暗抛红豆泪盈把，委佩当年悲艳冶。一抔黄土玉钩斜，切莫烧作鸳鸯瓦。’[四]问之，答曰：‘我尚书龚完敬也。’”明日使人迹之，但见瓦砾烟草而已，遂以其土封之，为尚书墓[五]。

丹崖刘公以奇童背负入试[六]，时廉宪某公出一对云：“云月梯儿万丈高在人平步。”公即对云：“纲常担子千斤重须我着肩。”后公在御史，因武庙南巡，具疏极谏，濒九死而不回。非身肩纲常担子者能之耶？其英风劲节，已见于童稚时矣[七]。

大隋者，成都古天彭之西岭名刹。昔神照天师演大宗乘，烧蛇于此。时有一白蛇，缠锡不就爇。师曰：“做这个，形骸犹不肯舍？”乃于七佛楼后卓锡为井，井上立庙，名曰“白龙居”。明正统十三年（1448）戊辰六月二十，井水忽自涌出。须臾大至，楼殿震动。僧方击鼓号钟以警众，见其势不可遏，遂攀岩缘木，奔腾四走。及回视之，前后楼殿，周环庑宇，悉皆陷没。惟溷厕在山侧，不预泯焉[八]。

[一] 按，此条本自《全蜀艺文志》卷四二，范成大之书全称为《成都古寺名笔记》。

[二]“曹士冕”，原作“马端临”，因袭《蜀中广记》卷五而误，今据此说实出曹士冕《法帖谱系》卷下而改作者名。

[三]“优”，原误作“倍”，据《蜀中广记》改。

[四]“鸯”，原作“央”，连绵词书无定形，固不算错，今改为通行写法。

[五] 按，此条不知本自何处。其所载诗歌，与康熙时人傅作楫《芜城曲二首》之二略异：“暗抛红豆泪盈把，委佩遗钗埋艳冶。一抔黄土玉钩斜，为君烧作鸳鸯瓦。”两相对照，傅诗更好。然嘉庆《成都县志》卷六、嘉庆《四川通志》卷二〇二等皆载此诗，或别有所据也，待考。

[六] 丹崖刘公：刘士元，号丹崖子，小传见本书卷三一。《天一阁书目》卷四“《选诗》三册”条云：“明嘉靖西蜀丹崖刘士元序称：‘少华许子集昭明太子统《选》诗，凡若干首，别为三册。将入梓，乃有山东之擢，属丹崖子成之。’”

[七] 按，此条见《补续全蜀艺文志》卷四九、《天启新修成都府志》卷五七、雍正《四川通志》卷四五等。

[八] 按，此条见《补续全蜀艺文志》卷五〇、雍正《四川通志》卷四五。

玄妙观中有桂二株[一]，对植于仙台左右。双干交枝，老根盘露，不知几百年矣。四时清阴覆地十馀丈，秋日花开，黄金万斛，香飘十里，殊为奇绝。

[一]“玄”，原作“元”，清人避讳改者，据《补续全蜀艺文志》卷五三“古桂”条回改。按，此条又载雍正《四川通志》卷四六。

附录：光绪《重修彭县志·订讹》[一]

书成后，俗儒多以旧志为不宜改者，故述此篇以明之，非好扬前人之失也。

第一卷：“丹元子云天帝西垣第四星曰巴五曰蜀”，案，“帝”当作“市”。

“河图括地象岷山之下为井络”，案，“下”当作“上”。

第二卷：“梁书州郡志置东益州后周州郡志废益州改九陇郡置九陇县”，案，二书并无《州郡志》。

“元和郡县志开皇三年罢郡为九陇县属益州后改属彭州”，案，“开皇”上脱“隋”字，“属益州”下脱“皇朝因之”四字。

第三卷：“西南至崇宁灌县二县界三十里”，“灌”当作“郫”，“三十里”当作“二十里”。

第四卷：“左抱灌崇右临新汉”，“左右”二字互误。

第五卷：“九域志彭州有彭门山”，案，《九域志》无此语。

“华阳国志梁天监中立东益州于此”，案，“《华阳国志》”当作“《元和郡县志》”。

“方舆胜览云李冰初谓汶山为天彭山”，“《方舆胜览》”当作“《华阳国志》”。

“丹景山相传彭祖遍游洞府以窥圣迹尝往来于其中”，语诬。

“漓沅山李膺记云范蠡学道升仙于此”，“范”本作“蕃”。

“白鹿山寰宇记在县北五十里元和志在九陇县西北周地图记云宋元嘉九年云云”，案，“《元和志》”九字当在“《寰宇记》”上。

“名胜志白鹿山上有大乘金觉禅寺”，“《名胜志》”当作“《益部谈资》”。

“天台山龙定塔房及大隋木禅景德崇德诸寺之山皆发脉于此”，案，

[一] 按，此文乃光绪《重修彭县志》卷末对嘉庆《彭县志》的相关错误的考订及评语。大多数条目皆言之有理，但也有过于苛责或盲目自信之处。本书正文对相关考订皆已酌情吸收，对不合理之处也略有评述，故此处仅录文、标点。其校勘记之引文，只标引号。

景德即大隋，与龙定、塔房、木禅止在一山，并止在一峰前后。

“琅岐山东西皆大溪流水东入什邡界为罗江水亦名廉水西入玉村河山麓别出濔濛水即小鱼洞也亦合玉村河”，叙次轇轕。

“玉村河一枝东流为濛阳河又分白土河李膺记云沱水入郫田江入成都田江此水是也”，语缪，又“田”当作“由”。

“竹溪河白水河黑水河源俱出九峰山后”，缪。

“山海经云濛水出汉阳入江”，语不完。

“唐志彭城长史刘易从”，“城”当作“州”。

“鹿耳溪源出曲尺山会清白江”，四字衍。

“督桥河”，此河与本县无涉。

“白石沟泉在县北七十里玉村河之分流也”，瞀说。

“神溪水源出五龙山顶”，“顶”当作“麓”。

“九域志渡船河自崇宁县流经彭县界合玉村河”，讹引。

第十一卷：“三交镇在县东北四十里汉州什邡连界堋口镇即今隆丰场”，案，三交、堋口皆当入《古迹志》。又今三兴场本非三交，隆丰场本非堋口。纵尔，亦当云“三兴场即古三交镇，隆丰场即古堋口镇”，以今无“三交”“堋口”之名也。

第十四卷：“繁县故城在九陇县东四十里”，缪。

“元和志谓彭州即古彭国”，“《元和志》”当作“《元统志》”。

“导江故城”，当入《灌县志》。

“天水故城寰宇记后魏置东益州改天水郡为九陇”，案，“《寰宇记》”上当增“即今县治”四字。又《记》言梁置东益州，后魏为天水郡，仍改为九陇，此所引亦误。

“三守捉按唐高适论彭州西山三守城列戍疏云云”，案，高《疏》称平戎城以西数城云云，据《元和志》，平戎城在恭州南八十里，恭州在维州东北三百五十里，则平戎在今阿革土司之南。以西数城，非彭州西山之三城也。

“威戎第三关”，语无据。

“东湖唐李德裕开”，此误以新繁县之东湖为此东湖。

“旧志宋政和中眉山苏洵开浚”，“苏洵”当作“苏元老”。

“西湖寰宇记唐元和开郡守王潜萧祐浚凿”，讹引。

“龙兴塔宋大观中预知禅师建”，袭明碑之缪。

第十七卷：“宋知彭州兼益州守高觌”，案，高为益州转运使，未尝知彭州也。

“彭州长史陈易从”，案，当作“刘易从”。

“彭州军士王先成”，案，先成新津人，王建军士。

“宋范孝纯妻师氏”，当入《崇宁志》。

第二十卷：“严君平墓”，当入《崇宁志》。

“周夷王墓”，承《寰宇记》之缪，当作“白虎夷王墓”。

“蒲江郡主墓旧有明正统八年所立碑今已仆灭”，案，郡主以正统九年薨，明年葬，安得有八年所立碑也?

“嫔蒲江雷焕之子雷安甫七月而安卒”，案，蒲江者，主之封邑，非谓雷氏为蒲江人也。“甫七月而安卒”亦讹撰，见《圹志》。

第二十六卷：“今题为职官题名志自明以前凡增五十一人。”

“李仁罕天成中彭州刺史”，当在后唐。

“房慎名房士模”，“房”皆当作“韦”。

“吴行曾”，“曾”当作“鲁”。

“杨晟昭宗二年以司徒出守彭州”，案，晟守彭州非朝命，司徒亦非其本职。

“陈从易高宗时彭州军事推官”，“高宗”当作“真宗”。

“吕陶”，宜列知州。

“李昊”，宜入《灌县志》。

“朱寿”，当作“朱寿隆”。

第二十七卷：“今增进士六人。”

“王弼成化丙戌进士”，《通志》，华阳人。

“师骥政和二年省试第一”，宜入《崇宁志》。

“唐应绍”，“绍”当作“诏”。

“康熙辛卯科”，宜次“壬子科”之后。

“蓝景琼杨世升黄中焕周维垣”，四人皆吏员，不当厕应例志。

第二十九卷：“今题为名宦志自明以前增十四人”。

“李二郎”，无稽。

“勾鼻”，削。

"俞汝尚"，当入灌、新繁二县志。

第三十卷："戴渊"，宜入《灌县志》，又"戴"当作"代"。

第三十一卷："沓龙超"，宜入《昭化县志》。

"王先成"，宜入《新津县志》。

第三十二卷："晋邓宝彭县人"，未知所出，晋时亦无彭县。

第三十六卷："彭祖"，删。

"范蠡"，"范"当作"蕃"。

"刘海蟾"，删。

第三十七卷："姜道隐"，宜入《绵竹县志》。

第三十八卷："宋乾德五年七月导江县民赵元田禾一茎九穗"，宜入《灌县志》。又，"乾德"当作"天禧"，"赵元"当作"赵元贵"。

"七年十二月彭州天庆观甘露降"，"七年"上脱"大中祥符"四字。

第四十卷："唐地理志彭州职贡麸金"，案，当作"《寰宇记》彭州土产麸金"。

"宋史本纪仁宗丁未禁彭州九陇县采金"，案，仁宗无丁未，当作"天圣元年正月乙酉，罢彭州九陇县采金"。

"唐书地理志职贡交丝罗宋地理志贡罗寰宇记贡罗十匹"，案，当作"《唐书·地理志》彭州土贡段罗、交梭。《元和志》开元贡交梭罗。《九域志》土贡罗一十匹"。

第四十一卷："此篇直不知金石为何物，概从删削。"

"誓水碑欧阳修集古录在彭州"，案，《集古录》无此碑目。

第四十二卷："杜光庭鸿都观诗亡吴霸越已功全云云"，误以蕃蠡为范蠡。

"宋王益东湖瑞莲及梅挚和诗"，并当入《新繁县志》。

"李调元纪天彭诗十六首"，词多诞谑，并删。

征引书目[一]

A

〔晋〕安法钦译:《阿育王传》,《大正新修大藏经》第50册

〔唐〕玄奘译:《阿毗达磨集异门足论》,《大正新修大藏经》第26册

〔唐〕玄奘译:《阿毗达磨大毗婆沙论》,《大正新修大藏经》第27册

B

〔汉〕班固撰,〔清〕陈立疏证:《白虎通疏证》,北京:中华书局,1994

〔晋〕张华著,范宁校证:《博物志校证》,北京:中华书局,1980

〔晋〕葛洪撰,王明校释:《抱朴子内篇校释》,北京:中华书局,1985

〔晋〕葛洪撰,杨明照校笺:《抱朴子外篇校笺》,北京:中华书局,1991

[一] 说明:本目录按书名首字字母音序排列,同字母下大致按时间顺序排列。源自以下大型丛书者,皆不详列出版信息,仅言作者、书名及所在丛书之册数。分别为:
台湾商务印书馆,1983年《景印文渊阁四库全书》;
上海商务印书馆,1937年《四部丛刊》系列;
上海商务印书馆,1935年《丛书集成》系列;
齐鲁书社,1997年《四库全书存目丛书》;
北京出版社,1998年《四库未收书辑刊》;
上海古籍出版社,2013年《续修四库全书》;
大正一切经刊行会,1934年《大正新修大藏经》;
株式会社国书刊行会,1975—1989年《卍新纂续藏经》;
文物出版社、上海书店、天津古籍出版社,1988年正统《道藏》。

〔北凉〕昙无谶译:《悲华经》,《大正新修大藏经》第 3 册

〔南朝宋〕鲍照著，钱仲联校注:《鲍参军集注》，上海古籍出版社，1980

〔南朝齐〕求那毗地译:《百喻经》,《大正新修大藏经》第 4 册

〔唐〕李延寿:《北史》，北京：中华书局，1974

〔唐〕虞世南:《北堂书钞》，文渊阁《四库全书》第 889 册

〔唐〕白居易撰，朱金成城笺校:《白居易集笺校》，上海古籍出版社，1988

〔唐〕白居易,〔宋〕孔传:《白孔六帖》，文渊阁《四库全书》第 891—892 册

〔五代〕孙光宪:《北梦琐言》，北京：中华书局，2002

〔明〕李时珍:《本草纲目》，北京：华夏出版社，1998

〔明〕明河:《补续高僧传》,《卍新纂续藏经》第 77 册

〔明〕杜应芳、胡承诏辑:《补续全蜀艺文志》,《续修四库全书》第 1677 册

〔清〕阿桂等撰:《八旬万寿盛典》，文渊阁《四库全书》第 660—661 册

〔清〕陈玉垣等修：嘉庆《巴陵县志》，嘉庆九年刻本

佚名:《别译杂阿含经》,《大正新修大藏经》第 2 册

C

〔三国〕曹植著，赵幼文校注:《曹植集校注》，北京：人民出版社，1984

〔后秦〕佛陀耶舍、竺佛念译:《长阿含经》,《大正新修大藏经》第 1 册

〔唐〕徐坚:《初学记》，北京：中华书局，1962

〔唐〕陈子昂:《陈子昂集》，上海：中华书局上海编辑所，1962

〔唐〕姚思廉:《陈书》，北京：中华书局，1972

〔唐〕岑参著，廖立笺注:《岑嘉州诗笺注》，北京：中华书局，2004

〔宋〕洪兴祖:《楚辞补注》，北京：中华书局，1983

〔宋〕司马光：《传家集》，文渊阁《四库全书》第1094册

〔宋〕何薳：《春渚纪闻》，北京：中华书局，1983

〔宋〕袁说友等编：《成都文类》，北京：中华书局，2011

〔宋〕程公许：《沧洲尘缶编》，文渊阁《四库全书》第1176册

〔宋〕法应集，〔元〕普会续集：《禅宗颂古联珠通集》，《卍新纂续藏经》第65册

〔清〕储大文：《存研楼文集》，文渊阁《四库全书》第1327册

〔清〕刘坛等修：嘉庆《崇宁县志》，嘉庆二十一年刻本

〔清〕费锡璜：《掣鲸堂诗集》，《四库禁毁书丛刊·集部》第187册

〔清〕梁园隶等修：咸丰《重修兴化县志》，《中国方志丛书》影印本，台北：成文出版社，1970

〔清〕曹相骏纂：光绪《重辑枫泾小志》，光绪十七年铅印本

D

〔汉〕戴德注，〔清〕王聘珍解诂：《大戴礼记解诂》，北京：中华书局，1983

〔汉〕刘珍等撰，吴树平校注：《东观汉记校注》，郑州：中州古籍出版社，1987

〔汉〕佚名译：《大方便佛报恩经》，《大正新修大藏经》第3册

〔晋〕佛陀跋陀罗译：《大方广佛华严经》，《大正新修大藏经》第9册

〔晋〕法显译：《大般涅槃经》，《大正新修大藏经》第1册

〔后秦〕鸠摩罗什译：《大智度论》，《大正新修大藏经》第25册

〔唐〕玄奘译：《大乘阿毗达磨杂集论》，《大正新修大藏经》第31册

〔唐〕玄奘译：《大般若波罗蜜多经》，《大正新修大藏经》第5—7册

〔唐〕菩提流志译：《大宝积经》，《大正新修大藏经》第11册

〔唐〕圆照：《代宗朝赠司空大辨正广智三藏和上表制集》，《大正新修大藏经》第52册

〔唐〕杜甫撰，〔清〕仇兆鳌注：《杜诗详注》，北京：中华书局，1979

〔唐〕杜甫撰，萧涤非主编：《杜甫全集校注》，北京：人民文学出版社，2013

〔宋〕宝昙：《大光明藏》，《卍新纂续藏经》第79册

〔宋〕王称：《东都事略》，文渊阁《四库全书》第382册

〔宋〕赵希鹄：《洞天清录》，文渊阁《四库全书》第871册

〔明〕杨慎撰，王大淳笺证：《丹铅总录笺证》，杭州：浙江古籍出版社，2013

〔明〕申时行等编：《大明会典》，万历十五年刻本

〔清〕赵廷栋：《地理五诀》，乾隆五十一年刻本

〔清〕和珅等修：乾隆《大清一统志》，文渊阁《四库全书》第474—483册

〔清〕赵霦等修，王斌校注：同治《大邑县志校注》，成都：巴蜀书社，2018

〔清〕宋载等修，王斌校注：乾隆《大邑县志校注》，成都：巴蜀书社，2019

〔清〕李德等修：乾隆《大足县志》，《故宫珍本丛刊》第215册，海口：海南出版社，2001

〔清〕吴辅宏等修：乾隆《大同府志》，乾隆四十七年刻本

E

〔宋〕罗愿：《尔雅翼》，文渊阁《四库全书》第222册

F

〔汉〕扬雄撰，汪荣宝义疏：《法言义疏》，北京：中华书局，1987

〔汉〕扬雄撰，周祖谟校笺，吴晓铃通检：《方言校笺及通检》，北京：科学出版社，1956

〔汉〕应劭撰，王利器校注：《风俗通义校注》，北京：中华书局，1981

〔三国吴〕支谦译：《佛说维摩诘经》，《大正新修大藏经》第14册

〔晋〕佛陀跋陀罗译：《佛说观佛三昧海经》，《大正新修大藏经》第15册

〔晋〕法立、法炬译：《佛说诸德福田经》，《大正新修大藏经》第16册

〔晋〕无罗叉译：《放光般若经》，《大正新修大藏经》第8册

〔后秦〕鸠摩罗什译：《法华经》，《大正新修大藏经》第9册

〔后秦〕鸠摩罗什译：《佛说阿弥陀经》，《大正新修大藏经》第12册

〔南朝宋〕畺良耶舍译：《佛说观无量寿佛经》，《大正新修大藏经》第12册

〔唐〕释道世著，周叔迦校注：《法苑珠林校注》，北京：中华书局，2003

〔宋〕范成大：《范石湖集》，上海古籍出版社，1981

〔宋〕法云：《翻译名义集》，《大正新修大藏经》第54册

〔宋〕楚圆：《汾阳无德禅师语录》，《大正新修大藏经》第47册

〔宋〕重显：《佛果圆悟禅师碧岩录》，《大正新修大藏经》第48册

〔宋〕祝穆撰，祝洙增订：《方舆胜览》，北京：中华书局，2003

〔明〕刘兑等修：万历《富平县志》，乾隆四十三年重刻本

〔明〕朱时恩：《佛祖纲目》，《卍新纂续藏经》第85册

〔清〕傅作楫著，李江编：《傅作楫雪堂诗集评注》，重庆：重庆出版社，2014

〔清〕许鸿磐：《方舆考证》，民国二十一年刻本

G

〔汉〕刘向：《古列女传》，文渊阁《四库全书》第448册

〔三国吴〕韦昭注：《国语》，上海：上海古籍出版社，1978

〔魏〕张揖辑，〔清〕王念孙疏证：《广雅疏证》，北京：中华书局，1983

〔晋〕皇甫谧:《高士传》,《丛书集成初编》第3396册

〔晋〕崔豹著，牟华林校笺:《古今注校笺》，北京：线装书局，2015

〔南朝宋〕求那跋陀罗译:《过去现在因果经》,《大正新修大藏经》第3册

〔南朝梁〕释慧皎:《高僧传》，北京：中华书局，1992

〔唐〕释道宣:《广弘明集》,《四部丛刊初编》本

〔唐〕高适著，孙钦善校注:《高适集校注》，上海古籍出版社，1984

〔唐〕贯休著，胡大浚笺注:《贯休歌诗系年笺注》，北京：中华书局，2011

〔唐〕杜光庭:《广成集》,《道藏》第11册

〔宋〕朱胜非:《绀珠集》，文渊阁《四库全书》第872册

〔宋〕欧阳修:《归田录》，北京：中华书局，1981

〔宋〕颐藏主辑:《古尊宿语录》,《卍新纂续藏经》第68册

〔宋〕章樵:《古文苑》，文渊阁《四库全书》第1332册

〔宋〕祝穆:《古今事文类聚》，文渊阁《四库全书》第925—927册

〔元〕李道谦:《甘水仙源录》,《四库全书存目丛书·子部》第259册

〔明〕杨一清:《关中奏议》，文渊阁《四库全书》第427册

〔明〕孙瑴辑:《古微书》，文渊阁《四库全书》第194册

〔明〕康河等修：嘉靖《赣州府志》，嘉靖十五年刻本

〔明〕王耒贤等修：万历《贵州通志》,《日本藏罕见中国地方志丛刊》本，北京：书目文献出版社，1990

〔明〕焦竑:《国史经籍志》,《粤雅堂丛书》本

〔明〕王鏊：正德《姑苏志》，文渊阁《四库全书》第493册

〔明〕冯惟讷:《古诗纪》，文渊阁《四库全书》第1379—1380册

〔明〕释正勉等辑:《古今禅藻集》，文渊阁《四库全书》第1416册

〔清〕孙天宁等修：乾隆《灌县志》，乾隆五十一年刻本

〔清〕鄂尔泰等修：乾隆《贵州通志》，文渊阁《四库全书》第571—572册

〔清〕王士禛等编:《感旧集》,《四库禁毁书丛刊·集部》第74册

〔清〕罗度等修：光绪《珙县志》,《中国方志丛书》影印本，台北：成文出版社，1976

黎翔凤:《管子校注》，北京：中华书局，2004

H

〔汉〕班固:《汉书》，北京：中华书局，1964

〔旧题汉〕班固:《汉武帝内传》,《丛书集成初编》第3436册

〔晋〕常璩撰，任乃强校注:《华阳国志校补图注》，上海古籍出版社，1987

〔晋〕袁宏撰，周天游校注:《后汉纪校注》，天津：天津古籍出版社，1987

〔南朝宋〕范晔:《后汉书》，北京：中华书局，1973

〔南朝梁〕僧祐:《弘明集》,《大正新修大藏经》第52册

〔唐〕韩愈撰，马其昶校注:《韩昌黎文集校注》，上海：上海古籍出版社，1986

〔唐〕韩愈撰，钱仲联集释:《韩昌黎诗系年集释》，上海：上海古籍出版社，1984

〔唐〕梁丘子注:《黄庭内景经》,《道藏》第4册

〔宋〕黄庭坚:《黄庭坚全集》，成都：四川大学出版社，2001

〔宋〕陆佃注:《鹖冠子》,《四部丛刊初编》本

〔明〕张溥辑:《汉魏六朝百三家集》，光绪己卯信述堂刊本

〔明〕黄辉:《黄太史怡春堂逸稿》，台北：伟文图书出版有限公司，《明代论著丛刊》第二辑，1976

〔明〕刘芳声等修：万历《合州志》，国家图书馆藏万历七年刻本

〔明〕唐诰等修：万历《和州志》，万历三年刻本

〔清〕宋锦等修：乾隆《合州志》,《故宫珍本丛刊》第215册，海口：海南出版社，2001

〔清〕郑澐等修：乾隆《杭州府志》，乾隆四十九年刻本

〔清〕宋鸣琦等修：嘉庆《洪雅县志》,《中国地方志集成·四川府县志辑》第38册，成都：巴蜀书社，1992

〔清〕刘长庚等修：嘉庆《汉州志》,《中国方志丛书》影印本，台北：成文出版社，1976

〔清〕王昶编：《湖海诗传》,《续修四库全书》第1625—1626册。

许维遹：《韩诗外传集释》，北京：中华书局，1980

何宁：《淮南子集释》，北京：中华书局，1998

罗竹风等编：《汉语大词典》，上海：汉语大词典出版社，1993

汉语大字典编纂委员会编：《汉语大字典》，成都：四川辞书出版社，2010

J

〔后秦〕鸠摩罗什译：《金刚般若波罗蜜经》,《大正新修大藏经》第8册

〔北凉〕昙无谶译：《金光明经》,《大正新修大藏经》第16册

〔南朝梁〕宗懔：《荆楚岁时记》，太原：山西人民出版社，1987

〔南朝梁〕江淹著,〔明〕胡之骥注：《江文通集汇注》，北京：中华书局，1984

〔隋〕吉藏：《金刚般若疏》,《大正新修大藏经》第33册

〔唐〕房玄龄等：《晋书》，北京：中华书局，1974

〔后晋〕刘昫：《旧唐书》，北京：中华书局，1975

〔五代〕何光远：《鉴诫录》,《知不足斋丛书》本

〔宋〕丁度等编：《集韵》，上海：上海古籍出版社，1985

〔宋〕道原：《景德传灯录》,《大正新修大藏经》第51册

〔宋〕吕陶：《净德集》，文渊阁《四库全书》第1098册

〔宋〕正受编：《嘉泰普灯录》,《卍新纂续藏经》第79册

〔宋〕李复：《潏水集》，文渊阁《四库全书》第1121册

〔宋〕黄朝英：《靖康缃素杂记》，上海：上海古籍出版社，1986

〔宋〕陆游撰，钱仲联校注：《剑诗稿校注》，上海：上海古籍出版社，1985

〔宋〕冯时行：《缙云文集》，文渊阁《四库全书》第1138册

〔宋〕李心传：《建炎以来系年要录》，北京：中华书局，1956

〔明〕韩浚等修：万历《嘉定县志》，台北：学生书局，1987

〔明〕李采等修：万历《嘉定州志》，国家图书馆藏清抄本

〔清〕张邦伸：《锦里新编》，嘉庆五年刻本

〔清〕通醉：《锦江禅灯》，《卍新纂续藏经》第 85 册

〔清〕王佐等修：嘉庆《夹江县志》，嘉庆十八年刻本

〔清〕王逢源等修：嘉庆《江都县续志》，《中国方志丛书》影印本，台北：成文出版社，1983

〔清〕徐宗干等修：道光《济宁直隶州志》，咸丰九年刻本

〔清〕雷学淇：《介庵经说》，《续修四库全书》第 176 册

〔清〕文良等修：同治《嘉定府志》，同治三年刻本

K

〔宋〕孔延之：《会稽掇英总集》，文渊阁《四库全书》第 1345 册

〔宋〕郭彖：《睽车志》，文渊阁《四库全书》第 1047 册

〔宋〕王应麟著，〔清〕翁元圻注：《困学纪闻》，上海：上海古籍出版社，2008

〔清〕张玉书等编：《康熙字典》，上海：汉语大词典出版社，2002

陈士珂辑：《孔子家语疏证》，上海：上海书店，1997

傅亚庶校注：《孔丛子校注》，北京：中华书局，2011

L

〔汉〕王充著，黄晖、刘盼遂校注：《论衡校释》，北京：中华书局，1990

〔汉〕刘向撰，王叔岷校笺：《列仙传校笺》，北京：中华书局，2007

〔三国吴〕陆玑撰，〔明〕毛晋广要：《陆氏诗疏广要》，文渊阁《四

库全书》第 70 册

〔晋〕张湛注:《列子》，上海：上海书店，1992

〔晋〕嵇含:《南方草木状》,《百川学海》本

〔晋〕陆云:《陆云集》，北京：中华书局，1988

〔北魏〕杨衒之撰，杨勇校笺:《洛阳伽蓝记校笺》，北京：中华书局，2006

〔北齐〕刘昼撰，傅亚庶校释:《刘子校释》，北京：中华书局，1998

〔南朝梁〕萧统编,〔唐〕李善等注:《六臣注文选》，北京：中华书局，1987

〔唐〕姚思廉:《梁书》，北京：中华书局，1973

〔唐〕李德裕撰，傅璇琮等校笺:《李德裕集校笺》，北京：中华书局，2018

〔唐〕李白撰,〔清〕王琦注:《李太白全集》，北京：中华书局，1977

〔唐〕张彦远:《历代名画记》，北京：人民美术出版社，1963

〔唐〕李贺著,〔清〕王琦注:《李贺诗歌集解》，上海：上海人民出版社，1977

〔唐〕柳宗元:《柳宗元集》，北京：中华书局，1979

〔唐〕李商隐著，叶葱奇注:《李商隐诗集疏注》，北京：人民文学出版社，1985

〔唐〕刘禹锡撰，瞿蜕园笺证:《刘禹锡集笺证》，上海古籍出版社，1989

〔唐〕王冰注:《灵枢经》，文渊阁《四库全书》第 733 册

〔唐〕罗隐:《罗隐集》，北京：中华书局，1983

〔宋〕司马光:《类篇》，上海：上海古籍出版社，1987

〔宋〕陆游:《陆游集·渭南文集》，北京：中华书局，1976

〔宋〕李清照著，徐培均笺注:《李清照集笺注》，上海：上海古籍出版社，2002

〔宋〕卫湜:《礼记集说》，文渊阁《四库全书》第 117—120 册

〔宋〕陈祥道:《礼书》，文渊阁《四库全书》第 130—132 册

〔宋〕宗晓:《乐邦文类》,《大正新修大藏经》第 47 册

〔元〕赵道一:《历世真仙体道通鉴》,《道藏》第 5 册

〔明〕路一麟修：万历《灵石县志》，万历二十九年刻本

〔明〕俞汝楫：《礼部志稿》，文渊阁《四库全书》第597—598册

〔清〕章焞等修：康熙《龙门县志》，康熙五十一年刻本

〔清〕李桂林等修：嘉庆《罗江县志》，《中国方志丛书》影印本，台北：成文出版社，1976

〔清〕邓存咏等修：道光《龙安府志》，《中国地方志集成·四川府县志辑》第14册，成都：巴蜀书社，1992

朱之谦：《老子校释》，北京：中华书局，2000

许维遹著，梁运华整理：《吕氏春秋集释》，北京：中华书局，2009

M

〔晋〕郭璞注：《穆天子传》，《四部丛刊初编》本

〔隋〕智顗：《妙法莲华经文句》，《大正新修大藏经》第34册

〔唐〕樊绰：《蛮书》，文渊阁《四库全书》第464册

〔宋〕黄休复：《茅亭客话》，《全宋笔记》第二编第1册，郑州：大象出版社，2003

〔宋〕沈括撰，胡道静校证，《梦溪笔谈校证》，上海：上海古籍出版社，1987

〔宋〕朱长文：《墨池编》，文渊阁《四库全书》第812册

〔宋〕吴自牧：《梦粱录》，上海：古典文学出版社，1956

〔明〕张辅等修：《明太宗实录》，台北：台湾“中研院”历史语言研究所校印，1962

〔明〕张辅等修：《明宣宗实录》，台北：台湾“中研院”历史语言研究所校印，1962

〔明〕孙继宗等修：《明英宗实录》，台北：台湾“中研院”历史语言研究所校印，1962

〔明〕李贤等：《明一统志》，文渊阁《四库全书》第472—473册

〔明〕如莹等编：《密云禅师语录》，《嘉兴藏》第10册，台北：新文丰出版有限公司，1987

〔明〕汤显祖著，周锡山编:《牡丹亭注释汇评》，上海：上海人民出版社，2017

〔清〕张廷玉等:《明史》，北京：中华书局，1974

〔清〕陈田:《明诗纪事》,《续修四库全书》第 1710—1712 册

〔清〕张汉等修：康熙《眉州属志》,《故宫珍本丛刊》第 213 册，海口：海南出版社，2001

〔清〕丁映奎等修：乾隆《茂州志》,《故宫珍本丛刊》第 221 册，海口：海南出版社，2001

〔清〕孙诒让:《墨子间诂》，北京：中华书局，2001

〔民国〕胡存琮等修：民国《名山县新志》,《中国地方志集成·四川府县志辑》第 64 册，成都：巴蜀书社，1992

范殿钦等修：民国《绵阳县志》,《中国地方志集成·四川府县志辑》第 17 册，成都：巴蜀书社，1992

朱保炯等:《明清进士题名碑录索引》，上海：上海古籍出版社，1980

N

〔南朝梁〕萧子显:《南齐书》，北京：中华书局，1972

〔唐〕李延寿:《南史》，北京：中华书局，1975

〔唐〕义净著，王邦维校注:《南海寄归内法传校注》，北京：中华书局，1995

〔宋〕陈骙等编:《南宋馆阁录》，北京：中华书局，1998

〔明〕徐光启撰，石声汉校注:《农政全书校注》，上海：上海古籍出版社，1979

〔清〕顾文曜等修：嘉庆《内江县志》，复旦大学图书馆藏嘉庆稿本

〔清〕盛元等修：同治《南康府志》，同治十一年刻本

〔清〕李人镜等修：同治《南城县志》，同治十二年刻本

O

〔宋〕欧阳修:《欧阳修全集》，北京：中华书局，2001

P

〔北凉〕昙无谶译:《菩萨地持经》,《大正新修大藏经》第30册

〔唐〕独孤及:《毗陵集》,文渊阁《四库全书》第1072册

〔清〕胡醇仁等修:雍正《平乐府志》,雍正四年刻本

〔清〕傅恒等奉敕撰:《平定准噶尔方略》,文渊阁《四库全书》第357—359册

〔清〕阿桂等奉敕撰:《平定两金川方略》,文渊阁《四库全书》第360—361册

〔清〕廖必琦等修:乾隆《莆田县志》,民国十五年重印本

〔清〕朱鼎臣等修:嘉庆《郫县志》,《四川大学图书馆藏珍稀四川地方志丛刊》第1册,成都:巴蜀书社,2009

Q

〔汉〕蔡邕撰,〔清〕孙星衍校辑:《琴操》,《续修四库全书》第1092册

〔汉〕郑玄注:《乾坤凿度》,文渊阁《四库全书》第53册

〔北魏〕贾思勰撰,缪启愉校释:《齐民要术校释》,北京:农业出版社,1982

〔宋〕朱弁:《曲洧旧闻》,北京:中华书局,2002

〔宋〕秦观著,石海光编:《秦观词全集》,武汉:崇文书局,2015

〔明〕杨慎等编:《全蜀艺文志》,北京:线装书局,2003

〔明〕瞿式耜:《瞿忠宣公集》,《续修四库全书》第1375册

〔明〕郎锳:《七修类稿》,《续修四库全书》第1123册

〔明〕陈镐:《阙里志》,《北京图书馆藏古籍珍本丛刊·史部》第23册,北京:书目文献出版社,1998

〔清〕来保、李玉鸣等修:《钦定大清通礼》,文渊阁《四库全书》第655册

〔清〕允裪等修:《钦定大清会典》,文渊阁《四库全书》第619册

〔清〕乾隆敕撰：《钦定大清会典则例》，文渊阁《四库全书》第 620—625 册

〔清〕纪昀等撰，四库全书研究所整理：《钦定四库全书总目》，北京：中华书局，1997

〔清〕嵇璜等修：《钦定续文献通考》，文渊阁《四库全书》第 626—631 册

〔清〕嵇璜等修：《钦定续通志》，文渊阁《四库全书》第 392—401 册

〔清〕乾隆敕撰：《钦定礼记义疏》，文渊阁《四库全书》第 124—126 册

〔清〕乾隆敕撰：《钦定仪礼义疏》，文渊阁《四库全书》第 106—107 册

〔清〕乾隆敕撰：《钦定周官义疏》，文渊阁《四库全书》第 98—99 册

〔清〕舒赫德、于敏中等奉敕撰：《钦定胜朝殉节诸臣录》，文渊阁《四库全书》第 456 册

〔清〕乾隆敕撰：《钦定皇朝文献通考》，文渊阁《四库全书》第 632—638 册

〔清〕彭定求等编：《全唐诗》，北京：中华书局，1960

〔清〕徐珂：《清稗类钞》，北京：中华书局，1984

〔清〕鄂尔泰等修：《清世宗实录》，北京：中华书局，1985

〔清〕董诰等修：《清高宗实录》，北京：中华书局，1985

〔清〕董诰等编：《全唐文》，北京：中华书局，1983

〔清〕萨囊彻辰：《钦定蒙古源流》，文渊阁《四库全书》第 410 册

〔清〕庆桂等编：《钦定剿平三省邪匪方略》，《续修四库全书》第 391—400 册

〔清〕刘传经等修：嘉庆《清溪县志》，《中国方志丛书》影印本，台北：成文出版社，1970

赵尔巽：《清史稿》，北京：中华书局，1977

李德辉：《全唐文作者小传补正》，沈阳：辽海出版社，2010

R

〔宋〕洪迈：《容斋随笔》，北京：中华书局，2005

〔清〕吴敬梓著，李汉秋辑校：《儒林外史汇校汇评本》，上海古籍出版社，1999

〔清〕杨受亨等修：嘉庆《如皋县志》，嘉庆十三年刻本

〔清〕鲍承焘等修：道光《任邱县志》，道光十七年刻本

S

〔春秋〕孙武、〔三国〕曹操等撰，杨丙安校理：《十一家注孙子校理》，北京：中华书局，1999

〔旧题秦〕商鞅：《商子》，文渊阁《四库全书》第729册

〔汉〕司马迁：《史记》，北京：中华书局，1963

〔汉〕刘向著，向宗鲁校证：《说苑校证》，北京：中华书局，1987

〔汉〕许慎撰，〔清〕段玉裁注：《说文解字注》，上海古籍出版社，1981

〔汉〕刘熙撰，〔清〕王先谦补注：《释名疏证补》，上海：上海古籍出版社，1984

〔汉〕赵岐著，〔清〕张澍辑：《三辅决录》，《续修四库全书》第540册

〔汉〕荀悦著，〔明〕黄省曾注：《申鉴》，文渊阁《四库全书》第696册

〔晋〕陈寿：《三国志》，北京：中华书局，1964

〔晋〕王嘉：《拾遗记》，北京：中华书局，1981

〔北魏〕郦道元：《水经注》，《四部丛刊初编》本

〔南朝宋〕刘义庆著，徐震堮校笺：《世说新语校笺》，北京：中华书局，1984

〔南朝梁〕沈约：《宋书》，北京：中华书局，1974

〔南朝梁〕顾野王：《宋本玉篇》，北京：中国书店，1983

〔唐〕魏徵、令狐德棻：《隋书》，北京：中华书局，1982

〔唐〕阇那多迦译：《十六大罗汉因果识见颂》，《卍新纂续藏经》第2册

〔唐〕王悬河：《三洞珠囊》，正统《道藏》第25册

〔唐〕杜光庭：《神仙感遇传》，《杜光庭记传十种辑校》本，北京：

中华书局，2013

〔宋〕司马光:《司马光全集》，成都：四川大学出版社，2010

〔宋〕苏轼:《书传》，文渊阁《四库全书》第 54 册

〔宋〕苏轼撰，张志烈等主编:《苏轼全集校注》，石家庄：河北人民出版社，2010

〔宋〕程垓:《书舟词》，文渊阁《四库全书》第 1487 册

〔宋〕吕祖谦编:《宋文鉴》，北京：中华书局，1992

〔宋〕聂崇义:《三礼图集注》，文渊阁《四库全书》第 129 册

〔宋〕陈彭年等:《宋本广韵》，北京：中国书店，1982

〔宋〕高承:《事物纪原》，北京：中华书局，1989

〔宋〕陈元靓:《岁时广记》，《十万卷楼丛书》本

〔宋〕高似孙:《剡录》，文渊阁《四库全书》第 485 册

〔宋〕晁公遡:《嵩山集》，文渊阁《四库全书》第 1139 册

〔宋〕赞宁:《宋高僧传》，北京：中华书局，1987

〔宋〕道诚:《释氏要览》，《大正新修大藏经》第 54 册

〔宋〕阮阅:《诗话总龟》，文渊阁《四库全书》第 1478 册

〔元〕脱脱等:《宋史》，北京：中华书局，1977

〔元〕释觉岸编:《释氏稽古略》，《大正新修大藏经》第 49 册

〔元〕吴澄:《书纂言》，文渊阁《四库全书》第 61 册

〔明〕杨慎:《升庵集》，文渊阁《四库全书》第 1270 册

〔明〕杨慎著，王文才、万光治主编:《杨升庵丛书》，成都：天地出版社，2002

〔明〕胡应麟:《少室山房笔丛》，北京：中华书局，1958

〔明〕胡应麟:《少室山房集》，文渊阁《四库全书》第 1290 册

〔明〕成祖御制:《神僧传》，《大正新修大藏经》第 50 册

〔明〕刘大谟等修：嘉靖《四川总志》，北京：书目文献出版社，1996

〔明〕虞怀忠等修：万历九年《四川总志》，《四库全书存目丛书·史部》第 199—200 册

〔明〕曹学佺:《蜀中广记》，文渊阁《四库全书》第 591—592 册

〔明〕汪砢玉:《珊瑚网》，文渊阁《四库全书》第 818 册

〔明〕幻轮:《释鉴稽古略续集》，《大正新修大藏经》第 49 册

〔清〕厉鹗：《宋诗纪事》，上海：上海古籍出版社，1981

〔清〕黄廷桂等修：雍正《四川通志》，文渊阁《四库全书》第559—561册

〔清〕岳浚等修：雍正《山东通志》，文渊阁《四库全书》第539—541册

〔清〕吴任臣：《十国春秋》，北京：中华书局，1983

〔清〕黄本骥：《三长物斋文略》，《续修四库全书》第1511册

〔清〕毕沅校：《三辅黄图》，《丛书集成初编》第3204册

〔清〕乾隆敕撰：《世宗宪皇帝圣训》，文渊阁《四库全书》第412册

〔清〕曹庭栋：《宋百家诗存》，文渊阁《四库全书》第1477册

〔清〕张松孙等修：乾隆《射洪县志》，《故宫珍本丛刊》第206册，海口：海南出版社，2001

〔清〕姜炳璋等修：乾隆《石泉县志》，《故宫珍本丛刊》第207册，海口：海南出版社，2001

〔清〕张松孙等修：乾隆五十二年版《遂宁县志》，国家图书馆藏本

〔清〕阮元校刻：《十三经注疏》，中华书局，1980

〔清〕彭遵泗：《蜀碧》，《续修四库全书》第442册

〔清〕常明、杨芳灿等修：嘉庆《四川通志》，成都：巴蜀书社，1984

〔清〕刘景伯：《蜀龟鉴》，《四库未收书辑刊》第3辑第15册

〔清〕纪大奎等修：嘉庆《什邡县志》，嘉庆十七年刻本

〔清〕魏源：《圣武记》，《续修四库全书》第402册

〔清〕陈栻等修：道光《上元县志》，《中国方志丛书》影印本，台北：成文出版社，1983

〔清〕张澍编，王斌、邓帮云校注：《蜀典校注》，成都：西南交通大学出版社，2021

〔清〕储家藻等修：光绪《上虞县志校续》，光绪二十五年刻本

〔清〕雪堂含澈编：《纱笼文选》，光绪刻本

〔民国〕殷鲁等修：民国《双流县志》，《中国地方志丛书》影印本，台北：成文出版社，1976

〔民国〕张问德等修：民国《顺宁县志初稿》，民国三十六年稿抄本

袁珂：《山海经校注》，成都：巴蜀书社，1992

李之亮：《宋川陕大郡守臣易替考》，成都：巴蜀书社，2001

张永言、蒋宗许等编:《〈世说新语〉大辞典》, 上海: 上海古籍出版社, 2015

T

〔晋〕陶潜著, 龚斌校笺:《陶渊明集校笺》, 上海: 上海古籍出版社, 1996

〔唐〕杜佑:《通典》, 北京: 中华书局, 1988

〔五代〕王定保撰, 姜汉椿校注:《唐摭言校注》, 上海: 上海社会科学院出版社, 2003

〔宋〕李昉等编:《太平广记》, 北京: 中华书局, 1961

〔宋〕李昉等编:《太平御览》, 北京: 中华书局, 1960

〔宋〕乐史:《太平寰宇记》, 北京: 中华书局, 2007

〔宋〕计有功:《唐诗纪事》, 上海: 上海古籍出版社, 1987

〔宋〕岳珂:《桯史》, 北京: 中华书局, 1981

〔宋〕郑樵:《通志》, 北京: 中华书局, 1987

〔元〕辛文房撰, 傅璇琮主编:《唐才子传校笺》, 北京: 中华书局, 1995

〔明〕高棅编:《唐诗品彙》, 上海: 上海古籍出版社, 1988

〔明〕冯任等修:《天启新修成都府志》,《中国地方志集成·四川府县志辑》第1册, 成都: 巴蜀书社, 1992

〔明〕黄佐:《泰泉乡礼》, 文渊阁《四库全书》第142册

〔明〕陈讲修: 嘉靖《潼川志》, 旧抄本

〔清〕王培荀:《听雨楼随笔》,《续修四库全书》第1180册

〔清〕范邦甸等:《天一阁书目》, 上海: 上海古籍出版社, 2010

〔清〕李调元:《童山诗集》,《续修四库全书》第1456册

W

〔后秦〕鸠摩罗什译:《维摩诘所说经》,《大正新修大藏经》第14册

〔北齐〕魏收:《魏书》，北京：中华书局，1974

〔唐〕王勃著,〔清〕蒋清翊注,《王子安集注》，上海：上海古籍出版社，1995

〔唐〕王建著，尹占华校注:《王建诗集校注》，成都：巴蜀书社，2006

〔唐〕温庭筠著，刘学锴校注:《温庭筠全集校注》，北京：中华书局，2007

〔宋〕李昉等编:《文苑英华》，北京：中华书局，1966

〔宋〕文同撰，胡问涛、罗琴校注:《文同集编年校注》，成都：巴蜀书社，1999

〔宋〕周密:《武林旧事》,《知不足斋丛书》本

〔元〕马端临:《文献通考》，北京：中华书局，2011

〔明〕凌迪知:《万姓统谱》，文渊阁《四库全书》第956—957册

〔明〕高道素:《五百罗汉尊号》,《乾隆大藏经》第157册，台北：新文丰出版有限公司，1991

〔清〕郑方坤:《五代诗话》，文渊阁《四库全书》第1486册

X

〔汉〕赵晔著，周生春辑校:《吴越春秋辑校汇考》，上海：上海古籍出版社，1997

〔汉〕贾谊撰，阎振益、钟夏校注:《新书校注》，北京：中华书局，2000

〔汉〕陆贾撰，王利器注:《新语校注》，北京：中华书局，1986

〔晋〕葛洪:《西京杂记》，西安：三秦出版社，2006

〔晋〕干宝,〔南朝宋〕陶潜撰，李剑国辑校:《新辑搜神记·新辑搜神后记》，北京：中华书局，2007

〔唐〕萧颖士:《萧茂挺文集》，文渊阁《四库全书》第1072册

〔宋〕欧阳修:《新五代史》，北京：中华书局，1974

〔宋〕欧阳修、宋祁:《新唐书》，北京：中华书局，1975

〔宋〕沈遘:《西溪集》，文渊阁《四库全书》第 1097 册

〔宋〕王禹偁:《小畜集》,《四部丛刊初编》本

〔宋〕释文莹:《湘山野录》，北京：中华书局，1997

〔宋〕真德秀:《西山文集》，文渊阁《四库全书》第 1174 册

〔宋〕王应麟:《小学绀珠》,《续修四库全书》第 948 册

〔宋〕彭□:《续墨客挥犀》，北京：中华书局，2002

〔明〕王圻:《续文献通考》,《续修四库全书》第 761—767 册

〔明〕袁宏道:《西方合论》,《大正新修大藏经》第 47 册

〔明〕弘歇等编:《雪峤信禅师语录》,《乾隆大藏经》第 153—154 册，台北：新文丰出版有限公司，1991

〔明〕徐𤇺:《徐氏笔精》,《碧琳琅馆丛书》本

〔清〕性统:《续灯正统》,《卍新纂续藏经》第 84 册

〔清〕王先谦:《荀子集解》，北京：中华书局，1988

〔清〕顾德昌等修：嘉庆《新繁县志》，嘉庆十九年刻本

〔清〕张超等修：同治《续汉州志》,《中国方志丛书》影印本，台北：成文出版社，1976

〔清〕蓝煦等修：同治《星子县志》，同治十年刻本

〔清〕江亦显等修：光绪《兴文县志》,《中国方志丛书》影印本，台北：成文出版社，1976

〔清〕余慎等修：光绪《新繁县乡土志》，光绪三十三年刻本

〔清〕罗时宪:《小学达诂》,《四库未收书辑刊》第十辑第 2 册

〔民国〕侯俊德等修：民国《新繁县志》,《中国地方志集成 · 四川府县志辑》第 12 册，成都：巴蜀书社，1992

〔民国〕李良俊等修：民国《新修南充县志》,《中国地方志集成 · 四川府县志辑》第 55 册，成都：巴蜀书社，1992

佚名:《续传灯录》,《大正新修大藏经》第 51 册

Y

〔汉〕桓宽著，王利器校注:《盐铁论》，北京：中华书局，1992

〔汉〕扬雄撰，郑文笺注：《扬雄文集笺注》，成都：巴蜀书社，2000

〔汉〕袁康、吴平著，李步嘉校释：《越绝书校释》，北京：中华书局，2013

〔北周〕庾信撰，〔清〕倪璠注：《庾子山集注》，北京：中华书局，1980

〔南朝陈〕徐陵编，〔清〕吴兆宜笺注：《玉台新咏笺注》，北京：中华书局，1985

〔旧题隋〕王通撰，〔唐〕薛收续，〔宋〕阮逸注：《元经》，文渊阁《四库全书》第 303 册

〔唐〕卢照邻著，李云逸校注：《卢照邻集校注》，北京：中华书局，1998

〔唐〕杨炯著，祝尚书笺注：《杨炯集笺注》，北京：中华书局，2016

〔唐〕玄奘译：《瑜伽师地论》，《大正新修大藏经》第 30 册

〔唐〕欧阳询：《艺文类聚》，上海：上海古籍出版社，1985

〔唐〕李吉甫：《元和郡县图志》，北京：中华书局，1983

〔唐〕林宝撰，岑仲勉等整理：《元和姓纂》，北京：中华书局，1994

〔唐〕宗密：《圆觉经略疏》，《大正新修大藏经》第 39 册

〔唐〕段成式：《酉阳杂俎》，北京：中华书局，1981

〔唐〕慧琳：《一切经音义》，《大正新修大藏经》第 54 册

〔后唐〕冯贽：《云仙杂记》，文渊阁《四库全书》第 1035 册

〔宋〕郭茂倩编：《乐府诗集》，北京：中华书局，1979

〔宋〕赵炅：《御制佛赋》，《中华大藏经》第 73 册，北京：中华书局，1997

〔宋〕王存：《元丰九域志》，北京：中华书局，1984

〔宋〕陈旸：《乐书》，文渊阁《四库全书》第 211 册

〔宋〕宋祁：《益部方物略记》，《津逮秘书》本

〔宋〕都絜：《易变体义》，文渊阁《四库全书》第 11 册

〔宋〕葛立方：《韵语阳秋》，文渊阁《四库全书》第 1479 册

〔宋〕张君房：《云笈七签》，北京：中华书局，2003

〔宋〕张孝祥：《于湖居士文集》，上海：上海古籍出版社，1980

〔宋〕张世南：《游宦纪闻》，北京：中华书局，1981

〔宋〕王灼：《颐堂先生文集》，《续修四库全书》第 1317 册
〔宋〕王应麟：《玉海》，〔日本〕京都：中文出版社，1977
〔元〕孛兰肹等撰，赵万里校辑：《元一统志》，北京：中华书局，1966
〔明〕宋濂等撰：《元史》，北京：中华书局，1976
〔明〕李中溪等修：隆庆《云南通志》，民国二十三年龙氏重印本
〔明〕陆深：《俨山外集》，文渊阁《四库全书》第 885 册
〔明〕何宇度撰，崔凯校注：《益部谈资校注》，成都：西南交通大学出版社，2020
〔明〕解缙等编：《永乐大典》，北京：中华书局，1986
〔清〕费密：《燕峰诗钞》，《清代诗文集汇编》第 98 册，上海：上海古籍出版社，2010
〔清〕刘道著等修：康熙《永州府志》，康熙九年刻本
〔清〕康熙御制：《御制数理精蕴》，文渊阁《四库全书》第 799—801 册
〔清〕张玉书等：《御定佩文韵府》，文渊阁《四库全书》第 1011—1028 册
〔清〕张英等编：《御定渊鉴类函》，文渊阁《四库全书》第 982—993 册
〔清〕范承勋等修：康熙《云南通志》，《北京图书馆古籍珍本丛刊》第 44 册，北京：书目文献出版社，1988
〔清〕陈奇典等修：乾隆《永北府志》，《故宫珍本丛刊》第 229 册，海口：海南出版社，2001
〔清〕沈维基等修：乾隆《永兴县志》，乾隆二十七年刻本
〔清〕刘元熙等修：嘉庆《宜宾县志》，《中国方志丛书》影印本，台北：成文出版社，1976
佚名：《押座文类》，《大正新修大藏经》第 85 册
吴则虞：《晏子春秋集释》，北京：中华书局，1982
王文才：《杨慎学谱》，上海：上海古籍出版社，1988
王利器：《颜氏家训集解》，北京：中华书局，1996

Z

《竹书纪年》，《丛书集成初编》第 3679 册

〔汉〕刘向集录：《战国策》，上海：上海古籍出版社，1985

〔三国吴〕支谦译：《撰集百缘经》，《大正新修大藏经》第 4 册

〔东晋〕瞿昙僧伽提婆译：《增壹阿含经》，《大正新修大藏经》第 2 册

〔南朝宋〕求那跋陀罗译：《杂阿含经》，《大正新修大藏经》第 2 册

〔南朝梁〕刘勰撰，黄叔琳注，李祥补注，杨明照校注拾遗：《增订文心雕龙校注》，北京：中华书局，2000

〔唐〕令狐德棻等著：《周书》，北京：中华书局，1974

〔唐〕张说撰，熊飞校注：《张说集校注》，北京：中华书局，2013

〔宋〕司马光撰，〔元〕胡三省注：《资治通鉴》，北京：中华书局，1956

〔宋〕张耒：《张耒集》，北京：中华书局，1990

〔宋〕王与之：《周礼订义》，文渊阁《四库全书》第 93—94 册

〔宋〕周敦颐：《周敦颐集》，北京：中华书局，1990

〔宋〕陈振孙：《直斋书录解题》，上海古籍出版社，1987

〔金〕元好问编：《中州集》，上海：中华书局上海编辑所，1959

〔明〕王应电：《周礼传》，文渊阁《四库全书》第 96 册

〔明〕王志长：《周礼注疏删翼》，文渊阁《四库全书》第 97 册

〔清〕王继祖等修：乾隆《直隶通州志》，乾隆二十年刻本

〔清〕范涞清等修：咸丰《资阳县志》，咸丰十年刻本

〔清〕文棨等修：同治《直隶绵州志》，《中国地方志集成·四川府县志辑》第 16 册，成都：巴蜀书社，1992

郭庆藩：《庄子集释》，北京：中华书局，1985

方诗铭编：《中国史历日和中西历日对照表》，上海辞书出版社，1987

魏嵩山主编：《中国历史地名大词典》，广州：广东教育出版社，1995

龚延明：《中国历代职官别名大词典》，上海：上海辞书出版社，2006

李崇智：《中国历代年号考》，北京：中华书局，2006